中国法治外交话语体系构建研究

A Study on the Construction
of the Diplomacy
of Rule of Law Discourse System in
CHINA

张法连　◎著

图书在版编目(CIP)数据

中国法治外交话语体系构建研究 / 张法连著. ——北京：北京大学出版社，2025.5.
ISBN 978-7-301-36092-7

Ⅰ．D80；H0-05

中国国家版本馆CIP数据核字第2025WL2252号

书　　　名	中国法治外交话语体系构建研究
	ZHONGGUO FAZHI WAIJIAO HUA YU TIXI GOUJIAN YANJIU
著作责任者	张法连　著
责 任 编 辑	刘　爽
标 准 书 号	ISBN 978-7-301-36092-7
出 版 发 行	北京大学出版社
地　　　址	北京市海淀区成府路 205 号　100871
网　　　址	http://www.pup.cn　新浪微博：@北京大学出版社
电 子 邮 箱	编辑部 pupwaiwen@pup.cn　总编室 zpup@pup.cn
电　　　话	邮购部 010-62752015　发行部 010-62750672　编辑部 010-62759634
印 刷 者	北京鑫海金澳胶印有限公司
经 销 者	新华书店
	720 毫米 ×1020 毫米　16 开本　26.5 印张　450 千字
	2025 年 5 月第 1 版　2025 年 5 月第 1 次印刷
定　　　价	129.00 元

未经许可，不得以任何方式复制或抄袭本书之部分或全部内容。
版权所有，侵权必究
举报电话：010-62752024　电子邮箱：fd@pup.cn
图书如有印装质量问题，请与出版部联系，电话：010-62756370

前　言

党的二十大报告鲜明提出："加强重点领域、新兴领域、涉外领域立法，统筹推进国内法治和涉外法治"；"加强国际传播能力建设，全面提升国际传播效能，形成同我国综合国力和国际地位相匹配的国际话语权"。涉外法治与国际传播密不可分。加强中国法治国际传播，讲好中国法治故事，提升法治中国形象，这是构建涉外法治体系、开展涉外法治工作、统筹推进国内法治和涉外法治的关键环节，也是中国参与全球治理、推进国际法治、提升中国法治话语权、推动构建人类命运共同体的必由之路。十八大以来，党中央高度重视涉外法治和国际传播工作，加快涉外法治和国际传播人才培养乃重中之重。我们必须看到国际舞台上能自如运用法律武器的高端复合型涉外法治人才屈指可数，法治中国形象远未得到塑造，中国只是被动地处在西方国家主导的话语体系中。加强国际话语权研究，构建中国国际话语体系至关重要、迫在眉睫。

话语是连结你我的纽带，是说话者跟对话者共同的领地。如何解读和生成话语政治意义，创新话语体系是语言学、政治学和哲学领域的重大课题。话语具有政治性、社会性和实践性，是一种社会实践和行动的方式，可构筑各种社会秩序，形塑社会，同时又被社会形塑。它不仅表征社会现实，同时也促进社会变革，建构一种新的社会现实，直接影响政策的选择，也影响人们的认知，并逐渐内化为时代背景知识，影响人们的言行。话语体系是思想理论体系和知识体系的外在表达形式，它以工具性构架承载特定思想理念。一个国家的话语体系是国家综合实力的重要表达系统，是该国话语权在国际社会上展现和发声的重要载体……是国家意志、价值观和国家目标在世界舞台上的综合表现形式。话语体系承载着一个民族和国家特定的思想文化、价值观念，是国家软实力的重要组成部分。后疫情时代，融通中外的话语体系的本质就是中国如何对外"发声"或如何"讲好中国故事"。习近平在全国宣传思想工作会议上强调："要精心做好对外宣传工作，创新对外宣传方式，着力打造融通中外的新概念新范畴新表述，讲好中国故事，传播好中国声音。"我们必须正视，当前中国话语体系内涵建设相对滞后，缺少概念、理念、创新表述，缺乏实质内容支撑；相关话语理论陈旧，少见中国话语理论创新。

2014年6月，习近平在和平共处五项原则发表60周年纪念大会上首次明确提出"推动国际关系法治化"的政策理念。由最高领导人阐述国际法治观，在中华人民共和国成立以来是第一次，在国内外引起广泛关注和良好反响。十八届四中全会闭幕后，王毅在《光明日报》发表《中国是国际法治的坚定维护者和建设者》的署名文章，深入阐述我国的国际法治观。近年来，我国先后成功举办"和平共处五项原则与国际法的发展"国际研讨会、"《联合国宪章》和战后国际秩序"国际研讨会，肯定《联合国宪章》及和平共处五项原则的重大作用，阐述了我国对国际法治的理念和主张。在2020年11月召开的中央全面依法治国工作会议上，习近平法治思想诞生，其核心就是把法治思想和法治方式贯穿党和国家事业发展各方面、全过程[①]，这不仅具有重大的理论实践意义，而且具有深刻的政治和法治价值。这一系列开创性的政治宣示举措，充分体现了我国负责任、守法治的大国形象，增强了我国法治外交工作的分量和在国际上的影响，也为我们开展有中国特色国际法治理论创新奠定了基础。

---

① 为千秋伟业夯基固本——习近平法治思想引领新时代全面依法治国纪实[EB/OL]. 新华网，http://www.xinhuanet.com/politics/leaders/2020-11/18/c_1126756747.htm，2020-11-18/2022-02-10.

《荀子·君道篇第十二》中载："法者，治之端也；君子者，法之原也。"中国在国际关系中的地位日益凸显，其如何看待国际法律、如何对待国际法治颇受国际社会关注。中国的国际法治观念是国际关系中行为体自身状况和国际社会环境互构的心理映射，是国际政治结构、国际法治局面与中国自身状况共同作用的结果。当前，我国国际法治观念水平尚不能令人满意，与中国作为国际社会重要一员、国际秩序的重要构建者、国际制度的重要倡导和参与者的地位和身份尚不相称，有待全面加强法治观念与信仰、国际法律知识与人才储备、国际关系发展趋势等各方面研究认知，特别是从法治外交的维度塑造中国负责任大国的国际形象。要加强中国的国际法治立场，提升中国参与国际立法和对国际法律实施的监督，其有效途径则是强化中国外交的法治思维，注重国际法律知识积淀，切实提高自身的法律参与主动性和法治外交应用能力。

习近平在《求是》杂志发表文章强调，运用法治手段开展国际斗争。中国已经走近世界舞台中央，但中国外交面临的挑战和别国的戒备也是空前的。所以中国外交在坚持法治思维的前提下，要运用好国际法律武器，既要敢于斗争，也要善于斗争，该斗争的时候敢于碰硬，该达成协议的时候要达成协议。增强涉外法治斗争意识，坚决拿起法律武器开展国际斗争，努力推动法治外交行稳致远。

"法治外交"理念具有原创性和时代性。近代以来，中国开启了现代话语体系发展演变的曲折历程。从"师夷长技以制夷"的洋务运动到试图建立君主立宪制的维新变法，从推翻帝制的辛亥革命到提出民主、科学口号的新文化运动，中华民族不断寻求适合自己的发展道路。马克思主义在中国的传播使我们认识到只有社会主义才能救中国。中华人民共和国成立后，我们进行了轰轰烈烈的社会主义建设，逐渐形成了一套反映中国共产党领导下的新民主主义革命和社会主义建设时期夺取政权、巩固政权的话语体系。改革开放以来，建设中国特色社会主义标志着科学社会主义在当代中国实现了从革命到建设的重大变革，同时也创造出认识自身、反映社会主义建设规律的概念和思想体系，逐渐形成了当代中国话语体系的表达范畴，建立了民主、文明、法治、全面发展、共同富裕等话语范畴。

法治是国家间交往的最大共识，法律是国际交往的"共通"语言。中国要坚持走法治外交之路，强化法治思维，构建法治外交话语体系，从法律语言和话语范式下寻求解决外交问题的新路径。通过法律话语进行国际谈判和对外交往，对于建立国家间的共识，进一步建构我国国际话语权大有裨益；对于我国积极参与国际规则制定，做改革完善全球治理体系的引领者、推动者，意义重大，影响深远。

本书写作过程中，中国外文局原副局长兼总编辑黄友义先生、外交部翻译室原主任陈明明大使、中国外文局副局长于涛先生、四川外国语大学校长董洪川教授、中国政法大学校长马怀德教授都给了我很多悉心指导；中共中央宣传部李文龙博士、中国政法大学陆贝旎博士、教育部语言文字应用研究所张振达博士以及美国印第安纳大学法学院访问学者姜芳女士等不辞劳苦地帮助查找资料，整理文稿。在此，谨对诸位的辛苦付出表示衷心感谢。

2023年11月16日于北京

目 录

第一章 法律与外交概述 1
    一、外交与法律 2
    二、历史回顾 6
    三、经验教训 14

第二章 法治外交中国内涵 37
    一、法治外交大势所趋 38
    二、新时代法治外交的目的和任务 48
    三、法治外交基本理论 54

第三章 法治外交叙事话语体系 61
    一、政治性意蕴的表达 62
    二、外交话语体系四个维度的建构 65
    三、国际话语权建构路径 70
    四、法治外交叙事话语建构 76

第四章 法治外交新时代 87
    一、机遇与挑战 87
    二、法治外交话语权建设短板 94
    三、语言文化研究不可或缺 102

第五章　法治外交思维逻辑 · 115
　　一、法治意识是实现法治外交的先决条件 · 115
　　二、法治思维是实现法治外交的根本路径 · 121
　　三、中西思维逻辑对比分析 · 130

第六章　法治外交学术体系 · 144
　　一、理论建构 · 144
　　二、法治外交语言与文化 · 165
　　三、法律外交翻译 · 187

第七章　智库外交法治化 · 222
　　一、国内智库建设状况 · 223
　　二、国外智库运行经验 · 240
　　三、中国智库创新建构 · 249

第八章　法治外交国际传播 · 260
　　一、国际传播中的困惑与问题 · 261
　　二、国际传播创新思考 · 274
　　三、他山之石发人深省 · 289

第九章　法治外交专业人才培养 · 305
　　一、外语复合型人才培养 · 305
　　二、办好法律英语专业 · 308
　　三、法治外交人才培养是系统工程 · 325

附录一 · 333

附录二 · 370

附录三 · 382

参考文献 · 396

第一章　法律与外交概述

孟德斯鸠（Baron de Montesquieu）在其巨著《论法的精神》开门见山第一篇就讨论了"一般意义的法则"（Of Laws in General）。这里的 laws（lois）之所以翻译为"法则"，是因为孟德斯鸠对"法"的定义是很宽泛的：不仅包括统治人类的法律，而且也包括统治自然世界的规律。法语 loi 一般指实定法，但同时也有定律、规律之意。孟德斯鸠重点在于探讨法律作为统治人类的理性方式。在孟德斯鸠的眼里，统治人类的自然法则主要有四类：和平、生存、异性间的吸引力及对群居生活的向往。这些法则与其说是"法"，不如说是造物主赋予人类的自然禀性；只有进入人类社会之后，人才开始制定法。孟德斯鸠认为人在自然状态下的主要问题不在于各自为战，而在于虚弱和恐惧；只有进入人类社会后，人与人之间才会团结互助，人也变得强大，这时才发生国家或部落之间的战争。为了确立国家和国家、国家和公民以及公民和公民之间的关系，社会相应需要国际法律、政治权利法和民事权利法。战争是外交和国际法律发展的动因，和平则是外交和国际法律的目的。作为统治人类的理性方式，法律并不是抽象的，而是和特定国家的风土人情乃至地理地貌紧密相连的。

《论法的精神》对后人的教诲远不止孟德斯鸠首次系统提出的三权理论，其对后世思想有多方面的启迪。"在自然状态下，人生来平等，但是他们不能保持这种状态。社会使他们失去平等，而他们只有通过法律才能恢复平等。"这句话和卢梭（Jean-Jacques Rousseau）的《社会契约论》第一句话有着异曲同工之妙。"法律面前人人平等",法律是保证人与人平等的唯一理性手段,法律更是保障国家之间和平共处的唯一方式。正所谓国际的舞台上不相信眼泪,只相信法律。这样看来法律和外交是与生俱来的孪生概念。

一、外交与法律

作为一种社会现象,外交古已有之。早在2000多年以前古代中国的春秋战国时期,周朝的封建诸侯国之间就以交换使节、订立同盟、缔结条约,采取斡旋、调停、仲裁等方法解决争端。这些活动是外交实践在古代中国的雏形,在这个过程中产生的关于战争和国家之间关系的一些原则、规则,与近代国际法的原则、规则有些类似。秦始皇统一中国后,中国成为一个统一的单一制国家,"普天之下莫非王土,率土之滨莫非王臣"才真正成为"天下"准则,在儒家文化基础上建立了中国秩序。从此,中国与向其纳贡的邻国之间存在的是不平等关系。

(一)外交的起源

英国外交学家哈罗德·尼科尔松(Harold Nicolson)曾经说:"如果把外交看作处理一群人和另一群人之间关系的正常行为,那它早在人类有历史记载以前就存在了。""即使在史前时期,一群野蛮人和另一群野蛮人在竟日战斗以后,有时也愿意休战一时,以便收集伤员和掩埋死者。"国家产生之前,不同人群之间、不同的军队之间,都有派出使节探讨实现和维持和平的可能性,这种实践是外交的萌芽。

"外交"(diplomacy)一词,源自古希腊文的diploma,diplo意为"折叠为二"(fold in two),ma意为"物件"(an object)。它原指折叠的文件,用以证明持有人的身份,以及所赋予的通行和其他的权利。在罗马帝国时代,diploma指可以在帝国道路旅行或过境的文件如护照或通行证之类。18世纪，法国人开始称呼他们与外国使馆打交道的官员为"外交人员"（法语：corps diplomatique），意指代表政府从事交涉谈判的人。"外交"所涉内涵，系指独立主权国家与其他国家在主权平等基础上，处理政府与政府间的国际关系的程序或艺术。外交通常是双边活动，有时亦为多边活动，以交涉谈判为主要手段，20世纪后又扩大至包括高峰会议和其他的国际会议，以求达成协议和解决国家与国家间的问题。外交人员进行交涉时，亦可施用威胁或压力，但其范围和效果则由国家或施用国家的相对实力而定。

（二）外交的发展与功能

外交最早的形态是君主之间为了特定目的相互派出特使，其实践的历史可以追溯到古代中东的两河流域和埃及以及中国的春秋战国时期。进入中世纪之后，欧洲成为一个统一的帝国，罗马（帝国）教皇和神圣的罗马帝国皇帝成为至高无上的权威，虽然与外部有联系，但失去了与其他政治实体平等交往的条件。我国战国时期曾产生过某种外交和国际法的萌芽，秦始皇统一中国后建立了统一的封建统治，这些萌芽失去了开花结果的机会。

国家的产生以及由平等相处的国家构成的国际社会，是外交得以开展的前提，也是国际法存在的条件和基础。罗马帝国崩塌后，意大利北部城邦国家兴起，为当代外交制度创造了条件。文艺复兴时期的1450年，意大利产生了现代外交制度中最早的使节制度，1626年在法国产生了历史上第一个为驻外使节服务的外交部。差不多在同一个时间，作为外交家的近代国际法奠基人格劳秀斯（Hugo Grotius）于1625年出版了《战争与和平法》。这部书不仅是思想上的启蒙之作，它在战争与和平、外交代表的权力、条约的签订和解释、战争的合法性等方面提出的诸多观点，使其成为最早的国际法著作。格劳秀斯成为近代国际法学创始人与其先后担任荷兰驻英国大使、法国驻瑞典公使以及瑞典驻法国公使的外交经历是分不开的。

外交的功能,或者说目的,在于保护国家利益,维护国家独立和安全。尽管有些国家利益受地理、历史或经济发展的影响,但外交工作的第一要务一定是维护国家主权的独立、完整和国家安全。外交工作就是以语言为武器,寻求非武力和非仇恨而达到国家利益最大化。维持和平,保持国家最大范围的自由行动是外交工作的重要内涵。外交工作的最大功能在于以非暴力为手段达成共识。外交与外交政策不同,后者指一个国家在国际社会中采取主导性的行为,以达到其维护国家利益的目的。所谓"弱国无外交"通常指弱国不易执行本国已定的外交政策来争取其最大的国家利益。外交与涉外或对外关系亦不相同。外交指不同国家的政府间的官方关系,而涉外关系则内涵更为丰富,包括经贸、文教、法律等。

人类社会发展的历史充分证明,文明的进步表现为从武力到外交、从实力外交到法律外交的演变。古希腊、古罗马都曾试图用武力征服和占领他国,但都以失败告终。15世纪晚期,外交出现后,人们就开始用谈判、协商、妥协等方式处理国家间分歧,但那时的外交往往以实力为后盾,时常伴随着强国以"秀肌肉"的方式胁迫对方,这种实力外交难以建立持久、公正、和平的国际秩序。之后,外交活动中规则因素不断加强,法律的作用和影响日益深得认可和接受。拿破仑(Napoléon Bonaparte)曾说:"我真正的光荣并非打了四十多次胜仗,滑铁卢之战抹去了关于一切的记忆。但是有一样东西是不会被人忘记的,那就是我的《民法典》。"第二次世界大战以后,以《联合国宪章》为标志,法律和规则成为调整国际关系、维护国际秩序的有效手段,得到各国普遍认可和接受。法律外交是人类历史发展进步的必然现象。

(三)外交与法律密不可分

从英文词源上来说,"外交"这一概念的产生与国际法律紧密相连。现代意义上的"外交"(diplomacy)和"外交官"(diplomat)两个词都来源于希腊文，是君主颁发或授予的一种可以折叠的表明特权的文件或证书。外交学学科的奠基者萨道义（Earnest Satow）在谈到"外交"这个词的根源时说，莱布尼茨（Leibniz）在1693年发表的《国际法外交法典》（*Codex Juris Gentium Diplomaticus*），以及迪蒙（Dumont）在1726年发表的《国际法一般外交文件汇编》（*Corps Universel Diplomatique Du Droit Des Gens*），是较早使用diplomaticus和diplomatique的著作。这两本书都是条约和其他文件的汇编，其中的diplomaticus和diplomatique是用来指一批或一辑原始的国家文书，当初都不具有现代外交含义。但是由于这两本书的主题是国际关系，因此corps diplomatique（外交文件汇编）这个名称的意思被认为和corps du droit des gens（国际法汇编）相同，而diplomatique这个词被认为是"和国际关系有关"，因此也适用于和此项事务有关的官员。只是到了后来，diplomatique这个词逐步被用来表示处理国际交往和谈判的技巧及口才，直到1769年，diplomacy这个词才具有了现代意思。从词源上说，外交和国际法律在英文中指同样的内容，具有同样的意思。

从外交和国际法的历史发展来看，战争是推动外交和国际法发展的最大动因。1648年，结束30年战争的威斯特伐利亚会议所通过的《威斯特伐利亚和约》，在自然法原则基础上肯定了主权国家平等的概念，确立了国家独立平等、互不干涉内政等现代国际关系的基本规范。在此基础上逐步形成了以定居的人民、确定的领土、政府和主权为要素的国家观念，开始了外交、国际关系和国际法互动和并行发展的历程。有了国家才有国家间的关系，处理国家间的关系需要外交，外交实践的顺利展开需要有为各国所遵守的国际法规范。威斯特伐利亚会议是历史上最有影响的多边外交实践，《威斯特伐利亚和约》是最具影响的多边外交的成果，该和约所确立的处理国家间关系的基本准则和规范是最早的国际法渊源之一。

当今的国际社会中，外交与法律的联系日益密切。一方面，外交维系着国家利益内部维护与外部解释之间的协调；另一方面，法律已经在越来越多的场合成为这种外部解释的通行"语言"。正如美国法学家路易斯·亨金（Louis Henkin）在其代表作《国家如何行为：法律与外交政策》（*How Nations Behave:Law and Foreign Policy*）的导论部分就开宗明义地指出，在国际关系中，文明的演进表现为从武力走向外交，从外交走向法律。当国际社会越来越重视"善治"的理念时，法治的地位与功能也就愈发突出。良法是善治的基础。"治国者，以奉法为重。"大国外交必重国际法律和国际法治。

法律的生命在于实践，外交的灵魂在于规矩。外交赋予法律生命，法律使外交有了灵魂。国际法律离开外交，就是无源之水、无本之木；而外交离开国际法律，就会沦为强权和霸权，国家间关系就会倒退到丛林时代。外交在本质上是君子之交，即使是双方交战，也"不斩使者"。法律与外交的结合即为君子之道，它为外交设定规矩，让外交有法可依，赋予外交法新的活力。国际法律来自国际关系理论与外交工作实践。政治上有利，道义上有理，法律上有据，这是外交的最佳状态，而让法治的精神在国际关系中王道浩荡，则是现代外交的一大目标。（黄惠康，2019）每一位外交工作者都要怀着对法律的敬重，拿起法律武器，运用法治思维和法治的方式，为国家外交事业和世界和平做出贡献。

二、历史回顾

国际法学家菲德罗斯（Alfred Verdross）指出："哪里有交往，哪里就有法。"古代野蛮人之间的休战，中国古代历史上敌对的双方给予对方送信的谈判者一般战士所没有的特权和豁免，即所谓的"两军交战不斩来使"等惯例，是现代外交法的雏形。这些基本的规则是为双方的沟通交往服务的，没有这些规则，和平交往活动就无法展开。在我国历史上，真正意义上的法律外交应该包括以下几个阶段。

（一）清朝末期

第二次鸦片战争以后，中国外交观念出现系列变化，清政府开始逐步以西方近代外交原则开展对外交往活动。1861年清政府设立总理各国事务衙门以专门从事外交事务，1864年翻译出版了《万国公法》，1873年清政府首次接见外国外交官，1875年首次向外国派驻外交使团，由此逐渐实现近代外交的转型。

19世纪60年代以降，随着近代国际法知识的输入，一批早期外交官和爱国志士敏锐地认识到了国际法的重要性，晚清外交界开始认识并接纳国际法规范，提出中外交往必须遵循国际法，维护中国主权，尊重国际平等，这就是公法外交思想。因此，清政府通过公法外交的理念方式处理中外关系，并且成功处理了一些中外交涉事件。尽管如此，由于主客观因素的制约，公法外交实践未能从根本上维护晚清中国的主权独立和领土完整。然而，晚清公法外交实质上是中国晚清对国家主权独立完整、平等外交的艰辛探索，反映了清政府尝试以主权国家身份主动融入近代国际法律秩序的努力，既是对中国传统外交模式的突破，又推动了近代中国国家主权意识的萌生和外交近代化进程，在中国外交史上有着不可磨灭的多重进步意义。

近代国际法正式传入中国的标志之一是1864年《万国公法》汉译本的出版。近代国际法在中国清末的传播与运用是西学东渐的重要内容之一，也是中国近代化的一个重要侧面。随后，丁韪良（William Martin）陆续主持翻译了《公法便览》《公法新编》《公法会通》《陆地战例新选》《邦交提要》等一系列国际法著作。供职于江南制造局的英国传教士傅兰雅也在丁韪良之后翻译了《公法总论》《各国交涉公法论》《邦交公法新论》等西方国际法律书籍。清末中国从此走上了翻译国际法著作的自觉历程。上海开明书局、广智书局、商务印书馆、广州南洋官报等中国几十家出版机构也先后融入其中，翻译出版了不少国际法书籍资料。20世纪初，中国留日学生又将一批日本国际法资料译介到中国，进一步丰富了清末的国际法知识。

国际法律知识在中国晚清的传播，在很大程度上推动了中国教育的近代化进程。19世纪末20世纪初，近代国际法律知识的传播方式主要是学校教育和《申报》《万国公报》等报刊宣传。同文馆以及各类新式学堂陆续建立并将国际法教育纳入新学课程。中国人已经从"自然法"和理性的角度认识到国际法的合理性，进而极力宣扬国际法的普遍效力。许多负笈海外的官派留学人员则以研习国际法律知识为重任。在对外交涉时，外交官就以国际公法作为辩论依据，开展有理有据的维权外交活动。国际法律知识在中国外交界和思想界引发的冲击与变革具有划时代的重大意义。

近代国际法律是处理近代国际关系与外交行为的法律规范。显然，上述翻译出版的国际法书籍为晚清的中国社会带来了新鲜空气，引入了先进理念。依据国际法律规则开展外交活动的模式，既为中国清末外交提供行为示范，又给清政府处理国际关系提供了法律依据。从此，清政府开始认同近代国际法的规则与效力，主张走公法外交之路，在主权平等基础上按照国际法规则开展中外交流活动。中国清末公法外交实践冲破了传统封建外交理念与模式的束缚，是中国主动融入近代国际秩序的一种积极尝试，有力推动了近代中国外交近代化进程，在中国外交史上有着重要的历史地位和作用。

需要特别指出的是，清末的有些仁人志士对国际法律进行了很好的研究，并结合国情实际进行实践。1879 年，薛福成提出要在修约问题上借鉴国际惯例，"近闻美国与日本议立新约，许归复其内治之权，外人皆归地方官管辖。中国亦宜于此时商之各国，议定条约"，通过修约收回曾经被外国领事强行割让的司法主权。郑观应则明确指出要按国际法的相关精神处理修约问题，认为："请俟换约之岁预先叙明，如有不利吾民有碍吾国自主之权者，准其随时自行更变，以豫为日后酌改地步。"（张卫明，2007）毋庸置疑，人们在进行修约论证的同时，更进一步了解了国际法准则，懂得了国家之间应该在平等的基础上缔结平等互惠的条约，同时也在客观上宣传了国际法律与条约知识：国家主权神圣不可侵犯，各主权国家都享有独立的司法权、关税自主权、内河航行权等。所有这些皆有利于增强人们的国际法治观念和主权意识,从而减少对外交涉中的盲目性,提高维护国家主权独立的自觉性。

遗憾的是,中国清末公法外交实践是在强权与公法、野蛮与文明的纠结中蹒跚前行的,并没有取得预期的效果。尽管做出了努力的尝试,但公法外交终究无法使清政府摆脱来自西方列强的挑衅和欺凌,未能从根本上维护中国的主权独立和领土完整。但清末的公法外交并没有完全失败,依然具有不容小觑的积极进步作用和伟大历史意义。中国清末公法外交的实践使人们进一步认识到国际法律与国家实力之间的密切关系。中国人在充分肯定国际法律理性精神的同时,也清楚地认识到国际法律对强国和弱国存在效能差别。王韬就认为:"夫约之立也,己强人弱,则不肯永守;己弱人强,则不能终守;或彼此皆强,而其约不便于己,亦必不欲久守。"(张卫明,2007)薛福成在评论国际法时认为:"强盛之国,事事欲轶乎公法,而人勉以公法绳之;虽稍自克以俯循乎公法,其取盈于公法之外者已不少矣;衰弱之国,事事求合公法,其受损于公法之外,已无穷矣。是同遵公法者其名,同遵公法而损益大有相者其实也。"他指出:"然所以用公法之柄,仍隐隐以强弱为衡。"(张卫明,2007)国际法律并非万能之法,起决定作用的还是国家实力。"一国之权利所在,即与国之强弱攸关"。"国强则公法我得而废之,亦得而兴之;国弱则我欲用公法,而公法不为我用。"(张卫明,2007)这正是中国清末公法外交的真实写照,致力于国力强盛才是王道。

总而言之,中国清末外交官和爱国志士正视国际法律研究,对国际法治表现出积极认同并接纳的态度,提出了公法外交新路径,具有很强的历史意义。他们对国际法律本身进行普遍主义解读,在论证国际法律的公正性与合理性的同时,也对传统外交的缺陷与痼疾进行客观反思与修正,积极构建新型外交思维,努力推动公法外交,严格按照国际法规范开展外交活动,借助国际法律维护中国主权独立完整,最终走上公法外交之路。

（二）民国时期

由于军阀混战，内战不断，中华民国建立之初，经常出现几个代表中华民国的政府，当时的中国就没有一个统一的政府来发展外交关系。

武昌起义后，全国革命运动蜂起，各省纷纷宣布脱离清政府独立。1912年1月1日，黄兴、孙文等人在南京成立中华民国临时政府，孙中山任临时大总统。南京临时政府当时并未获得国际上的承认。后经协商，孙中山让位给北京的袁世凯。临朝称制的清朝隆裕太后诏授袁世凯在北京全权组建临时政府，清朝正式终结。当时的北京临时政府乃根据《中华民国临时约法》成立，袁世凯为临时大总统。袁世凯政府宣告："现在五族共和，凡蒙、藏、回疆各地方，同为我中华民国领土，则蒙、藏、回疆各民族，即同为我中华民国国民。""将来各该地方一切政治，俱属内务行政范围。"（中国藏学研究中心等，1994）当时，英国公然表示不承认中国关于对西藏主权的宣示，以非法的麦克马洪线制造了中国和英属印度的领土争端，英方代表在西姆拉会议上企图用欺骗手段让中方在条约草案上签字，被袁世凯领导的北洋政府一口回绝，最终西姆拉会议没有产生中国政府作为缔约一方的任何协定。

1913年10月，袁世凯获选为首任中华民国大总统，当日即有日本等十三国与中华民国建交。自此，中华民国邦交国数持续增加。后来，袁世凯为换取沙俄的援助和对北洋政府的外交承认，与俄国签订《中俄蒙协约》。沙俄虽表面上承认蒙古为"中国领土的一部分"，但北洋政府承认了《中俄蒙协约》的内容和蒙古的"自治"，承诺不在蒙古设治、驻军、移民等，这实际上等于承认了沙俄对蒙古的实际控制权。日本胁迫袁世凯签订《中日朝鲜南满往来运货减税试行办法》六款，东北商业遂被日本所垄断。二次革命后，袁世凯害怕日本援助孙中山，特派人赴日本疏通，日本借机提出东北五铁路之建筑权相要挟。1914年日本借口参加第一次世界大战，对德国宣战，出兵占领中国山东。日本趁欧美各国无暇顾及远东，于是由日本驻华公使日置益向袁世凯提出"二十一条"要求,日军占领青岛直到1922年。

第一次世界大战于1914年7月爆发。袁世凯北洋政府于1917年8月对德奥宣战。1918年11月,第一次世界大战宣告结束,中国作为战胜国在巴黎和会上却不能有效捍卫国家利益——中国要求索回德国强占的山东半岛主权,但英、法、意却将德国的利益转送给日本。美国提出暂交英、法、意、美、日五国共管,遭日本拒绝。中国代表团向和会提出两项提案:取消帝国主义在华特权;取消日本强迫中国承认的"二十一条",收回山东权益;但提案被否决。中国代表愤然拒绝在和约上签字。巴黎和会引起中国人民抗议,爆发五四运动。当时中国代表团成员有五个全权代表,其中有担任团长的外交总长陆徵祥、驻美公使顾维钧、南方政府代表王正廷、驻英公使施肇基、驻比公使魏宸组,秘书朱佛定。

1919年1月,胜利的协约国集团为了解决战争所造成的问题,以及奠定战后的世界和平,于是召开巴黎和会。巴黎和会因为战败国和中立国均未获邀请参加,所以这是胜利国举行的和会。胜利国又有大小强弱之分,只有实力雄厚的大国在操纵巴黎和会。美国总统伍德罗·威尔逊(Thomas Woodrow Wilson)、英国首相大卫·劳合·乔治(David Lloyd George)、法国总理克里孟梭(Georges Clemenceau)实际主导了整个和会的进行。和会上签订了处置战败国德国的《凡尔赛和约》,同时还分别同德国的盟国奥地利、匈牙利、土耳其等国签订了一系列和约。这些和约和《凡尔赛和约》一起构成了凡尔赛体系,确立了第一次世界大战后由美国、英国、法国等主要战胜国主导的国际政治格局。会议通过领土分配及赔款等措施重塑现实政治格局,遏制德国等战败国及俄国等社会主义国家,与此同时通过筹组国际联盟企图建立理想的国际外交规范。参加巴黎和会的各国代表有1000多人,其中全权代表70人。巴黎和会及后续的活动先后完成对各战败国的和约签署,其中对德和约《凡尔赛和约》是最为重要的条约,对战后的整个国际格局的重组有着深远影响。

民国时期的外交不得不说是顾维钧。顾维钧，1888年1月29日生于江苏嘉定（今上海嘉定区）。初入旧式私塾，后于1899年考入上海英华书院，1901年考入圣约翰书院。1904年入美国哥伦比亚大学，专攻国际法及外交，获法律博士学位JD。1912年回国后，任袁世凯总统英文秘书、内阁秘书、外务部顾问和宪法起草委员等职。后任中华民国北洋政府国务总理，外交总长，国民政府驻法、英大使，联合国首席代表，驻美大使，海牙国际法院副院长。顾维钧1915年起历任北洋政府驻墨西哥、美国、古巴、英国公使。1917年美国参加第一次世界大战的协约国阵营，策动中国亦加入协约国一方。顾维钧认为这将有利于提高中国在国际上的地位，便在华盛顿积极推动，并密电北洋政府敦促参战。1919年和1921年他作为中国代表团成员出席巴黎和会和华盛顿会议。在巴黎和会上，他就山东的主权问题据理力争，以出色的辩论才能阐述中国对山东有不容争辩的主权，为维护中华民族的权益做出了杰出贡献。

1919年，顾维钧作为中国代表团成员参加巴黎和会。会上日本政府要求以战胜国的身份接管战败国德国在中国山东的一切权益。顾维钧为此准备了《山东问题说贴》，力陈中国不能放弃孔夫子的诞生地山东，犹如基督徒不能放弃圣地耶路撒冷，其发言有理有据，旁征博引，赢得了欧美代表的同情，扭转了和会上的舆论形势。后由于意大利退出和会，英、法、美害怕日本的退出威胁生效而导致和会流产，于是将德国于山东的权益割让给了日本。此时，中国代表团团长陆徵祥离开巴黎。因此顾维钧实际上暂摄团长职权，在他的主持下，中国代表团拒绝在《凡尔赛和约》上签字。顾维钧在巴黎和会上与日本代表牧野伸显唇枪舌剑数十回合，使用标准的法律英语语言，让牧野伸显左右支绌、不能招架。顾维钧的法律英语语言表达能力使与会者震惊，获得了三巨头之一的美国总统威尔逊的高度赞赏，法国总理克里蒙梭、英国首相劳合·乔治也对顾维钧刮目相看。克里蒙梭在其回忆录中写道："顾维钧对于日本，有如灵猫戏鼠，尽显擒纵之巧技。"因此，国际舆论对顾维钧一片盛赞。

（三）中华人民共和国成立初期

在中华人民共和国成立之初，1954年的日内瓦会议是中华人民共和国首次走上多边外交舞台。1954年日内瓦会议的议程是促成朝鲜问题的政治解决和实现印度支那停战。当时的这两场热战，朝鲜战争双方签订了一个军事停战协定，但战争并没有从政治上得到解决；印度支那战争当时正处在一个特别关键的时候。国际社会希望解决这两个问题，而要解决问题，离开了刚刚成立的中华人民共和国根本解决不了。

对中国来说，日内瓦会议具有非常重要的意义，第一个意义是巩固中国的周边安全。从军事上看，这两场战争实际上为中国打出了两个安全缓冲区，但军事斗争的成果要通过外交来巩固，所以这是一场事关中国周边安全的极为重要的外交活动。第二个意义是中国国际地位得到很大的提升。日内瓦会议从事实上确定了只有中华人民共和国政府能够代表中国作为五大国之一来解决重要国际问题。第三个意义是它提供了一个非常重要的外交平台。由于出席会议的西方国家没有一个是和中华人民共和国建立外交关系的，所以中方和它们的接触渠道非常受限。而在这次会议上，中国代表团、周恩来总理以及外交部领导利用日内瓦会议这个平台跟很多西方国家的领导人直接沟通、增进相互了解。中国代表团还利用其他国家驻日内瓦的代表机构进行广泛的外交活动。周恩来总理在回国途中访问印度、缅甸，分别与印度和缅甸总理发表联合声明，提出了著名的和平共处五项原则。

中国在日内瓦会议上和西方大国开始有接触。周恩来总理和英国外交大臣艾登多次接触和讨论印度支那和朝鲜问题，所以后来有了中英事实上的代办级外交关系。当时美国国务卿杜勒斯下令不允许他的代表团和中国接触，而正是日内瓦会议促成了后来在华沙举行的中美大使级会谈，大使级会谈机制事实上成为此后多年内中美在没有外交关系的情况下进行接触的外交渠道。

西方媒体对会议本身有很多报道，对中国代表团非常重视。这是中华人民共和国成立后第一次正式参加国际会议，代表团统一制作了黑色中山装，黑色礼帽，服装统一。西方媒体对中国代表团的新闻发言人、外交部新闻司司长龚澎报道非常多。西方媒体对她的评价很高，称龚澎既有外交官的刚毅有力，又有东方女性的温文尔雅。

当然，西方评价最多的是周恩来在日内瓦会议上的外交活动。日内瓦会议讨论的第一个重要问题是朝鲜问题的政治解决。政治解决的要害是什么呢？外国军队要撤离，中国表示可以随时撤，美国不同意。中国的和平诚意与美国破坏和平的行径都被记录在了国际关系史册。

在印度支那问题上，双方分歧的关键是越南停火线怎么划，以及老挝和柬埔寨抗法部队的地位问题。矛盾非常复杂，最大的矛盾当然是中、苏、越和美、英、法两大集团之间的矛盾，这是核心矛盾。周恩来总理非常巧妙地利用了敌方的矛盾，也非常妥善地处理了己方内部策略的差异，做了大量的工作，使日内瓦会议实现了印度支那的和平。周恩来的外交才能，中国的和平诚意，得到了国际社会的普遍赞誉。国际舆论普遍认为，是周恩来总理挽救了日内瓦会议，挽救了印度支那和平。

三、经验教训

（一）法律外交启蒙

18世纪后期，英国派使臣来华试图按照国际法的原则与清政府建立平等关系，但被狂妄自大的清政府所拒绝。鸦片战争后，面对西方的坚船利炮，清政府一次次地战败，随后一次次地签订不平等条约，先后共签署了三百多项不平等条约。通过这些不平等条约，清政府不仅被迫割地赔款，开放通商口岸，而且还将中国与西方列强不平等的关系以国际法的形式规定下来。最终不平等的"条约体系"取代了旧的"朝贡体系"。美国著名历史学家费正清（John King Fairbank）指出："北京拒绝在平等条件上交往直至它在不平等条约上被武力勒索。"在西方列强与中国的关系中适用的不是在西方列强之间所实施的一般国际法原则，而是根据这些不平等条约所确立的原则规则。观念的滞后是中国屈辱外交的根源。

在中西大规模接触开始的时候，一些中国人开始对如何与西方列强打交道进行思考。在第一次鸦片战争之前，作为钦差大臣被派到广州办理对外交涉事宜的林则徐就发现国际法有可用之处，他让人把《万国公法》节译成中文，用于办理夷务。1861年，清朝设立总理各国事务衙门，被一些人看作现代外交制度在中国的肇始。几年后，美国传教士丁韪良将惠顿（H. Wheaton）的《万国公法》翻译成中文。国际法引入中国伴随着近代中国外交制度的形成，这一历史经验再次表明了外交与国际法律不可分割的关系。

1908年，31岁的颜惠庆出任清朝驻美使馆参赞，从此开始了他的外交生涯。彼时正值晚清末年，国运艰难。在他刚刚参加工作时，一位外国顾问曾对他这样说："中国在每一次对外战争中都被打败，而在每一次战败后的谈判中都能获胜！""他的话虽刺耳，但多少有点道理，"颜惠庆在回忆录里这样说。在他看来，晚清有一批精明而富有远见的政治家，如恭亲王、庆亲王、曾纪泽、李鸿章、张之洞、袁世凯等，"他们信任和重用贤能之士，因此在棘手的对外交涉中，常常能起死回生，使问题得到较为满意的解决，也使中国在遭受外国一次次的入侵下，总的来说还能基本维持领土完整和行政独立"（颜惠庆，2003）。

颜惠庆的这个评论看似与后来的流行认识不合，但是仔细想来也有道理。和其他政府部门比起来，晚清的外交部和驻外使领馆人员的综合素质无疑高出许多。他们都是经充分培训、严格筛选的人才，有经验、有谋略，反应敏捷，手段灵活。在国力孱弱的情况下，这些外交官尽力而为，特别是在大局已定的情况下，在善后的外交中尽可能维持了国家利益。

清朝颠覆，民国肇兴，尽管政坛风云变幻，但是外交官队伍仍然保持了专业化。颜惠庆先是出任北洋政府外交部副部长，而后出任驻德国全权公使，促成了德国对北洋政府的承认。1919年，他作为中国政府代表团的顾问参加巴黎和会。虽然中国提出的一系列恢复行使主权之主张未能得到积极回应，但是中国代表团拒绝在关于山东问题的协议书上签字，第一次向列强说"不"。颜惠庆（2003）事后回忆道："巴黎和会上，中国政府在历史上第一次全面阐述了我国在对外关系方面正当、合理的希望与要求。虽然这些要求当时没有得到圆满解决，但是此次陈述的内容日后一直是中国外交政策的基点。"

巴黎和会后，颜惠庆署理外交总长，主持中苏复交谈判，废止沙俄在华特权。此后数年，颜惠庆日益受到重用，正式升任外交总长，多次兼、代、署国务总理，一度暂时摄大总统之职。1921年华盛顿会议召开，颜惠庆在北京远程指挥，最终在美国的斡旋下同日方签订了《解决山东悬案条约》及附约，成功收回山东主权。在外交工作上，颜惠庆胆大心细，运筹帷幄，据法力争。颜惠庆坚信外交必须依法办理，不得将政治派系利益凌驾于国家利益之上。

不少人从清末外交实践得出教训："弱国无外交"。但是，在甲午战争之前，事实是晚清的中国国家实力并不弱，落后的是外交认知理念和国际法治观念，不了解国际法律的是中国屈辱外交的主要原因。当时的清政府，总是以泱泱大国自居，闭关锁国，坚守"天朝大国"之观念，拒不以平等的方式与其他国家打交道。现代外交观念和国际法律的引进是现代外交制度在中国确立的前提。与国家实力不足的理由相比，对于国际法律的研究和了解严重不足是旧中国外交失败更重要的原因。

（二）法律外交典范

顾维钧是民国时期中国最著名的外交家。中国现代史表明，顾维钧是在国际会议上依法进行外交斗争，敢于对列强说"不"的第一人。以顾维钧为代表的中国代表团在巴黎和会上拒签对德和约，使日本通过和约窃取德国在山东权益的企图没有得逞，在中国外交史上具有重大的意义，成为法律外交的典范案例。

　　第一次世界大战爆发初期，中国政府曾宣布中立，并照会各国，声明在战争中不参加任何一方。交战国均表示承认中国为独立国。随着战争的深入，巨大伤亡使得交战各方兵源锐减，劳力奇缺，凡尔登战役和索姆河战役使英法等国的人力资源紧张局面进一步加剧。为摆脱困境，英法等国把目光转向中国，招募华工来解决战争需求。英国、法国、美国、日本等国在中国参战问题上展开了激烈的争夺，协约国为拉中国参战，曾许诺"保证中国会取得大国的地位"。1917年8月，中国政府对德奥宣战。中国宣布参战后并没有派兵到欧洲作战，但曾派遣华工前往法国和中东的美索不达米亚等地，为协约国集团战地效力，并且为协约国家提供了大批粮食等援助。中国参战后，协约国相继向中国保证，支持中国享有国际大国地位，并于9月8日对中国所提出的参战条件作了答复，同意庚子赔款暂缓5年偿还（俄国只允暂缓一部分），不另加利息，并撤销对德奥的赔款；增加5%关税的原则，具体办法另行议定；天津周围20里内中国军队可以暂时驻扎，以防范德奥两国侨民的行动。（王绳祖，1995）第一次世界大战最终以德奥集团的彻底失败告终。到战争结束，大约2万名劳工战死、累死在欧洲。

　　1897年，德国发动了对中国的侵略战争。第二年清政府被迫与德国签订《胶澳租借条约》。除了赔偿数百万两白银外，条约还规定将青岛及胶州湾租借给德国99年，山东正式成为德国的势力范围。第一次世界大战结束后，德国成为战败国，中国对德宣战，是名副其实的战胜国，其在中国的权益理应归还中国。收回德国在山东的权益是当时北洋政府面临的重大、紧迫的外交问题。一战后的国际环境、中国在战争中的特殊贡献以及西方各国政府的承诺使中国政府有理由相信，在战后重新分配各国利益的巴黎和会上，中方的合理要求会得到西方各国的支持。中国朝野上下都寄希望于通过巴黎和会废除几十年来列强强加给中国的不平等条约，以战胜国的姿态在巴黎和会上改变近八十年来受屈辱的历史。中国北洋政府决定派出以外交总长陆徵祥为首的中国代表团出席巴黎和会。

日本政府以"承担日英同盟的义务"为借口，打着"保卫东亚和平"的幌子，于1914年8月宣布对德作战，并对德国在中国的租借地发动了进攻。日军在龙口登陆，向青岛推进。德国的重心在欧洲战场，在青岛的抵抗显然力不从心，仅几天时间，日德战争就结束了。德军投降之后，日军进入并接管了包括青岛在内的整个德国在中国的租借地，接着就控制了青岛至济南的铁路。随后，日本公使要求特别会见袁世凯，公然提出了臭名昭著的"二十一条"，共包括五部分内容。其中第一部分规定：要求承认日本继承德国在山东的一切权益；山东省不得让与或租借给他国；准许日本修建自烟台（或龙口）连接胶济路的铁路。很显然，日本的目的是进一步扩张其在战略要冲山东的势力范围，为瓜分中国做准备。"二十一条"的目的是要将中国的政治、军事、财政及领土完全置于日本政府控制之下，把整个中国变成日本殖民地，这完全违背了国际关系的根本准则，是对中国主权的严重侵犯。出乎意料的是，袁世凯为了换取日本政府对其复辟帝制的支持，竟然向日本人表示，除条约第五部分需日后协商外，其余内容可全部接受。这就为后来山东问题的解决埋下了严重隐患。

1918年1月，欧洲战场即将结束战争，美国总统威尔逊发表了著名的《十四点宣言》。宣言表示："国际盟约不得秘密行事，国无大小一律平等。"这个原则得到了世界各国的广泛认可。威尔逊的主张很显然对中国外交非常有利，因为包括日本在内的不少国家，曾签订了众多有损中国主权的秘密条约，每当中国在外交上独立行动时，这些国家即以密约为依据处处限制中国的行动。

1917年，中国对德国宣战之时，正值顾维钧风华正茂，他虽然年轻，但学识渊博，深谋远虑。顾维钧感觉到协约国不久将取得胜利，中国可以借战胜国的机会收回德国在华特权，恢复大国地位。为此，他做了悉心准备。顾维钧在大战结束前就在驻美使馆内成立专门小组研究与战后和会相关的问题，并将研究报告及时传递给国内，主张应向巴黎和会提出收回德国强占山东的权益。他还向外交部建议，聘请自己在哥伦比亚大学法学院学习时的指导教授，著名国际法专家约翰·穆尔（John Bassett Moore）为使馆顾问，借重他的外交实践经验和国际法知识为参与巴黎和会做准备。顾维钧被任命为外交使团代表，巴黎和会前夕，他整天埋头于准备工作，为中国代表团草拟了一项完整计划，包括"二十一条"、山东问题、收回租借地等七个问题。此外，他还对国际联盟问题进行了认真研究，为中国代表团在巴黎和会上的工作打下了坚实基础。此外，顾维钧还专门拜会了以威尔逊总统为首的美国代表团，向他们阐述了中国对和会的要求，获得了美国政府在和会上尽力支持中国的承诺。刚到达巴黎，中国代表团就开始紧锣密鼓地准备相关提案，但是日本却抢先向和会提出无条件继承德国在山东权益的要求。由于事关中国重大关切，美国总统威尔逊提议，会议请中国代表团就此进行说明陈述。这对中国代表团来说是一次千载难逢的机会，但由谁来承担这一重任却成了问题。陆徵祥称病无法赴会，王正廷、施肇基均以对山东问题不熟悉为由推顾维钧代表中国发言。此时的顾维钧没有退让，挺身而出，毅然决然挑起这副重担。

这将是顾维钧第一次在国际外交舞台上代表中国政府展开外交斗争，施展外交魅力。经过细致的准备，顾维钧在由英、美、法、日、意五国组成的巴黎和会最高机构"十人会"上，面对美国总统威尔逊、英国首相劳合·乔治、法国总理克里孟梭等世界著名的政治家，慷慨陈词，发表长篇演讲。顾维钧操着流利的英语，稳健地说："我非常高兴有机会代表中国把中国山东问题提交大会。我刚才很有兴趣地听取代表几百万人民的英联邦自治领的发言人谈话。而我代表占人类总人口四分之一的中国人说话，这一事实让我感到责任重大。中国政府要求和会归还胶州租借地、胶济铁路，以及德国在大战前所占有中国的其他一切权利。为了不占用'十人会'太多的时间，我愿意只讨论某些大的原则问题。至于技术性的细节问题，我在提交大会的备忘录里将有全面的阐述。"

顾维钧依据自己掌握的国际法律知识，借助法律英语语言精准地向

"十人会"表述有关法律事实和中国政府的立场：该租借地是中国领土完整不可分割的一部分，同时也是山东省的一部分，该省有3600万常住居民，其在种族、语言和宗教上都属于中华民族。毫无疑问，大家对德国山东租借地的历史不会陌生。该租借地是德国用武力强行夺取的。之前德国舰队占据了山东沿海，其登陆士兵深入中国内地。德国以勒索胶州租借地作为其撤兵的条件。那次出兵山东的借口是两位德国传教士在中国内地乡村被意外杀害，这起事件完全超出中国政府的控制能力。按大会所接受的民族自决和领土主权完整的原则，中国有权要求山东主权的归还。中国代表团将认为此举符合正义的和平要求。反之，如果大会把山东主权转交给其他任何一个强国，在中国代表团看来，那将是错上加错。胶州和胶济铁路所在地的山东省是中华文明的摇篮，孔子和孟子的诞生地，对中国人而言，这是一块圣地。全中国人的目光都聚焦于山东省，该省在中国的发展中起着重要的作用。

从经济上讲，租借地地区人口稠密，在只有9万平方公里的土地上居住着3600万人。其人口的密集导致了竞争的激烈，也使得该地极不适合殖民。某个强国的介入只会造成对该地居民的盘剥，而非真正的殖民。就战略而言，胶州可谓华北的重要门户，它控制着从东部沿海到北京的最短通道之一，即通过胶济铁路并在济南连接通往天津的铁路而直达北京。为了中国的国防利益——中国终要形成自己的国防——中国政府不能允许任何外国强求如此重要之地。中国完全清楚英勇的日本陆海空军为把德国势力清除出山东所做出的贡献，中国也深深感激英国在其自身在欧洲面临危险之时对此给予的帮助，中国也没有忘记其他协约国军队在欧洲牵制了敌军，否则他们就会轻易地向远东增派援军，从而延长那里的战争。中国尤其感激这些贡献，因为中国在山东的人民在夺取胶州的军事行动中，也曾遭受苦难和牺牲，尤其是在各种劳动力和物资供给的军事征用方面。

尽管深怀感激，但是中国代表团认为通过出卖同胞的天生权利，借以对协约国表示感恩，这将是对中国和世界的失职行为，并因此播下未来混乱的种子。因此中国代表团相信大会在考虑处理德国在山东租借地及其占有的其他权利时，能充分重视中国基本和天然的权利、政治主权和领土完整，以及中国为世界和平事业服务的强烈渴望。

当胶州要塞的归还问题被提出后，顾维钧认为应该读一下日本给德国的最后通牒，因为该通牒表明了它的意图："按照目前的局势，采取措施清除那些影响远东和平的所有动乱之源，捍卫英日盟约所构想的总体利益，以确保东亚持久而稳定的和平——确立东亚和平正是英日同盟的目的所在——是非常重要的。因此日本帝国政府真诚地认为给德帝国政府如下两条建议是他们的责任：

（1）立即从日本和中国的水域撤退德国陆军和各种战舰，并当即解除那些不能撤退的德军的武器。

（2）至迟在1914年9月15日，须无条件无补偿地把胶州全部租借地交给日本帝国政府，以便将其最后归还给中国。"

日本事实上一直占据着胶州，牧野男爵认为根据中日两国政府既已达成的所有协议，中国完全明白日本占据意味着什么。双方关于该问题已友好地交换了意见，并且日本已经同意一旦日本能自由处置胶州，就尽快将其归还中国。关于胶济铁路问题，也已达成若干协议。

鉴于中日之间已经交换照会，顾维钧认为对中日的这些交涉作出声明，是值得"十人会"成员考虑的。

顾维钧说在归还胶州问题上，中国代表团持不同的观点。顾维钧在关于中国问题的声明中，并不愿表明日本在从德国获得胶州租借地及其他权利后，不会把它们归还给中国。因为事实上中国完全信任日本对中国和世界的保证，即日本不会占据山东；而且牧野男爵在大会上确认了这些保证。但是在直接和间接归还问题上存在着选择，中国宁愿采取第一个选择，即直接归还。如果两者的目标相同，一步到位总是较容易的。

至于日本全权代表所指的那些协议，顾维钧认为这应当是1915年因"二十一条"谈判所产生的若干条约和照会。没有必要对当时环境加以详细描述，说到底，中国政府是在日本最后通牒后于惊恐失措中被迫同意的。根据有关法律，在胁迫威逼之下签订的协议是无效的。在中国政府看来，它们充其量只是临时的、暂时性的协约，应该交由这次大会的最后讨论来决定，因为它们都是大战所产生的问题。而且，即使这些条约和照会一直是完全有效的，中国对德宣战的事实根据情势变迁原则也已经改变了原来的形势，今天它们已经无须遵守。中国过去曾被迫同意将完全认可日本与德国在山东的权利、特权和租借地等问题处理上所达成的任何安排。但是该规定没有排除中国加入大战，也没有阻止中国作为参战国参加此次和会；它也因而不能妨碍中国要求德国直接归还山东的权利。更何况，中国在对德战争宣言中，已明确声明根据中德战争状态，两国间以往达成的所有条约和协定都被视为无效。既然租借协定已被废除，胶州租借地以及其他德国在山东享有的类似权利和特权都全部归还给了中国。即使租借条约不因中国的对德宣战而终止，德国也无权替代中国，将山东权利转交给其他强国，因为条约里已经就此作出了明确规定。

顾维钧的发言有根有据，说理充分，语言流畅，说服力强，与日本代表在此前的发言形成了鲜明的对比，深深打动了与会的各国代表。美国总统威尔逊等大国代表均声言道贺，称这一发言是中国主权观的卓越论述。中国代表团离开会场时，许多与会者纷纷将中国代表团围住，向顾维钧表示祝贺。舆论一时倒向中国，扭转了过去的被动局面。日本政府恼羞成怒，只能向北京政府外交部抗议顾维钧的发言，企图通过北京政府向代表团施压。顾维钧的演讲为中国在和会上收回山东权益开了个好头。中国代表团趁热打铁，又将由顾维钧起草的关于山东问题的说帖提交和会，得到了美国代表团的支持。随后中国代表团又向和会提出了废除不平等条约的要求，山东问题的解决似乎向着有利于中国的方向发展。

虽然顾维钧在巴黎和会上的演讲取得了巨大成功，但是巴黎和会实质上是大国分赃会议，而且早在中国参战前，英法为了各自的利益已经与日本达成私下协议，支持日本对山东的要求。中国问题只是列强之间讨价还价的筹码。此后,顾维钧虽然再次向和会提出收回山东的强烈意愿,但美、英、法三国代表约见出席和会的中国代表,将最高会议决定的方案通知中国,最终决定将日本的无理要求纳入对德和约,要求中国将德国在山东的一切权益均让与日本。中国在巴黎和会山东问题上交涉失败的消息传到北京后,1919年5月4日,引发了北京学生声势浩大的五四运动。

巴黎和会同意将德国在山东权益转交给日本后,中国代表团仍在努力谋求国家最大利益。虽然美国受日本退出和会威胁转而同意将德国以前在山东的权利转交给日本,但美国还是同中国一起谋求收回胶州湾。和会上,牧野口头表示保证归还胶州主权给中国,将只继承德国在青岛的经济特权及其他普通权益。但由于是口头的保证,中国代表团不敢相信日本。国内五四运动愈演愈烈,北京政府和代表团商议后决定保留签字。除了保留山东条款外,签订取消德国在中国一切特权的条约。但英法等国坚持要签就都签,山东条款不能例外。在国内形式的巨大压力下,北京政府倾向于山东条款保留不成就拒签。一旦拒签,中国就会丧失目前争取到的利益。在中美反复争取下,英法做出妥协,"十人会"表示只要中国同意严格保密,三国领袖会议的全部会议记录可以给中国一份,其中包括日本代表承诺归还山东主权给中国的内容。至此,山东问题的解决取得重大进展,中国一直纠结的就是归还山东一事空口无凭,现在有了白纸黑字的书面声明,只不过这份声明是中、日、美、英、法五国之间的外交机密,不能写进《凡尔赛和约》。

此时,顾维钧面临艰难选择:中国政府代表团内部出现分歧,可以说,签字的主张代表了中国政府和中国代表团中相当一部分人的意见;面对来自国内外日益强大的压力,代表团四分五裂,个别成员借故离开代表团,整个代表团可谓是一盘散沙,群龙无首。国内形势愈演愈烈,而外交机密不可外泄,代表团不能向民众解释日本已承诺归还山东主权,民众将北京政府视为卖国政府,极力反对签字。此时如果还签字,国内局势势必失控。顾维钧没有退缩,而是毅然决然地承担起了历史的重任。顾维钧、王正廷等人坚决主张保留不成就拒签和约并为此进行了艰苦卓绝的外交斗争。顾维钧先是为中国代表团起草了一份措辞强硬的声明递交新闻界，抗议对中国的不公正待遇。顾维钧马不停蹄地会晤了各国代表，试图找到最终解决问题的方法，而且又进行了多次成功的演讲，得到了许多国家的同情。顾维钧的态度十分明确："日本志在侵略，不可不留意，山东形势关乎全国，较东三省利害尤巨。不签字则全国注意日本，民气一振，签字则国内将自相纷扰。""中国无路可走，只有断然拒签。"这是在没有国内指示的情况下，顾维钧毅然决然作出的决定。1919年6月28日是中国外交史上一个令人难忘的日子，中国代表团集体缺席巴黎和会，拒绝签署对德和约。顾维钧代表中国代表团致电北京政府汇报了拒签的情况。拒签的行动打破了近代以来中国在与列强交涉中"始争终让"的惯例。在国家需要她的外交官为主权独立挺身而出的时刻，31岁的顾维钧义无反顾地承担起了历史的重任，他的爱国行动被永远载入中国外交史册。

顾维钧作为近代中国第一代职业外交官，具有高度的历史使命感，准确把握了历史的发展方向。顾维钧始终保持了清醒的头脑，充分运用法律思维和法治的方式处理外交难题。拒签虽是无奈之举但是也是权衡利弊之后不得不做出的选择。《顾维钧回忆录》谈道："我的态度自始就是：对山东问题不能取得保留就应拒签。"面临着可签可留的严峻形势，顾维钧勇敢地挑起了中国代表团的重任，成为代表团后期实际的主持人，在最终拒绝签署对德和约中起到了决定性的作用。中国外交代表团的努力并没有白费，1922年华盛顿会议上签署了《解决山东悬案条约》，山东问题基本上按照巴黎和会的方案得到解决，拒签之后中国仍参与了国际联盟盟约的草拟，并加入了国联成了联合国的创始国。而这都与巴黎和会上中国外交代表团所做的努力是分不开的。

历史潮流，浩浩荡荡，顺之者昌，逆之者亡。对于外交官来说，祖国利益高于一切，使命重于泰山。优秀的外交官必须具有历史的眼光，具有法律思维，运用法律武器，看到世界的潮流，在重大问题上作出有利于国家和人民利益、符合历史潮流的正确选择。顾维钧在巴黎和会上的表现堪称典范。在巴黎和会上顾维钧可以有许多选择。顾维钧在中国代表团中年龄最小，资历最浅，可以不必为代表团的成败承担过多责任。但是，顾维钧有着强烈的使命感和责任感，承担起了代表中国的主要责任。他凭借高超的外交技能、渊博的学识和流利的法律英语，精心准备了在和会上的每一次发言，有理有据、不卑不亢，取得了巨大成功，为中国赢得了国际社会的广泛同情和支持，率领中国代表团坚决拒签《巴黎和约》，维护了国家的尊严，在近代中国外交史上写下了浓墨重彩的一页。

"弱国无外交"并不意味着弱国在外交上无事可做。顾维钧在巴黎和会上的表现，是对"弱国无外交"这一提法的有力挑战。实际上，越是弱国就越需要外交。中国社会科学院著名民国史专家汪朝光这样评价："中国新一代外交家，以顾维钧为代表，在西方学习成长，了解西方的处事方式、外交战术甚而心理情感，又能体认中国弱势的国情，讲求中国传统的'哀兵必胜''后发制人'，以民族主义为后盾，善用列强间的矛盾关系，较为成功地运用外交战略、战术、技巧，为中国外交打开了新局面。在巴黎和会和华盛顿会议期间，中国的外交运用基本是成功的，为中国挽回了部分国权。"（汪朝光，于铁军，2020）

（三）法律外交发扬光大

中华人民共和国成立70年来，中国一跃成为世界第二大经济体，实现了从站起来、富起来到强起来的伟大飞跃。改革开放后，中国对外政策的主要目标有所转变，注重国内经济建设，由此创造良好的周边环境，高度重视和遵守国际法律的基本原则。国际法律为增进国家交流和稳定国际关系行为体的预期提供一个规范性的参考框架。中国外交日益成熟，在进一步融入国际社会的同时，形成了与国际社会的良性互动。70年来，中国不仅恢复了在联合国的合法席位，全面融入国际体系，还成为国际体系重要的参与者、维护者和建设者。中国始终高举国际法治旗帜，坚持以《联合国宪章》宗旨和原则为核心的国际法治体系，坚定维护多边主义，建设性地参与各领域国际规则制定，积极推动国际关系的民主化，倡导国际法律的平等统一适用，在重大国际和地区问题上依法行事、仗义执言，成为捍卫国际公平正义、促进国际法治发展的中坚力量。

1. 中国的条约实践

中华人民共和国成立后的首要任务是切断与旧中国政府屈辱外交的联系，争取在国际法上作为主权独立国家与世界其他国家完全平等独立的地位。这既表现在中华人民共和国的外交实践上，也表现在对国际法治的态度上。为了与旧中国的屈辱外交斩断联系，中华人民共和国成立后就宣布："中华人民共和国政府为代表全国人民的唯一合法政府。凡愿遵守平等、互利、互相尊重领土主权等项原则的任何外国政府，本政府愿意与之建立外交关系。"根据"另起炉灶"的原则，建立新的外交制度，对于尚未与新中国建立外交关系的国家驻旧中国政府的外交官，中华人民共和国不把他们看作外交官，而是把他们看作普通侨民。中国外交从此翻开了新的一页。

中华人民共和国成立至今，中国对外签订了27000多项双边条约，500多项多边条约，涉及政治、经济、法律、教育等国际交往的方方面面。总体来看，中国条约实践大体可以划分为以下三个阶段。

废陈出新。1949年至1978年的30年是中国条约实践的第一阶段。中华人民共和国成立后的首要任务就是争取获得国际社会的承认。这是中华人民共和国政府与其他国家政府建立外交关系的前提。根据有关条约继承的国际习惯法，对于外国政府通过战争、胁迫等非法手段与旧政府签订的不平等条约，中华人民共和国政府可一概不予承认。因此，中华人民共和国成立后首先就是要全面清理旧政府与外国签订的条约，分门别类地明确哪些条约应当终止，哪些条约可以继续有效。

1949年9月，中国人民政治协商会议通过的具有临时宪法作用的《共同纲领》宣布："凡与国民党反动派断绝关系，并对中华人民共和国采取友好态度的外国政府，中华人民共和国中央人民政府可在平等、互利及互相尊重领土主权的基础上，与之谈判，建立外交关系"；"对于国民党政府与外国政府所订立的各项条约和协定，中华人民共和国中央人民政府应加以审查，按其内容，分别予以承认，或废除，或修改，或重订"。这里追求的既是外交承认，也是国际法上的承认。中华人民共和国提出的平等、互利是一个政治和外交概念，也是一个国际法的概念。至于提出的与国民党反动派断绝关系则是为了维护国际法律原则，国家独立主权不可分割的规则，避免出现"两个中国"的局面，而坚持谈判的过程则是为了在程序上确保这个前提条件以及主权平等的原则得到维护。据此，中华人民共和国确立了废除不平等条约的对外政策，中华人民共和国的条约工作正式开始。这一阶段，中国共对外缔5300余项，年均180余项，主要为涉及国家关系的政治性条约。

积极参与。1979年至1990年的十几年是我国条约实践的第二阶段。这一阶段缔约工作取得了很大发展。首先，缔约数量较上一阶段显著增加。据统计，中国共对外缔结双边条约4400余项，年平均缔约近400项。其次，条约涉及领域更为广泛，出现了司法协助、投资保护、避免双重征税、领事等条约。再次，中国开始实质性地参与国际组织活动和多边立法进程，包括加入亚洲开发银行等金融组织，参加110余项多边国际公约，涉及经济、劳工、海事、民航、外空、核能、金融、人权、国际人道法等多方面，逐步从国际体系的"旁观者"变成"参与者"。最后，条约法治化建设取得突破。1990年12月第七届全国人民代表大会常务委员会第十七次会议，颁布了《中华人民共和国缔结条约程序法》，标志着中国条约工作更加规范化、法治化。

深度融入。1991年至今为中国条约实践的第三阶段。这一时期，缔约工作进入一个新时期，并呈现出如下特点：一是缔约数量大幅攀升。本阶段，中国共加入300余项多边公约，缔结17000余项双边条约，年平均缔结约600项双边条约。二是缔约领域不断拓展，上至外空下达洋底，南到南极北到北极，大到维护和平小到保护稀有物种，均有相应的条约加以规范。服务对象也从国家扩展到普通公民。三是中国融入国际法律体系程度不断深入，全面参与各项重要条约谈判并发挥建设性作用，成为国际法律体系重要的"参与者、维护者和建设者"（贾桂德，2020）。

2. 和平共处五项原则

和平共处五项原则是中国提出的国家外交纲领性政策。20世纪50年代，在第二次世界大战结束后兴起的非殖民化运动中，亚非拉民族独立解放事业蓬勃发展，新兴独立国家渴盼建立平等一致的国际关系。1954年，中华人民共和国顺应历史潮流，与印度、缅甸共同倡导互相尊重主权和领土完整、互不侵犯、互不干涉内政、平等互利、和平共处五项原则。周恩来总理曾系统性地阐明和平共处五项原则的基本思想："各国不分大小强弱，不论其社会制度如何，是可以和平共处的。各国人民的民族独立的自主权利是必须得到尊重的，各国人民都应该有选择国家制度和生活方式的权利，不应该受到其他国家的干涉。"和平共处五项原则的提出具有深远的历史意义和重大现实意义。

中华人民共和国选择和平共处五项原则作为国际关系基本准则有着深厚的历史基础。当时刚刚独立的广大亚非国家与中国的社会制度不同，有些中国近邻与中国之间还有历史遗留问题，和平共处五项原则为和平解决国家间历史遗留问题及国际争端开辟了崭新道路；同时，西方国家与中国在政治信仰和社会制度上不同，和平共处五项原则也是指导中国与西方国家改善和发展双边关系的基本原则。

和平共处五项原则具有丰富的国际法内涵。七十多年来，五项原则反映了发展中国家追求独立、自主、自强、发展的普遍诉求，也促进了拥有不同意识形态和社会制度的国家之间的交往和合作。五项原则有着深刻的法律内涵，与《联合国宪章》第一条"国家间友好关系"及第二条"主权平等、不使用武力、不干涉内政"等规定高度一致。五项原则包含4个"互"字、1个"共"字，体现了各国权利、义务、责任相统一的精神，是对《联合国宪章》宗旨和原则的丰富和发展。（贾桂德，2020）

中国始终是和平共处五项原则的忠实践行者。和平共处五项原则载入了《中华人民共和国宪法》，也写入了中国与160多个国家的建交公报和双边条约中，成为中国独立自主和平外交政策的基石。1954年4月，中国和印度签署《中印关于中国西藏地方和印度之间的通商和交通协定》，将和平共处五项原则写入序言。这是和平共处五项原则第一次写入正式的国际文件。1970年第25届联合国大会通过的《关于各国依联合国宪章建立友好关系及合作之国际法原则之宣言》和1974年联合国大会第6届特别会议通过的《建立新的国际经济秩序宣言》，都明确把和平共处五项原则包括在内。和平共处五项原则已成为指导国与国关系的基本准则和国际法基本原则，为一系列国际文件所采纳，被国际社会广泛认同和遵循。

和平共处五项原则具有丰富的时代内涵。新形势下，和平共处五项原则的精神不是过时了，而是历久弥新。和平共处五项原则作为一个开放包容的国际法原则，集中体现了主权、正义、民主、法治的价值观。和平共处五项原则在新时代的丰富内涵应当包括：互相尊重主权和领土完整原则是国际法的基础和维护国际关系稳定的基石，互不侵犯原则是国际和平与安全的根本保障，互不干涉内政原则是确保国家独立自主、抵御霸权主义和强权政治的坚强屏障，平等互利原则是国家间进行交往、开展合作的行为准则，和平共处原则是维护国际秩序稳定的必要条件。中国和其他国家共同倡议的和平共处五项原则已经成为公认的国际法基本原则。

3. 一国两制构想

"一国两制"是中国共产党和中国政府提出的解决中国统一问题的基本方针。"一国两制"指的是以"一个中国"为原则，强调中华人民共和国是代表中国的唯一合法政府。在中华人民共和国境内，国家的主体实行社会主义制度,香港、澳门和台湾实行资本主义制度并保持长期不变。特别行政区可以享有除国防和外交以外其他事务高度自治的权利。"一国两制"也是中国政府在台湾问题上的主要方针。

"一国两制"的伟大构想,一方面保证中国恢复对香港、澳门行使主权,另一方面更保证了港澳特区的繁荣稳定;实践证明,"一国两制"具有强大的生命力,不仅是实现国家统一的基本方针,更是对当代国际法的践行与发展。

"一国两制"是和平解决国际争端的成功实践,它大大丰富和发展了国际法的具体制度。港澳问题的和平解决,对内避免了恢复行使主权过程中社会动荡,保持了港澳特区长期繁荣稳定;对外避免了诉诸战争或武力手段,成了国际法上和平解决国家间历史遗留问题的光辉典范,为他国解决类似争端提供了示范和借鉴。在条约层面落实好"一国两制"和香港、澳门特区基本法,没有先例可循。为确保港澳特区对外交往的顺利开展,中央政府在港澳特区缔结和适用条约等方面开创了很多新的做法,为丰富和发展国际法做出了贡献。

港澳特区是中国领土的一部分,本不应具备国际法上的缔约主体资格。为确保港澳特区的繁荣发展,港澳基本法作出特殊安排,赋予特区一定的缔约权,特区可以"中国香港"或"中国澳门"的名义谈判和签订经济、贸易等八个领域的协议。经中央人民政府协助或授权,特区可对外谈判和签订互免签证协定、司法协助协定、移交逃犯协定、移交被判刑人协定、民航协定以及投资保护协定等。根据"一国两制"方针,并考虑到港澳特区的实际需要,大胆探索条约适用新方式,并得到国际社会认可。"一国两制"是党领导人民实现祖国和平统一的一项重要制度,是中国特色社会主义的一个伟大创举。

党的十九届四中全会把"一国两制"作为国家制度和国家治理体系的显著优势之一,并对坚持和完善"一国两制"制度体系作出系统制度设计和工作部署。这充分彰显了中央维护港澳长期繁荣稳定、推进祖国和平统一的制度自信和能力自信。

4.国际海洋法治

中华人民共和国成立七十多年来，根据国际海洋法的演变发展，中国始终依据国际规则和惯例，坚定维护国家领土主权和海洋权益，大力开展国际海洋合作，形成了富有中国特色的海洋法实践，相关实践可分为如下三个阶段：

1949年至1971年为第一阶段，这是中华人民共和国集中维护领土主权和海洋权益的阶段。最为突出的国际法实践是1958年中国政府发布《中华人民共和国政府关于领海的声明》，对于维护国家主权、安全和海洋权益发挥重要作用。

1971年恢复中华人民共和国政府在联合国的合法席位至1996年中国批准《联合国海洋法公约》为第二阶段。中国全程参与1973年开始的第三次联合国海洋法会议，并于1982年签署《联合国海洋法公约》，中国还全面参与《联合国海洋法公约》第11部分执行协定以及鱼类种群协定的谈判，发挥了重要影响。同时，中国根据《联合国海洋法公约》启动国内海洋立法工作，中国海洋法律体系从无到有，不断发展。本阶段，中国还坚决维护钓鱼岛、西沙、南沙领土主权和海洋权益以及对东海大陆架的权益。

从1996年批准《联合国海洋法公约》至今为第三阶段。我国依《联合国海洋法公约》确立的现代海洋法制度开展海洋活动，发展海洋事业。中国全力支持国际海底管理局、大陆架界限委员会、国际海洋法法庭的工作，建设性参与国家管辖范围以外区域海洋生物多样性国际协定谈判，为国际海洋治理体系的完善和发展付出努力。本阶段，中国不断加强和完善国内立法，妥善处理同邻国的岛屿主权和海洋划界争议，同时本着和平解决争端的精神，依照国际法通过谈判解决相关争议，并与日、韩、越南等国谈判达成有关海域划界和渔业合作的安排。

关于领海制度，中国政府于1958年9月发表《中华人民共和国政府关于领海的声明》，宣布中国领海宽度为12海里，中国采用直线基线方法划定领海基线，一切外国飞机和军用船舶，未经中华人民共和国政府的许可，不得进入中国的领海和领海上空。声明宣布，上述规定适用于中华人民共和国的一切领土，包括中国大陆及其沿海岛屿，以及台湾及其周围各岛、澎湖列岛、东沙群岛、西沙群岛、中沙群岛、南沙群岛及其他属于中国的岛屿。军舰是否享有无害通过沿海国领海的权利，在国际法上是一个长期存在争论的问题。《联合国海洋法公约》对此没有明确规定。各国主要有三种做法：一是无害通过，二是要求事先通知，三是要求事先批准。

中国的立法和实践是一贯的。从反对美国武装干涉中国内政的需要出发，1958年领海声明要求外国军舰须经中国政府的许可，才能进入中国的领海。1983年《中华人民共和国海上交通安全法》和1992年《中华人民共和国领海及毗连区法》延续这一批准制度。1996年5月15日，中国批准《联合国海洋法公约》，同时声明公约有关规定"不妨碍沿海国按其法律规章要求外国军舰通过领海必须事先得到该国许可或批准才能通过该国的权利"（贾桂德，2020）。

值得注意的是，美国从20世纪80年代以来，一直以"航行自由"为借口，派出军舰挑战其他国家的领海外国军舰通过制度，这种以挑衅性方式展示军事力量和存在，企图胁迫沿海国接受美单方理解的海洋法规则的做法，违反了《联合国宪章》规定的和平解决争端、不使用武力威胁等原则，这种霸权行径不会改变各国维护本国主权、安全和海洋权益的正义要求。

5. 全球气候法治治理

气候变化是全人类共同面对的严峻挑战。运用法治思维应对气候变化，事关中华民族永续发展，关乎人类前途命运。应对气候变化的国际法律体系也在不断发展。中国高度重视应对气候变化，积极建设性参与《联合国气候变化框架公约》（以下简称《公约》）、《京都议定书》和《巴黎协定》等全球气候治理规则制定进程，坚定支持多边主义，切实采取有效措施应对气候变化，展现了负责任的大国形象。

作为世界上最大的发展中国家，中国克服自身经济、社会等方面的困难，积极参与《公约》谈判。中国联合发展中国家维护共同立场和权益，主张发达国家率先减排，为发展中国家提供资金、技术支持，并在《公约》中写入"共同但有区别的责任"（简称"共区"）原则、预防原则、可持续发展原则等国际环境法原则。其中，"共区"原则此后一直成为《公约》主渠道谈判中的重要原则。该原则的依据在于，从历史上看气候变化主要由发达国家工业化以来的累积排放造成，发达国家应承担历史责任，而发展中国家应对气候变化能力不足，需要得到资金、技术支持。根据"共区"原则，《公约》规定发达国家率先减排，并为发展中国家应对气候变化提供资金和技术支持。发展中国家承担应对气候变化的共同责任的一般性义务。（贾桂德，2020）

在《巴黎协定》谈判过程中，中国积极发挥引领作用，妥善处理与各方关系，推动各方相向而行。从2012年谈判启动开始，中国与各方密切沟通，发表多份领导人联合声明，推动各方就国家自主确定应对气候变化贡献、"共区"原则表述等关键问题达成共识。（贾桂德，2020）国际社会普遍认为，如果没有中国的努力，《巴黎协定》不可能达成。

与《京都议定书》相比，《巴黎协定》没有"自上而下"通过国际谈判规定各国减排目标，而是由各国以国家自主决定的方式提出"国家自主贡献"气候行动目标，即所谓"自下而上"模式。从国际法角度看，国际法律的制定和实施主要基于国家意志。"自上而下"的强制减排机制法律约束力较强，从理论上看能更有效地实现减排目标，但在实践中由于超越了国家的意愿和能力，限制了国家发展空间，实施起来举步维艰，实际执行效果大打折扣。《巴黎协定》"自下而上"的机制更多地体现了国家的意志，长期以来各国反复实践总结教训，做出更具务实灵活性的安排。这一新机制强调了各国行动的自主性，同时也设计了不断提高力度的制度。未来具体实施效果如何，还是要取决于各国，特别是主要国家的政治意愿和能力。（贾桂德，2020）2017年6月，美国政府宣布退出《巴黎协定》，为气候变化多边进程带来负面冲击，中国继续支持《巴黎协定》，维护全球气候治理法治化进程。

2020年9月，习近平在第七十五届联合国大会一般性辩论上郑重宣示：中国将提高国家自主贡献力度，采取更加有力的政策和措施，二氧化碳排放力争于2030年前达到峰值，努力争取2060年前实现碳中和。2021年5月，世界环境司法大会在云南昆明圆满召开，与会各方一致通过《世界环境司法大会昆明宣言》。中国将应对气候变化全面纳入国家经济社会发展的总体战略，积极采取有效措施，统筹推进山水林田湖草沙系统治理，严格落实相关举措，有效控制重点工业行业温室气体排放。2021年10月，国家发布《中国应对气候变化的政策与行动》白皮书，分享中国应对气候变化的实践和经验。中国将一如既往地参与气候变化相关谈判和国际交流，积极引领应对气候变化国际合作，做全球生态文明建设的参与者、贡献者、引领者。

6.人类命运共同体理念

中国改革开放四十多年的发展历程证明，中国共产党领导中国人民创造了人类历史上前所未有的发展奇迹，同时也为世界进步做出重大贡献。中国的发展离不开世界，世界的发展也需要中国。基于这些判断，习近平在多个场合对外明确倡导"推动构建人类命运共同体"并将其作为中国外交政策，既顺应了时代潮流，也符合中国和世界发展需要。

这一时代理念的提出，既遵循了国际法律的原则，又深化了国际法治内涵，富含共赢思想。2018年3月，推动构建人类命运共同体作为中国新时代的一个重要外交理念被写入《中华人民共和国宪法》，这是中国首次在宪法中充实完善关于外交政策方面的内容。推动构建人类命运共同体是中国外交的总目标，也必将影响中国国际法实践。

推动构建人类命运共同体，需要强化国家与国家间的合作，利用国际法将内容塑造成权利、义务、利益相结合的状态。纵观国际形势，世界多极化已成为现实，新兴市场国家和发展中国家在国际舞台上日益发挥更为重要的作用。全球治理体系更好地反映国际经济力量对比新格局，是构建更加公正合理的国际政治经济新秩序的必然要求。正如习近平在联合国发言所说："宇宙只有一个地球，人类共有一个家园……地球是人类唯一赖以生存的家园"，需要"人人为我，我为人人"。可以说，构建人类命运共同体理念的实质是构建一个更为公平的国际社会。构建人类命运共同体需要将该理念内容转化为国际法，并体现在国际法的规则中。所以，构建人类命运共同体就要强化全球共治的思想，深化互利共赢的思想观念。

构建人类命运共同体理念具有深刻的国际法内涵。中方在不同场合阐释了构建人类命运共同体的内涵，包括持久和平、普遍安全、共同繁荣、开放包容、清洁美丽等多个方面。这一理念的提出，为中国乃至为人类社会都贡献出了中国特有的智能力量。通过国家法的政治倡议，谋划世界不同人群美好生活的启程，站在不同国家发展的基础上，通过积极主动地运用协商谈判的方式去解决矛盾，化解双方间的争议内容，才能促进国与国之间的有效交流与沟通，促进人类命运共同体建设。

构建人类命运共同体思想契合当代国际法发展趋势，富含中国传统法治文化底蕴，体现新时代中国共产党推进国际法治的责任担当，为国际法律指明了以人类为中心、以人类社会整体利益和共同的前途命运为依归的新的价值目标。人类命运共同体理念具有丰富的国际法内涵，是对和平共处五项原则等国际法基本原则和当代国际法律制度的继承和发展，在国际法上具有鲜明的时代性、系统性和实践性。中国是国际法治的坚定维护者和建设者。推动构建人类命运共同体，需要树立国际法意识，强化国际法能力，推动这一思想向国际共识、国际规则和制度转化。（徐宏，2018）

纵观中华人民共和国成立后的70年外交，中国的国际法实践尽管随着时代发展和国际形势的变化有所调整，但一直强调尊重国家主权平等，反对干涉别国内政，主张和平解决国际争端，倡导国际法平等统一适用，不搞双重标准，抵制对国际法"合则用，不合则弃"，反对单边主义和霸凌行径，在平等基础上，实现互利共赢和共同发展。

改革开放四十多年来，中国是现行国际法的学习者、追随者，更是维护者、建设者、贡献者。中国认真遵循公认的国际法原则、规则和制度，严格履行基于国际条约应该承担的国际义务，在国际法各个领域积累了丰富的实践经验。中国积极参与了众多多边国际公约的草拟和制定，并成为这些国际公约的原始缔约国或参加国，从而对国际法的编纂和完善发展做出了积极贡献。

70年波澜壮阔的中国外交可以用四句话来总结：确定了中国在国际舞台上平等的法律地位；依法打开了中国与世界联系的广阔渠道；创造了中国改革开放发展的巨大机遇；依法消除了国家对外关系中的各种矛盾。应该特别指出，中华人民共和国成立后，尤其是改革开放以来，中国政府高度重视法治建设。中国国际法治研究从一开始就与改革开放相伴而行。1978年，邓小平高瞻远瞩，在《解放思想，实事求是，团结一致向前看》这一重要讲话中，明确提出"要大力加强对国际法的研究"，强调了国际法治对中国改革开放的根本性重要作用。中国改革开放的进程，就是中国学习掌握国际法律，奉行遵守国际规则，践行建设国际法治，努力推动法治外交的进程。

第二章　法治外交中国内涵

外交是国家以和平手段对外行使主权的活动。一般意义上的外交是指某个国家为了实现其对外政策，通过互相在对方首都设立使馆，派遣或者接受特别使团、领导人访问、参加联合国等国际组织、参加政府性国际会议等，用谈判、缔结条约等方法，处理其国际关系的活动。所以，外交通常指由国家元首、政府首脑、外交部长和外交机关代表国家进行的对外交往活动。

法律通常是指由社会认可、国家确认、立法机关制定规范的行为规则，并由国家强制力（主要是司法机关）保证实施的，以规定当事人权利和义务为内容的，对全体社会成员具有普遍约束力的一种特殊行为规范。一国法律是维护正常社会秩序、国家政权稳定、社会公平正义的有力武器。法律是捍卫人民群众权利和利益的工具，也是统治者统治被统治者的专政手段。法律的表现形式是一系列的规则，通常需要经由一套制度来确定落实。但在不同的地方，法律体系会以不同的方式来阐述人们的法律权利与义务。其中一种区分方式便是分为大陆法系、英美法系和伊斯兰法系（有些宗教国家以其宗教法条为其法律基础）。

正如美国法学家路易斯·亨金（Louis Henkin）在其代表作《国家如何行为：法律与外交政策》的导论部分就开宗明义地指出，在国际关系中，文明的演进通常表现为从武力走向外交，从外交走向法律。当国际社会越来越重视"善治"的理念时，法治的地位与功能也就愈发突出。良法是善治的基础。"治国者,以奉法为重。"大国外交必重国际法治。

一、法治外交大势所趋

当今世界,国际社会的法治意识不断增强。多极化、全球化进程不断推进,和平与发展的时代主题十分强劲。发展、环境、安全、疾病等全球性问题的国际边界越来越模糊,国与国之间各层次、各领域、各类主体之间的交往互动日益频繁。国际社会日渐成为谁也离不开谁的利益和命运共同体。国与国之间比以往任何时候都更需要用法律规则来明辨是非、定分止争、促进和平和发展。第二次世界大战后,特别是冷战结束以来,各领域国际法和各国涉外法律的蓬勃发展、国际法的约束力日益增强就是很好的明证。当前,国际关系民主法治化是世界潮流,在国际交往中依法依规办事,越来越成为国际社会的客观需求和自觉追求。守不守规则、讲不讲道理,或者能不能讲出道理,成为衡量国家软实力和影响力的重要指标。正因如此,各国在制定和推行对外政策时,都格外注意寻求法律支撑和法律阐述。在乌克兰问题、马航MH17事件、中东反恐、阿富汗撤军等热点问题上,有关国家都大讲国际法,抢抓道义制高点。2014年6月,习近平在中国、印度、缅甸三国共同举办的和平共处五项原则发表60周年纪念大会上明确提出:"我们应该共同推动国际关系法治化。推动各方在国际关系中遵守国际法和公认的国际关系基本原则,用统一适用的规则来明是非、促和平、谋发展。"习近平还强调,在国际社会中,法律应该是共同的准绳,各国应共同维护国际法和国际秩序的权威性和严肃性。这些表述完全契合了国际社会对法治和公平正义的诉求。

(一)推动中国从法律大国向法治强国转型

世界历史发展的经验证明,英国、美国等西方大国在成为世界强国的路上,都不仅仅是在军事、政治和经济上获得了世界上的优势地位,而且也都在法律制度设计上获得了国际领先地位。如果只有经济、军事这样的硬实力，而没有法律制度、文化教育等方面的软实力，那么这个国家的强大一定不会持久，不会有广泛而深入的影响。法律是制度和文化等国家软实力中最为重要的组成部分。历史已经证明并将反复证明，能够在法治层面产生国际影响的国家，其综合实力就更为强大。无论是古罗马的万民法、大英帝国时期所实施的帝国法律体系，还是美国倡导的国际联盟、联合国、世贸组织等都印证了这一点。

当今世界，法治治理成为世界发展的重要潮流。很多国家都在积极建设法治国家。通过几十年的努力，中国特色社会主义法律体系已经基本建成，我国正在全面推进依法治国，加快建设社会主义法治国家，推进法治中国建设和中国特色社会主义法治体系建设。可以说，中国已经是法律大国。用法律的方式治理国家，被认为是一个现代化的、文明国家的标志。（谷昭民，2018）在国际社会，法律规则已经成为国家之间交往、解决国际争端、设计国际制度、国际关系构架的共通语言。在国际社会，谁能够更好地利用法律这种通行语言进行沟通，表达自己的理念、观点、立场和主张，谁就会更容易获得国际社会的认同、支持和关注，也就能最大程度维护自己的利益，成为世界上真正的强国。

中国特色的大国外交需要注入法治力量。新时代的中国外交已经进入了大国外交的新阶段，已经具备了更加鲜明的中国特色、中国风格、中国气派。法治是文武之道，更是治国之道。大国外交不仅意味着在外交的姿态上要积极进取、主动作为，更要在观念理念更新、法治和制度建设上下大力气。世界外交实践屡屡证明，一味强行地搞政治外交、意识形态外交，在国际关系中会时常处于被动地位，这与国际关系和全球治理民主法治化的大趋势背道而驰。

（二）法治外交相关概念的区别与联系

1. 法律外交

法律外交是近年由中国法学会提出的新概念，原本指中国法学会为配合国家总体外交大局，在全球化大发展、大变革、大调整的时代，在世界各大法系相互融合的趋势中，积极开展的对外法学交流活动。法律外交不仅包括传统外交中的涉法活动，比如司法协助、条约签订、国际诉讼等，更是指以法律为内容、机制和媒介的外交活动。（谷昭民，2018）

国外也有"法律外交"或"外交法律"的提法。

Legal Diplomacy refers to diplomacy carried on with the international laws. The art and practice of conducting negotiations between national governments according to international laws.

Diplomatic law is that area of international law that governs permanent and temporary diplomatic missions. A fundamental concept of diplomatic law is that of diplomatic immunity, which derives from state immunity. Key elements of diplomatic law are the immunity of diplomatic staff, the inviolability of the diplomatic mission and its grounds, and the security of diplomatic correspondence and diplomatic bags.

2. 法治与法律

法治和法律是有区别的。法律是一种国家意志，通常指由国家立法机关制定并由国家强制力保证实施，以规定当事人权利义务为内容，对全体社会成员具有普遍约束力的强制性规范；法律是国家法律制度的总和，它包括立法、执法、司法、守法和法律监督的合法原则、制度、程序和过程等内容，其精神实质是法律、法规和有关规章制度的制定和完善以及普遍遵守；法律是静态意义的词语，重在制度。法律其实是一个非常复杂的系统，必须在实践中不断总结经验，反复认识把握。

法治是执政者以法律、制度限制和制约国家权力，依法合理地运用公共权利，形成普遍遵守法律和切实保障公民权利的一种社会现象与社会状态。作为一国治国方略的"法治"则是指形成这种状态的手段。法治相对于人治，奉行一系列独特的原则，如法律至上（也可表述为宪法至上，在这个意义上说依法治国就是依宪治国）、法律平等等。法治是动态意义的词，重在依法治理。

3. 法治思维和法律思维

所谓思维（thinking）就是指人脑借助于语言对事物的概括和间接的反应过程。思维以感知为基础又超越感知的界限。通常意义上的思维，涉及所有的认知或智力活动。思维有三个要素：从具象中高度抽象出来的概念、相互联系的不同概念之间构成的思维模型、由思维模型延伸出去的推理和运用。思维之所以重要，是因为它可以使思考的能力、思考的路径螺旋式上升，提高思考的高度和广度。

法律思维是专业性很强的法律人职业思维，其实质是规则思维、权利义务思维。法律思维更强调思维客体，与道德思维、政治思维相对而言，它更关注法律的逻辑内涵，强调根据法律的逻辑来分析问题、解决问题。法律思维更关注结论或判断的合法性，也就是说，法律思维更关注结论是不是依据法律逻辑而得到，在理论和实践上都主要指向司法领域。法律思维的规则包括：法律发现、法律解释、法律推理、法律论证的规则等。

何为法治思维？十八大报告首次提出"法治思维"概念，之后这一概念被广泛言说、研究并运用在各个领域，法治思维名副其实地成为我国法治理论和实践的关键环节。法治思维主要指的是"人类符合法治的精神、原则、理念、逻辑和要求的思维习惯和程式，它是对于法治比较理性的认知过程，它是一个动态的过程"。简言之，法治思维就是将法治的诸种要求运用于认识、分析、处理问题的思维方式，是一种以法律规范为基准的逻辑化的理性思考方式。有关研究表明，法治思维并不是一个全新或外来的概念。理论法学界认为，法治思维来源于法律思维和法治理念，又蕴含特有资质。法治理念研究以及法律解释、法律推理和法律论证等法律思维方法研究为法治思维研究提供了重要学术资源。法治思维本质上是一个如何建立社会理性的法哲学问题。新时代中国提出并研究法治思维是国情使然。

法律思维是法治思维的基础，法治思维更强调思维主体，侧重于法律授予主体的权限及其范围，即更侧重于强调权力的合法性，强调法律授权，并以此来思考问题和解决问题。法治思维引发主体主动思考自身的权力来源或推定应有的权利及其现实的保护，解决思维主体如何促成法治实现的问题。法治是治国理政的基本方式，法治思维和法治方式概念提出的同时，权力清单、责任清单制度和负面清单制度应运而生，并在全国范围内纵深推开。可以说，正是法治思维的强化和提高，唤醒了法治主体的权力法定意识和权利推理意识。

法治思维与法律思维既有联系又有区别。法治思维与法律思维都是根据法律的思考，以法律规范为逻辑基准进行分析推理判断。二者的不同之处主要有二：一是在于法治思维蕴含着价值意义上的思考判断，即在法律思维中必须贯穿以人为本或者人权的基本价值标准；二是法律思维往往更侧重于强调一种专业性较强的职业化的思维方式，是法律职业者所必备的一种技能，而法治思维更侧重于强调一种治国理政的思维方式，是为执政者或者公权力的执掌者掌握运用的思维方式。法治思维是将法律作为判断是非和处理事务的准绳，它要求崇尚法治、尊重法律，善于运用法律手段解决问题和推进工作。所以，与法治思维对立的是人治思维、特权思维，后者将权力置于法律之上，视法律为虚有之物。

法治思维是与人治思维相对立的思维，一般意义上的法治思维即依法而治，它的主体比法律思维主体宽，凡是可能运用人治思维的情况，都是可以运用法治思维的场域。如果主体选择法治而不是人治，依据规则而不是长官或个人意志，并且规则是民主制定、可普遍化、能够被普遍遵守的，那么该主体都是在运用法治思维。因此，领导干部遵法守法用法，化解矛盾靠法等是行政领域的法治思维；法官依法判案，在遇到新奇、疑难案件的时候运用法律发现、法律解释、法律论证规则适用法律，属于司法中的法治思维；外交外事干部遵守外事纪律规则，善于从国际法治的角度思考外交问题，找寻处理外交外事问题的法律依据，属于外交领域中的法治思维；公众在公共事务中或维权过程中依据法律或依据民主制定的规则行事，属于社会治理中的法治思维。

4. 法治外交与法律外交

全球化发展到今天，法律已经完全渗透到政治、经济、文化、贸易等社会生活的各个领域，传统意义上的政治外交、经济外交、文化外交越来越需要从法律的视角来展开推进，当代外交的情势要求各国必须"把法律观念和法治理念贯穿于外交活动之中，善于将某些外交问题转化为法律问题，以合法的程序和行为处理外交事务，依法化解外交纠纷"。传统的法律外交一般指"以法律为内容、机制和媒介的外交活动"，突出表现为以法律手段解决涉外纠纷，形式为涉外立法、执法、司法的国内和国际法律过程。（谷昭民，2013）但在所有的外交外事活动中贯穿法治意识和法治思维是新时代赋予"中国特色大国外交"的新内涵，也是开展高质量外交活动的必然要求。

（1）"法治外交"是本书提出的一个全新概念。所谓法治外交，就是将法律观念和法治理念贯穿在外交活动全过程之中，运用法治思维和法治方式将某些外交中的问题转化为法律问题，以正当合法的程序和法律思维逻辑处理外交事务、依法化解外交纠纷。法治外交对外提倡法治治理，努力促进制定公平正义的国际规则，善于用法治方式解决外交问题；对内强调法治意识，外交相关的各领域有法可依，有法必依；整体上推崇法治精神及法治思维贯穿整个外交活动领域。这是新时代赋予外交工作的新内涵。

很显然，法治外交和法律外交不同，传统意义上的法律外交，主要是指以法律为内容的外交活动。根据国际上的外交实践，我们或许把这类外交活动称为"外交法律"更为恰当。从定义内涵上看，法治外交包括法律外交，是法律外交的升华，法律外交是法治外交的内核。法治外交涵盖范围要比法律外交大得多，也可以把法律外交理解为"法治外交"的狭义内涵。法治外交更强调法治思维，思维方式决定行为方式，思维决定语言，不存在与思维无关的行为。法律外交和政党外交、文化外交、经济外交一样是我国总体外交的一部分，但法治外交统揽整体外交工作，是外交工作的灵魂。

从语法结构上讲，"法治外交"是个偏正词组，其核心词是"外交"，"法治"是用来修饰限制"外交"的；从语义上讲，处理外交问题，"法治"当头，至关重要。法治外交是观察和思考外交问题的一个新思路，处理对外关系的一个新维度。

"法治外交"是个崭新的术语概念，如何将其译为英语，向世界介绍中国外交的新思维至关重要。将"法治外交"译为legal diplomacy似乎有些不妥，该译法总会让人首先想到"合法外交"；再说，国外语境中的legal diplomacy指的是法律外交，或者是以法律为内容的外交活动，有时还指外交法律，这时就等同于diplomatic law。为了表达法律意义上的认可和庄重严肃，法律英语的行文中经常用of短语表示所有格关系，所以"法治外交"可以被译为diplomacy of rule-of-law；借鉴英语中school of law，professor of law的表述方式，也可将"法治外交"译为diplomacy of law，不会有歧义。

后疫情时代，国际格局面临重组，中国与世界的互动关系正在发生深刻变化，中国日益走近世界舞台中央，对国际格局的影响力、塑造力显著增强，法治外交新思维标志着中国特色大国外交迈向新阶段。

（2）后疫情时代，推动全球治理法治化和国际关系民主化、法治化的呼声越来越高，法治外交这一全新概念的提出对推动国际社会民主法治化进程，在国际社会形成公平、正义、完备的国际法律规范体系具有重大现实意义。法治外交对全球治理、国际关系等外交问题从一个全新的角度进行了阐释并提供了应对之道。

一方面，法律全球化是当今世界法律发展的主要趋势，法律全球化的核心内容是全球治理法治化。在全球化进程继续加快的时代，面对盘综错节的利益关系，各国日益重视法治思维，运用和平、理性的法律手段来实现共赢；恐怖主义、气候变暖、知识产权保护等全球性问题日益复杂而严峻，法治外交为通过全球治理法治化解决世界共同问题提供一个有效机制。另一方面，共同推动国际关系民主化、法治化，建立公正、合理的国际法治体系和国际秩序也是全球共识。随着国际交往不断朝着规范化、民主化和制度化的方向发展，各国倾向于通过法律规则和手段明确权责分配以及解决纠纷。法治外交作为"法治思考、法律握手"的国际交往方式，毫无疑问是顺应历史潮流的正确选择。

（3）为应对后疫情时代复杂多变的国际局势，更好地运用法治思维和法治方式来实现国家的外交政策、维护国家的利益，推动和践行法治外交的紧迫性和重要性日益突出。法治治理是国际社会的通行证。中国亟须将法治外交上升为国家战略，推动中国从世界大国向世界强国、从法律大国向法治强国转型，以赢得在未来国际竞争中的话语权、规则权和主导权，塑造法治中国形象，从而更有效地承担起世界大国的领导责任。法治外交应为今后国家制定外交战略和政策做出重要的贡献，成为其重要的组成部分。应加快法治外交的体制机制建设，加强法治外交的统筹协调，在驻外机构设立法务处或法务外交官，建立常态化的法治外交专家智库。充分发挥民间法律团体和智库的灵活性、专业性、多样性特点和人才、学术优势，官民并举，运筹帷幄。尽快完善涉外法律制度，建立健全外交外事法律体系，夯实法治外交的基石。大力加强法治外交人才队伍建设和构建涉外法律服务全球网络。在法律全球化的大潮中，积极推动中国法治对外传播，扩大中国法治理念和法治文化的国际影响力。

法治外交是引领中国特色的大国外交，推动中国迈入法治强国，全面推进国际关系法治化的必然选择。历史上，明朝航海家郑和开辟了古代海上丝绸之路主要开展货物贸易，每次出海他都要带很多战船和军队随行，实施武力保护；今天，中国倡议的"一带一路"伟大构想是经济全球化不可或缺的组成部分，是构建人类命运共同体的具体实践，更需要法治的引领、规范和保障。从一定意义上讲，"一带一路"必将是一条法治合作之路、法治外交之道。

5."法治外交"概念提出的重大意义

"法治外交"概念的提出是中国外交的新思维，在整个外交活动中，始终贯穿着"法治思维、法治理念"是树立我国良好的国际形象，和世界各国携手共建"人类命运共同体"的前提基础。法治外交顺应了当今世界民主法治化的趋势，符合以习近平同志为核心的党中央对于世界未来格局和结构的基本判断和努力方向，体现了中国政府正在推进建设社会主义法治国家、积极参与国际法治建设的努力，是增强中国国际影响力、重塑法治中国形象的必要选择，有助于化解有关国家对于中国的不解和误读，有助于打消国际社会广泛存在的"中国威胁论"，能够在客观上更切实有效地维护国家利益，有效推动构建人类命运共同体。

党的二十大报告指出："中国始终坚持维护世界和平、促进共同发展的外交政策宗旨，致力于推动构建人类命运共同体。"将"推动构建人类命运共同体"列为习近平新时代中国特色社会主义思想和基本方略之一，寓意深刻，意义深远；二十大报告强调，我国坚定奉行独立自主的和平外交政策，推动构建新型国际关系，维护发展中国家共同利益。中国积极参与全球治理体系改革和建设，践行共商共建共享的全球治理观，坚持真正的多边主义。这是非常具有中国特色的外交原则。这充分表明构建人类命运共同体已经成为新时代中国外交的总目标，法治外交成为新时代处理国际问题的必然选择。

首先，法治外交是全面推进依法治国、完善中国特色社会主义法治体系的重要组成部分，是全面提升国家影响力、塑造法治中国形象的根本路径。习近平法治思想提出统筹推进国内法治和涉外法治。中国的发展须臾离不开世界，世界的繁荣也需要中国。以习近平同志为核心的党中央高瞻远瞩、审时度势，协调推进国内治理和国际治理，使国内法治和国际法治、全球治理相得益彰。在推动构建新发展格局、改革完善全球治理体系的征程中，要进一步加快涉外法治工作战略布局，积极推动建设公平、公正、透明的世界贸易规则体系，协调衔接好国内国际两类规则，更好地维护国家主权、安全和发展利益，为实现第二个百年奋斗目标、实现中华民族伟大复兴的中国梦营造良好的外部法治环境。

其次，法治外交概念有利于探索国家行为与法、政治利益与规则治理之间的关系。国家的外交目标是维护国家的主权、安全和发展等根本利益，从这个角度而言，外交行为就是政治决策。但外交的国家性、政治性并不意味着外交领域不受某些规则和原则的制约。一方面，国内的涉外法律、外交外事制度建设和人员管理，本身就是国内法的重要组成部分；另一方面，即使是以国家为主体的外交行为，同样有"法的性质"。（张丽清，2017）

再次，法治外交内涵丰富，能够涵盖与外交相关的所有行为内容和范畴，有助于从体系角度整体认知并把握外交活动。无论是不同主体的外交行为，还是朝向不同客体对象的外交活动，以及参与某种具体国际规则的制定等，都是法治外交概念的应有内涵。而"涉外法律""国际法""法律外交"等概念，只能反映总体外交活动的某个侧面，不能从整体性、体系性以及分层角度认识复杂的外交活动并探索相应的规则制定。

最后，法治外交有助于以法治思维和法治方式推进外交工作。对比与经济外交、文化外交等并列平行的"法律外交"，法治外交不仅强调用法律法规规范外交活动、依法处理涉外事务、运用法律手段维护国家利益等，而且更加强调在无实体法可依的情况下，要善于运用法治思维和法治方式思考处理外交问题。

中国政府坚持正确义利观，坚定推动国际关系民主法治化，决不以牺牲他国利益为代价来发展自己。新时代中国对当代国际法治最大的贡献之一是习近平提出的构建人类命运共同体理念，以及新发展观、安全观、全球治理观等。这些新概念、新范畴、新表述丰富了国际法治思想，得到了越来越多国家的认同。随着外交实践的发展，人类命运共同体理念必将逐步转化为国际法治规则。对于新时代中国，法治外交这一概念的提出，不仅符合逻辑要求，更顺应时代需要，对于依法治国，推动构建人类命运共同体的总体目标和实现中华民族伟大复兴，意义重大，影响深远。

二、新时代法治外交的目的和任务

党的十八大以来，习近平以马克思主义政治家、思想家、战略家的卓越政治智慧、非凡理论勇气，洞察时代风云、把握时代脉搏、引领时代潮流，开创性推进中国特色大国外交，在对外工作中进行一系列重大理论和实践创新，形成了习近平外交思想。习近平外交思想内涵深刻、体系完整、哲学基础深厚、文化渊源绵长，是我国外交事业的最新理论成果和宝贵精神财富，是以习近平同志为核心的党中央治国理政思想在外交领域的集中体现，是新时代我国对外工作的根本遵循和行动指南。

二十大报告对中国外交工作提出了新的任务，就是要为新时代中国特色社会主义事业做出贡献，推动构建新型国际关系和人类命运共同体。"两个构建"成为新时代中国大国外交的核心工作，其目的在于助力"两个一百年"奋斗目标。推动构建人类命运共同体是新时代中国外交的总目标。新型国际关系是中国探索如何超越传统国际关系，积极促进相互尊重与合作共赢，表达中国推动国际体系的改革与完善的重要思想指导。（凌胜利，2017）构建人类命运共同体新理念的提出表达了中国对国际新秩序的期许，"人类命运共同体"当然不能仅仅停留在话语层面，而是要通过中国法治外交新思维来推动落实。

（一）明确新时代中国发展的世界坐标

一个国家的外交政策是其开展外交活动的基本准则。中华人民共和国成立以来，中国共产党奉行独立自主的和平外交政策，先后提出和平共处五项原则、建立国际政治经济新秩序、走和平发展道路、构建和谐世界等重要外交理念、概念，充分表明中国政府坚持走和平发展道路的意志和决心。

邓小平（1988）指出，中国应该"提出一个建立国际政治新秩序的理论"。在逐步走近世界舞台中央的过程中，中国始终做世界和平的建设者、全球发展的贡献者、国际秩序的维护者。中国坚定不移地希望同世界各国共同走和平发展道路。党的十九大报告提出："中国坚定奉行独立自主的和平外交政策，尊重各国人民自主选择发展道路的权利"，重申独立自主的和平外交政策，并强调尊重发展道路多样性。构建人类命运共同体理念从"人类向何处去""打造什么样的世界秩序"的高度，对世界未来的和平发展憧憬向往，以新时代中国与世界关系的新变化和新时代外交工作的新需要为出发点，丰富和发展了中国共产党一贯坚持的和平外交思想。

"外交无小事""外交大权在党中央""外交服务于社会主义现代化建设，维护国家主权和尊严"等思想观点，都是中国共产党在外交工作的定位和角色、使命和任务等方面形成的规律性认识。这些思想观点完整体现在习近平外交思想中。习近平明确指出，坚持以维护党中央权威为统领加强党对对外工作的集中统一领导，坚持以实现中华民族伟大复兴为使命推进中国特色大国外交……坚持以中国特色社会主义为根本增强战略自信……坚持以国家核心利益为底线维护国家主权、安全、发展利益……（习近平，2018b：538）

党的十八大以来，习近平深刻洞悉历史规律、把握时代大势，围绕新时代外交工作提出一系列重大理论观点。当前国际形势下，我国初步确立

"大国是关键、周边是首要、发展中国家是基础、多边是重要舞台"的对外关系格局。正是在习近平法治思想、外交思想"定海神针"的伟大指引下,中国外交在波谲云诡的国际局势中披荆斩棘,稳步前行:从共建"一带一路"倡议到推动构建人类命运共同体;从推动构建新型国际关系到倡导共商、共建、共享的全球治理观;从发展全球伙伴关系到奉行互利共赢的国家开放战略;中国外交如鲲鹏展翅,在国际风云激荡中翱翔,彰显大国特色、大国担当、大国风貌,展现中国风采。

(二)引领时代潮流和人类文明进步方向

推动构建新型国际关系、构建人类命运共同体,是习近平外交思想的重要内容,是马克思主义世界历史理论在当代中国的创造性发展。中国共产党站在世界历史的高度,以辩证唯物主义和历史唯物主义的立场、观点和方法,科学观察、深入思考世界层面生产力与生产关系、经济基础与上层建筑发展变化的状况与趋势,得出世界正处于百年未有之大变局的论断。

人类历史由地区史、国别史演进为世界历史的过程,也表现为国际关系适应世界经济政治发展而变化的过程。近代以来,在世界层面,上层建筑与经济基础的矛盾一直没有得到有效解决,突出表现为世界政治经济发展不平衡,殖民主义、霸权主义、冷战思维在国际关系中依然存在。经过两次世界大战和冷战,世界秩序开始向更有利于世界和平与发展的方向调整与变革。统筹分析国内形势和世界大局,我国当前处于近代以来最好的发展时期,世界处于百年未有之大变局,两者同步交织、相互激荡。这为我们进一步做好对外工作、把握变局中的机遇指明了方向。

世界已经成为你中有我、我中有你的地球村,各国经济社会发展日益相互联系、相互影响,推进互联互通、加快融合发展成为促进共同繁荣发展的必然选择。在洞悉当今世界发展趋势的前提下,继承马克思主义世界历史理论的精髓，面对经济全球化进程受阻、全球经济治理滞后等严峻问题，中国共产党提出建设开放型世界经济，共建"一带一路"，推动经济全球化向开放、包容、普惠、平衡、共赢方向发展，促进全球经济治理体系变革等思想理念，为破解人类面临的共同挑战贡献中国智慧。

习近平总结指出："各国要树立命运共同体意识，真正认清'一荣俱荣、一损俱损'的连带效应，在竞争中合作，在合作中共赢。"（习近平，2013）构建人类命运共同体理念，弘扬中华民族世界大同、四海一家的优良传统，顺应人类社会发展进步的时代潮流，成为新时代中国外交的鲜明特色；构建人类命运共同体伟大理念，为全人类的整体发展进步提供了解决方案，对于切实解决当前国际社会面临的主要全球性挑战和深层次问题，具有重大现实意义和深远历史影响。

（三）体现深厚中华优秀传统文化底蕴

扎根于本土优秀的传统文化是习近平法治思想、外交思想的重要理论来源，在时间浸润之下因当代中国法治外交建设实践而被赋予了新内涵和新使命。中华优秀传统文化是中华民族的根和魂，是中国特色社会主义植根的文化沃土。习近平高度重视中华优秀传统文化，将其作为我们党治国理政的重要思想文化资源。中华优秀传统文化是中华民族的最深厚的文化软实力，我们要坚持继承发展、守正创新，努力弘扬中华优秀传统文化，学习借鉴世界优秀文明成果，不断发展和繁荣中国特色社会主义法治外交文化。

在五千多年的文明发展中，中华民族一直追求和传承着和平、和睦、和谐的坚定理念。①以和为贵，与人为善，己所不欲、勿施于人等理念在中国代代相传，深深植根于中国人的精神中，深深体现在中国人的行为

---

① 十七、推动构建人类命运共同体——关于新时代中国特色大国外交[N]. 光明日报，2019-08-14. 第02版.

上。亲仁善邻、协和万邦是中华文明一贯的处世之道,爱好和平是中国人民的悠久传统。《论语》中说:"礼之用,和为贵",孟子主张:"天时不如地利,地利不如人和",墨子认为:"天下兼相爱则治,交相恶则乱",都体现的是对和平的期望和珍视。

和而不同是中华文明对待世界文明的态度。中国古人认为"和"是在尊重差异性和多样性基础上的统一,这奠定了中华文化开放包容特质的哲学根基。"和实生物,同则不继""物之不齐,物之情也""若以水济水,谁能食之?若琴瑟之专壹,谁能听之?""万物并育而不相害,道并行而不相悖"等先哲名言就是对中国"和"文化的有力诠释。

不同文明要取长补短、共同进步,让文明交流互鉴成为推动人类社会进步的动力、维护世界和平的纽带。中华文化善于从整体看世界,对天下抱有强烈的责任感和担当精神。孔子讲:"有教无类",张载说:"民,吾同胞;物,吾与也",兼济天下、共生、共处、共享始终是中国人民崇尚的美德;天下为公、世界大同是中国古代有识之士对理想社会状态的一种执着追求。人类文明多样性是世界存在的基本特征,文明互鉴是社会发展的本质规律。

中华民族的血液中没有侵略他人、称霸世界的基因。我们党在外交工作中始终坚持和发展中华民族爱好和平的传统。中国外交为民族复兴尽责,为人类进步担当。中国坚持走和平发展道路,中国发展不对任何国家构成威胁,中国无论发展到什么程度都永远不称霸。

(四)推动人类命运共同体国际法治建设

二十大报告对进入新时代的中国外交做出顶层设计,全面规划部署今后一个时期的外交任务与方向。新时代外交需加强中国对全球治理的塑造能力和战略引领。当今世界,人类发展面临着越来越多的共同机遇与挑战,全球治理比以往任何时候都更加迫切。由于行为主体、成本分担、利益分成等差异,不同问题领域的全球治理迥异,中国应顺势而为,运用法治思维和法治方式，改革完善全球治理体系。

人类命运共同体的构建是一个漫长的历史过程，需要相应的国际法律规则来保驾护航。如此的国际法律规则，我们或许可以称之为"人类命运共同体国际法"，实际是指构建人类命运共同体过程中推行的国际法律规则，或者说是为构建人类命运共同体而需要的国际法律规则。（刘楠来，2019）如何通过国际法更好地构建人类命运共同体是新时代中国法治外交的重大课题。在和平共处五项原则发表60周年纪念大会的讲话中，习近平提出了"六个坚持"，即坚持主权平等、坚持共同安全、坚持共同发展、坚持合作共赢、坚持包容互鉴、坚持公平正义。"六个坚持"为构建人类命运共同体国际法的制度设计指明了方向、绘制了蓝图、明确了原则要求。

人类命运共同体国际法治制度应建立在世界各国主权平等的基础上，将尊重国家主权确立为适用于国际生活所有领域的最基本的原则；人类命运共同体国际法应以维持世界持久和平，保障各国及其人民安全为其宗旨和首要任务，将维护国际社会共同利益和人类整体利益放在更加突出的位置，将促进各国共同发展作为一大宗旨和基本原则；人类命运共同体国际法应将合作共赢确立为适用于政治、经济、社会、文化、军事、法律、生态环境、科学研究等国际生活一切领域的基本原则（刘楠来，2019）；尊重世界文明的多样性，加强文明互鉴，对于不同国家、不同民族创造的优秀法律概念、法律制度、法治理念等法治成果，应兼收并蓄，交流互补；人类命运共同体国际法治建设的基本目标是维护国际社会的公平正义，通过法治外交确保在现实国际关系发展中实现公平正义。

外交是连通国内与国际的重要渠道，也是促进国家实力向战略能力转化的重要工具。为了提升中国的国际话语权，增强中国国际影响力，必须提升法治外交思维能力，推动人类命运共同体国际法治建设成为新时代中国外交的重要任务。在习近平法治思想、外交思想的指引下，新时代中国特色大国外交工作必将大有可为。

（五）民心相通促人类命运共同体理念落地生根

民心相通与正确义利观、总体国家安全观、全球治理观等新理念一起构成新时代中国特色社会主义外交理论体系的有机组成部分。

民心相通理念进一步丰富了中国特色大国外交理论体系，是中国坚持和平发展道路、坚持开放与合作的必然选择。在习近平法治思想、外交思想指导下，民心相通以其"人民为主体"的理论特质充分体现了新时代中国特色大国外交的中国特色、中国风格和中国气派。民心相通具有和平理论的属性，是以缔造国家间持久和平为导向的重要理论创新。推动世界各国摒弃冷战思维、超越零和博弈、实现和平共处与互利共赢的关键在于凝聚民心与民心相通。民心相通是人类命运共同体落地生根的必由之路。（张胜军，2019）法治是国际交往的最大共识，法治话语的构建是实现民心相通的根本路径。确立民心相通这一中国特色大国外交重要原则，有助于打通各领域、多层次外交的内在联系，为多种外交活动实践提供方法论指导，并使之因为民心相通而成为有机融合、和谐发展的整体。

当今中国与世界的联系互动更加密切。民心相通理念继承和贯通了不同时期、不同阶段的中国外交思想。后疫情时代，国际格局错综复杂，重视民心相通才能让世界读懂中国、认同中国，这是中国坚持和平发展道路，坚持开放与合作的必然选择，也是新时代中国法治外交的应有之义。中国自身的发展不仅关乎中国人民的切身利益，而且与世界人民的利益休戚相关。民心相通是实现人类命运共同体的基础前提，民心相通才能促进世界各国人民友好交往。

三、法治外交基本理论

把握国际形势要树立正确的历史观、大局观、角色观。树立正确历史观，不仅要看当前国际形势怎么样，还要思考我们从哪里来、现在在哪里、将到哪里去，善于运用历史眼光认识发展规律、把握前进方向；树立正确大局观，就要通观事物发展过程中的各种矛盾以及矛盾的各个方面，善于抓住主要矛盾，明晰矛盾的主要方面，不仅能看到事物的表面现象和细节，更要看清事物本质和整体；树立正确角色观，需要学会换位思考，把从中国看世界与从世界看中国两种视角统筹起来，客观研判我国在世界格局演变重组中的地位和作用，从而科学制定国家对外政策。

（一）大国外交责任担当

构建人类命运共同体理念被写入《中华人民共和国宪法》。这是中国对全球治理与国际法治思想的重大贡献：一是构建人类命运共同体需要国际法律的制度支撑；二是这一理念为当代国际法治的发展带来活力，丰富了国际法治内涵，也进一步完善了有关国际法理论。

构建人类命运共同体日益深得民心，成为国际社会的共识。后疫情时代的今天，世界仍然充满着不稳定性和不确定性。地区热点问题此起彼伏，恐怖主义、网络安全、重大传染性疾病、气候变化等非传统安全威胁持续蔓延，人类社会发展面临许多共同挑战。世界各国应以国际法律规则为准绳，运用法治思维和法治方式管控好分歧。

在国际多边事务中，大国应当率先垂范，依法行事，发挥关键引领作用，承担重大国际责任。大国要有大国的格局和法律担当，不应眼睛向内，只搞本国优先，而是要有全球眼光，维护好各国的共同利益；大国不应热衷于划分势力范围，而是应努力保持世界的开放性和包容性；大国应有高的站位，不应相互对抗拆台，而是要携手带头维护世界和平稳定。

党的十八大以来，我国外交工作砥砺前行、波澜壮阔。新时代中国面对国际形势风云变幻，开创性推进中国特色大国外交，取得了历史性成就。深刻把握新时代中国和世界发展大势，当代中国在对外工作上进行一系列重大理论和实践创新。坚持党对外交工作的集中统一领导，统筹国内国际两个大局，牢牢把握服务民族复兴、促进人类进步这条主线，坚定维护国家主权、安全和发展利益，努力开创中国特色大国外交新局面具有重大的现实意义。

为人类做出新的更大贡献,是一百年来中国共产党人追求的光荣与梦想。习近平站在人类历史发展进程的高度,以大国领袖的责任担当,提出推动构建人类命运共同体的重要理念,倡导建设持久和平、普遍安全、共同繁荣、开放包容和清洁美丽的世界。这一伟大理念弘扬了中华民族世界大同、四海一家的传统精神,体现了中国的世界情怀和全球视野,得到国际社会高度认可,成为新时代中国特色大国外交的鲜明旗帜和崇高目标。中国政府将一如既往积极参与全球治理体系改革和完善,坚定维护以联合国为核心的国际体系,维护以国际法为基础的国际秩序,维护以世贸组织为核心的多边贸易体制,努力避免治理真空和治理乱象,保持全球治理体系的健康稳定。积极践行中国特色热点问题解决之道,中国为解决国际地区热点问题将发挥更大作用。

作为和平崛起的世界第二大经济体,社会主义中国的法治外交所承载的责任担当已成为影响世界、塑造未来、引领世界潮流的重要力量。在国际关系和国际秩序经历深度调整的形势下,世界对中国充满了期待。中国法治外交理念根植于"尚和合、求大同"的优秀民族文化传统土壤中,以心怀世界、兼济天下的和平理念为指导,顺应时代潮流,把握时代脉搏,积极回应了世界人民的期待与憧憬。

(二)法治外交基本原则

无论是实现"两个一百年"奋斗目标,还是实现中华民族伟大复兴的中国梦,全面依法治国既是重要内容,又是重要保障。中国所做的一切都是为人民谋幸福、为民族谋复兴、为世界谋大同。今日之中国,不仅是中国之中国,而且是世界之中国。未来之中国,必将以更加开放的姿态融入世界,为世界文明做出更大贡献。人类命运共同体理念构成了新时代中国特色大国外交的鲜明特征,也向世界各国展示了全人类理想的社会发展共同体形态。人类命运共同体理念立足于全人类整体利益和永久和平发展，将中国人民对美好生活的向往同世界各国人民的梦想愿望互联互通，将中国自身发展同世界各国共同发展有机融合、紧密相连，这充分彰显了中国负责任大国外交的宏伟使命和博大胸怀，使新时代的中国外交站在了当今世界发展潮流的前列和国际社会精神道义的制高点。中国特色大国外交在更高的起点上更好地引领中国与国际社会朝着更加美好的未来发展。当今社会已进入全球化时代，我们有必要摆脱东西方的划分，超越南北方的差异，真正把这个赖以生存的星球看作是一个生命共同体。（王毅，2020）中西有必要跨过意识形态的鸿沟，包容历史文化的差异，真正把世界各国看作一个国际社会大家庭。

推动法治外交工作，我们应该坚持如下基本原则：

1. 坚定维护党中央权威，加强党对外交工作的集中统一领导，积极推动构建中国法治外交话语体系。

2. 坚持以维护世界和平、促进共同发展为宗旨，坚定推动构建人类命运共同体；反对霸权主义、单边主义和强权政治，反对侵略和扩张政策，反对干涉别国内政，维护世界和平，维护国家的独立主权、领土完整和民族尊严。

3. 坚持以实现中华民族伟大复兴为使命，推进中国特色大国外交；积极推动世界多极化和经济全球化两大趋势朝着有利于维护世界和平、促进共同发展的方向发展，促进建立和平稳定、公正合理的国际政治经济新秩序。

4. 坚持以中国特色社会主义为根本，增强战略自信；尊重世界的多样性，提倡国际关系民主化和法治化发展模式多样化。

5. 坚持深化外交工作布局，打造全球伙伴关系，愿意在和平共处五项原则的基础上，同所有国家建立和发展友好合作关系。

6. 坚持以相互尊重、合作共赢为基础，走和平发展道路；在平等互利的基础上，同世界各国、各地区广泛开展贸易往来、经济技术合作和科学文化交流，促进共同繁荣。

7. 坚持以国家核心利益为底线，维护国家主权、安全、发展利益；积极广泛参与多边外交活动，充分发挥中国在联合国及其他国际组织中的作用。

8. 坚持公平正义理念，改革完善全球治理体系；观察和分析国际问题，处理国际事务，都要坚持从中国人民的根本利益和各国人民的共同利益出发，尊重客观事实，按照有关国际法律法规，依法行事。

新时代中国特色大国外交为中国特色社会主义发展创造良好外部条件，为塑造国际政治经济新秩序提供新理念。当今世界变化多端，面对推动全球治理变革、塑造更加公正合理的国际新秩序的大趋势，中国一方面要坚持做世界和平的建设者、全球发展的贡献者、国际秩序的维护者，另一方面又要担当引领更加公正合理的国际秩序和新型国际关系的塑造者，这是当代中国对自身核心利益的理性追求，也是真正的全球负责任大国勇于担当的应有之义。（吴志成，2019）从历史上看，中国政府一直努力维护以联合国为核心的国际体系，促进多边主义和自由贸易，并将其视为增进合作权益而非利益斗争的重要平台。从实践上看，中国没有忽视自身肩负的大国责任，在维护合理国际规则秩序的基础上，坚持法治思维，对不完善、不合理的规制法则加以调整完善，并引导制定新的机制规则。面对全球国际政治格局的重组，中国勇于担当世界责任，顺应世界命运由各国共同掌握、国际规则由各国共同书写、全球事务由各国共同治理、发展成果由各国共同分享的世界期待，依法推动构建相互尊重、公平正义、合作共赢的新型国际关系，从而引领国际政治经济新秩序的塑造。

（三）法治外交基本实现路径

习近平指出，应该以维护世界和平、促进共同发展为目标，以维护公平正义、推动互利共赢为宗旨，以国际法和公认的国际关系基本准则为基础，倡导并践行多边主义。（习近平，2019b）新冠疫情全球肆虐提醒我们，这是一个传统安全与非传统安全相互交织的时代，也是一个局部问题和全球问题彼此转化的时代,任何一个国家都不可能独善其身,任何一个国家也不能够包打天下,各国的利益已经紧密地融合在一起。世界各国面对的挑战是相同的,责任是平等的,命运也是共同的。我们需要树立正确的多边合作理念,各国需要平等协商,找到有效的多边合作框架,共同应对层出不穷的各种挑战。

中国法治外交理念应调动全社会的资源和力量,按照立体思维、立体操作、官民并举、政经互动的模式,统筹安排既定战略与实施机制。

1. 坚定奉行独立自主的和平外交政策,尊重各国人民自主选择发展道路的权利。党的十八大以来,新时代中国特色大国外交更加凸显奋发有为、积极主动的一面,但是我国的基本原则没有变,始终尊重各国人民自主选择发展道路的权利。中国并不会因为自身发展了,就像某些大国一样,肆意干涉其他国家内政、强迫其他国家接受并不适合自己的发展道路和社会制度,中国现在和将来都不会推进这样的强权外交。

2. 积极发展全球伙伴关系,扩大同各国的利益交汇点。新时代中国特色大国外交特别强调积极发展全球伙伴关系。无论是发达国家还是发展中国家,无论是和中国有一些分歧还是和中国一点分歧都没有,只要有条件,我们都尽可能地发展一定的伙伴关系,尽可能地扩大共同利益,也就是扩大同各国的利益交汇点。

3. 坚持对外开放的基本国策,坚持打开国门搞建设。改革开放初期,我们急需国外的资金与技术,因此那时我们特别强调招商引资。今天的中国已成为资本输出国,中国对外投资规模已经超过中国吸收的外来投资,但即使中国在国际社会的经济地位发生重大变化,国际形势、国际格局也发生重大变化,中国仍然坚持对外开放的基本国策,坚持打开国门搞建设。只有这样,才能为中国的发展赢得更加广阔的外部空间,同时也能让世界的发展从中国的发展中受益,从而实现两个机遇的相互转化。

4. 秉持共商共建共享的全球治理观,倡导国际关系民主法治化。即使中国相比以前更加奋发有为,但是并不代表中国要在全世界推行强权政治。中国要对国际社会负起更多的责任,推进国际关系民主法治化,秉持共商共建共享的全球治理观,制定相应的游戏规则。这充分体现出新时代中国特色大国外交并不是强调中国单方面的权益,而是强调世界的共同利益,而且不仅仅强调共同利益的分配,也强调共同的责任分担。尽管中国秉持做负责任大国的基本外交理念,但是世界各国也都应该为全世界全人类的共同发展担负起属于自己的那一份责任。只有在法治理念中共同担责、共同分享,国际关系才能真正朝着民主化、法治化的方向发展。

5. 坚持多边主义,维护国际准则。多边主义不接受单边行径,认为国际关系应实现民主化,而民主化应建立在遵守国际法治和维护国际正义的基础之上。《联合国宪章》确立的尊重国家主权、和平解决争端、不干涉内政等原则,构成了现代国际法治的基石。中国是第一个在《联合国宪章》上签下名字的联合国创始成员国。我们始终恪守初心,做《联合国宪章》宗旨和国际法治的坚定维护者。

中国的法治外交政策立足于维护世界和平、促进共同发展的对外交往宗旨,源于坚守国际法治和国际关系基本准则,崇尚和平发展,坚持公平正义,必将经得起历史考验,赢得国际社会的广泛认同。

第三章　法治外交叙事话语体系

话语体系承载着一个国家特定的思想价值观念，是思想理论体系和知识体系的外在表达形式，是国家文化软实力的重要组成部分。无论口头表达的话语还是文字表达的话语，都是表达一定思想、观念、情感、理论、知识、文化等的字词、句式、信息载体或符号。也就是说，思想观念等是内容、是本质，话语则是形式、是表现。因此，话语体系是思想理论体系和知识体系的外在表达形式，是受思想理论体系和知识体系制约的；有什么样的思想理论体系和知识体系，就有什么样的话语体系。

立足世界格局变化，着眼应对全球性挑战需要，在广泛协商、凝聚共识基础上改革和完善全球治理体系。以规矩为基础、以规则为程序准绳的法治，不仅是当今全球治理的主导模式，是世界的共同话语，而且也是文明发展与进步的标尺。国际法治不仅包括"硬法之治"，也必须充分考虑"软法"治理在全球治理实践中举足轻重的地位。在法治成为全球治理的主流话语时，中国就必须很好地掌握法治的话语，并通过这样的话语体系向外表达，这样才能得到国际社会认同和支持。我们有必要认识到，法律治理的模式，在内容方面正在经历以实体规则为导向到以程序规则为导向的转换。中国在21世纪的国际事务中应当以法治外交维护公正、健康的国际社会秩序，消解和避免有关国家对中国的误解、曲解和畏惧，降低"中国威胁论"的传播、扩散所引致的风险，减少中国在国际合作中的交易成本。

当代世界更期待着中国具有一个清晰和鲜明的法治国家形象，更期待中国用法律语言来表达自己，讲好中国法治故事，解决如何在中国国内提升理论界与实务界的外交表达意识，并在立场和话语方式上用国际社会乐于接受的方式传达中国的法治观念等问题。随着我国日益崛起，成为对国际社会的和平、安全与繁荣负有重大责任的大国，中国既有的国际法治观念也需要根据时代的发展不断充实、更新与发展，后疫情时代的中国需要真正有全球视野和理论与制度创新的、有利于人类命运共同体发展的法治文化。

一、政治性意蕴的表达

话语权在国际政治中是一项不可忽视的权力，最近几年一直是国际关系与外交领域的一个重要术语。在对外交往中，掌握了对外话语权，就比较容易设定议程，引领国际舆论。在一切需要发言之处、在一切有话可说之时，都要主动讲话。在国际场合，不能把念稿当作任务，不能把"谦让、慎言"作为美德。话语权的争取不仅在会上，也在会下；我们要积极参加国际活动，外交官、学者、记者甚至一般人的活动都要有积极的话语态度和话语行为，利用一切可能的机会发出中国声音。

面对西方媒体的偏见和"假新闻"，我们该如何打破西方话语霸权，构建中国外交话语和叙事体系？中国必须建构全面、透彻、有力、国际的话语体系。"全面"意味着中国话语必须能够解释中国的成就、问题及未来，"透彻"意味着它可以清晰和透彻地阐释中国事务，"有力"指的是可以与别人进行有意义的对话和辩论，"国际"则是一种让外国人能够理解的中国话语。中国法治外交理念的指导思想、理论内涵、战略规划与施政布局的规范化、专业化、系统化表述来源于中国特色大国外交话语体系，民族性、时代性、专业性、系统性是其基本特征。

(一) 民族性

中国特色大国外交话语体系深植于中华民族的优秀传统文化沃土，是对中国外交的文化语境、价值理念和政策实践等的特色表达。中国特色大国外交对五千多年中华优秀传统文化进行创造性转化，从中国传统文化的"天人合一""和而不同""和衷共济""协和万邦"等思想观念中吸取精华，并顺应国际形势发展大势提出了"一带一路"倡议、人类命运共同体、新型大国关系等具有中国特色的外交新理念，这些新理念构成了外交话语体系的核心内容。中国共产党的领导是中国外交的灵魂，是中国特色社会主义最本质的特征，也是新时代中国特色大国外交的根本政治保障。中国特色社会主义是改革开放以来党的全部理论和实践的主题。推进中国特色大国外交，我们必然要坚持中国特色社会主义和党的领导。中国特色大国外交是对中国外交实践经验的继承和创新。中国在七十多年的外交实践中积累了丰富宝贵的经验，为创新发展中国特色大国外交提供了重要思想理论资源。因此，离开了中华优秀传统文化和中国共产党领导的中国特色社会主义伟大实践，中国特色大国外交就成了无源之水、无本之木。民族性是构建中国特色大国外交话语体系最坚实的基础。

(二) 时代性

把握时代脉络，看清世界发展大势，是制定外交战略和政策的前提。新时代中国正处于实现中华民族伟大复兴的关键时期，全球化大势不可逆转，中国的发展正日益成为影响推动世界变化的重要力量。随着大数据分析、人工智能、自动化机器人、区块链以及虚拟现实等技术的出现，社会和经济的运行方式发生巨变，科学技术改变了整个世界。数字革命对全球社会和政治的影响将会更加深远，如果任由科技自行发展，后果将会不堪设想。如果一个国家想要维持其政治模式，政府使用的信息系统就应当关注规则、人权、尊严、多元化、公平、正义等要素。面对数字化未来，我们需要改变思维模式，重新认识科学技术。后疫情时代，国际格局面临重组，世界经济复苏进程缓慢，贫富分化日益严重，各种摩擦、冲突和局部战争时有发生，世界面临很大的不稳定性和不确定性。中国特色大国外交话语体系是时代精神的体现和对时代课题的回答。只有法治的力量才能规避如此的风险和灾难。中国坚持马克思主义唯物史观，做出和平与发展仍然是时代主题的科学判断。中国担负起负责任大国的重任，高举民主法治、和平发展、合作共赢的旗帜，积极引领改革完善全球治理体系。中国顺应时代潮流提出法治外交新理念，既适应新时代中国外交实践的实际要求，又有利于解决当今时代国际社会面临的共同挑战，构成了中国特色大国外交话语体系的重要内涵。

（三）专业性

话语体系的建设一定伴随着专业概念、学术思想的创新，必须讲专业性。强调话语体系专业性，就是要强调某种学术话语的创造者一般应该是某一专业领域的圈内人，而且是要研究专业领域的研究对象和问题，这就是通常所谓专业的人做专业的事的意思。（谭好哲，2019）在现代学术中，学科交叉、融合的情况日益突出，具有跨学科能力的复合型人才培养是体现话语体系专业性的关键问题。外交话语本质上是传播政治理念、表达政治诉求、维护国家利益的官方话语。它从外交实践中总结、提炼出来并指导新的实践。（卢静，2019）外交话语和叙事体系具有较强的专业性。话语体系研究的专业性，还意味着话语体系建设不能停留在随随便便地发感想、谈意见的层面，必须具有话语表述和叙事的专业性。构建中国特色大国外交话语体系，离不开法律语言、法律外语（尤其是法律英语）、法律翻译、国际法、外交学等学科专业知识。充分发挥法律外语准确严谨、言简意赅、令人信服的功能作用，既能客观如实地表达国家重大利益关切、外交理念主张等内容，又能传播中国对外政策、扩大中国影响、提升中国形象，让中国法治外交话语产生更大的吸引力、说服力和感染力。中国特色大国外交话语体系应在实践中不断得到丰富和完善,通过回答中国外交实践面临的新问题而提炼概括出新概念、新范畴和新表述,增强外交话语和外交叙事效能,更好地指导我国新时代的外交工作。

(四)系统性

话语体系的"系统性"是具有思想贯通性的理论研究内容、符合逻辑与规范的理性论证和由特定术语构成的话语表达形式有机融合的产物,思想观念、论证逻辑与表达术语三者缺一不可。(谭好哲,2019)叙事话语体系的创新构建,不仅要有思想、讲逻辑,还要落实到新概念、新范畴、新表述的创造上,特别要有术语创新的能力。中国特色大国外交话语体系是一套完整系统化的表达:中国特色大国外交话语体系的指导思想是习近平法治思想、外交思想,理论内容是其包含的法治外交基本原理,它是由一系列特定概念和范畴构成的知识体系,具有内在逻辑性。中国特色大国外交话语体系的主体内容由战略性话语和政策性话语构成。战略性话语表达了中国特色大国外交的战略目标、方针,以及战略布局和规划,而政策性话语则是对具体外交领域、对象和问题的话语表达。(卢静,2019)中国法治外交话语体系由不同层次和相互关联的一系列原则、概念构成,形成了一个目标明确、逻辑清晰、内容全面、结构完整的科学叙事表达系统。

二、外交话语体系四个维度的建构

话语体系是国家软实力和巧实力的集中体现,蕴含着一个国家的文化密码、价值取向、核心理论,决定其主流意识形态的地位和国际话语权的强弱。党的十八大以来,党中央对构建有中国特色、中国风格、中国气派的话语体系高度重视,提出加强话语体系建设,讲好中国故事,不断增强中国国际话语权,让全世界都能听到、听清、听懂中国声音,展示真实、立体、全面的中国。

话语体系是特定阶级对其立场和利益进行言语表达的一整套言说内容和言说方式的集合，构建话语体系是维护意识形态安全的重要屏障。（刘同舫，2019）从表面上看，话语体系是人类交流互动过程中由交往主体通过语言符号建立起来的表达与接受、解释与理解、评价与认同等多重认知关系综合体。从深层次看，话语体系是受意识形态、经济发展阶段、文化知识软实力所支撑的影响力制约的，是反映民族传统、时代内涵的思想理论体系的外在表达形式。

话语体系属于上层建筑，必然受制于经济基础。任何话语体系都是特定意识形态的表达，都有其政治立场。世界所有国家和民族都有自己的历史文化、基本国情和发展道路，正是在此基础上，才生发了与之相应的思想观念和理论体系，形成了解释和指导经济社会发展问题而富有时代特征的话语，形成了具有阐释意义的时代话语体系。新时代中国外交话语体系，应是以中国特色社会主义理论体系为基础，在习近平法治思想、外交思想指导下对世界多样性、中国道路和中国文明的理论阐释。

伟大的时代呼唤构建更加科学有力的话语体系。在推动法治外交话语体系的构建中，要重视突出党的领导、民族特色、中国实践和世界历史四个基本维度。

（一）党的领导

在对外工作中，我们要灵活机动地向国际社会讲述中国共产党的历史，而西方国家的民众大多不了解中国共产党的作为，很容易受西方媒体和政客的蛊惑。1949年1月，美国《纽约星报》邀请美国远东问题专家研讨中国共产党为什么会取得胜利，结论是：中国共产党并不曾使用什么魔术，它知道人民所渴望的改变，并将满足人民需要的纲领付诸实施；中国共产党将贫苦民众组织起来，建立了严明纪律和强有力的领导组织体系。1949年7月，美国国务卿艾奇逊在给杜鲁门总统的信中写道，中国的人心掌握在共产党人手中。

中国共产党和西方的政党有重大不同。西方政党，比如美国的民主、共和两党，其主要功能就是每四年推出本党的总统候选人，而中国共产党的主要功能是治国理政。一百多年以来，中国共产党领导中国人民从任人宰割走向了国家独立，从山河破碎走向了民族复兴，从积贫积弱走向了繁荣富强。中国仅用了几十年的时间，走完了西方发达国家几百年的工业化进程，而且还拥有全世界最完整的现代工业体系，成了第二大经济体和第一大贸易国，也是世界第一大市场。中国扶贫成就得到了国际社会普遍认可。联合国千年发展计划中，脱贫取得了极大成果，而其中近80%都是中国贡献的。中国这样一个14亿人口的超大型国家，能在政治上和社会上保持长期的基本稳定，就是对世界最大的贡献。改革开放之初，中国共产党提出让一部分人先富起来，先富带动后富，最终实现共同富裕的发展目标。目前中国已全面摆脱贫困。这在人类发展史上前所未有。

在国际上，中国共产党领导下的中国和平崛起，奉行独立自主的和平外交政策。七十多年来，中国没有挑起过一次战争，从未占领过别人的一寸土地，而且是世界上唯一一个把和平发展写进宪法的国家。中国作为安理会的常任理事国，一直坚定维护世界和平，主持国际公道。现在，中国是联合国第二大会费国，是联合国维和行动第二大出资国。

从2003年到2016年，哈佛大学就中国共产党领导和中国政府是否得到中国老百姓的认可进行了8次调查。2021年7月，调查结果显示中国民众对中国政府历年来的满意度都超过了90%。中国所取得的成就归功于党的领导。中国共产党的伟大功绩是世界上任何其他政党都无法比拟的，讲好中国故事的核心是讲好中国共产党的故事，讲好中国共产党法治政党的故事。

（二）民族特色

构建中国外交话语体系要从中华优秀传统文化中汲取智慧。中国是有着五千年历史的文明古国,中华优秀传统文化是人类历史的瑰宝,是推动法治外交研究、构建中国法治外交话语体系的深厚基础。社会主义核心价值观所倡导的爱国、敬业、诚信、友善等理念,就是把"讲仁爱、重民本、守诚信、崇正义、尚和合、求大同"的中华优秀传统价值理念与我国当前实际相结合发展而来的;中华民族发展的文化积淀、国家进步的历史过程,为话语体系的构建赋予了深层意蕴,代表着中华民族独特的精神标识,是构建当代中国话语体系不可或缺的文化语境与修辞基础。构建中国法治外交话语体系,需要借鉴吸收中华优秀传统法律文化,从中挖掘构建法治外交话语体系的深厚资源。在漫长历史进程中形成的中华法系,塑造了独特法律精神,在世界法律文明史中独树一帜。我们必须潜心研究中国优秀的传统法律文化,挖掘其中蕴含的智慧,归纳体现中华民族特色的法治概念和范畴,提炼出具有时代气息的法治外交学术话语,使其成为当代中国法治外交话语体系的价值底色。

(三)中国实践

对时代特征的高度凝练和精准把握,彰显了话语体系富有生命力的现实品格。伟大时代呼唤伟大思想,伟大思想引领伟大实践。习近平新时代中国特色社会主义思想是中华文化和中国精神的时代精华,实现了马克思主义中国化新的飞跃。习近平法治思想是马克思主义法治理论中国化的最新成果,是完善中国特色社会主义法治体系、建设社会主义法治国家的根本遵循,是新时代全面依法治国的定海神针。习近平以马克思主义政治家、思想家、外交家的非凡理论勇气、卓越政治智慧、深厚天下情怀,把马克思主义基本原理同新时代中国外交工作的实际紧密结合,提出一系列原创性的外交新理念新思想新战略,创立了习近平外交思想,为新时代对外工作拨云见日,举旗定向。习近平法治思想、外交思想都诞生于中国特色社会主义的伟大实践中,凝结着中国人民的伟大创造精神、伟大爱国精神、伟大团结精神、伟大法治精神,具有强大的历史穿透力、文化感染力和精神感召力,有效激活了中华优秀传统法律外交文化的生命力,具有重大的历史意义。

(四)世界历史

话语体系的建构要反映人类发展方向。习近平强调:"要坚持不忘本来、吸收外来、面向未来,既向内看、深入研究关系国计民生的重大课题,又向外看、积极探索关系人类前途命运的重大问题"。(习近平,2016)就全人类而言,近代以来,各民族、国家随着生产力水平的提高,分工的细化,交往的普遍发展,世界联系日益密切,成为一个整体,也就是马克思通过对资本主义历史和现状的考察,揭示的人类"历史向世界历史转变"的必然趋势。马克思指出:"过去那种地方的和民族的自给自足和闭关自守状态,被各民族的各方面的互相往来和各方面的互相依赖所代替了。"(马克思,恩格斯,1995)我们今天强调从世界历史维度建构当代中国话语体系,绝不是某些人的主观臆断或假设,而是基于在现实的社会生活中形成的"民族历史"走向"世界历史"的历史事实和必然趋势,这是当代中国走向世界、融入世界的客观历史事实。

对中华文明在人类文明史中的历史地位进行正确定论,关系到中华民族的精神原动力,进而关系到人类文明的根本走向问题。我国与西方交流交融交锋过程中,"西方中心论"对我国产生过较大的影响,致使一些人在学术研究过程中,一度出现了西化倾向。我们必须从思想上、理论上彻底走出"西方中心论"的误区,清醒认识到在这种思想观和理论观支配下所形成的长期以来对中华文明的漫不经心和轻描淡写。构建超越"西方中心论"的话语体系,需要认清"西方中心论"的实质。发掘、重估本土学术资源与批判、借鉴、吸收西方优秀学术文化成果是构建本土话语体系的实践指导原则。只有遵循这一原则,才能避免陷入非此即彼的困境。(任东波,2015)一个更加广泛、丰富、可信的外交话语体系,一定是对"西方中心论"进行批判吸收,而不是在各种中心论和"西方中心论"之间作出极端选择。

三、国际话语权建构路径

话语权就是发言权和说话权。国际话语权是指以国家利益为核心,就国家事务和相关国际事务发表意见的权利。西方国家意识形态的偏见和西方文化优势地位带来的认知偏差,使我们构建中国国际话语权在面临着历史性机遇的同时,也面临着西方话语巨大的障碍和严峻的挑战。突破西方话语体系的障碍,构建中国的国际话语权,是一项十分艰巨而复杂的任务。有效提高主流意识形态话语权和国际话语权,是一项科学性、艺术性都非常强的工作,需要全面系统地做好调研,找准突破口和着力点。

话语权之争的凸显,是后疫情时代国际政治的一大重要特征。而由于存在西方话语独霸天下的问题,一个坚持走和平发展道路的中国,一个以自身经济发展惠及整个世界经济的中国,一个以独特的经济社会发展经验探索新的发展模式的中国,一个积极"融入国际社会"并且承担了越来越多国际义务的中国,一个为全球抗疫争得时间贡献智慧的中国,却常常成了西方主流舆论质疑、责难的对象。这给中国的和平发展进程带来了诸多困扰,也对中国的国际形象造成了严重的负面影响。

话语权是一个国家参与全球治理的必要条件。增强国际话语权是推动构建人类命运共同体的重要内涵,是当代中国外交的努力方向。国际话语权的获取是一个渐进过程,一般经历如下阶段:

(1)声音能够传出去,让人听得到;

(2)说话能够吸引人,有人愿意听;

(3)不仅有人愿意听,而且让人能听懂;

(4)不仅让人能听懂,而且让人能相信;

(5)不仅让人能相信,而且愿意帮你说;

（6）遇事主动听你说，设置议题请你说。

国际话语权已然成为大国博弈和较量的重要焦点。国际话语权实质上反映了一个国家在全球社会发展权力结构中的地位和影响力。拥有国际话语权即拥有表达思想、进行言语交际和说话的机会，国际话语权决定了可以在国际交往中谈什么、如何谈，有力话语权就是"有理说得出，说了传得开"。自（2）至（6）都算是具有话语权，但是权之分量不同。"愿意听，听得懂，相信你，帮你说，设置议题"，既显示获取话语权步步发展的过程，也体现话语权的逐渐加强。设置议题是最大的话语权，也是获取话语权的高级阶段。

国际话语权不仅表现在国与国之间的双边关系中，也表现在国际组织代表的多边关系中；不仅表现在政府间的对外交往中，也表现在国际非政府组织的交流活动中，还表现在世界各国民众的各种民间交流互动中。后疫情时代，国际关系波谲云诡，全球治理必须倚重法治，"重心下移"，面向平民大众，重视民间交流。这是国际话语权研究领域的一个新题、难题，能够很大程度减轻通过政府努力获取国际话语权的"传统路径"。

（一）研究中外逻辑和国际问题

问题是理论创新之源。构建叙事话语体系，我们既要研究西方的问题和逻辑，也要研究当代中国特色社会主义发展的现实逻辑和中国道路。马克思之所以能写出《资本论》这一旷世巨著，提出具有原创性、革命性的理论，既得益于他能低头拉车，潜心在书房中研究大量文献，更得益于他能抬头看路，走出书房，跨入社会，全面深入研究当时资本主义社会发展的现实逻辑。当代中国的专家学者要提出具有原创性、标识性的新概念、新范畴、新表述、新理论、新思想，就要潜心研究西方逻辑和当代中国发展的现实逻辑与中国问题。（韩庆祥，陈远章，2017）研究中外逻辑和国际问题是构建法治外交话语体系的基础性和前提性问题。

研究掌握国际话语规则是获得国际话语权的必备手段。人类的话语规则基本相似,但每种语言、文化各有特点。不了解国际通行的话语规则,就可能产生误会,得不到话语权,甚至得而复失;而不了解具体使用语言文化的交际特点,也可能产生误会,甚至引发语言冲突乃至语言战争。中华文明蕴含独特的文化传统;汉语言属于汉藏语系,与其他语系语言之间存有较大的"语言距离"和"文化距离",因此我国汉语言文化的话语规则与国际话语规则以及两种语言文化之间有很多不同。建构法治外交话语体系必须了解国际通行的话语规则,了解多种法律外语语言及有关法律文化的交际特点。历史上的中国是一个注重"取经"的国度,今天中国仍然需要博采众长,洋为中用。

(二)突出政治意蕴

任何话语体系都有其政治立场。"西方中心论"的话语体系,其背后的政治立场就是宣扬西方所谓的"普世价值",维护西方的霸主地位和资本的主导地位。当今我们所要建构的中国法治外交话语体系,就是要以习近平法治思想、外交思想为核心指导,以十九届六中全会通过的《中共中央关于党的百年奋斗重大成就和历史经验的决议》为纲领性文献和政治宣言,牢记新时代中国共产党人的初心使命,坚持和发展中国特色社会主义,以史为鉴、开创未来,努力实现中华民族伟大复兴。新时代中国推动法治外交建设,对统一全党思想和行动,在新时代更好地开创党和国家外交事业新局面,具有重大现实意义和深远历史意义。

(三)坚持科学方法

习近平指出,构建中国特色哲学社会科学……要不忘本来、吸收外来、面向未来……①这为提升构建中国法治外交话语体系的科学化水平指

---

① 加快构建中国特色哲学社会科学——论学习贯彻习近平总书记在中国人民大学考察时的重要讲话精神[N].中国教育报,2022-04-27.第1版.

明了方向。中国法治外交话语体系要突出"中国特色",但话语体系建构要"理论联系实际",反对"中国特色"认知上的唯心主义和形而上学;法治外交话语体系建构要让国际社会"通俗易懂""喜闻乐见",反对"中国特色"表达上的形式主义和官僚主义;法治外交话语体系的建构要具有开放性,实现包括话语思维、形式、风格等的国际化,使之能做到"融通中外",反对"中国特色"宣传上的故步自封和崇洋媚外。中国法治外交话语体系的建构还要科学反映社会主义核心价值观所强调的自由、平等、公正、法治等理念,追求民主法治、平等发展,这是中国共产党人着眼人类社会发展趋势和中国发展未来走向而提升出来的发展目标。

(四)打造新概念、新范畴、新表述

习近平指出:"要善于提炼标识性概念,打造易于为国际社会所理解和接受的新概念、新范畴、新表述,引导国际学术界展开研究和讨论。"(习近平,2016)话语是表达方式,也是一套概念体系。"一带一路""人类命运共同体""共商共建共享"等都是近年提出的新概念,这些都是体现中国智慧的新话语,值得研究。

创新表述是构建中国法治外交话语体系的基础和细胞。没有面向当今世界和中国发展现实逻辑问题的新概念、新范畴、新表述,就根本谈不上构建中国法治外交话语体系。语言具有"建构文化"的功能,语言的力量在于构造新概念、传播新话语。研究国际话语体系就要研究国际流行话语,特别是具有话语权的话语概念体系,并在此基础上"重释"或补加,从而演绎出新的话语体系。当前,我们的短板就是学术界和理论界还没有完全从学理性、通识性、公约性上打造出用于构建中国法治外交话语体系的新概念、新范畴、新表述。我们要高度重视研究打造新概念、新范畴、新表述,胸怀世界,以当代中国的现实生活为源泉,真正克服"有生活没概念"的现象,切实解决"三新"这一迫切重要的问题。

(五) 突出学理支撑

话语的背后是思想、是"道"。加强对话语体系的理论研究有重要的现实意义。话语交流不仅仅是行为主客体之间相互表述的过程，也是制造意义和权力分配的复杂互动过程，这个过程不仅涉及语言，还涉及双方之间的语境和认知背景。只有解决了与话语体系建构相关的基本理论问题，才可以对话语有比较全面准确的把握，真正解决当代中国所面临的一些话语困惑。

构建中国法治外交话语体系的决定因素，就是要真正构建起具有原创性、标识性的中国自己的核心话语理论。我们要不断总结、提炼、升华出一系列面向当代中国发展的现实逻辑和国际关系问题且反映中国道路、解释国际现象、表达中国观念的中国理论。以习近平法治思想、外交思想为指导，围绕着"一带一路""全球治理""讲好中国法治故事""新型国际关系""构建人类命运共同体"等来进行中国外交话语理论创新研究是我们当前面临的重大任务。

(六) 突出话语共识表达

话语表达只有具有通识性和通约性，人们才能听得懂、易接纳、去认同。话语表达要善于针对不同客体对象进行话语转换，把别人听不懂的语言转换为听得懂的语言，把易引起误解的语言转换成清晰明白的语言，把过于复杂的语言转换成简洁明了的语言，把枯燥的"理论说教"转化为群众喜闻乐见的"大众语言"，把抽象的理论逻辑转化为直观的生活逻辑。（韩庆祥，陈远章，2017）法治外交话语体系构建最重要的是坚持政治性、学理性、大众性和国际性相结合，从外交实践中挖掘目标共识、思想共识、价值共识、表达共识。在话语体系上，习近平系列重要讲话和治国理政新理念、新思想、新战略的话语共识表达，是新时代中国话语的典范，兼具大众化、国际化的特点，值得认真研究借鉴。

（七）树立强烈的议题设置意识

对国际关系而言，掌握了对外话语权，就比较容易设定议程，引领国际舆论。话语权的获得不但受一个国家的军事、经济等硬实力的影响，价值观、文化、教育等软实力所起到的重要作用也不可忽视。文化软实力往往决定一个国家的话语表达在国际社会的吸引力。设置议题是话语权和话语能力最重要的表现。在了解国际话语规则，养成积极话语态度，构造新概念、新范畴、新表述，传播新话语的基础之上，我们还要有强烈的议题设置意识，具备议题设置能力。只有在改革完善全球治理体系的过程中，积极谋求议题设置的机会，才能变被动为主动，变应对为引领。

中国可以利用担任联合国安理会轮流主席国等宝贵机会，为加强同各方团结合作，推动安理会履行职责，推行法治外交理念，推动构建人类命运共同体发挥建设性作用。联合国安理会承担着维护国际和平与安全的首要责任，安理会主席对安理会确定当月议题、引导审议发挥着重要作用。当然，国际话语体系构建和国际话语权获取是一个系统工程，既要实施上述"软工程"，也要实施机构、设备等"硬工程"；既要依托国家的"软实力"，也要发挥国家的"硬实力"。（李宇明，2018c）说到底，国际话语权取决于国家能够取得什么成就，能为人类做出什么贡献。

（八）力争国际规则的制定权和主导权

推行法治外交，我们一定要在行动上争取主动，顺势而为。新时代的中国与改革开放之初的状况明显不同。那时，中国不得不接受一个已有的国际秩序，甚至还要接受不平等的条件。中国为参加世界贸易组织（WTO）而做出的特殊承诺即为例证。新时代的中国，我们必须随时准备着，采取更为积极主动的姿态，参与或主导新一轮国际规则的制定。

公共卫生危机是人类面临的共同挑战。在全球抗击新冠行动中，我们秉持人类命运共同体理念，深入参与全球公共卫生治理。此次疫情暴露出全球公共卫生治理的短板，凸显了加强这一领域治理体系建设的紧迫性。中国与国际社会团结合作，积极应对全球公共卫生挑战，坚定支持联合国及世卫组织在应对突发公共卫生事件、健全完善全球公共卫生治理机制中发挥的核心作用。中国法治外交话语体系建构，需要中国积极谋求提升公共卫生问题在国际议程中的位置，推进健康领域重大国际合作项目，积极打造"健康丝绸之路"。

对国际规则的制定权和主导权只能靠我们积极主动地争取，被动地等待是徒劳无益的。2009年正值国际金融危机肆虐、美国国内经济严重衰退之时，美国总统奥巴马宣布加入跨太平洋伙伴关系协定（TPP）正式谈判。美国作为世界头号强国，一直致力于巩固自身主导世界经济规则的地位。伴随着全球政治经济格局的不断调整，特别是2008年金融危机的影响，美国在全球的经济优势地位下降，受到了新兴经济体的有力挑战。美国对于掌握世界经济规则制定主导权的紧迫感增强，这是美国积极推进TPP的深层次原因。奥巴马曾表示："由我们来制定这个地区（亚太地区）的规则是很重要的，这也正是TPP的目的所在。"在TPP达成协定后，奥巴马曾直言不讳地表示："不允许让中国等国家书写全球经济规则，应由美国来书写规则。"在接受《华尔街日报》采访时，奥巴马明确表示，达成TPP协定至关重要，因为"如果我们不制定规则，中国将制定规则……我们就会被排斥在外……我们不希望中国利用其规模来强迫该地区的其他国家"。（孙劲，郭庆斌，2016）中国不是TPP成员国，但却一再被美方点名来强调TPP的重要性，由此可见国际规则的制定权和主导权是何等重要。

四、法治外交叙事话语建构

近年来，中国特色大国外交激流勇进，在推动解决热点问题和全球性问题，促进全球治理体系变革方面做出了重要贡献，理应获得与自身地位相匹配的话语权,但事与愿违。一些国外媒体常常对中国特色大国外交理念产生误解、曲解,甚至有意误读。究其原因是多方面的,但主要是,西方国家的政治体制、社会制度和意识形态与我国存在较大差异,致使这些国家的民众或媒体往往不能正确理解中国特色大国外交理念,甚至采取敌视态度;另一方面,我们自己应该清醒地认识到,在对外传播、话语体系理论支撑、参与国际规则制定、智库交流、用法治思维处理对外问题等很多方面做得还很不够。我们可以多形式、多方式、多维度构建中国法治外交叙事话语体系,努力使中国特色大国外交理念为更多国家所理解和认同。法治外交叙事话语体系对于进一步提高我国国际影响力、感召力、塑造力,努力开创对外工作新局面具有重大意义。

(一)多形式构建法治外交话语

话语构建方式是指在言语交际中人们用以表达思想的方式。叙事话语体系构建是指按照特定的目的,采取一定的方式,有意识地生产具有特定内容、特定表达方式的话语。叙事话语构建形式可分为物质形式和符号形式,前者是指双边或多边国际会议、高层论坛、新闻发布会或国际学术会议等,后者包括口头形式和书面形式在内的所有语言文字形式以及包括影像图片资料在内的多模态形式。比较而言,物质形式更加直观、生动,容易让受众接受,往往能在较短时间内产生影响;符号形式间接、抽象,所产生的影响往往滞后一些,不过更为持久;而多模态形式则比较直观,但对相关问题的阐述没有文字形式那么深刻、全面。(胡开宝,2019)近年来,中国特色大国外交话语的构建主要以符号形式为主,包括政治文献等书面文字形式和政治演说、致辞、发言等口头语言形式,较少采用学术会议、智库论坛等物质形式和生动形象的影像资料等多模态形式。虽然"一带一路"国际合作高峰论坛、中国法治国际论坛等以中国特色大国外交理念为主题的各种专题论坛或会议先后召开,《大国外交》等纪录片也正式发行,但这些形式的叙事话语国际传播效能并不理想。为此,可以根据话语构建的目标，采取不同形式构建中国法治外交话语，充分发挥不同叙事话语构建形式的优势，以取得构建中国法治外交叙事话语的最佳成效。

法治外交话语是一种国际政治话语。国际政治学主要研究国际行为体之间的互动关系、发展变化及由此产生的后果，而语言是国际行为体表达意图、传递信号、进行互动的重要工具，语言的政治性、权力性、社会性、建构性等特点影响着国际政治的进程与结果。（孙吉胜，2022）我们要重视国际政治中的语言研究。通过对"一带一路"英译在英美和印度等国主流媒体新闻报道中的应用趋势进行分析，我们发现2017年5月北京召开"一带一路"国际合作高峰论坛之后，"一带一路"新译名"Belt and Road Initiative"的应用频率达到最高峰；每当中国共产党全国代表大会召开时，"中国特色社会主义"英译名在英美和印度主流媒体报道中的应用频率处于峰值状态。（胡开宝，2019）很显然，我们在采用语言文字形式构建中国法治外交叙事话语的同时，可以更多发挥物质形式，尤其是双边或多边会议的作用，有效推进中国法治外交话语的构建。具体来说，我们可以积极组织关于中国法治外交理念和实践的国际学术会议或多边论坛，举办智库法治外交高端论坛，政府发表外交声明，在国外报刊、新媒体平台上发表相关系列文章，拍摄发行与"国际和平、民主法治"国际主题相关的外语专题视频或纪录片，力求全面、深入、立体、生动地向国际社会传播中国法治外交理念。

语言是影响法治外交的一个重要因素。我们需要立足中国特色大国外交实践，从中国语言、思维和文化出发建构当代中国特色的大国外交语言理论，构建中国法治外交的话语体系和叙事体系，从而更好地向国际社会叙述、解释、呈现和宣介中国法治外交理念和主张。只有这样才能最大程度地树立起法治中国的国际形象，消除国际社会对我们的误解和偏见。

世界多极化发展大势所趋，国际法治发展的最好时机已经到来。我们不能忘记，在国际法制定初期，发展中国家根本没有话语权，正当诉求没有得到充分反映。后疫情时代，国际格局风云变幻，现行全球治理体系及有关国际规则的不合理性愈发凸显,不能有效应对全球治理中面对的众多风险挑战。因此,我们应该抓住机遇,"法"字当头,运筹帷幄,创新和完善国际法治体系,提高我国在全球治理规则制定中的参与度和引领地位。我们现在目标明确,就是要贯彻落实好习近平法治思想,要从政治、经济、文化、学术等各个领域加强法治思维教育,依法解决有关问题,全方位地构建中国法治外交话语体系,努力推动构建人类命运共同体从理念、方案,迅速转入付诸实施的阶段。

(二)全方位建构法治外交叙事话语

中国的崛起令世界瞩目。讲好中国故事,让世界各国人民了解和认识一个真实立体的中国,已经成为中国特色大国外交话语体系构建中必须完成的一项紧迫战略任务。简单说,"叙事"就是"讲故事",就是用一套话语来描述或定性相关的对象。法国著名哲学家米歇尔·福柯提出,话语就是权力,话语是被创造出来的,可以为特定的政治目标服务。在国际政治中,话语是一种巨大的力量,语言研究十分重要。英国首相丘吉尔等很多政治家都有很强的语言驾驭能力,都是讲故事的高手,他们既可以靠演说赢得盟友,也能借此打击对手。

当前的中国发展进步已到关键时刻,世界从没有像今天这样急于了解中国。为此,不仅需要破解长期以来占主导地位的西方的中国叙事体系,而且还要构建中国的中国叙事体系,为讲好中国故事提供更为坚强的理论支撑。讲好中国故事应该坚持"以我为主",因为只有我们才真正了解自己的国家。构建中国的中国叙事话语体系需要对西方的中国叙事体系进行深入的研究和批判,需要突破传统的中国叙事方式,勇于破解西方的中国叙事的话语霸权。以往的革命叙事、现代化叙事远不能够展现中国故事的全景。当下,我们急需重新梳理中国历史的发展脉络,将其与中国的现实追求和探索有机联系起来,为国际社会塑造一个完整、统一、生动、立体的中国形象。这不仅有助于中国人向世界解说自己,也有助于中国人在融入世界的过程中形成更为坚定和自信的身份认同，让中国人的精神世界随着中国的崛起而在这个世界上更加发扬光大。（刘德斌，2017）中国国际传播进入一个前所未有的新的历史时期。法治外交叙事话语直接决定着中国法治外交国际传播的效能。从根本上说，法治外交叙事话语应该是与中华民族实现从站起来、富起来到强起来伟大飞跃的时代特征紧密结合。

1. 准确把握叙事方位坐标

做好法治外交叙事话语构建，首先需要准确把握与以往十分不同的时代方位及阶段性特征。新冠疫情改变了世界格局。中国在庆祝改革开放40周年后，迎来并隆重庆祝中华人民共和国成立70周年，并召开了具有里程碑意义的党的十九届六中全会、党的二十大；国际上，中美贸易摩擦持续，中美关系降到了冰点，西方反华舆论此起彼伏。

世界百年未有之大变局与中华民族伟大复兴关键期相互交织。这样的视角下，中国是一个"将强未强"的大国，站在由大向强的新起点，走进一个全面强盛的历史时期。中国现在面临的所有机遇与挑战、困难和问题，都是这个总体背景的具体表现。（周树春，2019）法国前总理拉法兰说，世界格局趋向多元，东方吸引更多目光。可以说，"世界大变局"的首要特征就是以中国为代表的新兴市场和发展中国家的群体崛起，国际力量结构关系发生深刻变化。现阶段中国遭受巨大压力，原因就在于"中国真的要强大了"。中国面临的各种挑战都是由强而生、因大而来。毋庸置疑，现在国际舆论场上的中国声音比以往任何时候都响亮，世界对中国的关注度以及中国媒体的能见度比以往任何时候都高。但同时，我们应该清醒地看到，现阶段中国的国际传播正承受"最大压力"，这与我们的对外叙事话语不无关系。

2. 正确认识叙事规律要求

中国的自信来自中华民族的三次伟大飞跃：中华民族从东亚病夫到站起来的伟大飞跃；中华民族从站起来到富起来的伟大飞跃；中华民族从富

起来到强起来的伟大飞跃。这三次伟大飞跃的叙事,要有一个个具体数字的支撑。比如,改革开放以来,中国经济总量从世界第十一位跃升至第二位,占世界经济比重从1.8%上升到15%左右;共计7亿多人口摆脱了贫困,对全球减贫贡献率近80%;人均预期寿命从1978年的68.2岁提高到2017年的76.7岁。这无疑是在中国共产党的领导下取得的中国奇迹。自信是法治外交叙事话语必备的一种坚定不移和不容置疑的总体姿态。同时,在很多具体问题上,我们又要时刻保持清醒、自省和忧患。勇于正视发展中存在的一些具体问题,不回避问题,勇于接受批评,不做"骂架式"的辩解,这恰恰也是自信的表现。理智清醒的中国是新时代中国的正确形象。

对于法治外交叙事话语,"内外无别"不等于"外内无别"。"内外无别"说的是,在网络新媒体传播环境下,对内传播可以外溢,对外传播可以倒灌,在一定意义上,"内外"是无别的。但这并不意味着,已经不存在或不需要"内外有别"了。"内外"可以"无别",但"外内"必须"有别"。"内外无别"描述的是一种叙事环境的客观状态,"外内有别"讲的是在新的时代条件下也仍然需要采取的一种主观行为选择。正因为"内外无别","哪些可报哪些不可报"的简单化处理越来越趋于国际传播议程设置的次要考虑,而"如何解读怎样说话"日益成为不可回避的日常性重大课题。(周树春,2019)这就需要我们以全新的眼光看待这个老生常谈的话题,更多地从国家战略传播的高度,坚持问题导向和效果导向,在深度报道和解释性报道上下功夫。

3.着力提升叙事话语质量

在打造融通中外话语体系的实践中,要透过精彩纷呈的中国"发展故事",努力提炼出既独具特色又带有世界普遍意义的中国"发展话语"。"中国奇迹"是世界近现代史上绝无仅有的"发展奇迹","中国道路"是一条业已证明取得了巨大成功的"发展道路"。(周树春,2019)有外国知华派学者认为,"脱贫攻坚"是"最精彩的中国故事",是"瓦解关于中国的偏见、改变对中国认知的最强有力的叙事",而世界上真正了解中国减贫人口占世界总数近80%这一事实的人并不很多。同时,世界上也没有任何其他国家的政党和领导人,把一个基于"确切时间表"的国家减贫目标作为自己的执政和施政纲领并作出郑重的宣示。另一方面,在让更多这样的中国故事成为世界熟知的时代故事的同时,既进一步展现直观形象、加深感性印象,又更加自觉地揭示故事背后的价值理念,让"中国价值"赢得世界认同。西方话语是西方现代化的理论抽象,作为中国道路的理论表达,构建中国特色话语体系的一项重要内容就是构建出不同于"西方现代性"的发展逻辑。(周树春,2019)当代中国取得了无与伦比的发展成就,但是却遭遇了西方话语无情的歪曲、打压,我们要用法治思维和法治的方式解决这个"老大难"问题,善于审视自己、改变自己而不是抱怨对方、改变对方,要努力把我们的"发展优势"转变为"话语优势",运用好语言武器,着力提升法治外交叙事话语质量,做最好的自己才是硬道理。如何把法治外交叙事话语体系的构建同法治外交理论体系、学术体系、知识体系的建设更紧密地结合起来,更有效地做好法治外交理念国际传播,是一个值得深入探讨的重大课题。

4. 深度讲好中国故事

英国著名学者马丁·雅克(Martin Jacques)指出:"中国的崛起为发展中国家提供了发展的新道路与灵感。"这条新道路就是中国共产党带领人民历经百年奋斗自主探索出来的,"具有中国特色、符合中国实际"。这条道路通向的目标是:对内实现全体人民共同富裕、人与自然和谐共生,对外推进世界和平发展、构建人类命运共同体,实现物质文明、政治文明、精神文明、社会文明、生态文明协调发展。

党的百年奋斗不仅从根本上改变了中国人民的前途命运,也深刻影响了世界历史进程。党领导人民成功走出中国式现代化道路,创造了人类文明新形态,拓展了发展中国家走向现代化的途径。讲好中国故事的最大挑战在于：怎样讲述中国特色社会主义的成功故事，让其听得进听得懂、可接受能认同。这其实还是叙事方式问题。

"中国故事"是一个快速发展、迅速崛起，有着最悠久的历史文明传统而走在一条独具特色的现代化道路上的国家和民族的故事。十九届六中全会总结我们党在百年奋斗中坚持中国道路，建立和完善了中国特色社会主义制度体系，展现出我国国家制度和治理体系更大的比较优势和生机活力。制度优势是一个国家的最大优势，制度竞争是国家间最根本的竞争。制度稳则国家稳。新民主主义革命时期，我们党探索建立了新民主主义经济、政治、文化制度。夺取全国政权后，党带领人民确定了国体、政体、国家结构形式，确立了社会主义基本制度。改革开放以来，我们党带领人民开创了中国特色社会主义，探索构建了中国特色社会主义制度体系。十八大以来，党中央把制度建设摆在更加突出的位置，坚持和完善支撑中国特色社会主义制度的根本制度、基本制度、重要制度，抓紧制定国家治理体系和治理能力现代化亟须的制度，满足人民对美好生活新期待必备的制度，推动中国特色社会主义制度更加成熟定型，我国国家制度、国家治理的优越性和生命力进一步显现，创造了中国式现代化道路，创造了人类文明新形态。实践证明，中国特色社会主义制度不仅能办大事实事，还能办急事难事，更能办长远的事根本的事。坚定不移走中国特色社会主义道路，增强制度意识，坚持和巩固制度，完善和发展制度，遵守和执行制度，将制度优势更好地转化为治理效能。我们既要讲清楚中国制度与中国奇迹的关系，就是中国经济社会发展的成功源于政治制度的成功，坚持依法治国并充分解决域外法治经验，中国的发展优势和竞争力集中地体现在制度优势和制度竞争力上；又要讲清楚中国制度与人类文明的关系，也就是"中国特色"与"世界价值"的关系。虽然中国道路独一无二，但中国制度文明理念中蕴含着丰富的人类共同价值，中国制度文明建设是人类制度文明建设的重要组成部分，也是对人类政治文明进步的特殊贡献。

5. "精准"讲好中国法治故事

习近平指出，要善于运用各种生动感人的事例，说明中国发展本身就是对世界的最大贡献、为解决人类问题贡献了智慧。[①]法治是人类社会的共通语言，中国法治外交叙事话语体系的构建少不了"法治声音"。法治对外传播要讲究策略，不能像"做报告"，宏大理念多，具体事例少，概念判断多，个人体会少，只管自己"要说什么"，不管别人"想听什么"。相反，越是能精准切入被传播对象熟悉的场景，越容易唤起共情共鸣，赢得认同认可。（何帆，2021）在昆明召开的世界环境司法大会上，我国法院在阐释中国环境司法保护立场的同时，播放了一段关于亚洲象"北上"的视频短片，赢得参会外宾长时间的笑声、掌声和高度认可，起到很好的对外传播效果。

我们要深挖"法治"内涵，要善于"精准"讲好中国故事，着重构建一种主要能够赢得他国普通民众（而不是一小部分政府官员）理解的中国叙事体系。中国要努力促进传播主体的多元化，避免总是把政府推到前台讲中国故事。讲好中国故事还要有针对性地回应西方学界、媒体和智库有关"中国威胁论""中国统治论"和"中国阴谋论"的中国政治叙事的挑战。我们要清楚看到西方国家对中国一直以来的普遍印象：中国是专制国家，不遵守国际规则。中国的开放性、改革性、全球化、超大规模和社会主义特性，决定了中国从"独善其身"到"兼济天下"的必然发展，但"法治"是实现前述特性的制度保障，也决定了中国引导世界走出"不确定"状态的责任和动力。海外的中国学者亲身体验和参与着中国的发展，这种经历无疑对其所在机构的中国教学和研究有直接的帮助。在构建中国法治外交叙事话语体系的过程中，中国学界和外交实务界应该积极寻求与他国中国研究机构和海外中国留学生的交流合作。我们既要广交朋友、团

[①] 习近平主持中共中央政治局第三十次集体学习并讲话 [EB/OL]. 中华人民共和国中央人民政府网, https://www.gov.cn/xinwen/2021-06/01/content_5614684.htm?eqid=e55b41dc0000dba400000000006645865d6&eqid=a56ccfe20004c40500000006648b1c55, 2021-06-01/2022-02-10.

结和争取大多数，在国际社会不断扩大知华友华的国际舆论朋友圈，也要加强建设适应新时代国际传播需要的法治外交人才队伍，我们不但要深度讲好中国故事，而且还要善于"精准"讲好中国法治故事，塑造中国良好的法治国家形象，只有这样才能从根本上扭转西方对我国的错误印象。

中国当前所显示的新的历史定位和身份认同，以及新媒体时代的传播主体多元化，为我们打破西方的话语霸权提供了历史性机遇。只有从中国的历史经验出发来构建全面的中国的叙事话语体系，才能解释"何为中国""中国何以崛起"等国际关注的问题。讲好中国故事不仅要考虑中国在全球格局中的经济崛起，同时还有中国的理念和世界的关联；不仅要说明中国的独特性，也要展示出中国可以与世界对话和共享的理念与价值观。（刘德斌，2017）全面细致地向国际社会解说中国特色大国外交新理念，目的只有一个：要让世界真正了解和理解一个真实的中国，中国与先前崛起的大国在本质上有何不同。如此这般，才能避免中国叙事成为自说自话的话语体系。

（三）法治外交话语体系基本框架

构建中国法治外交话语体系，提升中国特色大国外交话语权，我们必须立足于中国特色社会主义伟大实践，坚持走中国特色社会主义道路，践行社会主义核心价值观。破解西方对中国发展的曲解和误解的关键是不断推进中国法治外交理论创新与法治外交实践创新，从而为中华民族伟大复兴开辟更加广阔的思想空间和实践空间，进而阐明中国法治外交理念的世界意义，向世界展示"法治中国"形象，讲好中国法治故事。

中国法治外交话语体系的构建是一个庞大复杂的系统工程，各要素之间协同作用，共同发力，才能收到良好的效果。法治外交话语体系的建构一般包括如下几个部分：

1. 法治外交的学术理论体系建设;
2. 法治外交内涵的中国阐释;
3. 习近平法治思想、外交思想的国际传播;
4. 智库外交法治化建设与国际智库交流;
5. 中国法治故事的叙事体系;
6. 参与且引领制定国际法治规则;
7. 法治外交专业人才系统化培养。

第四章　法治外交新时代

习近平提出的构建人类命运共同体、新发展观、安全观、全球治理观等理念，进一步丰富了国际法治思想，得到了国际社会的广泛认同。人类文明进步潮流浩荡向前。中国从提出和平共处五项原则到推动达成《巴黎协定》，再到构建人类命运共同体理念被写入联合国决议……中国始终遵守公认的国际法和国际关系基本准则，坚决维护以《联合国宪章》宗旨和原则为核心的国际法体系，积极履行国际责任，成为公认的世界和平的建设者、全球发展的贡献者、国际秩序的维护者。中国外交在国际风云激荡中砥砺前行，在大国世纪博弈中从容自信。可以展望，随着全球化的发展，人类命运共同体等中国新概念、新范畴、新表述必将逐步转化为国际法治规则。中国外交在习近平法治思想、外交思想指引下，继续朝着既定目标奋力前行，为世界中的中国、为全人类谱写法治外交华章。

一、机遇与挑战

国际法学界有一句名言：在国际关系中，文明的进步表现为从武力到外交、又从外交到法律的运动。（美国国际法学家路易斯·亨金）回顾联合国成立七十多年来国际关系的发展演变，特别是国际法的蓬勃发展，国际法作为国际秩序的"稳定器"、固化制度性权利的重要手段，其地位和作用不断上升。当前，法律在外交博弈中的作用前所未有地突出，日益受到各国的重视。

（一）国际机遇

把外交和法律结合起来看，当前国际形势有以下四个突出特点，这同时是我们做好法治外交工作难得的国际机遇。

1. 国际法规则日臻完备，覆盖人类生活各个领域

联合国会员国数量已从1945年最初的51个增加到了目前的193个。国际力量对比、国际格局以及大国关系都发生了很大的变化，但是，《联合国宪章》确立的主权平等等国际法原则没有改变，各领域的国际法规则越来越完备，这是一个重要趋势。在联合国和其他国际机构的推动和支持下，国际社会已经订立了几百项国际多边条约。王毅在2014年发表的《中国是国际法治的坚定维护者和建设者》一文中指出："国际规则日臻完备，约束力不断增强。从外层空间到大洋底土，从南极科考到北极合作，从气候变化到环境保护，国际规则几乎无所不在，深刻影响着我们的生活。"美国国际法学会曾推出一本小册子，详细列举了国际法对人们日常生活的具体影响。可以说，目前人类生活的各个领域均有国际法律规则可资适用。人们通过订立国际条约规范人类在各领域的行为和活动，是当代国际关系中最突出的现象，也成为保障世界持久和平、避免世界大战的最主要因素之一。

2. 国际社会的法治意识不断增强

随着世界经济和科技的迅速发展，各国间交往越来越广泛，联系越来越紧密。法治在国际事务中的作用日益增强，国际社会的法治意识也不断提高。法治意识是社会成员关于法治的观念、知识、心态和思想体系的总称，其内涵包括对法律的尊重和遵守，依法行事，以及对推动法治建设的积极态度。法治是世界和平与社会和谐最可靠的保障，世界各国作为国际社会的主体，只有在相互交往中秉持法治精神，制定并遵守国际法基本原

则，才能实现不同文化、不同领域之间的和谐共生，有效制止和防止侵略的发生，切实解决争端和冲突，维护安宁有序的国际环境。

1993年联合国大会在世界人权会议上通过了《维也纳宣言和行动纲领》，将法治与平等、正义、发展等共同列为联合国宪章所秉持的原则，并要求各国推动法治建设，自此法治正式成为国际社会的议题。不少国际组织以依法治理为宗旨，从而促进了全球法治意识的增强。例如，国际刑事法庭、国际海事组织、世界卫生组织等组织都致力于维护国际秩序、保障全球健康与安全等重要任务。这些国际组织的成立和发展都体现了世界各国对法治原则的追求。这是现代社会发展的必然趋势，也是促进人类文明进步、实现全球和平发展的必要条件。

后疫情时代，国际体系呈现多极化趋势，权力分散、利益多元，各种危机事件层出不穷，各国之间也因此产生了更多应对需求。在百年未有之大变局中，有些国家置国际法基本原则于不顾，或滥用"长臂管辖"、单边制裁，或毁约退群、逃避国际义务，或打着"国家安全"的旗号设"壁垒"、搞"脱钩"，致使国际法治受到严峻挑战。面对这样的情况，中国在国际关系中倡导厉行法治，在涉外法治的规划中积极推进国际关系法治化。党的二十大报告明确提出"推动构建人类命运共同体，坚定维护国际公平正义，倡导践行真正的多边主义，旗帜鲜明反对一切霸权主义和强权政治，毫不动摇反对任何单边主义、保护主义、霸凌行径"，为国际法治变革指引了方向。

3. 国际规则博弈空前激烈

后疫情时代，国际体系和国际秩序正经历着深度调整，无论是新近崛起的大国还是传统大国，各主要力量着眼未来的制度性权利，也在围绕各领域国际法治规则激烈角力竞争，牵动国际法律规则加速变革。国际规则重构节奏加快，内容不断拓展，约束力不断增强。"定规则"成为各方塑造国际秩序的关键抓手。伴随区域一体化的发展和非国家行为体日趋活跃，国家主权原则受到弱化，规则发展的"多中心"和"碎片化"现象突出，在贸易和投资领域尤为明显。网络、极地、外空和海洋"利益新疆域"的法律博弈加剧。例如，在网络空间领域，世界主要国家纷纷建立平台、设置议题，力图主导网络空间领域规则制定。英国2011年发起了网络空间"伦敦进程"国际会议（Global Cyberspace Conference），在2015年4月举行的第四次会议上，西方国家主导发起了"全球网络专业论坛"（GFCE）。北约专家积极为网络战制定规则，西方国家力推欧洲委员会制定的打击网络犯罪的《布达佩斯公约》。我国也在2014年发起了世界互联网大会，并与俄罗斯等国一道，于2015年1月向联大提交了更新版的《信息安全国际行为准则》。专家组于2015年6月就规范、规则或者国家在网络领域责任以及建立信任措施并建设可在全球范围实施的国际合作达成了实质性共识报告（A/70/174），涉及国际规则在网络空间的适用、负责任国家行为规范、建立国际互信措施等重要问题。

4."法律战"成为外交博弈的重要手段

当前，国际法日益成为各国外交"工具箱"中的必备重器。为在国际博弈中抢占有利位置，主要国家普遍在外交战略和策略层面布局谋划，积极运用国际法维护和拓展自身利益。比如，美国非常注重运用国际法手段制定并推行其外交政策，维护美国国家利益，占据法理和道义高地。可以说，美国缔结的国际条约数量和种类之多，对实现美国国家利益作用之大，世界上没有任何国家能望其项背。俄罗斯2013年出台的《俄罗斯联邦外交政策构想》中，将维护和巩固国际法准则作为俄罗斯外交的优先方向之一。各国都重视并积极在外交中运筹"法律战"，丰富外交"工具箱"。美国积极运用WTO规则维护自身利益，是在WTO争端解决机制提起诉讼最频繁的国家之一。美国大规模监控活动曝光后，巴西总统罗塞夫在联合国大会点名批评美国违反国际法，并与德国共提"数字时代的隐私权"决议案。阿根廷为缓解在主权债务重组方面的困境，积极推动联合国大会、人权理事会通过相关决议，从国际法和人权保护角度呼吁国际社会制定主权债务重组规则，打击"秃鹫基金"等投机资本的金融讹诈。

（二）国内挑战

根据中国美国商会发布的《2016年商务环境调查报告》，外国企业在中国最大的担心是"法律法规执行不严"，这种担心五年来首次超过劳动力成本成为头号挑战。如果外国投资者对中国的法治环境普遍抱有不信任的态度，对在中国是否能够以具有一定确定性、可预测性的方式开展业务抱有疑虑，必然有更多的投资者会在产生纠纷时诉诸国际仲裁而非国内的司法救济。因此，中国应尽可能健全和完善为外国投资者所信任的投资环境，提升法治水平。我国可充分利用本次司法改革，增强国内争端解决程序尤其是司法的公开、公正、高效，通过典型涉外案例积极宣传中国司法为外资提供平等保护，提升中国司法的国际影响力，使外国投资者相信他们在中国能够得到公平、公正对待，从而愿意在产生争端时首先选择在中国国内寻求司法救济。

我们必须清醒认识到，同西方发达国家相比，我国在国际法治话语权、国际影响力上还处于劣势。西方国家对国际秩序变革有很强的危机感，不会容许后来者挑战其传统优势地位，我国将面临不少束缚和牵制。国际社会关注我国崛起后将如何影响现有国际规则和国际秩序，不乏对我国的偏见和疑虑。这都会给我国法治外交工作增添复杂因素。我国对外工作法律法规体系有待健全。法治外交工作的意识、经验、能力、机制和专业人才队伍都还有不少短板。我国对外交往的主体不断增多，涵盖中央各部门、各省区市、各类企事业单位，甚至还包括普通公民。但我国作为国际法律接受者、适应者的角色仍未根本改观。

我国亟须加强中央对法治外交工作的统筹协调。在法治外交工作中，如何把握机遇，应对挑战，化挑战为机遇，是我国面临的重要课题。

1. 迫切需要统筹国内国际两个大局、国内国际两种规则，强化法治思维,加强法治运筹,在新一轮国际秩序调整和规则竞争中把握主动,占得先机,争取与我国地位和实力相称的话语权和影响力,为国家和民族争取长远制度性权利。

2. 迫切需要将法律同其他外交手段、资源更紧密地融合起来,强化法治意识,注重法治思维逻辑,讲好中国法治故事,搞好中国形象的域外传播,为推进新时代法治外交战略布局提供有力支撑。

3. 迫切需要紧密结合外交理论创新,继承和发扬和平共处五项原则等重要理念,注重法治外交学科体系建设,开展法治外交和国际法理论创新,提炼和打造有中国风格和气派、有时代特征、有道义感召力的法治外交和国际法理念,努力推动人类命运共同体理念转化成国际法治规则。

4. 迫切需要苦练内功,进一步从法治角度提升中国对外开放水平和国际竞争力。苦练内功是应对国际问题的根本之道。中国要加强在高科技领域的战略布局,加快转变经济发展方式,推进经济结构调整和产业转型升级,不断完善贸易、投资、环境、知识产权保护等相关法律政策,努力依法提升综合国力、国际竞争力和国际影响力。

5. 迫切需要提升中国司法国际影响力。进一步搞好司法体制改革,加强我国法域外适用的法律体系建设,高度重视涉外法治工作,尽快设置法律英语专业,努力培养涉外法治专业人才。要努力提高包括我国在内的发展中国家法官在国际法院、法庭中的比例,发展中国家也要不断研究完善国际法治理论体系,努力让自身的国际法治理念和惯例在国际社会得到承认。

中国作为快速崛起的重要国际力量,对外联系和交往日益密切,利益不断在全球拓展,周边领土和海洋权益争端复杂敏感。各领域外交工作中的法律问题层出不穷,并与其他问题相互叠加,越来越复杂和突出。我们迫切需要以习近平法治思想、外交思想为指导,不断提升在外交工作中的法治思维能力,提高运用国际法律的意识,更好地维护和拓展国家主权、安全和发展利益,服务中国特色大国外交。

随着全球化快速发展，国际社会日益一体化，法治外交理念将越来越成为各国对外交往的主旋律。为顺应这一国际大势，中国需要率先通过法治外交促进中国与世界各国的有效合作，提升国家软实力。中国需要强化法治外交理念，进一步建构法治外交体系机制，主要包括三个方面内容：

首先，要进一步强化法治外交的机制体制建设。中国驻外使领馆和中资企业经常反映，随着中国综合国力不断提升，对外经贸和人员往来快速增加，使领馆和经商参处协调处理的纠纷也不断增多，仅仅通过政治手段解决矛盾纠纷有时还面临着结果合法化的问题，效果并不理想。（张文显，谷昭民，2013）运用有关法律，采用法治外交手段处理问题，结果很容易让双方心服口服，满意地解决纠纷。纵观世界各国外交官的配置，美国、英国等发达国家的使领馆都设有法律事务参赞或者主管法律事务的外交官，中国可以效仿这种做法，有必要在中国驻外使领馆中配备专司法律事务的外交官。

其次，要进一步完善法治外交的理论建设。当前中国法治外交的理论建设力度显然不够，法治外交高端复合型人才培养是第一位的，教育部要高度重视法治外交新兴交叉学科建设和法律英语、法治外交等新文科专业的设置，给予相关政策支持。

最后，要持续强化中国法治外交的具体实践。后疫情时代，法治在引领、规范、促进、保障国际关系和谐发展，有效维护世界持久和平的功能作用日益凸显。推动构建持久和平、共同繁荣的和谐世界，法治外交须上升为国家战略，成为中国崛起的重要软实力和巧实力。法治外交对于促进中国经济发展、树立良好的中国国际形象、提升中国国际话语权具有重大的推动作用，对于新时代中国实现外交工作的总目标具有不可替代的重大意义。因此，我们要从国家发展战略全局的高度出发，官民并举，运筹帷幄，快速推动中国法治外交体制机制建设，为构建法治中国国际话语体系、公正合理的国际秩序和国际体系，促进世界和谐繁荣发展，有力推动构建人类命运共同体，提供强有力的法律支持和保障。

随着我国法治建设全面深入推进,涉外法治工作必将蓬勃发展。我国在现有国际体系中已拥有一定的制度性权利和比较重要的影响。我国对外开放的程度不断加深,在国际博弈中越来越处于有利和主动地位。在当今世界不少重要领域,如果没有中国的参与,相关规则的合法性、有效性就会大打折扣。我国一贯坚定维护和积极促进国际法治和国际正义,赢得了国际社会,特别是广大发展中国家的信赖和尊重。这是我们在国际法领域争取影响力的宝贵资产,这就是我们在新时代做好法治外交工作的基础条件、面临的难得机遇。

二、法治外交话语权建设短板

"一带一路"倡议、人类命运共同体等伟大理念蕴含着丰富的"大国智慧",需要"大国话语"来为其保驾护航。但是,目前我国对外话语体系建设存在缺乏创新性话语表达、学术话语尚未形成体系、话语的可信度不高等短板问题。究其原因,恐怕是对话语体系构建的最根本基础"语言"的认识和研究严重不足。

只有了解当下中国社会科学发展中的诸多偏差与不足,明确构建中国话语体系的目标与需要解决的问题,才能找到一条构建法治外交话语体系的可行之路。构建法治外交话语体系不能脱离学科体系、学术体系。构建法治外交话语体系,需要明确其目标就是构建概念明确、内容丰富、逻辑自洽、系统完整,并具有开放性的中国特色大国外交话语体系。中国法治外交话语体系构建有望得到完善。

建立在国家安全基础之上的法治外交话语体系,是中国当前亟须解决的重大课题。国家有关部门应高度重视以下不正常现象:

(一)对语言学基础性学科地位认识不到位

语言学家一般认为语言学是一门科学。"语言学被当代许多学者公认为一门领先科学。"（伍铁平，1994：116）"语言学是一门领先的科学，这早已成为国际语言学界和教育界的共识。""语言学作为一门独立的学科，并且是一门在人文学科中居于领先地位的科学。"

语言正在成为一个根本性问题。20 世纪欧陆哲学和英美哲学的"语言转向"充分地展现了语言的重要性，并进而波及了其他诸多学科领域。时至今日，不同学科领域的工作者不得不承认，语言早已不是一个附随问题，只有把语言作为自己思考和研究的切入点或对象，充分利用语言研究的丰硕成果，才能在自己的领域中开展工作。（杨天江，2017）尽管语言学家和有些研究者对语言学的根本性基础学科地位有诸多论述，但语言学在国内却仍然是冷门学科。和国外相比，美国的语言学科早在二十几年前就已跟法学、医学、经济学并列为四大热门学科。

虽然在构建国际话语体系建设中发挥语言的作用不全是语言学科的职责，但语言学科必然起着主力骨干作用。2017 年 9 月，我国"世界一流大学和一流学科建设高校及建设学科名单"公布，其中明显属于或包含语言学的"一流学科"就有"中国语言文学、外国语言文学、语言学、现代语言学"四个学科，涉及北京大学、清华大学、复旦大学、南京大学、华中师范大学、北京外国语大学、湖南师范大学、延边大学等 11 所大学的 17 个学科。语言学大概是国家"一流学科"建设中规模最大的学科。

一流学科建设名录说明两个问题：其一，中国语言学已经有了较大发展，基本具备建构对外话语体系的基础；其二，中国语言学要更出色地完成对外话语体系构建任务，当务之急是加大整合学科力度，尽快建立语言学一级学科或学科群。我国的语言学科目前分散于不同语种之中，呈现出语种分割的碎片状态，就连上述"一流学科"的四个名称都缺乏内在逻辑。考察语言学科发展的现状，我国的语言学已经是一个大学科群体，拥有十几万研究者，横跨人文科学、社会科学、自然科学、工程技术学等学科。被语种分割的中国语言学必须进行学科整合，才能织起纲举目张的语言学大网，集中力量成大事。（李宇明，2018a）

（二）对交叉学科、跨学科研究重视不够

我们要建设一流的基础学科和前沿交叉学科，培育战略性新兴学科。交叉学科是指两门或两门以上学科有机融合而形成的一种新的综合理论或系统知识体系。交叉学科不是多门学科简单地相加堆积，而是多学科依存于学科内在逻辑关系联结渗透形成的新学科。不同的学科彼此交叉融合，有利于在科学研究上有重大突破，培育新的学科生长点，促进新兴交叉学科的产生。

将某一学科已发展成熟的知识、方法和技术应用到另一学科的前沿研究，能够产生重大创新成果。创新思想主要来源于学科交叉。当今学术研究中，很多热门话题都涉及交叉学科研究，如基因组学与蛋白质组学、神经系统科学、微阵列技术等；同样，今天许多重大的科研成就也都是跨学科合作的成果，如人类基因组测序、"绿色革命"以及载人空间飞行等。前沿学科在交叉融合中获得新生。美国硅谷产学研各界组成的智囊机构一致认为，20世纪90年代迅速发展的生物技术、信息技术、纳米技术正在共同酝酿下一个科技创新高潮。未来这三大技术的交叉融合将有望广泛改变工艺和产品，产生新的经济增长点，形成一次新的产业革命，并将对全球产业产生重大影响。（冯一潇，2010）可以肯定地说，交叉学科研究代表了未来科学发展的主要方向，实现科学研究的跨学科性不仅是科学自身发展的客观需要，也是全球经济和人类社会发展的现实需要。

世界各国对交叉学科研究都极为重视。纵观美国研究型大学教育学科建设模式，呈融合性发展趋势，即积极推进教育学学科向其他学科领域拓展延伸，进行跨学科研究，从而从不同的角度出发，用不同的研究方法来研究教育领域的问题。（周文辉，勾悦，李明磊，2018）美国国立卫生研究院（NIH）也建立了多个学科交叉研究中心，通过举办"技术方法创新研讨会"和"生命科学与物质科学交界的机构联席会"等活动，便于来自不同学科背景的科研人员相互交流和沟通，取得了很好的效果。英国、法

国、德国等发达国家也相继成立学科交叉研究中心,探索前沿学科研究建设。

与西方发达国家相比,中国交叉学科的发展还处在极不成熟的阶段。2021年年初,国务院学位委员会、教育部印发通知,新设置"交叉学科"门类,成为我国第14个学科门类;尽管如此,交叉学科的"政治地位"还有待落实。其实,近年来,教育行政部门也下发了不少重视交叉学科、跨学科研究的红头文件,但至今没有形成有效的机制来确保公平对待交叉学科研究。交叉学科既没有院系对应,自身也未成学统,从事交叉学科的研究人员只能分散到其他学科。由于交叉学科尚没有专门的学术建制,因而常会遭受传统思维的束缚和固有研究体制与模式的阻力,找不到对应的位置,得不到政策、制度的鼓励和保障,致使学科交叉研究的力度和广度不足。(冯一潇,2010)对于各类项目评审、评奖,交叉学科的申报者只能选择一个最靠近的学科专业填报,所以交叉学科科研成果中标与否完全是碰运气,因为没有相应的交叉学科的专家评阅。

中国学者的学术背景太单一也是教育体制改革亟须解决的一个大问题。有些学者说是在进行交叉学科研究,因学术背景太单一,实则做的仍是单一学科研究。《中国交叉科学》主编刘仲林教授认为,交叉科学研究要在现有科研和教育体制中立足,就必须从深层突破以传统学科界限为基础的科研管理和学科组织模式,建立有利于交叉、开放和共享的运行机制,充分拓展科研和教学自由创造的空间。正如李四光先生所言,要"打破科学割据的旧习,作一种彻底联合的努力"。

对于语言学跨学科的必要性,王士元指出:"如果我们的目的是要真正理解语言是什么,那么我们就不能把自己的视野限制得太狭窄,就不能因已有的学科界限而墨守成规。不同学科之间的边界犹如画在沙滩的线条,随着每一次先进知识的波涛到来,这边界就会发生变化,甚至完全消失。人类的知识,特别是研究语言的知识,应该是彼此相连的,并且最终是相互贯通的。"(王士元,2002:1)我们认为,对于现阶段的语言学跨学科研究，应该是借用别的学科的方法来研究语言学问题。这不仅有可能解决本学科现有方法难以研究的问题，也有助于提升语言研究的科学化水平。

建设和发展交叉学科的关键取决于构建基于学科交叉的教学科研管理平台。应根据自身学科建设和发展的实际情况，积极创新平台建设模式，以优势学科和特色学科为基础，组织联合相关的研究力量，逐步克服现行的教学科研体制、人事制度与学科交叉平台建设相互矛盾的突出问题，建设一个学科前沿性与学科交叉性相结合、实体与虚体相结合的交叉学科研究平台。（冯一潇，2010）政府和有关部门的资金支持应该导向性明确，以精准鼓励交叉学科研究，还要构建学术交流平台，不断创新学术交流方式，通过不同学术观点的争鸣和学术思想的碰撞、切磋、互相渗透和融合，扩大视野，高效沟通，启迪研究者的学术灵感，激励创造性思维能力。

建构法治外交话语体系需要学术支撑，需要法治外交学的理论创新。法治外交就是典型的新兴交叉学科，它是以语言学为核心，交叉外交学和国际政治学。法治外交学科是法治外交理念的基础。从广义的角度理解，外交可以指对外关系的综合，包括对国际法治的政策和态度。狭义的外交则是落实对外政策的工具之一。英国著名外交官和历史学家哈罗德·尼科尔森（Harold Nicolson）认为："外交就是用谈判的方式来处理国际关系；是大使和使节用来调整和处理国际关系的方法；是外交官的业务或技术。"国家调整相互关系的方式有多种，外交方式之所以是和平的方式，在于国家遵循了国际法治的基本原则，因此，外交就是"通过法律的形式为国家的对外政策服务"。国际法律主要是国家之间的法律，是"主要调整国家之间关系的有法律约束力的原则、规则和制度的总体"；"是国家相互关系上行为的规范"。国家间的关系包括政治、经济、文化等多个方面，处理国家间关系的方式和手段也包括和平（外交）的和非和平（战争）的，经济的和法律的。如果用外交手段处理这些关系，那就意味着按照国际法治的原则采取和平的方式。

外交与国际法律互为依存。有关外交实践的国际惯例和国际约章均来自外交实践。没有国家之间的交往，就不可能产生国家间交往的规则和规范。如果没有外交实践，国际法律就成为无本之木，无源之水，既不可能产生，也不可能得到应用。另一方面，没有一定的国际规范和原则，外交就失去了赖以开展的依据和规矩，陷入混乱状态，就没有秩序。国际法律中的外交法，特别涉及一国在他国领土上设立的常驻外交使团即外交使馆的职能与地位，是专门调整和制约有关外交机关职能、行为和法律地位的国际法规范，是现代外交制度得以运行的法律基础和保障。

国际法学是与外交学联系最为密切的学科，他们又都以语言学为基础。外交与国际法在实践上相互依存，协同发展；在学科上互相渗透，互相包含。中国近代外交制度的确立与国际法律的引进几乎同时发生。随着法治外交在解决国际争端中的作用日益重要，国际法治的规范作用也在加强。从国际法学、国际关系和新闻传播学等不同的角度研究法治外交学，是当前法治外交学科研究的必由之路。

（三）没有认识到法律外语学科的重大作用

外语教育是提升国家语言能力的重要途径。外语教育规划首先是语种教育规划，根据全球治理的理念应将英、俄、日、德、法、西等主要外国语言都纳入国民外语教育体系。法律语言具有准确严谨、言简意赅、不偏不倚的特点，法律语言容易被公众接受。推行法治外交、提高国际传播效能、推动人类命运共同体建设靠的也是法律外语语言。因为英语的国际通用语地位，法律英语语言价值更高。法律英语是讲好中国法治故事的关键语言。

当代著名哲学家和社会学家哈贝马斯（J. Habermas）认为，话语和社会现实的关系不是直接关系，而是以人的认知为中介，思维方式、意识形态和权力关系在微观语言层面体现在在话语中被生产和再生产，并被合法化为构建社会实践的资源。法律外语是讲好中国法治故事、传播中国法治外交理念不可或缺的工作语言,但当下的中国能讲好法律外语的人屈指可数,合格的涉外法治外交人才更是凤毛麟角。

我国涉外法律人才缺口之大难以想象。据公开数字,2017年我国能做高端涉外法律业务的律师不足二十人,在国际法律舞台上几乎完全没有中国声音。(冷帅,苏晓凌,董燕清,栾姗,刘克江等,2017)近年,国家加大了涉外法律人才的培养力度,但效果并不理想。高校英语和法学人才的培养现状与经济发展和社会需求严重错位。经院办学,闭门造车,不能按照市场需要进行学科建设、专业设置和人才培养正是问题之所在。

推动构建人类命运共同体等伟大实践的需要是法律英语学科发展的不竭动力。随着"一带一路"倡议的深入推进,涉外法律业务激增。中国大量的涉外案件无人问津或只能聘请外国律师。本土律师相较外国律师的劣势不在于涉外法律知识和业务能力,而是法律外语语言技能的欠缺问题。法律英语是涉外法律服务的工作语言,法律英语语言技能的欠缺,导致我国培养的法律人才无法胜任涉外法律工作。(张法连,李文龙,2020)

(四)话语体系各说各话

话语和话语体系为话语权服务,是话语权的基础。一个国家的经济、军事硬实力和软实力——国家成熟的话语建设和完善的话语体系,决定了国家话语权的巩固与提升。当代中国话语体系主要指中国特色哲学社会科学话语体系,包括对内和对外两个方面。对内话语权即主流意识形态话语权,主要在于巩固马克思主义在意识形态领域的主导和引领地位;对外话语权则是指中国在国际上的话语权力和话语能力。(韩庆祥,陈远章,2017)

什么是"话语体系"?不同的研究者给出了不同的定义,比较有代表性的有:"话语体系是思想理论体系和知识体系的外在表达形式,它以工具性构架承载特定思想";"一个国家的话语体系作为国家文明的重要表达系统,是该国话语权在国际社会上展现和发挥的载体 ……是国家意志、价值观和国家梦想在全球舞台上的综合展现形式"。更多时候,学者们把话语体系工具化、隐喻化,如:"话语体系承载着一个民族国家特点的思想文化、价值观念,是国家软实力的重要组成部分,中国话语体系是中国的特定文化基因密码"(唐青叶,申奥,2018)。

我国有关"话语体系"的研究,似乎各学科都有自身独特的"话语体系",如对外话语体系、政治话语体系、哲学社会科学话语体系、中国特色社会主义话语体系、马克思主义话语体系、学术话语体系、法治话语体系、国防话语体系、史学话语体系、中国话语体系、西方话语体系、国家话语体系、翻译学话语体系等,这些名称使得话语体系变得极为宽泛,但未能厘清学科体系、学术体系和话语体系之间的关系。各种"话语体系"研究大都采用宏大、抽象手法,各学科之间自设界限,自说自话,互不往来。不同学科之间的话语体系缺少相互交叉融通。

后疫情时代,融通中外的话语体系构建的本质就是中国如何对外"发声"或如何"讲好中国故事"。但从我国目前的研究成果看,对于如何发声、什么内容最易于被西方人接受、话语体系建构内涵和要素有哪些、框架结构特征如何等核心问题仍然缺乏深入研究,鲜有研究成果提出一个完整系统的话语体系建构模式。可以说,当前的中国话语体系研究严重滞后,概念零星化、碎片化,缺少与时俱进的中国本土创新话语理论支撑,中国的话语体系依然带有浓重的西方色彩,缺乏系统性、完整性、全局性研究。

另外,中国话语体系研究明显缺乏跨学科意识,话语本体研究、交叉学科的研究成果较少,在技术、方法、范围和路径上还缺少针对性、系统性和科学性。

三、语言文化研究不可或缺

语言是人类用于交际和思维的最重要的符号系统，是文化最为重要的组成部分，亦是文化最为重要的承载者、阐释者和建构者。（李宇明，2018a，2018b）。中国在积极改革完善全球治理体系的过程中，为全球治理不断贡献中国方案，必须充分重视和发挥语言文化的作用，系统构建中国的国际话语权。话语权获得不是一蹴而就的，它是一个过程，且需要一个话语体系来支撑。国际话语权说到底是我们能够在国际上塑造一个什么样的"中国形象"问题。相关研究表明，国家形象是一个国家软实力的重要组成部分。国家形象通常通过外交形象、公众形象和媒介形象三种形式体现出来。所有这些形象的形成过程，除了行为的影响，另一个重要因素就是对语言的应用，如选取哪些主题进行叙述、如何框定主题，采用何种叙事风格、何种修辞手段，使用何种比喻进行自我形象与他者形象的塑造等。对于异国受众来说，他们对一个国家的印象认知主要来自新闻电视、报纸杂志、网络媒体等渠道，语言的作用更是不容小觑。民心相通是习近平新时代中国特色社会主义思想在大国外交中的重要体现，只有树立正确的语言观，才能实现民心相通。

（一）认知语言文化内涵，维护国家安全

全球治理体系只有适应国际经济格局新要求，才能为全球经济提供有力保障。全球治理的前提和重要手段之一就是沟通。有语言才会有沟通。国际反恐、气候变化、跨国犯罪等诸多需要全球治理的问题都不能由一国单独应对。全球化、互联网、快速交通等只能缩短时空距离，沟通才能缩短心理距离；要打开各民族的"心锁"，必须有便于沟通的语言钥匙。语言有"通事"和"通心"之别。通事者，主要沟通信息；通心者，易生情感共鸣。一般说来，外语的主要功能是"通事"，母语则既能"通事"，

更能"通心"。全球治理既需通事，更需通心。（李宇明，2015）

语言具有思维功能。语言与认知有关，而认知反过来又和文化背景密不可分。20世纪50年代，萨丕尔（Edward Sapir）和沃尔夫（Benjamin Whorf）提出颇具争议的语言关联性理论，即语言决定思维，形成了萨丕尔–沃尔夫假说（Sapir-Whorf hypothesis），但其合理的推断在随后的一些实例中也得到了证实。人的思维借助语言来进行，我们日常在考虑问题或用言语表达想法的时候都运用语言的思维功能。所以说，没有法治外交相关语言基础就无所谓法治外交理念，也谈不上法治外交话语体系的构建。

国家的根本安全是国家实力，个人的语言能力和国家的语言能力都是国家软实力、硬实力的重要构成部分。特别是语言信息处理和人工智能所催生的现代语言技术产品，更是国力的表现，是网络安全、军事安全、经济安全的重要保障。在未来的智慧时代，语言智慧产业将会构成国家力量的更大份额。语言可以成为国家安全的重要手段。信息的有效传递与加工，对危害国家安全信息的有效收集、破译、反应等，都离不开语言与现代语言技术。一些国家已经把"语言"作为战备物资看待，一些国家曾经把语言作为战争密码，一些国家制定了"关键语言"战略。

最大的危险是认识不到语言在国家安全中的重要地位。必须认识到，我国传统上就较为缺乏语言意识。今天的社会语言意识，也还处在启蒙阶段，需要对社会启蒙。国家有关部门要加强语言的国家安全意识，制定合适的语言政策和语言规划，努力提升个人和国家的语言能力，减少减缓语言矛盾和语言冲突，运用语言构建法治外交话语体系，重塑良好的中国国际形象，切实维护国家安全利益。

（二）推动语言研究从本土走向世界，从结构走向话语

我国语言学界具有较强的本土意识和家国情怀，创新语言学习的方法和理论，努力研究解决中国在发展中的语言问题，积极推动中国社会的进

步。中国语言和方言的调查研究，中国语言政策的制定、执行与调适，中国的母语教育、民族地区的国家通用语言教育、外语教育、海外华人语文教育，中国文字的考释、整理与研究，中国的术语规范和辞书编纂，中国的计算机语言理解等，都承载着中国语言学界数辈人的努力、情怀与贡献，闪烁着中国语言学人的智慧。（李宇明，2015）但是，构建中国法治外交话语体系，急需加强对语言文化研究的广度和深度。中国语言学研究者要正视国家对外交往的客观需要，提高历史站位，增强服务意识和大局意识，不断开阔视野，研究国外各种语言，研究各个国家与国际组织的语言政策和语言生活。为此，我们不仅要有外语教育家，还要有大批从事外语研究的语言学家、国际语言政策和语言生活学家。

话语研究作为一门交叉学科，蕴含着无限潜力和宽阔视野。中国语言学界传统上重视语言结构的本体研究，应用语言学研究起步较晚，以话语为中心的语言运用研究，包括话语体系和话语权方面的研究，相对来说还比较薄弱。话语研究是考察语言应用的真实状态，探究个人、团体的语言适用；研究表明，话语研究对意识、文化和社会发展的影响巨大，对中国法治外交话语体系构建的功用也极为显著，语言学界必须给予充分重视。

（三）做好国家语言规划，提升国家语言能力

国家语言能力是指国家利用语言处理海内外事务和发展自身的能力。语言学家李宇明先生指出，中国是一个语言意识不够强烈的国度，历史上鲜见关于少数民族、外来使团语言面貌的记载。当前，虽然外语教育在我国已得到普及，但是我们对世界语言格局的把握仍显不足，对世界语言的研究更是相差甚远，特别是对语言在话语体系构建及全球治理中的作用认识很不到位。比如"一带一路"倡议的落实首先需要语言沟通，但与其相关的重大规划中语言规划较为罕见。正是由于语言意识淡漠，我国西部不少地区还有很多人不懂、不讲普通话，严重阻碍了当地经济发展；世界上

有七千多种语言，我们了解这些语言的数量非常有限，能够进入语言教育规划的更是少之又少。在国际沟通和全球治理以及话语体系建设中，我们应有的语言能力严重不足。中国正在快速走近世界舞台的中央。为充分发挥语言的功能作用，依据共商共建共享的原则参与全球治理，共建国际法治，我国必须提升国家语言能力。

国家通用语言是人生活动中最常用的语言。母语是文化之根，是生活"必需品"，国人必须熟练掌握，具备"口语体、书面语体、典雅语体"的"三语体"母语语言运用能力；支持全世界华人的母语教育和中华文化传承。少数民族的母语教育直接牵涉民族的语言权利和国家语言资源的维护，关系民族团结和国家统一。少数民族的母语教育要注意与民族地区国家通用语言教育的统一协调；我国的民族语言中有三十多种是跨境语言，因而也需充分注意、恰当处理跨境语言问题。（参见李宇明，2017a）

语言规划是国家语言政策制定、调整和实施的系统工程，直接关乎国家的语言能力。（参见文秋芳，2016b；李宇明，2018a 等）。语言规划既要以语言生活的现状为依据，又要能够引领语言生活的发展。语言规划旨在发现和解决交际问题，这些问题是区域性问题，故需较长时间评估并在一定社会中解决这些问题。语言教育是提升国家语言能力的基础，因而语言教育规划也是语言规划的基础。国家语言规划主要有三个方面：普通话规划、公民语言能力规划和外语能力规划。外语能力规划是国际传播能力建设的重要内容，直接决定着中国特色大国外交话语体系的建构效能。

中国的外语政策着眼于提升国家外语能力，政策的制定要和国家语言政策协调统一。多语能力是当今世界很多国家对其公民的语言教育要求，中国也已经落实开展多语教育实践。外语是具有人生扩展功能的语言，能够开阔眼界，与世界对话。外语语种的选择是有先后顺序的，要注意"关键外语"的学习研究。根据语言经济学的原理，测算语言距离，找出语言价值更高的外语语种。在依法治国、全球法治治理的大背景下，法律外语，或者说法律英语是最"关键外语"。

做好中华语言的教育规划至关重要。首当其冲的工作是努力推进汉语国际教育。中国的一些少数民族语言，如藏语、维吾尔语等语言的国际教育也应被纳入语言教育规划。除了语言教育规划之外，其他语言规划，比如语言智能发展规划等，都应被纳入规划，适时开展。规划语言智能发展将不断提高智能制造水平，保护和共享人类语言资源，最大限度减少信息边缘化现象，并找到应对机器人"入世"的伦理学对策。（李宇明，2018a）

随着改革开放向纵深发展，中国已深度融入国际社会大家庭，然而国家的语言能力水平并没有跟上改革开放的步伐，主要表现在语言意识滞后、语言视野狭窄。我们必须认识到语言在国际政治和法治外交话语体系构建中的强大功效，加强研究语言在全球治理中的功能作用，善于运用语言进行全球善治，努力推动构建高效的法治外交话语体系。

（四）提升应急语言服务中的法律语言能力

疫情防控、应急语言服务皆属法治外交实践。在重大传染性疾病、自然灾害等国家突发公共事件面前，危机治理每一环节的有序进行，公共安全、人民权益等都依赖于法律的保障。突发公共事件的治理是一场全面战，除了法律，语言的作用同样不可或缺。危机预警、医患沟通、事件命名、多语言危机信息公布、社会动员、语言翻译服务、新闻宣传用语、谣言防控、国际合作等危机治理的方方面面都离不开语言的助力。要同时发挥好法律和语言在危机治理中的作用，就必须重视法律语言的使用，提升法律语言能力。

1. 应急语言能力建设需强调法律语言能力

应急语言能力是指在国家面临自然灾害、事故灾难、突发公共卫生事件、社会安全事件等突发事件引发的应急状态之时，利用语言及语言技术来应对危机的能力。早在2012年，《国家中长期语言文字事业改革和发展规划纲要（2012—2020年）》中就提出了要制定应对国际事务和突发事件的语言政策，提供突发条件下的语言应急服务。但是从2020年新冠疫情的防控工作中可知，我国应急语言能力还十分欠缺。其一体现为应急语言服务供应不足。政府、行业、高校等应急语言服务提供方缺乏精准、高效、透明、统一的疫情信息标准发布和管理；针对外籍人士的疫情咨询和援助需求的多语种服务信息平台和应急呼叫中心缺位；大量渠道不明、真假难辨、未经核实的境内外疫情信息和虚假谣言充斥日常生活和网络，导致恐慌情绪与盲从行为。（王立非等，2020）其二体现在各领域语言问题层出不穷。针对我国应急语言能力欠缺的现状，不仅应从建立语言应急机制、建立语言应急队伍、提供语言技术支持、制定语言应急规范方面提升应急语言能力（李宇明，王海兰，2020：18—19），还应注重提升法律语言能力，将法律语言能力作为衡量应急语言能力的重要标准。

法律语言是表达法律意义、承载法治思维的语言。而法律语言能力是指使用法律语言处理各类事务所需要的语言能力。在国家危急状态下，需提高各类主体的法律语言自觉意识，运用法治思维提高危机治理能力。

第一，法律语言与法治思维相互依存、辅车相依。我们要用法治思维和法治方式开展疫情防控工作。法治思维和法治方式都与法律语言不可分离。法律语言是蕴含了法治思维的法律语言，而法治思维也不可能脱离法律语言而单独存在。在危急时刻，社会在一定程度上呈现出异于平常的混乱状态。越是混乱，越需要遵循统一的法律规则行事。政府依法治理危机，才能保障秩序；公众遵循法律、崇尚法律才能更好保障自身权益。政府、公众遵照法律在语言上就体现为使用法律语言。

第二，法律语言准确严谨、凝练简明、庄重肃穆等特性使得其在应急语言服务中不可或缺。使用法律语言能够保证在危急时刻及时有效地传递信息，保障顺畅的交流和沟通，消除隔阂，促进危机的解决。以疫情信息通报、公布的语言为例，其属于政府法定应该公布的信息，所使用的语言只有准确无误，才能有效地指引公众做出科学有效的应对措施；只有简洁凝练，才不至于使公众迷失在冗长无用的言辞中；只有严谨周密，才能确保权威的疫情公布信息没有歧义，语体规范；只有庄重肃穆，不使用过于诙谐的语言，才能使疫情公布语言等发挥更好的警示和提醒作用。

第三，在全面依法治国的时代背景下，处理突发公共事件更应该重视法律语言能力。法律语言是当前衡量国家法治建设水平的重要指标，与法治国家、法治政府、法治社会建设密不可分，也与公众的权益息息相关。尤其对于行政机关而言，在非常时期不得不限制公民的部分权利，这必然涉及使用何种语言更易被公众接受的问题。运用法治思维，使用法律语言对危机进行规划、管理和应对有助于提高政府应急语言治理能力。此外，公民的法律语言能力是国家法律语言能力的重要指标之一。公共安全危机的治理也无法脱离公众的参与。如今自媒体异军突起，个人拥有了更多的话语权。在发生公共危机之时，公众习惯于使用网络自媒体宣泄情绪、发表个人观点。这可能会产生公众与政府之间的话语冲突。对于情绪宣泄，公众需要学会客观理性地表达，所使用的语言要符合法律规定，不能制造、传播谣言；政府机关也需对公众话语进行公正、理性的回应。法律语言恰好提供了客观理性、有效传递信息的规范。如果缺乏法律语言的规范，必然导致社会中话语系统紊乱，阻碍各方力量的统筹，损害危机治理效果。

第四，在重大传染病等世界公敌面前，各国需要通过话语建立和传递共识。在全球化背景下，国家间的最大共识就是法治。灾难无国界，在全球性灾难面前，各国不应再使用抨击、嘲讽式的语言互相指责，而是应秉持"人类命运共同体"等法治外交理念，使用法治外交语言，促进交流，深化合作，共同抗击灾难。提升我国的法律语言能力也更有助于中国分享防控经验、加强国际协作。当面对他国的污名化言语行为时，中国政府也有责任通过法律外交语言及时消除国际社会的误会、偏见与隔阂，塑造负责任的大国形象。

2. 应急语言的法律语言标准

为保证语言应急治理的有效性，需进行应急语言服务标准化工作，其中也包括针对应急语言的标准。法律语言至少为应急语言提供了如下标准：

（1）合法性

合法性是应急语言的最基本要求，即要求应急语言符合我国法律规范。目前网络成为各类信息传播的主要途径。应急语言必须遵守规制网络言论的相关法律法规以及司法解释，如《即时通信工具公众信息服务发展管理暂行规定》《网络信息内容生态治理规定》以及《关于办理利用信息网络实施诽谤等刑事案件适用法律若干问题的解释》。此外，应急语言同样不能触犯保护国家安全、社会秩序以及名誉权、隐私权等公民人身权利的其他法律法规的规定。公民在应急状态下的言论自由不应以侵犯其他合法权益为代价；而行政机关及其工作人员还需要积极履行语言方面的法定职责，如《中华人民共和国传染病防治法》《中华人民共和国政府信息公开条例》《国务院办公厅关于进一步加强政府信息公开回应社会关切提升政府公信力的意见》等关于依法准确透明地公布信息的法定职责。法律法规的强制性规定仅仅是应急语言的底线，或者说是最为基本的要求，在此基础上还需满足真实准确性、规范性、重视社会效果的标准。

（2）真实准确性

突发公共事件发生之时，公众依赖于政府发布的权威信息，并以此为根据实施应对措施。所以这些信息必须保证是真实且准确的，此乃应急语言的核心要求。危机之下，谣言易混淆视听，迷惑误导公众，甚至造成社会恐慌，危害极大。对于国家机关及其工作人员，若发布权威信息，则必须保证其真实及准确性，让社会各界了解危机防控的最新进展和应对措施，才能最大程度消除社会恐慌、凝聚群众力量；对于还没有充分科学依据的，就不能使用确切肯定的语言，以免误导公众。公众也应多一些法律语言自觉意识，不制造谣言；在面对无根据的信息时，要具备判断其准确真实性的法律语言思维能力,不随意传播。

(3)规范性

规范性是指应急语言应遵守各类语言规范,首先应符合语音、词汇、语法、书写等基本语言标准,其次应遵守法律文书等专业领域语言所要求的具体语言标准。尤其对于突发公共事件信息中的上报、通报和公布以及政府工作人员的新闻发布而言,它们属于有关政府部门的法定文书或发言,具有正式性和权威性,不仅需要符合基本的语言标准,还必须符合法律语言的词法、句法和语篇规范。以新冠的命名为例,从"不明原因的肺炎"到"新型冠状病毒感染的肺炎",简称从"NCP"修订为"COVID-19",体现出不断规范化的过程。如果语言不规范,不仅会破坏信息本身的信度,而且会降低发布机关的公信力。

(4)重视社会效果

在实践中慎重考虑社会后果是一种重要的法治思维。语言应急不仅仅体现在语法、修辞等语言规范,更重要的是从语言维度促进危机解决,同时克服语言障碍,避免由语言问题引起信息阻隔、交流不畅等问题,从信息通报、信息公布以及群众信息获取等方面为危机的应对和处理提供保障。在突发公共事件期间,社会需要的语言,是能达到有效传递信息、指引危机防控、稳定和鼓舞人心效果的语言。语言使用若能达到此效果,就是值得肯定的。奋战在抗"疫"一线的医疗队的谐音成语代号就是典例,如甘肃的"甘苦与共"、浙江的"浙风挡雨"、福建的"国泰闽安"、新疆的"同新协力",指出了归属地和单位,概括出他们的英雄事迹,既体现了语言的艺术魅力,又凝结着全国人民对医疗队的深情感谢。(李晶,2020)所以针对不同突发事件语境下的应急语言,并非一定要强调形式的统一,也并非尝试树立法言法语的垄断地位,去替代多元化、趣味性的其他语言表达形式。如同法律仅仅是道德的底线,仅提供人们应遵守的基本规则,基于法治思维的法律语言也仅仅是提供了基本应急语言规范的底线,如合法、真实与准确。要紧紧依靠人民群众控制危机的局势,就需要人民群众对语言有无限的创造力。重视社会效果标准所强调的就是在满足这一基本底线的前提下，鼓励尽可能地发挥语言的多样性和创造性。

3. 语言应急纳入应急管理体系的建议

中国互联网络信息中心公布：截至2021年12月，我国网民规模达10.32亿，较2020年12月增长4296万，互联网普及率达73.0%。网络信息成为公众了解突发事件信息的主要渠道。根据人民网舆情控制中心的统计，相比于2003年的非典，由于网络的普及，此次新冠疫情公众情绪构成更为复杂；恐慌、焦虑、愤怒、悲观与理性、感动、积极应对交织，情绪阈值波动更大。（李泓冰，周玉桥，2020）在"一带一路"倡议和"引进来、走出去"战略背景下，为应对当地突发公共事件，我国对语言应急服务的需求量攀升。再加上我国本是多民族、多语言的国家，居住着大量在华外国公民，语言应急能力建设理应具有国家战略地位。善加利用语言应急，可以稳定民心，使事态得到更快的控制；反之则会使情况恶化，产生次生危机，产生语言安全问题，进一步影响公共安全。在应急状态下满足语言安全需求的主要途径，是为语言应急提供法制保障，制定语言政策，实施语言规划，提高国家应急语言能力。

目前我国已经建成"一案三制"的综合应急管理体系。鉴于语言应急的重要性，应尽快将语言应急纳入"一案三制"的综合应急管理体系中。"一案"是指"应急预案"。当前应将语言应急预案纳入各类突发公共事件应急预案之中，制定针对语言应急的具体行动方案。应考虑在各类应急预案之中增加不同方言、语种、手语的预警信息发布、应急响应、社会动员、后期处置等内容。在应急预案中，明确语言应急的责任主体，确保语言应急资源保障、应急措施、实施力等因素的有效性。为了保障语言应急预案的实施，必须在平时储备语言应急人才，培养其法律语言自觉意识和法治思维能力。

"三制"分别指应急管理"体制""机制"和"法制"。针对语言应急纳入"三制",首先应进一步完善由政府统一领导的,社会和公众参与的,由不同地域、不同级别的语言应急组织构成的语言应急管理体制,使其成为国家应急管理体制的有机组成部分。在此次新冠疫情的语言应急中,国家语言文字工作委员会以及组建"战疫语言服务团"的北京语言大学、武汉大学和传神公司等机构发挥了重要作用。今后可以进一步完善以国家语言文字工作委员会为核心,各级应急管理部门、语言文字工作委员会、企事业单位参与的语言应急管理体制。

其次,应完善语言应急机制,形成事前、事发、事中和事后的系统化、制度化、程序化、规范化的协调有序、运转高效的语言应急方案。在突发公共事件发生前,语言应急组织应该对可能产生的语言风险进行充分预测和评估,完善各项语言应急准备机制;事发时,就事件的上报、通报和公布制定并完善语言方案;事中通过信息发布、翻译、语言信息技术等保障应急处置和救援;事后提供语言安抚、心理恢复等语言服务。突发公共事件治理是总体战,涉及应急处置、救援、预防预警、危机信息管理、教育培训等各方面的危机治理机制。语言应急机制应有机融入这些危机治理机制之中,共同促进危机的整体性治理。

最后,语言应急法制是体制、机制的保障,应在应急法律体系中增加语言应急的内容,进一步完善语言应急法制。习近平强调:"疫情防控越是到最吃劲的时候,越要坚持依法防控,在法治轨道上统筹推进各项防控工作……保障疫情防控工作顺利开展"。(习近平,2020c)针对突发公共事件,未来需要大力提高防控法治化水平。习近平强调依法防控,提出了9个方面的要求,其中就包括要加强疫情防控法治宣传和强化疫情防控法律服务。加强应急语言服务,提高法律语言能力是加强疫情防控法治宣传和疫情防控法律服务的应有之义。

将语言应急纳入法制体系,也有国际经验可资借鉴。美国在"9·11"事件后,将语言能力作为国家竞争力的重要组成部分,逐步提出或通过众多法案,如授权国家语言服务团(National Language Service Corps)成为永久机构，为国家和地区中发生的突发事件提供语言服务的2013年美国《国防授权法》（National Defense Authorization Act for Fiscal Year 2013），提供各类翻译服务的《联邦学生资助申请翻译法案》（FAFSA Translation Act）和《翻译法案》（The Translate Act）以及实施关键外语教学计划的《K-16关键外语渠道法》（K-16 Critical Foreign Language Pipeline Act）、《世界语言提升与准备法案》（World Language Advancement and Readiness Act）等一系列法案。在新冠疫情期间，美国国会同样提出规制应急语言的法案，如《COVID-19语言使用法案》（COVID-19 Language Access Act）提出了针对疫情相关书面材料翻译的专门要求，以及《谴责COVID-19相关反亚情绪决议案》（Condemning all forms of anti-Asian sentiment as related to COVID-19）要求疫情防控期间不能使用歧视性语言。法国、澳大利亚、日本等国家也早已认识到语言对于国家安全的重要性，出台多项语言政策，如英国成立"国家语言指导小组"，欧盟也制定了语言战略。

我国目前并没有专门针对语言应急的法律文件，为保障语言应急工作的有效性，应加快建设语言应急法制体系。若无法律依据，仅仅依靠临时性的政策，语言应急体系将出现系统性紊乱，难以产生良好的语言治理效果。由于语言应急涉及不同突发公共事件应急治理的不同方面，所以可能并不适合进行专项立法，而更适宜采取在不同法律文件中规定语言应急的内容。语言应急法制的重要内容之一是政府语言权力和公民语言权利的平衡。在国家进入紧急或应急的"非常"状态下，个人的生命权、健康权成为政府首要保障的目标，为此政府的积极救助、强制隔离、强制迁移、紧急征用、限制自由等行为可能限制公民其他权利。同样的，为高效处理危机、防治谣言散播，公民的言论自由也会被一定程度地限制。在法治社会中，对于公民知情权、言论自由权、监督权等基本语言权利的限制，只能通过立法的方式进行。此外，还必须通过立法的形式确立政府提供应急语言服务的法定职责，优化警察权介入言论自由的制度，用法治的方式防止政府不作为、乱作为。以上内容理应包含于应急语言法制体系建设之中。

在气候变化的大背景下,近年来,整个地球频繁遭遇自然灾害,不同国家人民的生命财产受到巨大威胁。应急管理和应急服务成为必然。世界各国需要展开国际合作,国际社会需要出台有力措施积极应对。推动法治外交建设,我国应积极参与语言应急的国际法制建设,参与制定应急语言服务的国际标准。

第五章　法治外交思维逻辑

外交无小事。在所有的外交外事活动中增强法治意识，注重法律逻辑，明晰中外思维逻辑的差异，提高法治思维逻辑能力是新时代中国法治外交应有之义，也是开展高质量外交外事活动的必然要求。

一、法治意识是实现法治外交的先决条件

《中共中央关于全面推进依法治国若干重大问题的决定》首次提出"推动全社会树立法治意识"的战略目标，将法治中国建设从以往的制度建设延伸到文化观念领域。在一个缺乏法治传统的国家，公民法治意识可谓支撑法治建设的观念基础和软实力。（夏丹波，2016）当今世界，各国法治意识空前提高，依法维护国家利益已成为国际共识。法治意识作为一个抽象的概念，准确把握法治意识内涵是推行法治外交理念的先决条件。

（一）法治意识的内涵

我国最早对"法治意识"作出界定的是黄稻先生，他在1995年出版的《社会主义法治意识》一书中详细论述了法治意识的含义；后来又有几种关于"法治意识"的定义。比如，"所谓法治意识，是指作为生活在现代社会的公民所应当具备的与现代民主政治、市场经济和文明形态相适应的、为法治社会所必需的法律素养、法律精神和法律价值观念"；"法治

意识从属于法意识，是法意识中健康积极的那部分。是指一定社会主体对法治的思想、观点、心态和对由法治所形成的一种良好社会状态所孜孜追求的理念的总称"等。（夏丹波，2016）上述有关法治意识的定义，确立了"法治意识"概念的独立性，揭示了"法治意识"与法治社会建设的联系，但定义仍嫌宏观、抽象，法治意识的内涵具象指向不明确。

"法治意识主体在特定的社会历史条件下，通过各种方式与法治实践进行互动，在互动过程中基于对法治之原则、功能、价值等知识之正确认知，而逐渐产生对法治的理解、认同、信任的一种内心确信和信念。法治意识是主体对法治的原则、功能、要求、价值内化和观念化的产物，表现为主体对法治要求、原则之理解和遵守、对法治价值之认同及追求、对法治实践之支持及参与"。（夏丹波，2016）一个国家的法治建设程度决定着公民法治意识的强弱，公民法治意识的强弱反过来也影响法治建设的质量和水平。有了法治的理念、原则和制度，也不一定会实现法治，因为最关键的还是公民要有法治意识。法治意识很大程度上体现在公民对法律的尊崇和信任程度上。法治意识的强弱不只体现在思想观念上，更体现在处理矛盾和解决纠纷的实际行动中。在依法治国进程中，我们坚持法律面前人人平等，不断完善社会公平正义法治保障制度，推动全社会逐渐形成办事依法、遇事找法、解决问题用法、化解矛盾靠法的行为习惯。法治意识也是推进法治国家、法治政府、法治社会一体化建设所不可或缺的观念基础。

1.法治意识与法律意识之概念比较

当前，我国学界主要存在两种对"法治意识"与"法律意识"二者不加区分或区分不明、混同使用的错误现象：一种是认为法律意识涵盖法治意识，法治意识是法律意识的一种表现形式或形态；另一种是广义上认为法治意识属法律意识范畴，然而从与法治国家相对应之角度，对两个概念又进行了简单区分。可见，把"法治意识"纳入"法律意识"范畴，是目前我国学界的普遍观点。（夏丹波，2016）但根据我们关于"法治意识"的分析定义，这些普遍观点忽视了法治意识概念的独立价值取向，掩盖了法治意识的丰富具体的内涵具象。

如果略去"意识"，只区分"法律"和"法治"两个概念，二者之间的区别联系是显而易见的。我们可以比较容易地辨析法律和法治，但却混淆法治意识和法律意识，大概是由于二者在内涵上有诸多交融重叠之处。我们可以从以下几个方面对法治意识和法律意识进行辨析：一是从内容上看，法律意识指公民关于法律的意识，是公民对法律规则的内化、观念化。具体表现为公民对法律规则、内容、要求等发自内心地认可和遵从。法治意识是公民对于法治的意识，指公民对法治这种治国方略、行为方式、社会治理状态之内心认可和确信，具体表现为他们认同法治的价值、肯定法治的功能、遵守法治的原则和要求等。（夏丹波，2016）具有"法律意识"意指公民能够严格按照法律规章的指引而采取行动；而具有"法治意识"意指不仅要严格遵纪守法，而且要珍视、践行法律至上、程序正当、公平正义、权力制约等法治原则。二是从价值方面看，法律意识是中性概念。法律有善恶之分，对恶法的认同、遵守和对良法的认同、遵守，皆可被称为法律意识。然而，法治意识是一个具有明确正向价值指向的概念。众所周知，法治必然要求良法善治，具备法治意识也就相应地要求公民具备主动守法意识、理性意识、契约意识、程序意识、公正意识、平等意识等。因此，法律意识中的良法意识部分可以归结到法治意识范畴，而恶法意识部分却是法治意识必须摒弃的内容。由此看来，法律意识不仅没有涵盖法治意识，相反，法治意识包含了法律意识的部分内涵，并且法治意识的内涵要比法律意识更为丰富。三是从功能上看，法律意识中包含的恶法意识部分不仅对法治建设无益，还会阻碍和破坏法治进程。法治意识是和"依法治国"之"良善"之意完全顺应吻合的，是公民内在思想观念层面对良法善治之理解和认同，是推动法治建设所不可缺少的文化给养。四是从社会环境上看，在法治社会之前的历史阶段，人们也可能具备一定程度的法律意识或规则意识，然而法治意识则一定是在建设或实现依法治理的社会阶段，伴随现代商工文明社会，并与民主政治、市场经济等条件相适应而逐渐产生的。

2. 法治意识与法治文化等相关概念比较

（1）法治意识与法治文化

目前我国学界关于"法治文化"研究代表性的观点有三：

第一，认为"法治文化"是不同于"人治文化"的一种政治文明体系。法治文化应该是"实现了法治的国家和社会所具有或应具有的文化"。但这种界定把"法治文化"看作实现法治的国家、社会所特有的，却忽视了正在建设而还未实现法治的国家其实也有自己的"法治文化"。

第二，"法治文化"是一种包括人权、自由、平等、民主、正义之类价值的法律文化类型。其实是将"法治文化"看作法律文化的组成部分，是其中有正向价值的内容。

第三，"法治文化"和"人治文化"是对立统一的。这种观点是把法治和人治看成仅仅是社会治理的两种不同方法或手段，认为它们可以彼此结合或交互采用，其功能犹如"车之两轮，鸟之两翼"。

法治文化指实行或实现法治的国家、社会所具有的关于法治的系统知识、理论、设施和观念等，只有实行或实现法治的国家和社会才有自身的法治文化。（夏丹波，2016）基于对法治文化的这一阐述，其与法治意识的区分在于：在主体上，法治文化为特定国家、社会、地区所具有，没有个体意义上的法治文化；而法治意识的主体则可以是群体的，亦可以是个体的；在内容上，法治文化包括具体的相关知识、理论、设施和思想观念等。而法治意识则不包含具体的理论知识、设备设施部分，主要是一种思想观念。

（2）法治意识与法治观念、法治理念

"法治观念"是指人们对法律的性质、地位、作用等问题的认识和看法，也就是依靠法律管理国家、管理经济和治理社会的一种社会观念。它是人们在参与有关法律的社会实践过程中自身认识发展的内化与积淀，是主体将自己的经验和法律知识加以组合的结果。法治观念是一种不依长官意志，而是依据法律来进行治理的观念。可见，法治观念和法治意识是很容易区分的：前者指对法治的综合认识，后者指对法治的积极的态度和评价。在外延和内涵上，法治观念都大于法治意识。

"法治理念"概念一般不独立使用，而是与"社会主义"一起构成"社会主义法治理念"概念。法治理念根植于一定社会的经济、政治、文化等诸方面的必然性要求，它是法治的灵魂，体现了法治的精神实质和价值追求，所要解决的是为什么实行法治以及如何实现法治的问题。2005年11月胡锦涛同志提出了"社会主义法治理念"这一概念，实则是为中国特色社会主义法治建设提供一套指导原则。因此，法治理念是凝练出来指导国家进行法治建设，确保法治建设沿着中国特色社会主义正确方向的一系列指导原则，而法治意识是公民具备的关于法治的一种具有正向价值的主观态度。

（二）法治意识是法治外交理念的基础

法治意识是一种正向价值观念和先进文化意识形式，但是法治意识也不仅仅停留在思想精神层面上，内在精神要素必须通过外在用法、守法和护法的行为取向充分显示出来。如今的世界，增强法治意识，运用法治方式方法来分析问题、解决矛盾，将问题矛盾放在法律框架下处理，已经成为国际社会的自觉行动。法治意识逐渐植根于外交外事人员的头脑深处，当遇到国际纠纷和外交事故时，拿起法律武器维护国家利益已经成为多数国家外交官的选择和习惯。

首先，在外交活动中，法治意识表现为国家主体的权利意识和用法行动。在现实生活中，社会主体是有着一定社会需要和社会利益的自然人、理性人。社会主体进行社会交往、参与社会组织的目的总是与自己的需要和利益紧密联系在一起。在国际关系中,通过何种方式来满足国家的需要、实现国家的利益,实质上就是国家生存形态的选择问题。现代国际社会选择法治手段来调整利益关系、建构国际秩序,国家主体利用法律手段维护和实现自身利益,本质上就是选择法治作为国际社会组织形态和生活方式。以权利为本位和导向的现代国际法律体系确认了国家主体广泛的自由权利,鼓励各国积极地运用法律、行使权利,结成各种关系,形成国际社会发展性秩序。用法行为也表现在国家主体之间在发生利益冲突时,愿意通过国际司法程序来解决纠纷。

其次,法治意识表现为国家主体的守法意识和守法行动。守法乃是为了创造和维持一种自由、平等的国际社会状态和健康发展的国际秩序。守法的意识和行为是国家主体的一种自觉意识和自觉行动,国家在国际法律有明确规定的情形下能够在法律行为模式的指导下,去做一切有利于法治的行为,不做法律禁止的行为;在国际法律没有明确规定的情况下能够遵循法律的原则和法治精神去做出有利于国际法律秩序的行为。当然,国家主动服从国际法律而形成的是一种积极的国际法律秩序状态,在这样的国际社会环境中,国家主体对国际法律表现出热情、期待和认同;国家被动服从国际法律而形成的是一种消极的国际法律秩序状态,在这种国际社会环境中,国家主体表现出对法律的冷漠、厌恶、规避和排斥。因此,只有国际法律的制定和实施与国家主体的价值、观念和行为取向相联系,法治才能成为国家的信仰。

最后,外交外事人员的法治意识表现为护法意识和护法行动。护法意识是法治情感的自然流露,是法治信念和法治献身精神的体现,护法行动是追求法治理想的自觉行动。当法律滞后于国家需求与利益关系的发展,外交外事人员能够在尊重国际法律权威的前提下利用国际立法参与途径或国际司法审查机制表达变革诉求、推动国际法治建设发展。当仅仅依靠联合国或其他国际组织推进模式不足以实现国际社会治理法治化的时候,各个国家主体只有肩负起推动国际法治进程的责任才能为国际法治发展提供源源不断的动力。因此,具有护法意识的国家主体能够自觉遵守法律、选择法律手段保护国家利益,在国家利益受到侵犯、国际法律秩序受到破坏时,国家主体也能同违反国际法律者依法进行坚决的斗争,力图在促进实现国际社会公平正义的过程中维护国际法律的至上权威。

国际法律的权威源自各个国家主体的自觉遵从。当今世界,国际法治体系日益完善,尊崇和捍卫国际法治与保障国家利益更加一致,守法护法逐渐成为整个国际社会的共同追求。但也要看到,巩固外交外事人员守法护法的法治意识不是一劳永逸的,还需要持续地教育和培养。我们要进一步巩固和发展全体公民共同守法护法的良好局面,强化法治意识,让全体公民,特别是外交外事人员更加自觉地做国际法治的忠实崇尚者、自觉遵守者、坚定捍卫者,努力推动依法进行全球治理,引导营造良好的国际法治环境,为推动中国法治外交实践筑牢深厚法治根基。

二、法治思维是实现法治外交的根本路径

法治是一个国家走向现代文明的标志,社会主义现代化建设和中华民族伟大复兴,都离不开法治的引领和保障。法治外交人员必须具备法治思维能力。

(一)法治思维的功能作用

法治思维是指以法治价值和法治精神为导向,运用法律原则、法律规则、法律方法思考和处理问题的思维模式,使法治价值在人们头脑的思维形态中形成思维定式,并由此产生指导人们行为的思想、观念和理论。法治思维是一种思想观念、一种行为规范和一种生活方式。

法治思维是一种新理念。理念的改变必然是一场思想革命,我国从传统人治社会向现代法治社会转变需要经历一个较长的历史过程。法治思维新理念就是要改变某些外交外事干部思想中存在的重权力轻权利、

重管理轻服务等思维误区。应该承认，我们的一些外交外事干部思想中仍然存在着超越法律的特权思想，法治思维可以有效避免以言代法、以权压法、违法行政等背离法治精神的现象。法治思维理念要求外交外事干部学法、尊法、守法、用法，自觉在法律授权范围内开展外交活动，维护国际法律的权威和国家法治的尊严。

法治思维是一种方法论。法治思维要求行政管理主体运用法律精神、法律原则、法律规范等对各种社会问题进行综合分析、精准研判。行政管理主体为了更好地认识和解决各种社会问题，首先要根据问题的类型确定适用法律依据的类型，然后按照法律思维规则、逻辑推理和证成方式来分析、思考和理解问题，形成认识和解决相应问题的决策、结论。法治思维帮助我们把个案与法律结合起来，具体问题具体分析，从而杜绝机械套用法律法规。

法治思维是一种价值观。全球治理面临诸多各式各样的复杂问题，思考、分析和解决各种问题对应的还有政治、道德、经济和法治等多种非法治思维方式。政治思维方式的核心是利与弊的权衡，道德思维方式的核心是善与恶的评价，经济思维方式的核心是成本和效益的对比。但法治思维方式的核心则是合法与非法的预判，即把合法性作为处理解决问题的前提，围绕合法与非法对有争议的行为、主张、利益和关系进行思考、分析、判断和处理。很显然，法治思维方式在治国理政和对外交往中应当具有特别优先的位置，法治思维是有效提升我国大国特色外交话语权的重要前提和关键抓手。

法治思维的基本规则包括：主体有明确的法律规定权限；恰当选择法治方式；遵守规则并尊重裁判。一般意义上的法治思维并无形式与实质之分，也无效果好与坏之分，关键是在法治外交实践中真正体现"法治"精神。外交外事干部的法治思维也是对人治思维方式的观念革命，其实质是把对法治的尊崇、对法律的敬畏转化成思维方式和行为方式，其重点是依据有关国际法律法定职权、规则和程序作决策，树立基本法治外交观念，用法治方式凝聚共识、规范改革和发展行为、促进矛盾化解、维护国际和平。

法治思维是一种以法律规范为基准的逻辑化的理性思考方式。按照法律逻辑思考、分析和解决各种问题的法治思维方式，就是将法治理念、法律知识、法律规定付诸实施的认识过程。法律的适用与逻辑密不可分，法治思维过程即是运用已有法律精神、原则、规范对各种问题和现象进行逻辑分析、判断和推理的过程。法治思维是一种理性思维，追求缜密的逻辑，是以合法性为判断起点、以公平正义为判断重点的逻辑推理方式。"理国要道，在于公平正直。"公平正义贯穿法治外交建设各环节，是法治外交的生命线。法治逻辑思维能力是外交外事干部不可或缺的素养能力。

习近平在和平共处五项原则发表60周年纪念大会上指出："公平正义是世界各国人民在国际关系领域追求的崇高目标。在当今国际关系中，公平正义还远远没有实现。我们应该共同推动国际关系民主化。"公平正义是人类社会的永恒追求，国际关系民主化法治化是大势所趋。坚持法治思维，弘扬公平正义，引领全球治理体系改革，推动国际关系民主化法治化，是新时代中国外交的努力方向，对深入推进国际法治建设具有重大而深远的意义。

（二）法律逻辑与法治思维

法律逻辑与数学逻辑、哲学逻辑并列，属逻辑学的一种。法律逻辑属于社会逻辑，数学逻辑属于自然逻辑。举个例子：审判有原告和被告两个立场，原告和被告都各有主张，而且是相互矛盾的。其实根本不可能是某一方绝对正确或某一方绝对错误。但是我们认为法官必须做到可以使这种不可能的事情变为可能。数学上的证明不是"对"就是"错"，一定要从这两个答案中找出一个。但法学和数学这看似永远不可能相交的平行线却可以通过逻辑联系起来。

关于我国法律逻辑发展阶段的划分，主要有"三阶段"与"二阶段"两种观点。根据法律逻辑研究视角的不同以及是否受到法学及法学家的关注为依据，本书倾向于"二阶段"的划分：第一阶段指应用逻辑阶段。20世纪80年代，我国法律逻辑的研究视野始终局限于传统形式逻辑在法律领域中的应用，其内容基本上是应用形式逻辑原理、原则来解释法律实例；第二阶段指以非形式逻辑为主导的多元发展阶段。从20世纪90年代初期开始，随着我国法治建设的稳步推进，法学研究者逐渐认识到，传统形式逻辑已然无法满足当时法治建设的迫切需要，难以给法律人在解决现实法律问题时提供足够的智力支持。形式推理，特别是在一些疑难案件中已不再适合，必须代之以高层次的实质推理。法律逻辑学者将研究视域从刑事侦查（事实）领域逐渐拓宽到司法（价值）领域，将研究视角从纯逻辑移步法学。

法治外交人员要学点法律逻辑知识。法律逻辑课主要介绍法律逻辑学的基本理论与方法。主要内容包括：（1）法律分析理论：实在法的分析与评价标准；（2）法律推理理论：法律发现与获取的推导模式、方法与准则；（3）事实推理理论：事实发现与认定的推论模式、方法与准则；（4）判决推理与法律论证理论：裁判的推理与论证模式、方法及其判决证成的准则。

法律规范是按照一定的逻辑关系来安排的，因此适用法律也要遵循一定的逻辑顺序。制定一部法律，成百上千的法律条文是按一定的编排顺序排列的。这个编排顺序不是以所谓"重要性"为标准，只能以"逻辑性"为标准。当我们查清一个案件的事实以后，就要寻找所应适用的法律规范，往往会发现法律上与本案有关的不只是一个法律规范，而是好几个法律规范。例如，审理一件拍卖的案件要判断合同是否成立，法律上就有许多规范：除拍卖法的规定外，还有合同法买卖合同的相关规定，还有合同法总则关于合同成立、生效的规定，此外还有民法典中关于法律行为的成立、生效的规定等。如果不知道法律逻辑，你就不会知道为什么要立法，应该怎样立法，立法背后的考量是什么。同样，在适用法律、解释法律时，你就会毫无头绪。

研究逻辑的功能作用，需要从法理学的角度对逻辑在法律中的积极影响进行抽象概括。具体如下：

第一，逻辑为法律提供确定性。法律的适用有赖于对抽象法律概念和规则的逻辑分析以及从规则到具体判决的形式逻辑推理。有法律程序保障和逻辑形式要求的形式性得以贯穿立法和司法的始终，所以，法律的确定性也就得到了最大限度的保证。

第二，逻辑为法律结果提供可信度。逻辑是人们思维必须遵守的基本准则。只要是思考推论或论证主张，就必定运用某种逻辑。透过形式逻辑的分析，我们可以考察某种思考论证是运用了哪种推论方式以及这种推论方式是否合乎形式逻辑的规则。

第三，逻辑为法律提供正当性。逻辑推理是追求正义的工具，尤其体现为论证离不开逻辑。法律工作者的思考方式以推理为基础，它要求对决定进行诸如判决理由那样的正当化处理，以保证言之成理、言之有据。

第四，逻辑为形式正义和个人权利提供保障。在法治国家，逻辑上的严谨性是理性司法的一个外在表现。正是司法活动的逻辑特性，才使得法官的司法与国家的整个法律体系实现一致性。同时，司法推理的逻辑性质还意味着"平等、无偏见地实施公开的规则"，而这正是程序正义的基本要求。

外交外事活动必须讲逻辑。外交发言不但要有理有据，有礼有节，还需要严密的逻辑性，不然就会遭人嘲讽，被人轻视，陷入尴尬和被动。

法治是迄今为止人类能够认识到的最佳治国理政方式。法治是现代制度文明的核心，是国家治理体系和治理能力现代化的重要标志。当今世界的竞争归根结底是制度竞争。法治既是工具，更是价值，是工具与价值的结合、手段和目标的统一。外交外事干部要深化对法治本质的认识，运用好法律逻辑，增强养成法治思维的自觉性。把法治作为价值来追求，才能提高法治思维的层次水平。法治既授予权力，更约束权力。权力来源于法律，权力的行使必须按照法定的权限和程序进行。这就是说，权力有边界，行使权力与接受监督、承担责任要相互统一。由此看来，法治的要义首先是限制权力、防止滥用。对掌权者来说，法治首先意味着一种约束。法治外交工作者要深谙权力的有限性，树立正确的权力观、法治观，为正确把握法治思维奠定思想理论基础。

　　法治信仰和法治思维是建设法治外交队伍的精神基石和重要支撑。"法律必须被信仰，否则它将形同虚设"。法治信仰是对法治发自内心的认同和尊崇。法治之所以能够被信仰，是因为法律是人民意志的体现，是社会全体成员的行为准则；是非人格化权威，超脱于特定的人和利益，能够激起社会成员信仰层面的尊崇；是一种实践理性，凝结着民族精神，承载着规律和真理。信仰法治，首先在内心要敬畏法治，这样才能由衷地认同和尊崇法治。树立法治信仰和法治思维是担当起新时代法治外交使命的必然要求。要树立法治至上的理念，坚守法律是神圣不可亵渎、必须严格遵照执行的。法国思想家卢梭说："规章只不过是穹窿顶上的拱梁，而唯有慢慢诞生的风尚才最后构成那个穹窿顶上不可动摇的拱心石。"（卢梭，2017）这充分说明了法治风尚与法治思维的重要性，并深刻阐明法治信仰和法治思维应在践行法治中得到巩固和提高。

　　彭真曾经说："领导，就要按照法律来领导。如果不学法、不懂法，怎么能领导？"（汪永清，2014）法治外交人员首先要学法，不仅学履行职责所需的法律知识，而且要学法治原理、法治精神，重点掌握法律授予什么权利、边界在哪里、行使权利的程序是什么、不依法行使权利应承担什么法律责任等，提高依照法定权限、程序行使权利的素养。其次，要加强法律逻辑训练。法律逻辑推理是运用法治原理和法律规定，面对问题进行分析判断、综合推理，并得出相应结论或者拿出解决方案的法治思维过程。通过严密的法律逻辑推理，法律条文才能变得鲜活起来，精准法律适用才能得以实现。想问题、作决策，首要原则就是依法办事，有法律规定的，遵循法律规定；没有法律规定的，遵循法治原则。越是问题复杂、情况紧急，越要用法治思维和法治方式去思考、处理问题。只有这样，办事情、处理问题才会更稳妥，更经得起历史检验。最后，还要注重法治外交实践锻炼。要深入外交工作一线，剖析案例，探寻个中法治精神、法律规则及其运用；了解掌握外交实践中存在的突出问题，运用法治原则、法律规则和法律逻辑思考解决方式方法，提高从法治层面研究解决问题的能力。

中华民族自古就是礼仪之邦，党和政府一直推崇遵章循礼，外交工作更是要讲究法治思维和法律逻辑，以理服人，切不可对现代外交外事礼仪和规范不以为然，完全由着个人性子从事外交外事工作。

（三）法治思维是外交工作成功与否的关键

党的十八大报告中指出，法治是治国理政的基本方式；增强全社会学法尊法守法用法意识，提高领导干部运用法治思维和法治方式深化改革、推动发展、化解矛盾、维护稳定能力。以法治思维和法治方式推动国家治理体系和治理能力现代化，全面实施依法治国基本方略，推动国际关系民主化法治化，事关依法治国方略的全面落实，事关国家的长治久安。

中国可以通过不断提高运用法治思维和法治方式处理国际事务的能力，增强在国际法律事务中的话语权和影响力，运用法律手段维护主权、安全和发展利益。尤其在外层空间、海洋、网络、极地等新领域，更需要国际法来规范。中国要积极参与国际规则制定，努力为全球治理与国际法治提出更多建设性方案。（黄进，2019）建设法治中国，改革完善全球治理体系，必须彻底摒弃过去的"人治思维"。外交外事干部更要牢固树立法治意识和法治思维，坚决维护我国宪法和有关国际法律的权威，把权力严格控制在法律的轨道上，将决策过程严格约束在国际法治框架内。

1. 运用法治思维深化各项工作改革

用好"法治思维"的标尺。各级领导干部，要弄明白法律规定我们怎么用权，什么事能干、什么事不能干。高悬法律的明镜，手中紧握法律的戒尺，知晓为官做事的尺度。用"法治思维"规范权力运行：绝不允许以言代法、以权压法、逐利违法、徇私枉法。对各级领导干部，不管什么人，不管涉及谁，只要违反法律就要依法追究责任，决不允许出现执法和司法的"空挡"。法治素养是干部德才的重要内容。不管在什么岗位工作都要具备基本的知识体系，法律就是其中基本组成部分。

"凡属重大改革都要于法有据"，"确保在法治轨道上推进改革"，用法治思维和法治方式推进改革，是习近平谈治国理政实践和思想中的一个显著特点。①谋划工作要运用法治思维，处理问题要运用法治方式，说话做事要先考虑一下是不是合法。（习近平，2020c：139）也就是说，要把对法治的尊崇、对法律的敬畏转化成法治思维方式和法治行为方式，做到在法治之下，而不是法治之外，更不是法治之上想问题、作决策、办事情。面对新情况新问题层出不穷，面对各类风险挑战日益严峻，习近平再次提出"法治思维"能力建设的问题，用意深远，值得每一位领导干部认真思考。

2. 法治思维是外交人员应有的基本品格

法治思维作为一种职业性思维，具有以法律语言为思维语言、以"崇尚法律"为思维定式、以"恪守公正"为价值取向、以理性主义为指导的

---

① 习近平主持召开中央全面深化改革领导小组第二次会议[EB/OL]. 中华人民共和国中央人民政府网，https://www.gov.cn/govweb/ldhd/2014-02-28/content_2625924.htm，2014-02-28/ 2022-02-10.

经验思维、群体性思维等特有属性，因而成为法官、外交官的职业特征和法律、外交职业共同体的联结纽带。（石旭斋，2007）作为法律逻辑推理和法律论证的核心内容，法治思维成为延续法律外交生命、实现法治外交价值所必需的具体路径。

西方社会的法治历史以及法学发展历程表明，法官、外交官（法律、外交职业共同体）对法治道路的选择、法治国家的推进以及法学学科的进步和发展做出了不可磨灭的历史贡献。（石旭斋，2007）近年来，我国外交界也提出为推进社会主义法治国家建设以及国际政治、外交学学科的繁荣发展，应当尽快建立和形成外交职业共同体。而判断外交职业共同体的存在与否以及外交官素质和水平的高低，主要不在于其拥有多少外交、法律知识，而在于其独特的思维方式与优良的思维品质，即是否拥有严密的法治思维这一基本品质。

一切以语言为媒介的社会关系都需要语言意义的识别机制和制度，以达到交往的目的。（葛洪义，2003）不同的人是在用不同的方式表达自己的道理；在不同背景的人内部，道理很容易被相应的语言所阐释，达到沟通和形成共识；而在他们相互之间，则又很难达到相应结果。（石旭斋，2007）所以，外交官需要的是形成一套自己的话语系统，它包括外交行业概念和外交职业语言、职业思维、职业方法。维系外交职业共同体的力量和因素，除了其成员从事着"外交职业"这一表层因素外，更重要的是其所有成员作为外交人有着共同的知识背景、思维方式、工作目标和心理愿望，并以此作为相互交流和沟通的社会基础。因而，法治思维内在地成为联结外交职业共同体内部成员之间团体关系的纽带。对此，基于法治外交语言与一般语言的种属关系，以及语言对于思维的重要意义，普及和推广法治外交语言更是具有直接意义："每一种思维模式都有与之相适应的思维语言。以一种思维模式去理解另一种思维模式，其实也是两种思维语言之间的沟通。用不同结构的思维语言交流，其难度是可以想象的。"（石旭斋，2007）

三、中西思维逻辑对比分析

逻辑的产生与语言有关,语言的差异是造成中西方思维逻辑差异的主要原因。法律就是语言,语言之外无法律。法律语言和法律逻辑、法治思维是紧密相连的。法律是维持人类社会秩序的最后一道防线。推行法治外交理念,必须了解中西思维逻辑的差异。

(一)美国的司法逻辑

美国法学院财产法课堂上,一般都要讲到1805年的狐狸案。一个人带着猎狗在野地里追一只狐狸,追了很久终于把狐狸追得筋疲力尽。就在狐狸快要被抓住的时候,突然跑出另外一个人,拿枪直接把狐狸打死了,然后就把狐狸拿走了。先前那个追狐狸的人不干,闹到法院打官司。最后法院判定,这只狐狸的所有权属于开枪打死狐狸的人。该判决成了美国法律中物权的一个重要原则——不能按照"追逐原则",应该根据"捕获原则"。简单说,就是谁在追不重要,谁最后拿到手(实际占有)才重要。

考虑人们的预期,法院这样判是很有前瞻性的。此案中,如果狐狸的所有权归了追狐狸的人,那么请问,要是有多个人同时追逐一个猎物,那应该归谁呢?什么样的动作算是追呢?如果还有一个路人也说自己在追,那又该怎么判呢?

如果把追逐作为确定产权的原则,产权就是不确定的,就会引发更多争议,法律就丧失了定分止争的作用。只有按照"捕获原则",那才是唯一的依据。这样判,将来就不容易起纷争,就会让社会行稳致远。在这个具体的案子中,谁占便宜谁受委屈,根本不重要。法律的最高准则就是正义,但是法律在运行的过程中,关切的东西正好相反。哪怕是牺牲了个案的正义,也要照顾普遍的、长远的预期。因为法律一开始,就是以整个社会为对象来设计的,它服务的从来都不是某一个人或几个人。

1985年,美国最高法院有一个"不合情理"的判例:根据联邦法律的规定，矿主为了维持自己对矿的产权，每年必须在土地管理局系统里面登记一次，申报材料的截止日期是"12月31日之前"，否则就被视为自动放弃产权。有个矿主在12月31日当天才提交材料。究竟"12月31日之前"包不包括31日当天？矿主认为，按照常识，当然应该包括。但土地管理局说，这是国会立法规定的措辞，不包括。这片矿产价值几百万美元，于情于理，就这么剥夺矿主的财产，有悖常理。但是，最高法院最终还是判决矿主败诉。

大法官的判案逻辑是，虽然这个法律条文表述有瑕疵，给矿主也造成了巨大伤害，但法院不能更改日期。"31日之前"就是不包括31日当天。大法官说，因为你不能只看眼前。如果这一次法院看着矿主太可怜，纠正了国会立法的错误，那法院也可以在类似情况下，按照自己的理解改动法律中其他关于日期的规定，这就是法院在干涉立法权。这一次可能修改得很合理，但下一次如果不合理呢？

打官司的人关注的是自己的权益是不是被合理地对待。但是法官关注的是一个更高维度，立法和司法是不是互相越权。个案的结果是否合理并不是法律人看重的，整体的法律规则体系是否稳定、统一才是最重要的。法律人追求的，也不是每个案例中的正确结果，而是总体法律运作的最好结果。所以，美国著名法官布兰代斯说："在大多数情况下，法律规则被确定下来，比被正确地确定下来，更重要。"

美国人的法律逻辑思维的特征就是终局性，一锤定音，永不翻案。这不是说"办案子要办成铁案，要不冤枉一个好人，也不放过一个坏人"，而是说"即使冤枉了好人、放过了坏人，也不翻案"。

对于中国人来说，我们很难理解他们的思维方式。有错必改，这难道不是最起码的道德要求吗？但是，美国法律人不这么想问题。19世纪美国有个大法官曾经有点夸张地说："法庭所作出的明确判决，应该被当作无可辩驳的法律真理一样被接受。既判力能使黑的变为白的，弯的变为直的。任何别的证词都不能动摇它所产生的真理假定，亦没有任何证据能减损它的法律效力。"这不仅仅是因为社会成本原因,翻案让社会付出更多的成本,还因为人类社会是动态的,是要前进的。

比如世界杯足球赛,某一场预赛中,裁判判错了,某个球队因此出局。球队发起各种申诉,最后胜诉,确实是裁判判错了。结果是这个裁判可能被罚,甚至可能永远也不能当裁判了。球队的诉求不是要惩罚裁判,球队只想能继续比赛。但是从法律思维逻辑来说,这不可能。球赛已经按照那个错判的结果继续往前进行复赛、半决赛、决赛了,这个结果不能变了。如果要其他球队都等着,把官司打完才能继续比赛,整个社会就不能运行了。这支球队除了自认倒霉,没有任何办法。道理很简单,社会必须运行在一个个确定的结果上。为了整个社会的正常运转,个人、局部付出损失,只能抱歉,但是无法更改。只有看到人类社会的整体的、长远的利益,才能理解法律的"终局性"。

(二)中国人逻辑思维的特点

"逻辑"一词,源自古典希腊语(logos),最初的意思是"词语"或"言语",后来引申出"思维"或"推理"之意。逻辑就是指思维的规律和规则,是对思维过程的抽象。逻辑学是研究思维规律的学科,联合国教科文组织把它列为7门基础学科中的第二门,仅次于数学,《大英百科全书》把它列为5门基础学科之一。逻辑能够对人的思维起到规范作用,让人的思维更加全面、深刻和理性,对世界的认识更加正确,对问题的处理也会更加恰当。遗憾的是,逻辑学在中国没有得到应有的重视。由于逻辑知识和逻辑训练的缺乏,中国人的思维在逻辑上具有明显的三大缺陷。

1. 概念模糊

概念是思维的基本单位。明确概念是判断与推理的前提和基础,如果没有清晰的概念界定,由此而来的判断和推理也就很难保证其正确性。

中国人不善于辨析概念,中国人对于概念的定义一向是模糊的。在中国古代史上，几乎不能找到一个明晰、全面、准确、严格的定义。中国的哲学家极少下定义，儒家讲仁，什么是仁？众说纷纭。老庄讲道，什么是道？没有定义。墨子很伟大，《墨子》中有对"同""异"等抽象概念的定义，极为难得。辨析概念是非常重要的。

冯友兰先生说："盖一名必有一名之定义，此定义所指，即此名所指之物之所以为此物者，亦即此之要素或概念也。"同样的一个词，可以表达或者对应多个不同的概念。讨论问题之前，必须首先弄清这个词所表达概念的定义，即概念的内涵。概念不清则造成表述模糊，漏洞百出。

2. 类比推理

类比推理是根据两个（或两类）相关对象的某些属性相同或相似，从而推出它们在另外的属性上也相同或相似的推理。类比推理的结论是或然性的，既可能是真，也可能是假。中国的一些谚语，比如"子不嫌母丑，狗不嫌家贫""苍蝇不叮无缝的蛋"等，都是用的类比推理。

相比较的两类事物本来是没有什么关系的，只是人类通过思维将它们联系在了一起。比如由狗的忠诚推出人也应该忠诚，人和狗是不同的动物，怎么能确定有一样的品质呢？我们这里的类比仅指在议论中的类比推理，而不是指语法学上的修辞方法。

3. 二元思维

郎咸平在一次演讲中说："我们的企业不要追求做大做强"，就有大学生问他："难道要做小做弱吗？"这就是推论错误，不要追求做大做强并不一定就是做小做弱。这是典型的二元思维、好坏人思维、非黑即白思维，这种思维只看到了事物的相反的两面或两端，忽视了其他方面或两个极端之间的中间情况，而其他方面可能很多，中间情况也往往是最普遍的。

二元思维是中国人常见的思维，这是一种很简单的、一学就会的好坏人思维。这种思维看问题不客观，让人容易走极端。尤其是在对待历史问题上，中国人的这种思维表现比较明显：很多中国人把历史人物分成明显的好与坏两类，将好的神圣化，如孔子、孟子、诸葛亮等，似乎他们都是完美无缺的人；将坏的妖魔化，如奸臣、暴君等，似乎他们一无是处。这种思维没有认清人性的复杂性与多面性，是很片面的思维。

在二元思维下，人们往往容易走极端，历史上有不少这样的教训。南开大学张晓芒教授在他的《逻辑思维与诡辩》一书中讲到这样一个故事：邻居家通宵达旦打麻将，影响到了你。你上门讨公道说："你们这样通宵达旦、吵吵嚷嚷地打麻将，影响别人休息。"邻居却说："影响别人，又不影响你！""怎么不影响，你们深更半夜吵吵嚷嚷，吵得人睡不着。"邻居却反说："你们家孩子能不能半夜不要哭？也吵得人睡不着。还有你们家厕所的水管流水声太大，能不能把水关上？或者不用厕所？"……生活中处处充斥着这样的诡辩，让人无可奈何，有时候虽然生气，又觉得好笑。

（三）中美外交思维方式的差异

政治心理学的研究表明，东方人与西方人在思维方式上存在很大差异。人的思维过程跟世界观密切相关，社会实践产生世界观，世界观决定思维过程，思维过程反过来为世界观和社会实践提供佐证。因此，不同文化背景的人具有不同的思维方式。（潘忠岐，2017）外交是思维的一种表现形式，思维方式决定了文化特征。外交和文化密不可分，外交的思想和理念扎根于一国特有的文明和文化。有着不同文明和文化的主权国家在外交上互动频繁，或合作或冲突，就会对国家关系、国际体系和全球治理产生影响，成为世界历史前进的推动力量。（何亚非，2016）中国有着绵延数千年的璀璨的中华文明，研究中国外交所体现的中华文明之精髓，对深刻理解和实践中国特色大国外交思想有重要意义。

近年来，面对中国外部环境风云变幻、跌宕起伏的局面，中国外交积极主动，风生水起，在实践中形成了内涵丰富、深厚宽广的中国特色大国外交思想。"亲、诚、惠、容"的周边外交政策、建立全球伙伴关系网络蕴含的"和谐"理念、建设新型大国关系和"一带一路"倡议所包含的"合作共赢"思想，无不深深根植于中华文化和文明及其价值观。

1. 中国外交的文化底蕴

从文化的维度来观察外交，可以发现文化作为人类思想基础和思维方式，对外交理念的形成和外交实践有指引性的影响。外交官是国家的代表，更是国家文化的代表，其思维方式自然具有很强的"文化惯性"，因为任何文化内核都会外化为独特的思维方式。如果把中国外交蕴含的文化要素与美国外交的文化内涵做一比较，我们就会有新发现。

"和"或"和谐"理念源自中华文明的"中庸之道"，是一种防御性的思维方式。孔子说："礼之用，和为贵"，意指希望通过制度规范，促使人或国家之间互相包容，求同存异，共生共长，和睦融洽。中国古代道家重视人与自然和谐相处，追求"天人合一"；儒家提出以"仁"为核心的价值体系，如"己所不欲，勿施于人""己欲立而立人，己欲达而达人"等思想都是为了"和谐"。"气之相和、阴阳平衡、合二为一、和合、和平、和气、和谐"等表达意义基本相近，可一概简称为"和"。而与之相对应的就是"分"，指的是"气之不和、阴阳失衡、一分为二，孤立、对立、分裂、纷争、分割、不和谐"等思想和行为。

中华文化的核心思想所体现的价值就是"和"，"和"是宇宙万物的相处之道、是天地万物生存的基础、是世间万物兴盛的法则。如果失去"和"，万物将不复存焉。由此可见，"和"是中华文化的核心思想，是中国人的根与魂。如今，中国提出建立新型大国关系和全球伙伴关系都与这种文化基因有关。中国在处理中国南海问题上提出"双轨解决思路"，把主权争端与海洋问题分开，同样出于希望减少分歧、拓宽解决问题途径的"和"之理念。（何亚非，2016）

与此形成鲜明对比的是，美国外交理念源自美国文化的霸权主义思维，具有"进攻性"特征的文化。美国人自诩为"上帝的选民"，其国家是上帝创造出来的旨在照亮整个世界的闪闪发光的"山巅之城"。早在

1630年，马萨诸塞的殖民总督约翰·温斯罗普（John Winthrop）就宣称："我们必须意识到我们将是山巅之城。所有人的眼睛都在注视着我们。如果我们在我们所从事的事业中错待了上帝，上帝因此收回了对我们的帮助，那我们就会成为世界的笑柄。"他的这一思想在美国建国之后进一步成为美国人的信仰。随着冷战后美国一超独大的格局形成，美国人更是倾向于把自己的成功归因于其卓越的民族特性，更加自信地认为自己是"上帝的选民"，其卓越的发展模式就是应该为世界各国所效仿。美国小布什政府在著名的2002年《美国国家安全战略报告》中直言不讳地提出，美国有关自由和公正的原则"对于世界上任何地方的所有人来说都是正确的，都是真理"。"去异求同"，这也恰好说明了美国在地缘文化上表现出强烈的"进攻性"基因。

2. 文化对大国关系的影响

文化及其价值观在影响外交思想的同时，还是主权国家为影响国际关系、塑造国际秩序可以动员、利用的重要资源。把文化当作资源和工具对国际政治、经济施加影响是大国外交的重要组成部分，其内容和手段丰富多彩，效果有时甚至好于战争和经济手段。（何亚非，2016）

从历史文明和地缘文化视野来分析地缘政治的互动是外交的战略思维。外交上具备洞察全局和历史的战略思维，对维护和推进国家利益十分重要。地缘文化揭示，许多国家和地区间冲突的深层原因是文化和文明间的冲突。（何亚非，2016）虽然亨廷顿的"文明冲突"论并没有被国际社会广泛接受，也鲜有权威国际政治论著研究文化和文明对国际关系的影响，但地缘文化对国际关系的作用是真实存在的。不可否认，历史上基督教和伊斯兰文明冲突延续了数世纪，中东乱局与美国、西方的中东战略紧密相关。

3. 东西方文化对中美关系的影响

华夏五千年悠久历史在中国文化中形成了独特的宏大历史观。中国外交善于从宏观长远的角度来思考国际关系问题，避免就事论事和短视的处理方式。而基于美国的"大熔炉"文化，美国外交通常考虑的是如何把眼前利益最大化，有明确的商业"获利"意识，惯于"做交易"。

基辛格的《中国论》将中西战略文化比作"围棋"和"象棋"。西方是"象棋"逻辑，是一种绝对游戏或者零和游戏的概念，即国家间的游戏更多的是一场"你死我活"的游戏，而不是"你活我也活"（live and let live），合作共赢。中国外交擅长"围棋"逻辑，这是一种相对游戏，或者是非零和游戏，重视全局和走势。因此，中国在处理国际问题过程中往往显得不慌不忙，具有足够的耐心。中国把很多问题看成是发展过程中的问题，只要这个过程在继续，总能找到问题的解决方式。对一些现时难以解决的问题，中国会选择把问题留给未来。

中国外交讲究理性和伦理思考。中国儒家以"仁"为核心的和谐理念，可以通过一系列具体规范和制度设计，来实现人与人之间、人与社会之间、国与国之间、人类与自然之间的和谐。只有这样做，国家之间才能够以对话求理解，以协商谈判解决争端，化解矛盾，和睦相处。它是中国数千年"反应性外交"和"防御性外交"文化的当代体现。（郑永年，2012）中国很少有主动的、类似于美国的"先发制人"的战略。中国强大了也永不称霸、不首先使用核武器、坚持走和平发展道路等原则主张，是中国对世界的庄严承诺，体现了中国文化的核心价值观。

反观美国，美国极力维护以双边军事同盟关系为核心的全球安全体系，基础理念是"零和"，追求自己绝对安全是其唯一目标。中国和谐世界理念弘扬"和而不同"，努力倡导建立相互尊重、合作共赢的全球伙伴关系，目的是建立合作安全、共同安全、共同发展的利益共同体、责任共同体和命运共同体。它将中国古代朴素深刻的系统辩证思想与现代哲学原理相结合，回答了"如何看待当今世界""怎样化解各种矛盾和冲突""怎样逐步推动实现和谐世界目标"等基本问题，形成了独具中国特色的外交思维原则和方法。

中美外交理念的差异既源于两国不同的历史、文化和社会发展，又源于两国人民两种截然不同的思维方式。基于逻辑思维、类属思维、机械思维和外化思维，美国提出以本国更卓越为立论基础的美国例外论，要求他国"跟着我"。中国从辩证思维、关系思维、有机思维和内化思维出发，提出以本国更独特为立论基础的例外论，希望他国"别管我"。因此，美国要求他国效仿美国，中国则既拒绝仿效他国也不要求他国仿效中国。（潘忠岐，2017）美国例外论只承认美国例外，否认他国例外，因此是一种排他性的、相对主义的例外论，任何一种他国例外论都是对美国例外论的否定。中国则认为任何一个国家都独具特色，在国际社会中都是平等主体，都应该受到尊重，对任何他国例外论的否定就是对本国例外论的否定。

（四）中美谈判中的法律与文化冲突

跨文化谈判是指来自不同文化（即不同价值观、不同心理、不同思维方式、不同语言修辞等）的双方或多方意欲交易合作，克服文化差异，充分运用足够的跨文化理解力和沟通力在双方或多方约定的时间和地点，通过恰当与适量的信息交流方式和有效的沟通说服技巧，就特定的交易达成共识，最终满足各自需求的互动与博弈过程。

在美国人日常生活中，小到买卖汽车，大到并购企业都必须要谈判。人们所拥有的资产、事业、人际资源几乎都是通过谈判得到的。从某种程度上讲，美国人的人生可谓是谈判人生，美国的文化就是谈判文化。在美国，公务员、企业家必须学会谈判，不会谈判简直寸步难行。谈判文化在美国社会中对个人、公司甚至国家都是很重要的。中美之间存在较大法律与文化差异，我们应该正视这些差异，对推行法治外交理念、提高谈判效率至关重要。

1. 增强自信，聚焦谈判目标

中方代表首先需要培养自己的自信，其次要清楚自己的追求和格局，这是增强自信的原动力。中国人讲究"和气生财"，在谈判之初总会千方百计地营造和谐的谈判气氛，追求长久的合作关系，但这样做往往给人感觉缺乏自信。美方则认为签订合同、达成协议是一个独立的过程，是谈判的首要任务，谈判只是为了实现"眼前"预期的利益而已，没有考虑更多。究其原因，此乃中美双方价值观念和思维模式的不同所致。美国是以我为主的个人主义文化，美国谈判者更注重追求实际的内容和眼前利益，就事论事，谈判时会把人和事区分开来，一般不考虑长远利益。在美国人看来，生意归生意，做生意不讲情义，利益决定一切，在各种谈判中没有寒暄，往往直奔主题，注重效率。中国人、美国人对于谈判的理解未必相同。美国人谈判就是谈判，就一件事双方掰扯清楚，目标很纯粹。中国人也可以这样谈判，但也可能抱着其他目的。比如我们经常遇到的酒桌上的谈判，往往只是为了表达一个姿态。

2. 掌握对方逻辑思路，看清对方谈判意图

美国人在谈判逻辑上与中国人有很大差异，往往造成我们不理解、不舒服。中国人习惯先谈一个框架，比如说100亿。对方点头了，中国人往往觉得就算基本达成了，接下来都是具体工作，这里你让一点，那边我退一步，反正最后都在100亿的框架里。但是美国人可能不这么想，即便美国人认可这个框架，在他们看来也就是打个招呼，正式谈判开始后，会一个字一个字跟你抠，一个条款一个条款跟你磨。不到最后签字，不能算谈成。

3. 预先熟知对方套路，掌握谈判主导权

在谈判前，中方擅长与当事人沟通、调整安排谈判分工、规划谈判次数及目的、分析对方筹码及可能出的套路、实际和预测不同的备选退路、掌控谈判主导权等。谈判开始，中方代表往往先从总体原则展开，在总原

则的指导下具体解决细节问题。美国人正好相反，他们非常看重具体细节，谈判一开始，他们就从讨论具体事项而展开。中国人习惯综合性思维方式，解决问题喜欢通盘决策。美国人则倾向于分析式的直线思维方式，表达观点直截了当，从不绕弯，具有明确的目的性、计划性，注重细节。中国人看重说话算数，美国人也看重，但他们对说话算数的理解跟中国人不一样。"咱们昨天晚上不是讲好了吗，领导不是已经说了吗，为什么今天就变了？"老实讲这是与美国人谈判时中国人最容易感觉受伤的地方。但是美国人真的不这么理解。只要没最后签字，美国人是一切都可以随时要求推倒重来的，而且往往不止一次两次地推倒。至于咱们昨晚怎么谈的、领导怎么说的，不重要。重要的是我今天不这样想了，咱们必须重谈。美国人看重的说话算数，那是指签字之后。签了字，美国人基本会不折不扣地执行。

中美体制文化差异，导致美国人对"框架"这种东西不怎么看重或者尊重，如果没法一一搞定各个板块，达成谈判框架是没有任何意义的；再一个是导致谈判的旷日持久，因为你只有跟每个板块都谈成，才能走到最后签字那一步。跟美国人谈判是一个体力活儿，不断考验你的耐心、忍耐力和心理承受力。中国人有时希望快刀斩乱麻，大功告成。所以，类似中美贸易谈判等重大谈判，不要指望一两个月谈成，一年半载，三年五年也是常事。

4.善用法律手段，解决谈判分歧和纠纷

中国人在谈判中喜欢打"友情、感情"牌，习惯用道德标准判断事物，处理事情往往把法律规则放在次要地位。在谈判中，除非是万不得已才诉诸法律，不是直接走法律途径解决纠纷。美国人的谈判更看重利益，处理纠纷一般都采用法律手段。美国所有国家机关（包括白宫）、很多公司都有自己的法律顾问和专职律师，实际上美国司法部就是美利坚合众国的国家律师团队，司法部长的英文表述是Attorney General of the United

States of America，所以一切按法律程序办事，依靠合同协议约束对方。一旦发生分歧与争端，直接诉诸法律，而不是依靠舆论和道德标准。基于中国传统文化，中国人认为利用法律法规是互相不信任的表现，如果彼此信任，是不需要正式法律合同的，合同协议是限制"小人"的。中国人之间如果带着律师谈生意，会让对方非常反感。美国人对法律的重视程度远远大于中国人，谈生意签合同是天经地义的事情。他们只依靠法律来维护自己的利益。

所以，在中国文化里，谈判就是兵对兵将对将，各级谈各级的事，大领导定调，下边人专业对专业。但是中国人在谈判中很快发现，对方除了专业人员，还有一帮律师参加谈判，而且对方专业人员得听律师的。有些情况下，本来谈得很好，对方坐后排的某律师在主谈耳边嘀咕几句，主谈立刻翻脸，刚才谈的都不算了，或者是第二天早晨起来发现美国人全盘推翻了要求重谈。

中美谈判往往是中方专业人士对阵美方专业人士+美方律师团队。美国律师业能占到美国GDP的6%（中国只有0.1%），这可不是靠打官司撑起来的，更多是提供个人、企业、政府咨询服务。谈判正是美国律师大显身手的战场。谈判场上，律师们可比专业官员或专业经理人精神多了。各种意想不到的角度，各种匪夷所思的条件，只要律师掺和进来，那可真让人大开眼界。谈判就是谈判，既然对方提出来，多么不可思议的题目你都得全神贯注地接着。单从心理上讲，你不是学法律的，当你看到对面后排坐着一排律师，你心里就犯怵，自然其后的表现就会大打折扣。

谈判要落实成文字，这时候就更考验人了。美方"咣当"把几百页上千页的条款文档砸过来，而且是标准的法律英文表达、严谨的法律文本格式，你没学过法律英语，只懂汉语法律专业知识，基本上当场被砸晕。拿回去仔细研读，查阅一般的英汉字典解决不了问题，谁知道美国人用这个词是不是字典上的意思，谁知道这段话里究竟埋着什么雷。用中国人习惯的理解是不行的，你必须真正弄清楚美国人这么写到底是什么意思。

5. 加强法律英语专业训练，适应谈判语言需求

美国谈判代表语言表达直截了当，言简意赅，表现出较强的攻击性和好辩性。他们习惯用直接而清晰的语言表达明确的意图，否则他们的交流就缺乏效率。美国人之间的关系多带有功利性，这种关系不稳定，难持久。美国人追求自由、独立以及与众不同。而中国文化善用暧昧和"绕圈子"的方式表达意思，表达异议时，会照顾对方的面子，采取非对立和非直接的委婉方式，"话里有话"，需要对方领会言外之意。

另外，中美谈判工作语言一般都是英语，因为谈判的性质决定了英语的表述必须准确严谨、言简意赅，这正好是法律英语的特点，再加上美国谈判者大都是法学院毕业（据不完全统计，近三分之二的美国总统、副总统、国会议员、州长都是美国法律博士JD），所以其专业素质决定其"法言法语"的精当表述。中方的谈判者一般都讲汉语，然后借助翻译来完成谈判。现在国内急缺法律翻译、商务翻译等专业英语翻译，孙杨禁赛听证会的翻译就是个例证。即便谈判者英语水平不错，那也是普通生活英语，在专业谈判中根本派不上用场。中国大学开办的英语专业全是英语语言文学方向，和市场的需求南辕北辙。所以，国内英语专业改革，面向国家战略需求，加快培养法律、外交英语专才时不我待。

6. 运筹帷幄，依法致力双赢

一般来说，美国人投入人力物力和时间成本开展谈判，心里一定想着要谈成，不大可能只是借谈判之名，虚晃一枪或半途而废。在具体谈判中，美国代表法律意识很强，比较注重谈判的效率，惜时如金，因为美国精英具有强烈的竞争意识，追求速度和效率，做事有精确的时间安排，力争使每一场谈判都能速战速决。为了谈成，美国人不会不给你留活路，也会考虑给你保留脸面。英美都是商业民族，交易起家，做买卖就要承认双方都要有的赚，逼对方掀桌子不是商业民族的习惯。

随着全球化的快速发展，中美两国间的各种谈判也会越来越多。由于

文化的差异，冲突和矛盾在所难免。要成功地进行跨文化谈判，中方代表要做到"知彼知己"，首先研究美国法律文化，逐步提高跨文化意识。了解美国法律文化、传统风俗和价值观念，研究对方的谈判模式和风格，根据对方的谈判风格制定对应的谈判策略，依法增强谈判的成功率，避免不必要的损失。中国驻美的外交官、企业家需抓住机会努力提高法律逻辑思维能力，不断模拟训练演讲、辩论；努力让自己适应并习惯谈判场上的感觉，具体问题具体分析，最终依法取得谈判的成功。

第六章　法治外交学术体系

话语体系的构建要有学术支撑。构建法治外交话语体系，推动建设人类命运共同体，首先必须具有国际视野，要不断加强中华传统文化，特别是法治文化与世界其他国家文明成果的交流互通，丰富人类命运共同体对外话语体系的法治内涵。其次要勇于创新概念和术语的表达，凝练出中西方都能接受和理解的概念术语表达，以此来激活世界文明中的法治文化活性，让西方国家人民更好地接受中国的法治外交理念。法治外交话语体系建构还要以中国学界的相关学术成果和研究积淀为支撑，在理论研究中升华出新的术语和规范，与国际法治学术研究成果接轨，为创建中国法治外交话语体系提供坚实的理论基础。

我国的哲学社会科学体系是支撑法治外交话语体系的基础。在习近平法治思想和外交思想指引下，哲学社会科学工作者要从民族复兴的高度认识哲学社会科学的地位和作用，明晰自己所担负的历史使命和责任，要善于进行理论创新，产出标志性成果，努力打造易于为国际社会所理解和接受的新概念新范畴新表述，更加响亮地发出法治中国声音，更加系统地展现中国外交思想，更加鲜明地提出中国法治外交主张。

一、理论建构

建构融通中外的法治外交话语体系，需要以新概念新范畴新表述来向世界解读全球治理、人类命运共同体等理念中的标识性概念和核心话语。

这是一个庞大且艰巨复杂的系统工程，是中国学术界的精英学者们责无旁贷的历史重任。

话语权是国际社会博弈和竞争的一项重要目标。理论创新和学术创新对于提升包括中国特色大国外交话语权在内的中国国际话语权具有基础性重要意义。当今世界"西强我弱"的国际话语权格局，特别是西方在各重要国际问题领域和国际关系价值观上拥有话语霸权，使得提升中国的国际话语权存在结构性障碍。（张志洲，2012）出现这种格局和现象的原因是多方面的，但是其中有两大决定性因素举足轻重：一是冷战终结带来的国际结构性影响。冷战时期，绝非西方话语一统天下，东西方在话语权竞争中互有胜算，当年以苏联为首的社会主义阵营的思想和理论及其对资本主义世界的深刻批判很有影响力，广大第三世界国家反殖、反帝、反霸的话语也都有着广泛的认同度和影响力。二是与当代中国发展相匹配的话语体系尚未形成，因而也面临着国际话语转型。长期以来，以美国为首的西方国家通过媒介帝国主义以及强大的军事、经济实力在国际社会上享有话语霸权，中国及其他发展中国家长期受制于西方霸权话语。早先"战争与革命"时代的话语不再时兴，但与新时代中国作为世界第二大经济体地位发展相匹配的话语体系又远未形成。冷战后的国际格局其实是一个双层结构，一个是以经济和军事为基础的物质性权力结构，一个是以西方的所谓"自由、民主、人权"等为基础的价值观念结构。这一双重结构的国际格局由以美国为首的西方主导，也为其话语霸权提供了结构性和制度性空间。（张志洲，2012）后疫情时代，国际格局发生重大改变，国际关系面临重组，但是，从政治价值观和话语权角度来说，西方的话语霸权并没有明显弱化。对于中国而言，要打破西方话语的霸权地位，提高中国国际话语权，任重道远。

当前，中国要提高国际话语权，关键是要对西方主导的国际话语体系进行深入调研，深度剖析，努力找到构建中国国际话语体系的突破口。通过理论创新和学术创新来提升中国的学术话语权成为必然路径。

(一) 法治外交学是新兴交叉学科

国内开设外交学专业的高校在不断增加。不少人将外交当作国际政治或国际关系,把外交学看作国际政治学和国际关系学,忽视了在众多社会学科中,与外交学联系最为密切的学科是国际法学和语言学。从国际法治的角度看外交,从国际法学和语言学的角度看外交学,为外交学的研究提供了一个与从国际政治和国际关系角度看外交不同的视角,对于认识外交的本质,更有效地开展外交活动,从事外交学研究都是有益的。

法治外交学是一门新兴的交叉学科,涉及语言学、法学、外交学、国际关系等多个学科。法治外交是以习近平法治思想和外交思想为根本遵循,研究主权国家法治外交政策的制定和法治外交行为的实施及其规律的学科。主要研究对象是国家对外行使主权的法治外交行为和国家实施对外政策的法治外交实践经验。从学科建设视角认知法治外交具有重大的现实意义。研究法治外交学科就是要让法治外交活动更加科学化、规范化、系统化,更加清楚地了解法治外交活动的意义、本质特点和发展趋势,掌握其发展规律,从而更好地指导我们开展有效的法治外交活动。

1. 法治外交与国际法律关系

从根源上说,外交学是从国际法学分离出来的一门学科。美国学者福斯特(Foster)的《外交实践》(*The Practice of Diplomacy*)以及萨道义的《外交实践指南》(*A Guide to Diplomatic Practice*)的出版,被认为是外交学从国际法学分离而自成一个独立的学科的标志。外交学是"系统总结外交实践经验,探讨外交学原理及其规律,把外交作为以和平方式处理国家关系的科学进行研究的学科"。

中国早期研究外交学的学者对外交学的研究内容及其与国际法的关系多有论述。一个基本的共识是,外交学的内容包括两个部分,一是外交术,二是外交学。所谓外交术,简单来说就是指"权谋智术",即"运用智谋权术来处理一国对外的交涉",或"一国对外公务的知识"。如萨道义对外交的定义说:"外交是运用智力和机智处理各独立国家的政府之间的官方关系",本质上包括两个层次含义,一是"智谋"或"技术"的运用,以及"国家相互关系"或"国与国的外交事务"的处理。前者是外交的手段,后者是外交的目的。

同时,外交学又是一门学问。杨振先认为:"所谓学者,即国际法、国际关系、国际组织和国际条约等外交知识。"廖德珍同样指出:"所为学者,即具有国际政治法律相互利益历来习惯与重要条约之知识也。"刘达人认为外交必须成为学,原因在于:(1)为应付复杂之国际关系,必须有宏大之学识为基础;(2)外交为一种国际行为,为研究此种国际行为,故外交有成为科学之必要;(3)外交科学以国际行为为对象,其任务是研究办理国际关系之基本原则。他认为:"外交科学即为研究国际行为之因果关系及解决国际问题之基本原则的科学。"

外交学中"学"与"术"的关系也就是外交交涉技术与国际法的关系。对于两者的关系,学者多有阐述。廖德珍认为:"处理国际事件,国际法其学也,外交其术也。二者之关系如鸟之双翼,失一不可。"杨振先指出,对于外交来说,"非舍学而求术,亦非求学而舍术,乃合二者而有之。盖有术无学则失之黠,有学无术则失之虚。学如树之茎,术如树之果,二者缺一不可"。民国外交家顾维钧曾形象地表述:"外交固不能脱离事实,又不能脱离学理;前者为外交术,后者为外交学。无外交学则不能有外交术。学理与技术盖外交前进之双轮也。"

外交学中"学"的部分所研究的主要内容恰为国际法的基本原则。所谓国际法的基本原则,"不是个别领域的具体原则,而是那些被各国所公认的、具有普遍意义的、适用于国际法一切效力范围的、构成国际法基础的法律原则"。从其学科来源和理论内涵上来说,外交学与国际(公)法的联系最为密切。

因为外交学与国际法的密切关系,有人认为外交学是国际法下的一个分支,但也有学者将国际法置于外交学之下。如何看待两者之间的关系取决于看待外交学的方式。外交学的范畴有广义和狭义之分。广义的外交学，凡属于国际法一类的学科，如国际组织、国际政治、国际关系、外交史、国际问题、对外政策等都属于外交学所研究的范围，从属狭义的外交学，外交学只论及国际公法的一部分，如外交官、国家元首、外交部、条约、国际会议以及领事官等。从广义的外交学看，国际法是外交学的一部分；从狭义的外交学看，外交学是国际公法的一部分。

外交学的研究对象和国际法的研究对象常常有重叠。国际法中的外交法，如外交特权与豁免，外交调停与斡旋，宣战、媾和、缔结条约，外交磋商和派遣使节等，都是外交学研究的主要内容，同时也是国际法的主要内容。外交学和国际法重叠之处众多，只不过是外交学着眼于国际知识启示外交行动的一般法则，国际法则着眼于法理原则，国际行为的现行准绳。两者相辅相成，互不可缺。因此，"外交学又被称为'适用国际法学'"。两者"是单独能存在，而实际又不可强分的。研究外交不可不明国际法；研究国际法更不可忽略外交"。运用法治思维和法治方法，明确外交学与国际法的关系，只有将国际法，特别是国际法律的原则包含在外交学的研究之中，才能明确外交学学科定位和身份认同，也有助于认识法治外交学科本质。

民国期间的外交学研究多是从国际法学的角度研究。审视当今国际法学研究，不管是国内还是国外都取得了重要的成就，已经成为比较成熟的学科。原因之一在于，国际法学的研究虽然偏于理论原则，侧重学理问题的研究，但始终紧密结合外交实践中遇到的现实问题。新时代背景下，法治外交学的研究不能缺少习近平新时代中国特色社会主义思想的理论指导，不能脱离国际法学研究的实践。要提高中国的法治外交学研究水平，需要重新明确法治外交学的学科定位，不仅应该重视外交学与国际政治和国际关系的联系，而且要重视外交与国际法的联系，以习近平法治思想和外交思想为根本遵循，充分借鉴国际法学的研究成果，重视对法治外交学学理内涵的研究，并在外交实践上按照国际法律的原则行事。只有这样，法治外交学的研究才能走上新台阶。

2. 法治外交与国际政治学的关系

法治外交与国际政治学有着密切的关系，但也有明显的区别。法治外交侧重于研究国家对外交往的实践活动，具有很强的应用性和实践性特点。法治外交的研究领域包括一般法治外交学理论与实践和具体国家法律外交政策两个方面。在理论方面，研究法治外交的本质、目标和类型，不同法治外交理论与范式的比较，国际法学和国际政治学理论和模式等；在实践方面，主要研究国际法治史、外交史、外交手段和技巧、外交礼仪和规范、具体国家的法治外交政策和法治外交行为分析等。法治外交为国际政治提供了一个先进的理念架构，也是一种世界观，即在认可"法治"的基础上，共同价值理念和真诚交往助力完善全球治理体系，助推构建人类命运共同体。

一般来说国际政治学偏重理论，法治外交学偏重实践。国际政治与法治外交学两个学科是相互融通、密切相关的。国际政治是指全球性的政治活动，研究国家为主体的跨国活动关系、政治体制、政治结构与政治理论分析等，同时研究影响国家关系的因素。它与国际关系、国家间的互利与合作、各个国家的政治动态有很大的关系。法治外交学侧重研究国家对外交往的实践活动，其实践性与应用性较强，注重培养学生贯穿法治思维和法治方式的社会活动能力和国际交往能力。学习法治外交要掌握好国际政治和国际法学理论。

当前的外交学学科研究多把外交学当作国际政治和国际关系的一部分，或干脆把它们当作一回事，偏重时效功能和对外交术的研究，已经与对外政策研究混为一谈，学理性明显不足，严重制约了其学科的发展。出现这种状况一是因为外交交涉之术、应付国际事件及对外交涉之手段，是在长期的历史经验中得到的，而且必须在这些经验中存在；也是因为当今的中国国际问题研究很大程度上借鉴和学习的对象是美国，而美国的经验是崇尚实力和法治，忽视外交手段的运用和外交学的研究。在美国，外交学是作为国际问题研究的一个分支,外交学研究学会是美国国际问题研究学会(International Studies Association)下的一个分会,而并没有狭义上的外交学研究。

3. 法治外交与国际政治语言学的关系

国际政治语言学是政治学与语言学的交叉研究领域。语言学是法治外交学和国际政治学研究的一个基础性根本学科。语言的政治性、权力性、建构性等特点无时无刻不在影响着国际关系的进程与结果。政治通过语言得到表述,语言反映政治,语言为政治服务。(孙吉胜,2017)美国穆勒报告出炉之后,特朗普总统称其证明他"完全无罪"。负责"通俄门"调查的特别检察官罗伯特·穆勒(Robert Mueller)针对特朗普团队是否串通俄罗斯干预了总统大选、是否有合谋和阻碍司法等行为进行了长达两年的调查,通过解读穆勒的报告,我们就能非常清楚特朗普是否涉嫌违法。但美国司法部长威廉·巴尔(William Barr)提交的删减报告及四页总结,却在很大程度上左右了公众对报告的讨论。语言、法律、政治、外交关系密不可分。

近年来,话语权是国际关系与外交等领域的一个一直热度不减的重要热词。话语权在国际关系中是一项炙手可热的权力,赢得国际政治话语权是当前中国国际话语体系建设的核心议题。国际政治语言学在话语研究方面具有自身独特的优势。话语研究在语言学中已比较深入,近年来批评话语分析(Discourse Analysis)更是发展迅速,成为人们研究语言、话语、权力与社会的一种常见的方法。国际政治理论研究中还有很多可以从语言学借鉴的内容。

在法治外交实践中,话语权可以集中体现在国际政治话语权和媒介话语权上。在学术界,国际政治理论研究也存在话语权问题。国家可以利用话语权来实现自己的国家利益。社会语言学界受批判理论的影响,从20世纪80年代开始了批评话语分析的研究,诸如话语与权力、话语与文本、话语与意识形态的关系等。此类研究显示,在进行话语分析时应当考虑社会集团所共享的那些社会认知形式，如知识、态度、意识形态、准则和价值观，需要突破以单个认知主体研究来考察群体的社会认知纬度。

在国际政治中，霸权话语也是一个重要的研究领域。话语在一定的物质实力和话语权的支持下就可能演变、发展为霸权话语。霸权话语会压制其他话语，使其他话语边缘化。霸权话语在国际关系中经常会快速传播，产生规范作用，直接影响国际政治进程与国际关系的发展。（孙吉胜，2017）例如，冷战后，美国建构了"无赖国家""邪恶轴心"等概念表述，这些概念表述被美国政府和学界多次使用后又传到国际社会，经其他国家的学术界和新闻媒体反复使用，逐渐演变为霸权话语。在国际关系研究界，类似霸权话语还有很多，如软实力、巧实力、G2、利益攸关方等，这些新的概念表述大都是基于美国的国情和国际环境，由美国学者或政界人士提出，之后又在世界范围内引发热议和研究。因此，在法治外交理论研究中，如何能够更好地提出一些新的理念和概念，引领研究议程，使其被国际学界所接受，是我们特别需要关注的问题。

4. 语言学是法治外交学的根本基础

众所周知，语言是学术研究的根本性问题，只有把语言作为思考和研究的切入点或对象，充分利用语言研究的丰硕成果，才能在跨学科、多学科研究中大显身手。开展法治外交学研究绝不能忽略语言的重要作用，但遗憾的是，语言一直被排除在国际关系的研究议程之外。直到20世纪80年代末，在国际关系学界出现语言转向后，语言才开始真正进入国际关系理论界。时至今日，国际关系理论的语言研究经历了约三十年的历程，相关的研究涉及了语言的多个方面，其中结构主义语言学、语言哲学以及后现代哲学思想等大大丰富了国际关系领域的理论研究和发展。国际关系研究之所以要关注语言，主要是因为语言具有政治性、权力性和建构性特点。

美国杜克大学社会学教授克里斯托弗·贝尔（Christopher Bail）在《社会学理论》（*Sociological Theory*）上发表的一篇文章里表示，政府在引领语言意义阐释、解读现实和公众讨论等问题上有毋庸置疑的强大力量。语言学是法治外交研究中不可或缺的学科。国内外学术界公认，如果从18世纪末历史比较语言学兴起，语言学冲破其他学科的藩篱而成为一门独立的学科算起，这门科学至今已有两百多年的历史。在这两百多年中，语言学经过索绪尔（Ferdinand de Saussure）的结构主义语言学、乔姆斯基（Avram Noam Chomsky）的形式主义语言学以及当代功能主义语言学三个阶段的发展，已经成长为一门相当成熟的学科。语言学不仅是一个独立的学科、一门科学，而且在当今发达国家，现代语言学一直被认为是一门领先的科学。俄国著名语言学家罗曼·雅克布逊（Roman Jakobson）曾经说："人类学家和心理学家都公认，在关于人的学科中，语言学是最进步、最准确的科学。"1973年美国语言学会会长格林伯格（Greenberg）以"语言学是一门领先的学科"为题发表论文。瑞士著名心理学家皮亚杰（Jean Piaget）说："语言学，无论就其语言结构而言，还是就其任务而言，都是在人文科学中最先进而且对其他各种学科有重大作用的带头学科。"在我国，1994年，伍铁平教授出版了《语言学是一门领先的科学——论语言与语言学的重要性》，书中深刻论述了语言学的重要性以及语言学科的领先性。

虽然国内对于"语言学是一门领先的科学"的观点还存有争议，但是语言学在人文科学中的基础性根本学科地位却是毋庸置疑的。为发挥语言在全球治理中的作用，必须加强语言学学科建设，倡导语言学由结构研究转向话语研究，制定科学的国家语言规划。

语言具有较强的政治性。每种语言都是国家或民族政治意志的表达。语言与政治紧密相连。一方面没有语言政治就无法实施，另一方面由于语言的应用才产生了政治。语言反映了政治，政治规定了语言。（彭志红，2000）政治和语言存在交互性，语言规划、语言传播都是语言政治属性的反映。语言不仅可以作为个人交流和表达思想的工具，当其用于特定的交际场景，由特定身份的人传达，代表一个群体、阶层甚至国家的态度，就具有一定的政治相关性。（白新杰，2020）在某一历史阶段的语言中，某些语汇的使用种类、使用频率、变化程度会反映出当时的社会政治历史现实。语言是政治统治的重要手段。语言的运用会建构各种社会效果，成为政治的重要组成部分。语言运用适当，就可以达到一定的政治目的，反之亦然。语言因此成为政治家们建立统治、使统治合法化的一个重要方面。（孙吉胜，2013）

语言在国际规则规范的产生、发展、普及以及退化过程中都起着重要作用。根据规范生命周期理论，规范在一开始经常是由于功利性原因被采纳，但是通过一个对话、说服、制度化、习惯的过程，最后会被想当然地接受。对于任何新的事物，语言可以框定人们的认知框架，但对于人们熟悉的事物，语言同样可以对其进行重新叙述，重新框定，进而改变人们的认知。规则规范的倡导者可以通过语言把规则规范所涉及的问题突出化，使其广受关注，也可以对原有的规则规范提出挑战，为新的规则规范的产生奠定基础；同样，通过演讲、教育公众、发布布告、制定法规等语言形式，也可以最终使新的规则规范得以建立。在国际规则规范的传播与扩散过程中，语言在国家行为体接受国际规范的过程中发挥了重要作用，国家行为体通过语言进行世界话语分析（global discourse translation）。这样，同样的国际规则规范在不同的语境下就被赋予不同的意义，在这个过程中，该国的文化观念以及规则规范、传播者的语言、惯例和习俗等都被纳入该规则规范的意义体系之中。同样，在国际规则规范的使用过程中，国家行为体是把这些规则规范置于本土的其他规则规范和物质条件的背景下来使用，即规范影响翻译（impact translation）。因此，国际规则规范在国家层面不仅仅是法律术语的一种简单的翻译，而且是要融入本土语言与文化，使其成为在当地可以被接受的规则规范。

语言战略和国家外语能力主要由语言规划、语言政策及语言教育等方面构成。实现语言战略的主要途径是语言规划与语言政策。随着全球化的不断深入和国家间交往的不断密切，一个国家的语言战略与语言政策越来越对国家利益产生影响，外语能力日益成为国家竞争力的重要组成部分。

（孙吉胜，2017）国家安全意识的变化，也要求国家在外语政策制定中必须考虑国家安全因素。美国国家安全战略作为其国家安全的一个重要组成部分，首要目标是维护美国的国家安全，尤其是非传统安全领域的国家安全。语言问题被提升到了国家安全的高度。1957年苏联成功发射卫星后促使美国国防教育法出台，外语教学开始服务于国家安全战略。"9·11"后，美国出台国家安全语言计划，提出了"关键语言"战略。这些立法和项目体现了美国外语政策对国家安全的规划，包括外语能力规划、外语人口规划、外语语种规划、外语教育规划、外语资源利用规划。2006年1月，布什总统正式推出美国"国家安全语言计划"，八种语言被列为美国的关键语言，战略意图与目标明显。相对而言，中国还缺乏清晰的外语战略和外语发展规划，特别是法律外语、医学外语等专业外语人才缺乏会在关键时刻导致信息不对称，引发外语语言危机。因此，为了防范国家语言危机，我国必须未雨绸缪，建立国家安全语言战略。

语言学中的话语建设事关国家安全。尽管我国这些年一直强调重视国际话语建设，但我国的话语建设和传播效能仍然存在很多问题。我们讲的很多话外国人不愿意听，也听不懂，更谈不上被认同接受。出现这种尴尬局面的原因主要是我们没有全面系统地研究话语构建问题，没有搞清楚我们的话语和西方主流话语到底有什么不同，中国的话语与世界主流话语之间在话语主题、语汇选择、叙事方式、传播手段、逻辑思维等方面到底有什么差异。只有对这些问题进行深入扎实的研究，我们才可能形成自己的话语策略，建立起比较适合的话语体系，此举无论是在理论层面还是在政策层面都具有重大意义。当前，国际政治中话语权的功能作用日益凸显，而中国一直面临来自西方世界的话语压力，常常处于被动挨骂的窘境。世界留给我们的时间不多了，我们必须重视语言学科的基础性根本作用，致力于中国话语体系构建的创新突破，以维护我国的价值观念和文化安全。

语言直接影响外交与国家形象构建。语言作为交流工具，其所产生的功能价值往往超越语言本身。国家形象是国家软实力的重要组成部分。国家形象是一个国家对自己的认知以及国际体系中其他行为体对它的认知的结合；它是一系列信息输入和输出产生的结果，是一个"结构十分明确的信息资本"。国家形象主要通过自塑和他塑而形成，只有置于国际社会的大背景下，通过与其他国家的形象对比才会产生真正的意义。国家形象通常通过外交形象、公众形象和媒介形象三种形式体现出来。所有这些形象的形成过程，除了行为的影响，另一个重要因素就是对语言的应用，如选取哪些主题进行叙述，采用何种叙事风格及何种修辞手段等。对于国外的公众来说，他们对一个国家的认知主要来自电视、报纸、网络等媒体，媒体语言的作用更是不可忽视。当然，中国的公共外交仍然存在诸多问题，中国对外传播媒体官方色彩浓重，政治类和经济类新闻较多，口号与套话较多，与国外受众所关注的问题存在一些差距等，这些也都与语言使用密切相关。国家形象的建构离不开语言的运用。"语言实际上是国家形象表述和塑造的最后归宿。离开了语言层面的国家形象是虚无缥缈、难以把握的。"（梁晓波，2013）

拓展语言科学，释放语言能量。为使国家发展得到更多语言助力，必须重视"强语"之策，努力发展中国的语言科学。中华人民共和国成立七十多年来，中国的语言学为社会发展做出了重要贡献：帮助国家制定正确的语言政策；通过语言教育，大量年轻人具有不同程度的"双言双语"能力；使汉语适应数字化时代，进入各种网络媒体；及时推进用计算机处理语言文字，激光照排技术、语言理解、语言—文字自动转换、自动翻译等语言信息技术得到应用；汉语教学已经进入170多个国家，其中有70余国把汉语列入基础教育课程。目前语言学在国际上呈现新的发展趋势，正在与相关人文科学、社会科学、自然科学、工程技术科学等合作，形成一些交叉学科，解决科学发展的复杂问题和社会出现的各种语言问题。为适应这一形势，很多语言专业直接设立在信息科学学院、脑与认知神经科学学院、医学院等。李宇明教授指出，我国的语言学学科设置需要走出"语文学"阶段，打破"文科"学科界限，实现三方面拓展，为国家发展和社会进步做出更大贡献。

第一，在重视语言结构研究的同时，应开展应用研究和话语研究。比如抗疫过程中，齐鲁医院编写了《国家援鄂医疗队武汉方言实用手册》等来应急，数所高校和相关企业等组建起"战疫语言服务团"，陆续研制出各种版本的《抗击疫情湖北方言通》，通过融媒体等方式支援医疗队，发挥了很好的作用。在"方言通"研制过程中，还缺乏医疗话语研究成果的支撑，这启示我们只重视语言结构研究是不够的，还需要加强领域语言研究、灾难防控语言研究等。第二，在本土语言研究的基础上，应开展世界语言的研究。全世界约有7000种语言，每种语言都有其语言特点，包含语言使用者创造的文化，具有极高的学术价值，应纳入我国语言学家的研究视野。第三，还应树立"大语言学"理念，关注其他学科的语言研究，重视学科交叉。学科交叉不能是"一厢情愿"，语言学研究者要有相关学科的知识背景，要找到相关学科的兴奋点。特别是要重视国际语言学新走向，关注人工智能、认知科学等前沿学科的语言学需求。

综上所述，语言学的发展已经超出传统的语言学范畴而涉及诸多学科，也已超出学术领域而影响到国家治理和全球治理。不断从其他学科借鉴，进行跨学科研究，才能使法治外交学研究保持不断向前发展的动力。中国正经历百年未有之大变局，气候变化、环境等全球性问题日益突出，5G网络等技术的普遍应用也改变了信息的流动和传播方式，使一些国家和地区的动荡极易产生外溢后果，对原有的治理方式提出了挑战。所有这些变化都为法治外交理论的发展提出了很多新问题，完全拘泥于原有的研究范式和研究路径恐怕难以反映和适应变化的世界。我们需要充分发挥语言学的基础性根本学科作用，继续从社会学、人类学、政治学等学科汲取营养，以更丰富的理论创新来描述、解释和预测变化中的国际关系和世界。作为国际关系、国际法学、外交学与语言学之间的一个新的跨学科研究领域，法治外交学已经取得了一些理论进展。加强语言学研究不仅会继续丰富和推动未来的国际关系研究，而且也可以为法治外交实践提供启示。

作为法治外交研究的重要组成部分，法治外交学理论在其发展过程中应经常借鉴其他学科，尤其是语言学，从而不断经历理论突破。与法治外交学相近的国际政治语言学对语言的研究已经取得了不少可圈可点的成果，为法治外交学研究提供了宝贵借鉴。而作为国际关系理论、国际法学与语言学的一个跨学科研究领域，法治外交学可以围绕法律语言在学理和政策层面继续深入。学理研究主要包括围绕法律语言拓宽法治外交理论研究视域、话语理论与实践研究，语言、文化、思维与国家行为之关系研究等维度。政策研究主要包括法律语言战略与国家外语能力、话语建设、公共外交与国家形象研究等方面。法治外交学不仅会继续丰富国际关系领域的跨学科理论研究，同时也可以为外交实践提供启示。

（二）法治外交话语理论创新

话语体系为话语权服务，是话语权的基础。加强国际话语权符合后疫情时代中国整体的发展需要。构建中国法治外交话语体系，要坚持以人民为中心的研究导向，需要在对接和传承中国既有社会话语与文化、党的理论创新成果的同时，充分借鉴西方话语体系的建构经验，培养系统性法治逻辑思维能力，与国际国内社会发展改革的方方面面相互渗透和转化，向国际社会和世界人民推介中国法治外交话语体系。

在当代中国，塑造中国法治外交话语体系，必须坚持马克思主义的理论指导地位，将马克思主义基本原理与中国的实际国情相结合，不断推进马克思主义的中国化、时代化、大众化。"话语权"是外交话语体系构建的目标，涉及"话语权利"和"话语权力"两个辩证统一的子系统，拥有"话语权利"是提升"话语权力"的前提和基础，而提升"话语权力"是增强"话语权利"的必然结果。（李志丹，2019）"话语权"需要通过一定的"话语体系"来呈现；而"话语体系"可以描述为特定语境中交际主体通过语言符号建立的多重认知关系，用以表达特定思想立场和价值观念，它是话语的具体阐述方式，承载着个体、国家和民族特定的价值观念。从国家层面来看，它是一个国家文化软实力的重要组成部分。有论者指出："话语体系是一个国家在国际舞台上确立话语权的前提和基础"（王永贵，刘泰来，2015：6）；而"对外话语体系"无疑是一个国家向外部世界阐述其思想理论体系和知识体系的表达形式。"法治外交"就是将法律观念和法治理念贯穿于外交活动全过程，运用法治思维和法治方式将某些外交中的问题转化为法律问题，以正当合法的程序和法律思维逻辑行为处理外交事务、依法化解外交纠纷。"中国法治外交话语体系"可界定为：以习近平法治思想和外交思想核心为指导，用中国概念、中国范畴、中国术语向外部世界阐释和解读中国实践、中国道路、中国经验、中国智慧的思想理论体系和知识体系的总和；是对中国特色大国外交所蕴含的指导思想、法治理念、外交立场、战略方针、政策原则、构建路径等进行系统化、规范化、法治化的话语表达过程。毫无疑问，中国法治外交话语体系的译介与传播及其在国际社会赢取话语合法化的过程，不仅关乎语言的游走、接触与交换等问题，更是提升中国国际话语权和国际话语影响力的重要内容，也是现代中国重要的战略传播手段与文化建构力量，同时还是开启"中国"与"世界"对话关系的重要话语平台。

中国法治外交话语理论的创建有两大目标使命：一是为新时代的中国营造良好的国际环境，二是能有效推动构建人类命运共同体。然而，创新法治外交话语理论，增强我国国际话语权却是一项复杂的系统工程。

1. 法治外交话语体系建构原则

法治性原则。当今世界，国家间相互依存程度越来越深，单边主义、保护主义和霸凌行径明显抬头，个别国家无视国际法和国际关系准则，搞霸凌、干涉和单边制裁，给世界带来了不安和动荡。作为联合国创始成员国之一，中国一直是现行国际法治的践行者、受益者，也是其重要的维护者、建设者和贡献者。人类命运共同体理念提倡建立公正合理的国际秩序，实现全人类对和平与发展的渴望，这是对国际法治精神内涵的极大丰富。中国在维护多边主义、确保国际法得到切实遵守以及和平解决国际争端等方面都发挥了巨大作用，这些也都是《联合国宪章》所倡导的理念。在外交工作中坚持法治思维，就是要以国际法律原则和法律规则为依据来指导我们的一切对外行为。

实践性原则。实践性是马克思主义哲学最重要的特点和理论品质，在整个马克思主义哲学体系中，实践是贯穿始终的中心线索。外交实践是法治外交话语产生的源泉，是检验法治外交话语正确性、科学性的唯一标准。法治外交实践需要话语体系作支撑，这是话语理论构建的缘起和内在驱动力。国际法治的基本理念是强调在国际法律规则面前各国一律平等，反对特权、霸权，维护世界和平。法治外交话语体系理论构建必须深深植根于鲜活、生动的中国特色大国外交实践。法治是一种理性精神和文化意识，是国际社会的一种基本追求和向往。通过实践去认识问题，然后解决问题，我们才能一步一步接近真理。法治外交的最重要的含义，就是国际法律在最高的终极的意义上具有规限和裁决国家行为的力量，国际法律规则既是国家行为的最终导向，也是国际司法活动的唯一准绳。

统一性原则。中国法治外交话语体系建设应坚持全方位、系统化、多维度、多视角，通过跨学科、交叉学科研究创新，将法治外交话语中文文本建构、跨文化翻译、传播及外交话语权和法治国家形象提升等研究有机串联起来，形成统一整体，增强法治外交研究的可适性、逻辑性和系统性，建立中西不同文化和语言系统的有效衔接，创新系统性外交叙事话语方式。外交主体多元化大势所趋，人人参与的"全民外交"时代已经到来，在历经"全民外交"趋势的过程中，应积极发挥政府、企业、媒体等传统主体的示范作用，更要重视并利用特殊群体的传播影响力，培养人人"讲好自身故事"的公共外交意识。（钟新，令倩，2018）新媒体时代，国际话语的构建没有国内国外之分。多元主体主动参与到对外话语建设的分工协作，国内国外统一规划，把法治外交理念贯彻到所有"全民外交"活动中，每个外交主体管理好自己面对的"小环境"，就可以为中国面对的整体国际大环境贡献力量。

2.提升国际法治话语权助力中国法治外交

全球化和历史进程推动了法治从国家强制型统治方式——国内法治，发展成为契约型全球治理方式——国际法治。后疫情时代，世界格局与国际秩序出现深度调整，国际力量对比发生显著变化。中国特色大国外交的理论与实践实现了一系列创新与突破。国际法治意味着在当前无政府，但是有秩序的转型世界中追求和建设法治。由于均势和霸权体制的转型以及全球化所加深的相互依赖，法治恐怕是国际社会唯一的发展空间。在当前的国际法治框架与构想中，国家是基本的行为体，国际组织、非政府组织和个人也起着重要的作用。国际法治不仅体现在经济、文化、环境、人权等领域，也体现在国家安全领域，其核心表现是政治关系的法律化。通过提升国际法律话语权助力中国法治外交，中国正牢牢把握维护国家主权、安全和发展利益的战略主动，以更为积极的姿态践行国际义务，参与国际事务，为推动全球治理体系变革提供中国方案、贡献中国智慧。

（1）国际法律在大国外交中具有工具性价值

作为国际关系发展演变的重要因素，国际法律是确立及维护国际秩序的基本手段，是解决冲突、定分止争的重要依据，也是国际社会成员维护或实现自身利益的有效工具。

国际法律运行的关键步骤往往与国际政治因素联系紧密，其从制定到解释和适用均伴随着国家实力的较量、利益的分配与价值观的竞争。以国家共同意志为基础构建的当代国际法框架实质上更多地体现了大国的价值观与现实利益；在具体的国际法律关系中，大国也在引领着更符合自身利益或意愿规范的创设进程，并借助规范的机制化运行来降低实现自身利益或意愿的政治成本。崛起中的大国可以运用国际法治话语体系逐步塑造一个认可其崛起方式的国际架构，并处于主控地位，以更高效率、更好效果的方式引导影响国际社会成员的价值判断与实践，在国际层面获得更多的认同与尊重。

一个国家在多大程度上掌握国际法治话语权，集中体现于三个层面：

一是对国际法律话语的接受与接纳,这能表明一个国家与国际秩序、国际规则体系的融合程度;二是对国际法律话语的重述与重构,这能反映一个国家在对外交往中以国际法律为工具维护自身权益的能力;三是对国际法律话语的发展与创新,这能反映一个国家在参与全球治理和规则制定过程中的创造力与影响力。

(2)大国重视控制和运用国际法律话语权

基于对国际法律工具性价值的深刻认识,许多国家,特别是大国、强国,尤为重视对国际法律话语权的控制与运用。现行国际法律的许多概念均由西方大国提出,英、美等国际法强国长期引领规则制定并主导规则解释,西方国家既是国际法律话语的主产地,又是其传播渠道的主控者,形成了内容与手段双重操控下的话语垄断。历史上,新的国际法律制度的产生往往以国际法话语的初创为先声,创设成功的国际法规则又会为主导国带来话语权提升——从美国总统杜鲁门首次提出关于"大陆架"的权利主张,到《大陆架公约》的通过与大陆架法律制度的确立所展现的就是这样一个过程。

从各国发展历程来看,荷兰、英国、法国、美国等国在各自的崛起过程中均非常注重对国际法律话语权的掌控与运用,以减轻本国在对外交往中遇到的阻力并提升国际社会对其政治主张和利益诉求的认可度与支持度。

荷兰崛起时,法学家格劳秀斯(Hugo Grotius)提出了海洋自由论,而这正是当时在海洋贸易中扮演关键角色、被称为"海上马车夫"的荷兰最为重视的核心关切。英国崛起时,杰里米·边沁(Jeremy Bentham)首次提出了"国际法"这一用语,英国也不断将自身宪政法治模式推向其各个殖民地,从而在国际法的发展上确立了核心影响力。与英国类似,法国将其大革命中倡导的"平等、自由、博爱"口号作为价值观标杆渗透、传递至国际社会,在一定程度上为国际法中的人权理念奠定了思想基础。美国在成长为世界超级大国之前即已提出了一系列主张,以构建于其有利的国际法律秩序，第二次世界大战后，美国签署的诸多政治、军事条约和由其主导建立的国际货币基金组织、关税贸易总协定等制度安排也充分反映出其利用国际法律体系主导世界秩序的政治意愿与国家实践。

（3）提升国际法律话语权助力大国外交

中国已认识到需要通过国际法律话语的重述来维护自身的主权、安全和发展利益，通过清晰准确、精细缜密的法律语言和逻辑思维表达政策立场和重大关切；开始以更为积极的姿态广泛参与规则确立、组织构建、行动范式设计等地区和全球治理进程，注重通过国际法律话语的发展创新来引导国际秩序的演进。

2014年12月，中国政府发表了关于南海仲裁案管辖权问题的立场文件，这是首次以官方名义运用国际法的语言与方法阐释我国有关立场和主张，对中国国际法理论与实践发展具有重大意义。

2016年4月，在美国召开的第四届核安全峰会上，中国呼吁各国强化政治投入与国家责任，加强国际合作，注重核安全文化，"理性、协调、并进"的中国核安全观作为峰会重要成果被写入峰会公报，这是中国核安全理念第一次上升为国际共识。

2016年6月，中国、俄罗斯两国政府共同发表了关于促进国际法的声明，对若干国际法原则和规则做出解释，也特别对《联合国海洋法公约》的争端解决机制问题表明共同关切。这是中俄两国的一次国际法话语集体重述，是在国际法和外交领域的创新实践，对于中国国际法话语权的提升和国际法治的发展演进均产生了重要影响。

2017年年初，在联合国社会发展委员会第55届会议上通过的关于"非洲发展新伙伴关系"的决议、在联合国人权理事会第34次会议上通过的关于"经济、社会、文化权利"及"粮食权"的决议和联合国安理会通过的关于阿富汗问题的第2344号决议，均明确写入了由中国提出并积极倡导的"构建人类命运共同体"理念，充分体现出这一理念已经得到国际社会的普遍认同，标志着该理念正成为国际法治话语体系的重要组成部分。

大国外交必重国际法治。中国应高举法治外交旗帜，熟练运用国际法律话语维护国家主权、安全和发展利益，积极借助国际法治话语体系表达自身的意愿、主张和立场，通过发挥引领国际法治进步、推动国际秩序发展的大国作用，在国际法治话语体系中树立中国的独特重要地位，丰富中国法治外交实践。

3. 国际规则的制定权和主导权是国际话语权的法律保证

令人信服的国际话语权一定要有法律保障。参与并且引导国际规则的制定是寻求话语权法律保障的主要渠道。在国际话语权建构方面，我们应该借鉴西方列强的经验。美国作为世界上唯一的超级大国，一直都在巩固自身主导世界经济规则的地位。伴随着全球政治经济格局的不断调整，特别是2008年金融危机的影响，美国在全球的经济优势地位有所下降，受到尤其是新兴经济体国家的有力挑战。美国总统奥巴马于2009年宣布加入TPP正式谈判，美国对于掌握世界经济规则制定主导权的紧迫感增强，这也是美国积极推进TPP的深层次原因。奥巴马曾表示："由我们来制定这个地区（亚太地区）的规则是很重要的，这也正是TPP的目的所在。"奥巴马在TPP达成协定后发表的声明中，曾直言不讳地表示："不允许让中国等国家书写全球经济规则，应由美国来书写规则。"奥巴马表示，达成TPP协定至关重要，因为"如果我们不制定规则，中国将制定规则……我们就会被排斥在外……我们不希望中国利用其规模来强迫该地区的其他国家"。

由此我们可以看到一个事实：世界第一大经济体要制定亚太乃至世界新的规则，根本不会给第二大经济体参与制定的机会。中国外交部对此表态："我们从来不认为世界贸易规则可以由任何单个国家说了算。制定21世纪的全球贸易议程和规则，我们从来没想过由中国一家说了算，同时也认为不可能由任何其他一个国家单独说了算。事实上，我们一直主张维护的是世界贸易组织在制定全球贸易规则方面的主导地位。"

4. 中国要通过积极参与主导国际规则的制定控制话语权

中国坚持对外开放的基本国策，坚定不移地支持全球经济一体化和多边贸易体制，逐步打造覆盖全球的高水平自贸区网络，努力创造参与并力争主导国际规则制定的机会。目前中国已与东盟、智利、瑞士、新西兰、韩国、澳大利亚等22个国家和地区达成14个自贸协定，还在与有关国家共同推进《区域全面经济伙伴关系协定》（RCEP）、中日韩自贸区、中国与东盟的自贸区升级、亚太自贸区、中美投资协定等谈判，这些自贸协议和自贸区囊括了TPP缔约国的大部分成员。

中国政府提出的"一带一路"倡议是中国对外关系上的一件大事，影响深远。相比TPP，"一带一路"跨越亚欧大陆、印度洋和太平洋板块，途经约65个国家和地区，涉及金融、贸易、投资、科技、能源、交通和基础设施建设等多个领域，它的实施为中国的产能、商品、服务和外汇等方面的发展搭建了新平台。"一带一路"作为中国进一步发展与共建国家经贸关系的倡议，不可避免地与国际法发生密切联系。而中国的国际法立场和观点，也必然要反映在相关国际法律制度的建立、解释和适用上，并最终可能导致对于现行国际秩序的某种程度的修正。从这个意义上讲，中国创造了这次与国际法接触的难得机会，我们要高度重视此次机会，采取更为积极的或主动进取的姿态，为中国争取自己应有的国际法律话语权。中国有权、有责任并且有能力履行好这项权利。

5. 深化跨学科交叉学科研究为话语体系提供学术支撑

中国法治外交话语体系的理论建构急需学术支撑，特别是语言学、法学、政治学、外交学和翻译学的跨学科和交叉学科研究。近年，关于跨学科和交叉学科，几乎人人耳熟能详。但究竟什么是跨学科、交叉学科？跨学科和交叉学科研究的意义何在？许多人对此并无深刻认识和理解，所以导致交叉学科越喊越凶，实际操作却寸步难行。其实，多学科研究与跨学科研究不同，跨学科与交叉学科不同，某一交叉学科与交叉学科研究也不相同。我们要有明确的问题导向意识,增进对同一个问题的多学科研究交流。多学科研究、跨学科研究、交叉学科研究根本目的只有一个,那就是能够更加有效解决人类社会的现实问题或者理论问题。做好跨学科、交叉学科研究,国家教育主管部门的顶层设计至关重要。我们要积极发现、培育法治外交学相关的新兴交叉学科增长点,大力发展法律语言与文化、法律外语(特别是法律英语)、法律翻译、国际法等相关基础学科专业,加快培养法治外交高端复合型专业人才(关于人才培养本书另有专章论述)。

总之,中国倡议推行法治外交,讲好中国法治故事,必须有相应话语理论创新。当务之急是立足于中国的外交实践,坚持法治性、实践性、统一性原则,科学建构中国法治外交话语体系,创新属于我们自己的法治外交话语理论,形成关于中国特色社会主义法治道路、理论、制度、文化的统一话语表达,以增强法治外交对外传播的说服力和影响力,奠定构建中国特色法治外交话语体系的基础,从而赢得国际话语权。

二、法治外交语言与文化

根据《牛津法律大辞典》,"法律语言最早是指英格兰和苏格兰的皇家判决、法律、诉讼程序、诉讼卷宗、特许状及法律书籍所使用的语种。法律语言部分是由具有具体意义的单词组成,这些单词在日常用语中即使有,但也很少使用,如侵权行为人;部分则是具有专门法律含义的日常用语的单词组成,如预谋、过失、非法侵入;还有部分是日常用语组成。法律语言在国际环境中还会产生更多的问题,将一种语言的法律文本转为另一种语言的法律文本是极为困难的。"这已涉及法律翻译的问题。从以上引述可以看出,"法律语言"这一术语的确立源远流长,作为社团方言的法律语言随社会的发展而发展,随历史的演进而变革。

法律语言是以全民共同语言为基础,在长期的立法、司法与执法的法律实践过程中逐渐形成的,服务于一切法律活动的,具有法律专业特色的语言。法律语言包括各种表述法律规范的立法语言和为诉讼活动、非诉讼的法律事务服务的司法语言。法律语言实际上是民族共同语的变体,这种变体主要表现在行业、专业上——法律语言特殊的使用主体、特定的使用范围及特有的使用效果。这也决定了法律语言的特性:法律语言是法律文化的载体,而法律文化蕴蓄着更为广泛的社会文化因素。法律语言研究除了以法学为依托外,还表现出强烈的社会学、文化学色彩。另外,法律语言作为共同语的一种特殊功能变体,就语言本体研究而言,又有语言学自身的特点要素。

简单说,外交就是处理主权国家之间的事务。国家交往,主权平等,相互尊重,彼此间所用的语言准确严谨、温文尔雅,因而外交语言应运而生。外交语言是一种特殊领域的话语形式,属于政策性语言,往往关涉国家利益和对外关系,具有鲜明的政治性和灵活的外交文体特点。外交语言结合外交的特点需要表现出既明确又模糊的辩证统一性,并善于使用礼貌、回避和主题转移等语用策略。在世界外交宝库中,外交语言是一个重要组成部分,它在某种程度上异于常态的语言。

作为外交工作的载体,外交语言有着不同于一般语言的特殊之处,其中最大的特点就是准确性与模糊性。法律语言的特点是准确严谨、言简意赅、不偏不倚。法律语言和外交语言的性质有很大的交叉性和共性。外交官常常运用外交辞令来发表会谈结果、回答敏感性问题以及缓和紧张气氛,所以语言的灵活性、温情感常常又是外交工作的要求。或者说,与外交语言相比,法律语言似乎机械、冰冷,缺少了灵活性和温度。

(一)法治语言文化

"法律语言"(Legal Language)这一术语源于西方。我国对法律语言的关注与研究源远流长,而"法律语言"这一术语的提出和明确界定,则反映在近二十年陆续出版的法律语言著作中。改革开放后，随着我国社会主义法制的全面恢复和逐步健全，立法与司法工作面临着大量与语言运用有关的问题，政法干部和公安、政法院系学生亦面临着提高语言修养和加强语言学习的任务，这就对法律语言的实践和理论研究提出了迫切的要求。

马丁·海德格尔（Martin Heidegger）说：语言是存在的家园。现代哲学把语言视为人的存在方式和依托。语言是文化的载体。在人类发展的历史长河中，语言与文化不离不弃、并驾齐驱，共同构成了人类的文明。汉斯-格奥尔格·伽达默尔（Hans-Georg Gadamer）也说：正是依赖于语言，人才拥有世界。以此类推，正是依赖于法治语言，法治文化才得以存在。"法治语言"概念由此产生。从这个意义上讲，法治语言构成了法治文化的存在。新时代依法治国大背景下，"法治语言"被赋予了深刻丰富的内涵：在践行法治文化中的法治精神时离不开法治语言的支撑。通过法治语言，人们可以理解法治精神，理解法治文化的发生过程。法治语言可以把法治文化变成可以沟通和交流的言语行为，可以把法治文化的法治精神积淀储存起来。人们需要在法治语言中去接受和理解法治文化，又通过法治语言去解释和更新法治文化。法治文化中的一切都需要法治语言来体现，都需要法治语言来解读。法治语言还能反映法治文化中人们的态度、观念、信念以及世界观。法治语言表达了法治文化的现实。因此，要理解法治文化的意义，就必须理解法治语言的意义。法治语言的作用在于它是沟通作为主体的人与作为客体的法治文化的媒介，沟通人与法治文化的桥梁。人只能在法治语言中表述法治文化，法治文化只能在法治语言的表述之中得到释放与理解，才能转化成真正的存在。语言在法治文化中的使用会打下深深的文化烙印。法治语言之中凝聚着法治文化的全部成果和结晶。这也说明语言体现着法治文化的认同感。在法治的语境下，法治语言和法治文化浑然一体，离开了任何一方，都会使另一方变得子虚乌有。

"法治语言"（Language of Rule-of-Law）是本书提出的又一崭新概

念。法治语言与法律语言的关系，如同"法律"和"法治"的区别联系。法律语言是法治语言的重要基础和核心组成部分，但法治语言适用范围要比法律语言宽广得多。法律语言聚焦于法学教育及法律职业群体在提供法律服务时所使用的专业语言，而法治语言是所有表述法治理念、法治思维、法治行为等法治文化概念的载体。中国特色社会主义法治建设须臾离不开法治语言。法律语言一定是法治语言，但法治语言未必是法律语言。当今时代，法治语言和法治文化研究具有重大的现实意义。

1. 法治语言的适用关乎国家的长治久安

人类社会发展到今天，法治治理是公认的最有效的社会治理方式。我国社会主义法治凝聚着我们党治国理政的理论成果和实践经验，是制度之治最基本、最稳定、最可靠的保障。全面依法治国是国家治理领域一场广泛而深刻的革命，在改革发展全局中的地位和作用愈发凸显。依法治国就是要在全社会大力弘扬社会主义法治精神，建设社会主义法治文化，树立社会主义法治理念，促进社会公平正义，维护社会和谐稳定，确保党和国家长治久安。加快法治国家建设，既要注重法律制度建设，又要重视法治精神层面的建设。法律只有进入人的内心，法治才有力量。我们应当将法治精神培育放在国家战略高度来认识，创新法治宣传方式，提高法治舆论引导力，让人民群众在尊法学法守法用法中深化对社会主义法治精神的认识和信仰，提高全民法治思维意识和法律素质，使全体人民都成为社会主义法治的忠实崇尚者、自觉遵守者、坚定捍卫者。

法治包含形式意义的法治和实质意义的法治两个部分：前者强调"依法治国""依法办事"的治国方式、制度及其运行机制；后者强调"法律至上""法律统治""权力制约""权利保障"的价值、原则和精神。形式意义的法治应当体现法治的价值、原则和精神，实质意义的法治也必须通过法律的形式化制度和运行机制予以实现。

很显然，实现法治治理离不开法治语言。古今中外，因一字之差、一语之误而使判决等结果毫厘千里、阴差阳错的案件,屡见不鲜,往往令人感慨、惊叹和震撼。对于诉讼和非诉讼法律事务中语言运用的重要性,大概是不会有人持不同意见的。第二次世界大战后英国最大的法律改革家和享有世界声誉的法学家、英国前上诉法院院长阿尔弗雷德·丹宁爵士（Alfred Thompson Denning）,在回顾他长达半个多世纪的法律生涯时,深有感触地说:"要想在与法律有关的职业中取得成功,你必须尽力培养自己掌握语言的能力。"另一位著名英国法学家、著名法官曼斯斐尔德勋爵（Lord Mansfield）曾经指出:"世界上的大多数纠纷都是由词语所引起的。应该说,随着文明和法治的肇始,从总体上来说,人们对法治语言的关注是超时空的、永恒的。"

  法治语言是中外历代统治阶级、主流社会通过法律和法律工作者对语言施加影响的结果。语言本身没有阶级性,作为人类社会最重要的交际工具,均等地为社会一切阶级、阶层服务。但是,每个阶级和社会群体对于语言的运用可谓是煞费苦心,他们设法利用语言为自身利益服务,把自己研制的特别词汇、特别用语、特别术语特意使用到言语中去。法是由国家制定或认可,并以国家强制力保证其实施的行为规则的总和。历史上的法都要集中反映统治阶级的意旨,竭力维护其阶级利益。统治者当然完全明白掌握法律方面的话语权是巩固其统治地位的必由之路。所以,对法律领域的语言运用,统治阶级必然格外重视并不遗余力地施加影响。为了掌握法律的话语权,统治阶级首先要控制立法权。法律文本确定法律规范,立法语言是法律语言的核心组成,对整个法律语言有导向和规范作用。历代统治阶级通过参加立法的官吏,甚至亲自指导、干预法律语言的运用,这对当时法律语言的规范与优化,对中国法律语言的逐步形成与成熟,有一定的促进与推动作用。（潘庆云,2004）

  历代凡有作为的统治者,在改进吏治、重视法律的同时,必然同时重视对法律语言的建设。可以这么说,统治阶级或法律人若对法律语言掉以轻心,法律语言作品（包括法律文本、司法文件、法庭语言等）质量滥恶,不仅仅是一个技术问题。如果不是出于政治上的"故意",至少是政治上的失误,若走向极端,则是对历史的犯罪。(潘庆云,2004)对此,有史为鉴,教训深刻,如唐、宋之昌盛时期,均重视律治,对法律文本及判词等颇为重视;到了元代,法律文书等质量低劣,吏治腐败,政权迅速垮台;明、清上升时期采用多种举措解决这一问题,对稳定政局、繁荣经济功不可没。(潘庆云,2004)法治治理符合社会发展的需求,世界历史上的各个国家繁荣昌盛时期必定是重视法治的阶段,相应的法治语言和法律语言文化也就比较精良。反之,在一些依靠专制暴力的淫威维持统治的国家或时代,法律的权威与法治语言受到藐视,与滥恶的法律语言互为因果的恶法劣法横行,腐败丛生,国家混乱,民不聊生。历史已经并必将证明,法治能有效缓和社会矛盾,促进生产力和经济发展,改善国民的生存环境,提高公民的生活质量和安全感,同时,随着法治水平的不断提高,相辅相成的法治语言也会得到不断地优化与发展。法治语言的良好适用是国家长治久安的法律保障。

2.法律外语大有可为

吕叔湘先生一直提倡通过比较来研究语言,一种语言的特点必须通过和其他语言的比较才能显现出来。研究表明,各个国家的法律语言都是本国语言领域最重要的组成部分,都在各国政治生活中起着举足轻重的作用,直接影响着国家利益和公民的生活质量。加强涉外法治建设,提高法治国际传播效能,离不开法律外语。加强法律外语的学习研究无疑会对推行法治外交理念、构建人类命运共同体有巨大的推动作用。因篇幅所限,下面仅选英、德、法三种法律外语做简要说明。

(1)法律英语

法律英语是一种涵盖了法律专业特点的语言。单从文体特点看,它属于职业专用英语的范畴,是一种用于正式场合的书面英语,具有庄重严肃、结构严谨、表达准确的法律专业特点。我国香港地区被英国进行殖民统治时期，在引进英语、英国文化的同时也引进了英国法律，实施英国法律的载体语言当然也是英语，于是英语成了旧香港的官方法律语言。香港回归后，按照《中华人民共和国香港特别行政区基本法》中"香港特别行政区的行政机关、立法机关和司法机关，除使用中文外，还可使用英文，英文也是正式语言"的规定，实行中英双语法律语言制。这是一个与"一国两制"伟大构想相匹配的历史性创举。这种法定的双语法律语言制度与现象，必将大大推进我国不同法域间的交流与融合，极大地丰富法律与法律语言的理论和实践。

我国对外开放向纵深发展，党中央、国务院高度重视发展涉外法律服务业，培养涉外法律人才。党的十八届四中全会明确提出加强涉外法律工作。《司法部办公厅关于建立涉外律师人才库的通知》强调："加强涉外法律服务队伍建设，培养储备一批通晓国际规则、具有世界眼光和国际视野的高素质涉外律师人才"。习近平在中央全面依法治国委员会第二次会议发表重要讲话指出："要加快推进我国法域外适用的法律体系建设，加强涉外法治专业人才培养，积极发展涉外法律服务，强化企业合规意识，保障和服务高水平对外开放。"随后，司法部、教育部等13个部门召开发展涉外法律服务业联席会议，研究部署涉外法律服务工作：加强涉外律师人才培养，推动中国律师"走出去"，保障我国在海外的机构、人员合法权益。

涉外法律人才就是具有国际视野，通晓国际规则，精通国际谈判，能够参与涉外法律事务和维护国家各类利益的应用型、复合型人才。涉外法律人才一要懂国际法律规则，二要精通法律外语。国家和平崛起参与全球治理，推进"一带一路"倡议行稳致远，我国重大涉外经贸和外交活动、跨国犯罪与反腐败追逃追赃、中国企业和公民"走出去"等工作都需要大量涉外法律人才。涉外法律工作是法治外交工作的重要组成部分，涉外法律人才是法治外交人才的主力军。

因为英语的国际通用语地位，法律英语成为法律外语中的龙头老大。

法律英语是涉外法律工作不可或缺的工作语言。法律英语人才是涉外法律人才的必经阶段。通过学习法律英语，培养涉外法律专业人士的法治思维能力，提高涉外法律业务能力，能够切实维护国家利益。

（2）法律德语

虽然法系不同，但各个国家的法律语言性质相似，都占有重要语言地位。以大陆法系的典型代表德国为例，德国著名法学家古斯塔夫·拉德布鲁赫（Gustav Radbruch）就曾这样评价法律德语："法律语言抛弃了所有的情感基调，它非常地古板——以至于几乎不讲什么道理。如此，这种简练的语言风格可以说是一种刻意选择的'贫瘠'。这种语言风格恰如其分地表现了统治国家充满自负的威权意识。"

早在两百多年前，腓特烈大帝（Friedrich Ⅱ von Preußen, der Große）就曾在他的敕令中这样指责道："我认为我们的法律实在是不合常理，因为它在很多地方所使用的语言，恰恰是它所要规范的人们看不懂的。"在这些批评者当中，最负盛名的当数活跃于20世纪中叶的路德维希·赖纳斯（Ludwig Reiners），他严厉批评了那种"糟糕的"法律德语和官僚们的语言，并且创立了一套"漂亮德语"的规则，也就是作为经典而闻名的所谓"文体学技艺"。可惜的是这套漂亮德语的规则并没有引起人们的重视。法律德语被认为生硬、枯燥、不易理解且富有官僚气息；文牍德语可谓出了名的晦涩。在德国，类似这种对法律人语言的批评至今仍不绝于耳，但是，法律德语依然是我行我素。

在德国，无论是在法学教育中，还是在立法的过程中，很多时候还是不够重视"什么是恰当的法律德语"这个问题。在大学的法学教育中，尽管人们都知道事实并非如此，却还是把法律德语默认为大家已经掌握的基础知识。一个典型的佐证就是，经常会有人不得不给律师们提供"法律德语课"，因为大家都知道在之前的法学教育中这部分是缺失的。

显然，法律语言变得晦涩，法律人难辞其咎。法律德语看起来冰冷、艰涩而令人望而却步；对法律人表达不待见的评论也难免层出不穷；法律人从而以刚愎自用、冷酷无情而臭名昭著。那些参与立法或者起草合同条款的人，总是希望借此传达一种信息，从而对他人的行为施加影响。法律命令和合同影响着每个人。正如腓特烈大帝当年所指出的，法律表达必须清晰而透彻，这一点要求现在看来确实非常重要。

吕特斯（Rüthers）、费舍尔（Fischer）、比尔克（Birk）等人则如此形象地说道：一种法律制度，只有在它的基本要素能够为市民所理解和接受时，才可能永葆生命力。对此，法律人是否有能力清楚透彻地阐释其观点和看法，就显得十分重要。即使是某个难懂的法律问题，当我们向相关受众解释其中最基本的东西时，也必须能够让非法律人可以理解其中所蕴含的价值衡量。

有些国家的人更为深刻地意识到法律语言的重要性。英美法系的国家就曾兴起一场所谓的"简明法律语言运动"（Plain Legal Language Movement），致力于让法律条文、判决和合同变得更容易让人理解。这些国家会通过举办类似"法律文书起草、法律写作和法律语言风格"等课程，让法学院一年级的学生开始体会到法律语言对于法科生的重要意义。

语言堪称是法律人的"手术刀"。如果有人错误地使用它，不仅会伤到自己，还会搞砸手头的事情。法律人必须通过语言使人信服，语言运用上的短板很容易成为法律工作的悬崖峭壁。在德国，法律德语语言对律师、对一般民众都是非常重要的。

（3）法律法语

法语语法作为世界上最为严谨的语法之一，具有表达清楚、逻辑严谨的特点。法语最突出的特点表现为法语动词变位、语态、时态三方面，法语动词有6种语式，每种语式又对应多种时态，例如过去时、现在时、将来时、简单现在时、愈过去时等，这些语式、时态结合在一起都表达出不同意义。而法律法语更是法语语言特色的最集中体现，几乎涵盖了法语所有语法类型，正确使用法律法语能够达到准确、严谨表达的目的，反之则会适得其反。

根据《法律法语》（*Le français du droit*）教材定义，法律法语主要指法语国家法律界通用文件（包括法律文书、法规、公证书等）所使用的书面法语和法庭审判用语，也包括人们在社会经济活动中签订的各种法律文件（如合同、章程）。法律法语作为一种法律职业专业用语，其表述必须准确严谨，切不可出现语言表达模棱两可、似是而非的情况。和普通法语不同，法律法语有着极明显的语言特征，法律法语主要涉及法律活动中所涉及的法语术语、文本、句式，法律法语更加突出语汇、语法的专业性。因此，可以说法律法语其实就是另外一门外语。我们需要注重研究法律法语教学的内涵与语言习得规律，不能通过简单的"法语+法律"这种培养模式学习法律法语。

法国作为大陆法系的起源，法律体系建设完备，对我们涉外法治建设有着较大的借鉴意义。在推进"一带一路"倡议顺利实施，实现政策沟通、设施联通、贸易畅通、资金融通、民心相通的发展目标的工作中，企业面临的涉外法律风险、境外经营风险、金融风险等都会明显增加，做好全面风险防控必须依靠法律武器，法律法语发挥着防范化解风险的保护伞作用。国际法治建设中，法律法语的沟通桥梁作用不可或缺。

3.法治话语里的政治内涵

法治是为政治服务的，是统治阶级管理国家社会的有效手段，法治语言和法治话语必然具有丰富的政治内涵。

（1）法治语言的政治性

法治语言具有政治性。政治语言是政治活动中政治主体用来交流政治信息的语言。语言的使用者通过各类言语行为来实现政治意图。我们通常把这种为政治目的而使用的语言称为政治语言，它是各种政治话语的总和。政治语言具有很强的政治目的性是显而易见的。从逻辑上看，法治是为政治服务的，法治语言也有一定的政治性。只不过法治语言不像政治语言那样富有蛊惑性，其表达形式严谨理性，容易令人信服。乔治·奥威尔

(George Orwell)尤其强调语言的政治功能，认为居于统治地位的人经常操纵语言的使用来愚弄和欺骗普通的民众，语言经常被用来控制人们的思想。语言的运用是复杂而有创造性的实践活动，法治语言较政治语言有更大的隐蔽性。为了更好地"取信于民"，统治阶级往往会借助法治语言实现自己的政治目的。

乔姆斯基分析了大量的美国文献资料，认为美国政府和媒体其实都是在利用语言来实现自身利益。在美国，无论是电视广播、报章杂志，还是政要讲话、外交发言，到处都充斥着"法律"。因为统治阶级拥有丰富的政治资源，可以控制媒体和其他宣传工具，把民众置于一种预设的"自由讨论"的框架之中，诱使人们最终"依法"达成意见一致。对于国家而言，由于其他国家对自己使用的语言和自己的语言选择会影响彼此的认知，并对行为产生影响，语言的选择因此体现主观性、能动性、目的性和战略性。一个国家如果能够选择使用好语言，建立和发展自己的话语体系，经过一定的社会化过程使其他国家比较自然地接受，并改变对自己的认知，语言就成为实现国家利益的重要组成部分。（孙吉胜，2013）人类的法治语言现象和法治语言活动都是建立在一定的法治实践基础之上，法治语言是对法治实践的反映，却在一定程度上体现政治意图和政治功能，如正确与错误、赞同与反对、合法与非法等。法治语言在"法治"的掩护下，对社会发展有较强的导向和指引作用，潜在地起到政治语言的作用。

（2）文字表面暗含陷阱

还是以特朗普通俄门事件为例，对语言学家德怀特·鲍林格（Dwight Bolinger）而言，"字面真理——比如人们在法庭作证时发誓说的话——其实很多时候也可以作为借口"。说穆勒团队没有找到勾结的证据，字面上确实没问题，因为他们调查的不是勾结（collusion），而是更难以证明的、可能构成罪行的阴谋（conspiracy）。"勾结"和"阴谋"词义相关，但不是一回事。值得注意的是，特朗普政府的话术诱导了媒体评论，还成功混淆了两种不同的概念：一个是穆勒没有找到确凿证据证明特朗普团队与俄罗斯合谋，一个是特朗普所谓的"没有勾结"。但"没有发现某种事情"与"这种事情不存在"完全是两码事。特朗普政府故意混淆了"勾结"与"阴谋"的概念。

巴尔对特朗普的奋力辩护集中在语言上，而不是否认相应的行为证据。巴尔对语言的跳跃式阐释，缺乏实际意义、伦理以及事实和证据。巴尔脱离上下文对穆勒的文字进行解释编辑，有时候还在言辞上故意让人感觉穆勒的意见和他一致。在媒体焦急等待报告进行报道的关键时刻，巴尔把精确的法律语言随意转换成大众能够明白的口语化语言，从而操控、设计关于此事的讨论。媒体放大了巴尔的说辞，而且由于他们无法接触到完整报告产生了断章取义的观点。表面看起来巴尔的诡计确实得逞了，不过有些人还是能看清背后的推手以及巴尔阐释中的漏洞。这是因为，巴尔是与一部分民众直接对话的，这些人原本就同意他的观点。只要精心设计语言说辞，虽然是一则坏消息，只要能够让支持者明白即可，而不需要说服反对者。法律工作者，尤其是律师对此习以为常，因为律师就是这样说服人们从他们的角度看问题的，关键是要操控语言。语言学家罗伯特·舒伊（Robert Shuy）主持讨论过一个关于目击者回忆的研究，先让目击者观看了一段撞车的影像，然后律师开始提问。提问分两种描述方式："两车<u>猛撞</u>时，你看起来车开得有多快呢？"（About how fast were the cars going when they <u>smashed</u> into each other?）和"两车<u>相撞</u>时，你看起来车开得有多快呢？"（About how fast were the cars going when they <u>hit</u> each other?）结果是，被问及第一个问题的人回答的车速比后者高很多。另外，被问及第一个问题的人回答看到破碎玻璃的人数是后者的两倍，尽管影像中根本没有破碎玻璃。因此律师使用的暗藏玄机的语言可以对人们的认识和记忆产生很大的影响。

（3）语言误用攸关性命

法律相关的语言需要精确的定义和阐释，这样人们才能判定法律是否被公正使用。但人们如何理解法律语言更为重要。法律界人士在语言使用上的选择直接关系到犯罪嫌疑人受罚、入狱甚至被处死，当然也可以让犯罪嫌疑人逃脱法律的惩罚。一些法律专家和语言学家指出，尽管法律语言关乎人的生死，但有些律师和法官对法律语言知之甚少。法律语言学家爱德华·法恩根（Edward Finegan）曾经警告，法官似乎越来越倾向于只翻翻字典就判定案件，或者精心挑选符合他们目的的释义来做出判决。

1998年的马斯卡列罗诉美国政府案（Muscarello v. United States）就是典型例证。美国有关法律规定，任何人使用或携带（carry）武器的同时（亲自）兜售毒品将增加五年监禁。法庭认定被告人马斯卡列罗拥有武器，但没有使用。嫌疑人把武器装在他的卡车前排杂物盒里，也被解释为"携带"武器。因为法官随便查阅了一本词典，看到carry一词的第一义项释义是通过交通工具"运输"（transporting）。所有法律工作者都应该明白，词典不是一成不变的权威。词典是由人编写的，人无完人，词典编纂者虽不至于携带致命的文字武器，但至少也带着他们的动机和想法。寻求词典的权威来判定一个案例会使法官免除自己的伦理道德责任。法律语言有其特殊性，法律词典的解释和普通词典的解释会有差异，再说词典的词条也可以设计，词汇及其意思会随着时间而发生变化。因此法官查阅何种版本、何种类型的词典很重要。另外，词汇的意思可以按照不同方式编排，因此我们不应断定词典列出的第一项释义就是该词最基本的意思。不考虑上下文就随机找出一个定义，这也不能作为证据。这些都是查阅词典所应具备的基本常识问题。对法律语言的解释最需要认真仔细、合乎伦理的考量。如果我们对语言伦理关注不够，语言及其看上去传达的所谓真相就会被人巧妙地操纵来误导公众。法治语言的良好适用和精准解读是实现法治治理的关键前提。

4. 法治思维以法治语言为思维语言

思维是借助语言所实现的理性认识过程，也就是说"思维活动及其模式的建构是在语言直接参加的条件下完成的"（林喆，2000），因而语言和思维紧密相连。法律和语言二者浑然一体，不可分离。"语言不仅是传达法律观念、法律制度、法律规范、法律心理的特殊的、难以剥离的外在形式，而且，当法律一旦形成，语言就成为它不可分割的有机体……对于法律，我们不可能通过视角直观到它的任何抽象的或具体的意义，只能通过语言符号的整合、组织，才有可能认识法律、理解法律。"（刘愫贞，2002）语言不仅是法律的表达形式，而且法律的意义也必须依靠语言来建构，被用来表达和建构法律意义的法律语言就成为贯穿于法律的制定、研究和运用全过程的语言文字表意系统，因而法律语言是一种典型的思维语言，而且为法治思维所必需。因为"不同的职业拥有不同的语言系统和语词，不同的语词则产生不同的思维。我们学会了什么语言，我们就学会了如何按照我们特定的角色思考问题"（葛洪义，2003）。法律本身就是语言。"从一定意义上说，学习法律就是学习法律语言及其使用，熟练地运用法律语言是法律人的一个基本功。"麦考密克（Neil MacComick）也曾指出："法学其实不过是一门法律语言学（The law is simply a matter of linguistics．）。"（葛洪义，2003）为此，作为法律人除了必须具备丰富的法律知识及其相应理解和运用能力外，还必须掌握系统规范的法律语言学基本知识和相关理论以及中西法律语言与文化对比、法律逻辑、语言哲学、法律翻译等相关理论知识，同时还必须具有运用法律语言的专业技能，只有这样才能以法律语言为基础进行法治思维、开展法律服务、从事法律职业活动。

　　大学法学教育的基本使命首先在于培养和训练学生的法律思维，进而提升至法治思维。中国法学教育普遍存在总体目标定位不清、法律职业素养教育缺乏、司法伦理教育缺位等问题。英国的法律教育在大学阶段分为基础知识教育、职业技能训练和最后阶段的实习；而美国则以研究生教育为法学教育的起点，提出要培养学生"像律师一样思考"；德国法学院提出要培养学生"像法官一样思考"。"对于法律人来讲，思维方式甚至比他们的专业知识更为重要。因为他们的专业知识是有据可查的，而思维方式是决定他们认识和判断的基本因素,况且非经长期专门训练则无以养成。"(孙笑侠,2002)法学教育要突出实践性,通过形式多样的案例教学,不仅让学生更好地理解和掌握法律概念、法学理论,还能直接训练培养学生对法律问题的思考方法及对法律规则的解释能力、对"案件事实"的认识能力以及法律逻辑推理和法律论证能力,只有这样才能促使学生学会像律师、法官或者当事人一样来思考,亲身体验法律思维到法治思维的全过程,在多重互动中学习和运用法治语言并进行法治思维。

(二)外交语言文化

外交语言是一个国家的外交政策和外交理念通过各种媒介传导的信息,是体现国家对外政策和捍卫国家利益的工作语言,是外交官在错综复杂的国际环境中有效开展外交活动的锐利武器。外交工作实践中,准确、恰当地使用外交语言是外交官的基本素养。

外交工作的特殊性和外交斗争的复杂性决定了外交语言会有别于常态语言。外交的对象主要是国家,国家之间主权平等,应该相互尊重。在语言上也要更讲究,往往注重温文尔雅,讲究点到为止,不会让对方过于难堪;外交斗争中,风云变幻,各种情况和可能性都可能会存在,一般都会避免把话说绝,说满,留有一定余地,以免被动。弱小国家,或不发达国家,由于其实力和地位,要在国际上立足和发挥影响,往往会更讲究策略,语言会更含蓄婉转。双边外交活动或多边谈判的协议或协定往往是双方或多方商定或谈判妥协的结果,往往用彼此都能接受的语言文字表述,有时难免会含糊其词。曾在联合国担任过美国代表的富兰克林·罗斯福总统夫人埃莉诺(Anna Eleanor Roosevelt)感叹地说:同样的一些话,在正常情况下是一种含义,但在外交文件中却是另一种含义,"这像是学习另一种语言"。(金桂华,2003)外交语言具有特有的表达范式,但总是善礼能文。做好外交工作,必须善于运用外交语言。

1. 含蓄委婉，多用"外交辞令"

根据外交规则，如果两国发生外交纠纷，一般情况下要首先进行外交交涉，比如召见对方大使进行抗议，外交部发言人在新闻发布会上发表评论等；然后是外交制裁，如驱逐外交官或降低外交规格（由大使级变成公使级、公使级变成代办级等），最严重的是召回大使直至断交。断交是争执双方的最后不得已的选择。"外交交涉"是常规动作，在交涉中外交语言的使用则有相对固定的"习惯表述"。外交语言具有捍卫国家利益的重要功能，含蓄、婉转、"话说半句"或使用多种托词是外交语言的特点。

外交语言是一种温和婉转的说词（Gentle Understatement）。有人说，它"即便是辱骂，听起来也令人愉快"（金桂华，2003）。有些问题不便或不能直说，就用婉转、含蓄的语言表达出来，在不失本意的情况下让对方领悟。外交场合，有时会遇到一些敏感话题，需要拐弯抹角，委婉表达。1979年邓小平访美，卡特说，他决定邀请邓访美，美国国内以及国会里有人反对，不知中国人民怎么看？邓小平随即回答，他来美国，中国人也有反对的，首先台湾当局就很不高兴。这个回答话中有话，明白无误地表达了中国大陆和台湾同属一个中国的政治内涵，婉约含蓄，柔中带刚，又不失礼貌，堪称一绝。1984年9月，中国和英国举行关于香港问题的第22轮会谈，这次谈判在中英关系史上占有重要地位。虽然此前双方已经基本达成了共识，但作为英方代表的伊文斯爵士（Sir Richard Mark Evans）似乎对结果并不甘心，他说："我们英国诗人雪莱曾说：'冬天来了，春天还会远吗？'我想，经过我们长期的谈判，在明年的春天，我们的谈判一定会有结果。"见到对方似乎要将谈判继续拖延下去，中方代表周南说："现在已经是秋天了，我记得大使先生是春天来的，如此说来就过了三个季节了：春天、夏天、秋天，秋天是收获的季节啊！"周南大使巧妙利用了对方话语中的时间季节因素，以"秋天是收获的季节"这样委婉的话语，暗示对方谈判已经持续很久了，不能再拖，已经到了达成共识，取得谈判成功的时候了。周南这段话言简意赅，意味深长，既具有强烈的针对性和灵活的策略性,又避免了语言表达的突兀,体现了自己的意愿,还不乏诙谐幽默,使本来严肃的谈判氛围轻松愉快了许多,为随后的谈判成功奠定了基础。

外交实践中,有时为了避开分歧,很多内容只可意会不能言传,需要采取一种双方都能接受的表述方式来避免尴尬,含蓄委婉表达是最好的选择。例如:某政府说对某事"表示关切"或"表示严重关切",这意味着该政府将采取强硬手段;说对某事"不能无动于衷"或"不能置之不理",这是向对方暗示如果事态继续恶化,该政府将予以干预;说"将不得不仔细地重新考虑本国的立场",就包含着友好关系即将变为敌对状态的警告;说会谈是"建设性的",其含意是双方取得某些进展,但离解决争端仍相去甚远;说会谈是"有益的",是指双方未能取得具体成果,但谈总比不谈好;说会谈是"坦率地交换了看法",则是明显暗示双方分歧严重,甚至进行了激烈争论,没有达成任何协议,但也各自增加了对对方立场的了解;说某外交官"进行不符外交身份的活动",这是指控对方搞间谍活动。在越南战争期间,美国和越南曾进行秘密谈判,基辛格(Henry Alfred Kissinger)就此说过这样一句话:We have a long tunnel to go through, but at the far end we can see a ray of light.(我们有一条长长的隧道要穿过,但在遥远的尽头,我们可以看到一丝亮光。)他以此来比喻谈判的艰难复杂的进程。

多边外交所使用的语言更要注意含蓄和婉转。联合国文件使用的语言多选用中性语汇,不持立场——不说"敌人"而说"对手",不说"欠(不)发达国家"而说"发展中国家"。在国际会议上听别国代表发言时,不要被前面一大串客套话所迷惑,而要把注意力集中在"但是"所引出的本意上。例如:"本代表团对这个建议有着最大的同情,但是愿意指出……";"我对某国杰出的代表怀有深深的敬意,但是我认为……"等。其实这些都是"拒绝""否定""不同意"的委婉表述。

有时外交语言的含蓄性还可通过讲故事的方式表达出来。尼克松

（Richard Milhous Nixon）访苏时，在会谈中，双方在限制核武器问题上产生很大分歧，勃列日涅夫就向尼克松讲了这样一个故事：从前，有一个俄罗斯农民徒步跋涉到了一个荒僻的乡村。他知道去目的地方向，但不知道去目的地的距离。穿过一片桦树林时，农民碰巧遇到了一位老樵夫，就问他离目的地村子还有多远。老樵夫耸耸肩说："我不知道。"农民无奈地叹了口气，把褡裢换了换肩，便转身走了。不一会儿，老樵夫大声嚷道："顺着道儿，再走15分钟就到了。"农民感到莫名其妙，转身问道："那你干嘛刚才不说？"老樵夫徐徐答道："那我得先看你步子有多大啊。"在这里，勃列日涅夫把自己比作"老樵夫"，要尼克松这个"俄罗斯农民"在谈判中先走一步。

的确，外交部发言人的表态中常有答非所问、说套话的现象，需要加大透明度，增加信息量。但另一方面，公众也应了解外交语言在某种程度上与常态语言就是有所不同，外交语言的表达往往更委婉、含蓄、模糊。因此，外交语言通常不是简单直白的一问一答，而是拐弯抹角、声东击西，听众特别需要注意字里行间，留意弦外之音。

注意下列常用外交辞令解读：

尊重——不完全同意；

赞赏——表谨慎同意；

遗憾——不满；

坦率交谈——分歧很大，无法沟通；

交换了意见——各说各的，会谈没有达成协议；

充分交换了意见——双方无法达成协议，吵得厉害；

将予以（认真）考虑——不一定考虑，仅是做个样子而已；

将予以积极支持——很可能会真的支持；

增进了双方的了解——双方分歧很大；

会谈是有益的——双方目标相距甚远，但了解了对方的要价；

创造良好气氛和条件——具体怎么做，责任全在你；

我不了解有关具体情况——我知道，但这个问题我不能回答；

我们持保留态度——我们拒绝同意；

表示极大的愤慨——现在我拿你没办法；

严重关切——可能要干预；

不能置之不理（无动于衷）——即将干涉；

保留做出进一步反应的权利——我们将报复；

我们将重新考虑这一问题的立场——我们已经改变了原来的（友好）政策；

拭目以待——最后警告；

请于*月*日前予以答复——*月*日后我们两国可能处于非和平状态；

由此引起的后果将由*负责——可能的话我国将诉诸武力（也可能是虚张声势）；

这是我们万万不能容忍的——战争在即；

这是不友好的行动——这是敌视行动，可能使事态严重；

悬崖勒马——想挨打吗？

是可忍孰不可忍——不打算忍了，要动手了；

呼吁国际社会对此表示关注——我是一个负责任的大国；

目前没有可公布的信息——等公布的时候，大家就会知道了；

这是我们不愿意看到的，责任完全在X方——别肆意妄为，要坐下来好好谈；

我们希望有关各方进一步体现灵活——大家都有责任，别光说我；

中方已及时作出了澄清——具体情况请自己去找相关部门。

2. 直白无误，义正词严

外交语言可不能一味地含蓄委婉，如果面临国家核心利益可能遭到侵犯，涉及对重大国际问题需要表明国家立场时，外交表态就应直截了当，直抒心意，不能有任何优柔寡断、模棱两可。例如：我们坚决反对任何外国军用舰机在黄海以及其他中国近海从事影响中国安全利益的活动；中方对美白宫和国务院发言人涉藏言论表示强烈不满和坚决反对，并已向美方提出严正交涉；对于俄乌危机，中方再次呼吁，有关各方保持冷静，不做任何刺激局势紧张、炒作渲染危机的事情，并在充分考虑彼此合理安全关切和相互尊重基础上，通过平等协商妥善解决分歧。

3. 顾左右而言他，讲究"说谎""技术"

外交官肩负维护本国利益和促进与外国友好关系的重任，说话自然必须字斟句酌。正如英国前首相麦克米伦（Maurice Harold Macmillan）所说，一位外交大臣"讲起话来既要避免陈词滥调，又要避免言词失当"。而在不能说或没得说但又非说不可的情况下，外交官就只能说起"废话"来。说的本是废话，但让别人听起来又不像废话，有一个办法，便是"新瓶装旧酒"。外交官说话，有时讲究说得很笼统，语义不明确。于别人，似乎是废话，但于外交官本人，这可能是经多年磨炼而成熟的标志。古代威尼斯的使节所得到的训令是：使节应该用对任何事都不承担责任的一般性词句来表达一切。在西方"传统外交"时期，外交官讲废话说谎几乎被认为是理所当然的事情。17世纪时，英国大使亨利·沃顿（Sir Henry Wotton）就曾赤裸裸地承认："大使是一个诚实的人，但被派到国外为本国利益而说谎。"（An Ambassador is an honest man who is sent to lie abroad for the good of his country.）19世纪时的奥地利外交大臣梅特涅甚至说："就我的策略方面来说，说真话是对国家的不忠。"美国前国务卿蓬佩奥（Mike Pompeo）公开讲："我曾担任中央情报局的局长。我们撒谎、我们欺骗、我们偷窃。我们还有一门课程专门来教这些。这才是美国不断探索进取的荣耀。"

在现代外交中，一些资本主义国家的外交官继承了说谎的传统，也发展了说谎的技巧。现在他们讲究的是避免"直接说谎"，也就是技术上不说谎。

1961年4月，美国雇佣军入侵古巴前，美国总统肯尼迪（John F. Kennedy）公开保证说：在任何情况下，美国决不插手、干涉以导致卡斯特罗（Fidel Castro）的垮台，"保证美国人决不卷入古巴周围的反卡斯特罗行动"；同时，肯尼迪也公开反对"从美国"发动一次攻势去反对卡斯特罗。从后来发生的情况来看，肯尼迪的这番话说得很巧妙。从表面上看，他的确没有说谎，随后在吉隆滩登陆的没有美国人，而且这次攻势也不是从美国而是从尼加拉瓜沿岸的岛屿发动的。但从根本上说，肯尼迪是说了谎的。因为这次反卡斯特罗的入侵行动是在美国支持和策划下进行的。（高兴宇，2013）

　　外交界不乏饱学多才、擅长辞令之士。1962年我国打下美国U-2高空侦察机，外国记者想趁机了解我导弹生产情况，于是向陈毅外长发问："U-2飞机是怎么打下来的？"陈毅风趣地说："是用竹竿子捅下来的呀！"1972年在维也纳的一次记者招待会上，有记者就苏美会谈程序问基辛格："到时候你打算点点滴滴宣布，还是来个倾盆大雨，成批成批发表声明呢？"基辛格说："我们打算点点滴滴发布成批的声明。"

4. 措辞折中，善于妥协

　　外交，说到底，是一门妥协的艺术。除非是"城下之盟"，外交斗争一般总是以相互妥协而告终，而反映在外交语言上则是以措辞折中为特色。

　　1972年2月尼克松总统访华时，中美双方就联合公报中有关台湾问题的措辞达成妥协。原先双方分歧明显。中方的措辞是，"希望"争取通过和平谈判解决台湾问题，驻台美军必须"逐步减少直至全部撤出"；而美方的提法则为，"关心"台湾问题的和平解决，"逐步减少美国的军事力量和设施"，不提"全部撤出"。双方一度谈得很僵。基辛格问乔冠华："如果找不到令双方都满意的措辞怎么办？"乔冠华答道："那就难说了，不发表公报也行嘛！"基辛格显得有些紧张地说："有此可能。"但他随即又改口道:"还是要继续做出积极努力。"最后在由杭州飞往上海的专机上,双方终于找到了彼此都能接受的折中措辞:"美国方面声明:美国认识到,在台湾海峡两边的所有中国人都认为只有一个中国,台湾是中国的一部分。美国对这一立场不提出异议。它重申它对由中国人民自己和平解决台湾问题的关心。考虑到这一前景,它确认从台湾撤出全部美国武装力量和军事设施的最终目标。在此期间,它将随着这个地区紧张局势的缓和,逐步减少它在台湾的武装力量和军事设施。"妥协达成,皆大欢喜。尼克松在上海的欢送宴会上即席发表讲话:"我访华的一周是改变世界的一周","今天我们两国人民已经把世界的前途掌握在我们手里"。(君言,2002)

5. 文雅质朴,中国特色

外交场合,使用本国语言是国家主体意识的体现。从传统上讲,中国的外交语言有自己的鲜明特色。中国的外交语言一般比较质朴,不矫揉造作。我们以"信"为本,说话算数。

周恩来总理使用外交语言的艺术是很值得推崇的。1972年尼克松访华,还在飞机舷梯上,尼克松就主动伸出手来同周总理握手。周总理意味深长地对尼克松说:"你的握手跨过了世界上最远的距离——跨过了没有交往的25年。"这句话给尼克松留下了深刻的印象。1957年社会主义国家共产党和工人党的代表在莫斯科召开庆祝十月革命40周年大会。毛主席在克里姆林宫的午宴即将结束时,站了起来,手持酒杯,向各代表团团长敬酒。当他来到南斯拉夫代表团的座位时,向南共领导人卡德尔祝酒说:"你们和我们的区别只是在于,你们长胡子,我们不长胡子。"卡德尔把毛主席的这番话理解为"以某种方式表明,他愿使两国关系正常化"。

清帝康熙在《庭训格言》中写道:"凡看书不为书所愚为善。"借用这句话于外交,不妨说:凡外交不为对方之言所愚为善。(金桂华,2003)也就是说,听其言,观其行,从含蓄中识真意,从废话中辨实质,不为虚伪和谎言所迷惑,也不为粗言暴语所吓倒。新时代,我们应当发扬传统中国外交语言文化。

中国的外交官给人的印象总是很谨慎,越来越复杂的外交表态也使外交部发言人变得更加如履薄冰。坚持原则是没错的,但外交部发言人不妨考虑把话说得新鲜一些,生动一点,有趣一点。外交官更要与时俱进,创新外交话语表达,研究西方语言背后的逻辑思维,这样才能让国际社会听得懂、听得进、愿意听,从而引导国际舆论,塑造良好的中国大国国际形象。

三、法律外交翻译

"加强我国的对外话语体系建设,首先必须做好政治话语翻译,因为我们必须掌握和主导中国政治话语对外表达的国际话语权。"(王银泉,2017)中国特色的外交语言、法律语言是政治话语的重要组成部分。

"中国的改革开放,对于我们翻译学界而言,应该具有特别重要的意义,因为开放的精神,就是翻译的精神诉求。打破隔阂,开阔视野,促进理解与交流,拓展思想疆界,增进不同民族文明的互学互鉴,丰富与繁荣世界文化,是翻译的价值所在。"(许钧,2018)如果我们打开视野,再进一步思考翻译在语言的现代性进程中所起的积极作用,我们会发现不仅仅在中国的五四运动前后,在欧洲的德国、法国、意大利等国家的复兴之路上,"翻译都起到了培育现代语言的作用,使与拉丁语这种公认的'文明语言'相对而言的'俗语言',如德语、法语、西班牙语等,在翻译过程中不断丰富自身,在种种'异'的考验中最终显示了自身的生命力,确立了自我"。正是通过翻译,在五四运动前后,"新语汇、新观念的引进,给人们打开了新天地、新视野"(许钧,2018)。无论启蒙的思想还是革命的思想,都是通过翻译输入中国的。

新媒体时代，翻译活动越来越丰富，越来越复杂，也越来越重要，我们有必要保持清醒的头脑，发扬翻译的精神，明确翻译的历史使命，为促进中外文化交流，中外文明互学互鉴，构建人类命运共同体做出积极的贡献。

在新的历史时期，全球化背景下的翻译活动越来越呈现出多维度特征，翻译在其路径、形式、方法、内容和功能等方面发生的深刻变化使翻译研究和翻译实践不断面临新的挑战，也促使译学界对翻译基本问题进行重新认识与思考。面对翻译在新时代和新技术下的种种变化，翻译界应立足于对翻译本质的把握、立足于对历史事实的考察，科学地为翻译定位，并在此基础上充分认识翻译的精神属性，从思想传承、文化交流、社会发展、语言创新与服务等多个层面全面认识与把握翻译的价值。

（一）外交翻译

对外话语体系的构建离不开高质量的翻译。对外翻译是融通中国话语和国际话语的"转换器"，是构建对外话语体系的"最后一公里"。人类命运共同体等伟大理念在西方的影响力和传播效果如何，一个重要的因素就是我们能否塑造对他们来说有吸引力的对外话语表达，用外国人能听得懂且可以深入人心的话语来讲述中国的智慧理念。

文化一直是影响国家外交的重要因素，会对一国的外交目标、手段、方式和风格产生直接影响。具有不同文化传统的国家，其外交民族特色也存在差异。中共十八大以来，中国具备了更多体现自身文化传统的战略空间与条件，中国外交的文化自觉和文化自信明显增强。与此同时，中国也面临构建和完善外交话语体系的任务。在崛起过程中，人们通常用西方理论来解读中国的诸多外交战略和外交政策，导致很多误解和误读。从中国的传统文化入手，对中国的道路观、国家观、秩序观、交往观和价值观进行系统梳理，诠释它们与中国外交实践之间的必然联系和逻辑关联，是完善中国外交话语体系的重要路径,也是把中国知识拓展为世界知识的必然选择。

在国际交往中,外交语言非常讲究技巧与策略,既要表达本国坚决的政治立场,又要不失礼貌。外交翻译主要涉及党和国家领导人的外事活动翻译,条约、谈判、外交文件和国际会议的翻译等。在外交翻译过程中,要注意研究外交语言的特点和外交文化内涵,应当坚持坚定立场、精准统一、通俗易懂、灵活主动的翻译原则,采取务实高效的翻译策略,更准确、忠实地传递源语信息的内涵与外延,减少直至避免漏译和误译,在外交事务中发挥更好的沟通与交流作用。

1. 突出政治意识

外交翻译关涉国家利益,关系到地区乃至世界形势的稳定和发展问题。外交翻译要求译者必须具有高度的政治敏锐性,明确国家立场,充分把握外交语言的翻译技巧,精益求精,做到词严义正、无懈可击。在面对霸权主义、强权政治等方面的国际政治问题时,应具有鲜明的政治立场。在处理国际关系问题、制定具体的外交政策时,既要坚持原则性又要讲究策略性和灵活性:该捍卫的时候绝不犹豫,该随机应变的时候也绝不执拗。比如:如何翻译"习近平新时代中国特色社会主义思想"?恐怕下面的内容都是应该想到的。

Xi Jinping/Xi Jinping's ?

New Time/New Age/New Era?

Chinese Socialism/Socialism with Chinese Characteristics?

Thinking/Theory/Thought?

For/of/in a New Era?

经过反复斟酌,应该译成:Xi Jinping Thought on Socialism with Chinese Characteristics for a New Era。

因为外交翻译具有极强的政治性,译入语不仅要求翻译达到一定的语言水平,而且要从更深层次上把握好其深刻政治内涵。

2. 力求准确严谨

外交翻译涉及国家间的利益关系、领土问题、合作问题,关系到国家的政治、安全、经济、军事利益问题的外交协议和外交文件,外交翻译人员定要谨言慎行,仔细斟酌,准确传达,容不得半点马虎,译入语必须做到准确严谨。一字之差,甚至误用一个标点符号都可能使国家利益蒙受重大损失,影响国家之间的关系。

请仔细比较下面的翻译,Version 2要比Version 1准确严谨得多。

中文	Version 1	Version 2
政治生态	political environment	political ecosystem
与时俱进	keep up with the times	move with the times
综合国力	overall national strength	composite national strength
荣辱与共	share weal and woe; share both good and bad times	share the rough times and the smooth
同胞	compatriots	fellow country men and women; fellow Chinese

3. 政治术语的翻译是关键

外交翻译里最关键的是政治术语和政治观点、理念的精准翻译,其翻译的精准度要求不亚于法律翻译。例如,"社会主义现代化建设",每个中国人都耳熟能详,但在英语中不能表述为socialist modernization construction。其主要原因是英汉民族在语言文化、历史发展、宗教信仰、社会制度、意识形态等方方面面的差距,如同中英两国的地理差距之大一样,对同一组翻译对等词(如"文明/civilization")所赋予的含义也大相径庭。因此,汉语中可搭配的词项,到英语中不一定能组合。像"生态文明/ecological civilization"这样的逐字翻译及照搬汉语搭配结构,将是非常危险的。轻则"艰涩难懂",重则改变原文意思。在多数情况下,虽然翻译对等词在单词层面上语义完全相等,但两个或更多的词项组合到一起时,就会产生意想不到的结构意义,如"主要矛盾"应该译成principal problem,principal conflict还是principal issue呢?其实译成principal contradiction最能体现中文的真正内涵;"社会安全"直译到英语中就成了social security(社会保障),"法治建设"直译成legal construction后则是"法律解释"。

政治等效翻译观的三大特点,即政治性、动态性和平衡性,是研判和解读政治术语翻译质量和效果的重要标准。(杨明星,2015)鉴于中国外交新词的民族性和翻译现状,在探讨外交新词的翻译原则和方法时,仍要在坚持"政治等效"的前提下,遵循译名统一、专业表达和约定俗成的原则。

下面列举的十九大、二十大报告里有关理念、观点等的新提法,都是经过和外国专家反复斟酌,海外读者反映良好,基本达到了预期效果,值得推崇:

① 新时代中国特色社会主义

Socialism with Chinese Characteristics for a New Era

② 不忘初心,方得始终

Never forget why you started, and your mission can be accomplished.

③ 总体国家安全观

A Holistic Approach to National Security

④ 全面从严治党

Seeing Party Self-governance Exercised Fully and with Rigor

⑤ 坚持反腐败无禁区、全覆盖、零容忍

No place has been out of bounds, no ground left unturned, and no tolerance shown in the fight against corruption.

⑥ 坚定不移"打虎""拍蝇""猎狐"

We have taken firm action to "take out tigers", "swat flies" and "hunt down foxes".

⑦ 全过程人民民主

Whole-process People's Democracy

⑧ 马克思主义中国化时代化

Adapt Marxism to the Chinese Context and the Needs of Our Times

⑨ 中国式现代化是中国共产党领导的社会主义现代化

Chinese modernization is the socialist modernization pursued under the leadership of the CPC.

⑩ 打铁必须自身硬

It takes a good blacksmith to make steel.

4. 外交翻译研究任重道远

外交语言很重要，外交翻译作为国际沟通的桥梁更是重中之重。国内在外交翻译领域的研究正崭露头角，研究数量持续增长，研究主题逐渐多元化，研究深度有所拓展，但仍有一些不容忽视的问题值得我们思考。

（1）加强政治话语的系统性翻译机制研究。外交翻译中，经常碰到新的政治术语、政治理念等新思想、新观点的处理，这类翻译不能靠翻译人员临场发挥，应研究建立有关机制，相对固定、统一相应翻译表述。

（2）加强外交翻译研究的理论和实践的有机结合。目前的外交翻译研究人员要么是有实战经验的翻译官，他们只谈翻译实践经验体会；要么是高校教师，他们没有实战经验，只能从理论上竭力解释外交翻译，这样的理论研究对外交翻译实践的指导力明显不足。根据2021年中央三部委关于高端翻译人才培养规划的文件精神，加强高校和中央实务部门的合作，共同培养外交翻译人才应该是一条不错的路径。

（3）加强系统性和实证性研究。目前对外交语言翻译研究的大多数论文仍局限于对外交语言的"介绍"层面，缺乏深层次和系统的研究。翻译策略和口译研究的论文，虽然理论意识有所增强，但多数仍以经验总结为主，缺乏实证研究，导致研究结果缺乏说服力。鉴于此，研究者应注重借力语料库翻译学的成果，加强有关目的语读者接受度的调查研究，如采用问卷调查、个别采访、实验法等，以考察不同译文在目的语国家传递的有效性。

（4）开展跨学科的系统研究。外交语言翻译具有很强的交叉学科性质，采用跨学科研究的视角一定会有新奇的发现。学科专业性之间有着必要的边界，但也有着共同的兴趣。研究者应开展不同学科，如心理学、政治学、翻译学、外交学、语料库语言学等相邻学科的跨学科系统研究。就目前的研究状况来说，多数论文主要集中在理论研究和技巧性研究，鲜见跨学科、交叉学科研究。研究者的理论意识显然有所增强，但所用理论多局限于语言学的相关理论，与其他学科的融合和交叉研究偏少。

（5）加强外交语言的翻译教学、翻译管理和翻译技术研究。根据有关统计数据，上述三类研究仍是外交语言研究的薄弱环节。为了适应外交语言翻译学科建设和发展的需要，应加强外交语言的翻译教材、师资培训以及职业译员的翻译培训等方面的研究。外交语言翻译管理和外交翻译技术与伦理研究方面更是无人涉足，相应行业规范和市场管理机制急需完善健全。

（6）加强多语种外交翻译语料库建设研究。有关数据显示，外交语言的多语对的比较和翻译研究比较少，而且相关的论文仅限于英汉语语对的比较。由此可见，我国现在的外交语言研究中基于英汉以外语对的研究还十分薄弱，这种单一语种的现状难以满足我国对外交流的多语种和多元化的发展需求，汉语与其他非英语语种之间的比较和翻译研究需要大力加强。首期目标应是建立联合国五种工作语言的外交翻译语料库。加强多语种外交翻译语料库建设势在必行。

（二）法律翻译

十八届四中全会对发展涉外法律服务业、培养涉外法治人才队伍提出了明确要求。《教育部中央政法委关于坚持德法兼修实施卓越法治人才教育培养计划2.0的意见》提出加快培养涉外法治专业人才。中国法学就是翻译法学。培养合格的"精英明法"涉外法治专业人才,国家需要大批高素养的法律英语翻译人才。法律翻译,特别是法律英语翻译是涉外法律工作的重要内容之一,其重要性是由英语法律语言的国际通用语地位决定的。在当前国内涉外法律人才奇缺的情况下,涉外法律服务工作往往需要借助法律翻译才能完成,所以,法律翻译人才也是涉外法律人才的一种。

1. 法律术语的翻译是关键

法律术语是法律语言最重要的组成部分,术语翻译的精确性直接体现司法的权威公正性。法律术语具有法定的语义,有法定的适用范围,要求特定的语境。法律术语的正确使用是法律严肃性和准确性的保证。法律术语所表达的概念限定在法律范围内,所指称或反映的现象和本质是从法律角度观察和理解的。因此,理解和使用法律术语必须以整个法律系统为参照系。关于法律翻译,戴维·M.沃克(David M. Walker)指出,不同法律体系中没有完全对等的法律概念和分类体系是最大的困难之一。法律翻译中术语的翻译具有特别重要的意义。

(1)英美法律术语汉译

英美法体系是世界上最成熟的法律体系之一。基于法律语言庄重、严谨等特点,准确严谨是法律翻译最基本原则,术语翻译也不例外。英美法律术语汉译一般应遵循以下三个步骤:

一是根据具体语境弄清英美法律术语的准确定义,切忌"望文生译"。

比如final judgement被经常翻译为"终审判决",很显然,这是望文生义的翻译。译者首先应了解其英语定义:Final judgment refers to a court's last action that settles the rights of the parties and disposes of all issues in controversy, except for the award of costs (and, sometimes, attorney's fees) and enforcement of the judgment. This is also termed as final appealable judgment or final decision or final decree or definitive judgment or determinative judgment or final appealable order. 在汉语语境中，终审判决是法院对案件的最后一级判决。我国实行两审终审制，中级人民法院、高级人民法院和最高人民法院的第二审就是终审。最高人民法院的第一审也是终审。终审判决是不可以上诉的。但根据定义，final judgment是appealable，很显然译为"终审判决"是误译，而应译为"判决、最后判决"。judgment of last resort 才对应"终审判决"。

二是要谙熟中国法律语言和文化，切忌生搬硬套。

英美法律术语汉译要求译者一定熟悉中国法的有关内容。英语和汉语中的法律术语都各有其特定的法律上的意义，不可随便改变形式。为了达到法律上的功能对等，译者应尽量寻求在本国法律中与源语对等或接近对等的正式用语而不是任意创造，以免引起歧义。

我们常见到把reckless driving译成"危险驾驶罪"。这个翻译准确与否，我们首先要查阅中国法中的危险驾驶罪的定义：危险驾驶罪是指在道路上醉酒驾驶机动车，或者在道路上驾驶机动车追逐竞驶，情节恶劣的行为。再比较一下美国法中的reckless driving的源语定义：Reckless driving refers to driving with a willful or wanton disregard for safety. It is the operation of an automobile under such circumstances and in such a manner as to show a willful or reckless disregard of consequences. In such cases the driver displays a wanton disregard for the rules of the road; often misjudges common driving procedures and causes accidents and other damages. It is usually a more serious offense than careless driving, improper driving, or driving without due care and attention and is often punishable by fines, imprisonment, and/or driver's license suspension or revocation. As a general rule something more than mere negligence in the operation of an automobile is necessary to constitute the offense. Many U.S states have reckless driving statutes and specifics vary from state to state. Where statutes proscribed reckless driving by use of the terms "careless manner," "carelessly and heedlessly," "carelessly," or "careless, inattentive, or imprudent manner," it has been held that they are constitutionally valid, in that their terms are well known and clear, giving definite warning of the proscribed activity, and that they set forth the necessary elements of the offense. As a general rule, what constitutes reckless driving is to be determined from all the surrounding circumstances, at least where the statute does not specifically declare what particular acts shall constitute the offense.

通过比较，这两个定义内涵差别还是比较大的，把reckless driving翻译成"危险驾驶罪"是不准确的。能否译成中国法中相近的"交通肇事罪"？译者还需考查中国法交通肇事罪的定义：指违反交通运输管理法规，因而发生重大交通事故，致人重伤、死亡或者使公私财产遭受重大损失的行为。显然，译成"交通肇事罪"也不合适，所以我们只能谨慎地创造个新罪名"鲁莽驾驶罪"来完成任务。

再比如 unjust enrichment 可直译为"不当得利"，但其法律含义却比《中华人民共和国民法典》中的不当得利宽泛得多，不但包含了《中华人民共和国民法典》中第985条"不当得利""无因管理"，而且还有违反信托义务（fiduciary duty）和侵犯他人知识产权所取得的利益。agreement 和 contract，可分别译为"协议"和"合同"，在中国法律中似乎没有什么区别。但根据英美法规定，有要约和承诺，便是 agreement，而 agreement 只有在采取书面形式或有对价（consideration）支持的情况下，才能成为 contract，具有法律效力。所以，译者一定要熟悉中国法的内容，按照法律英文原意进行准确翻译。

三是如果在中国法语境里无法找到合适的对等术语，就要敢于合理创造。

中国法学的语言环境是一个外来语世界，外来语构成了中国法学的主要常用术语。在20世纪的最后20年里，大量英文法学著作被翻译成中文，中国法律又出现了许多来自英文的外来语。在1999年颁布的《中华人民共和国合同法》里，可以看到来自德文、拉丁文和英文的外来语混合在一起，例如：同时履行抗辩（exceptionon adimpleti contrattus）、不安抗辩（unstable counter-argument right）、代位权（right of subrogation）等。

加强涉外法律工作，推动司法体制改革，中国需要借鉴援引英美法国家的立法经验，适时地援引英美国家司法活动中有关的法律术语。因为很多英美法中的术语所涉及的概念、制度在汉语法律语言里根本就不存在接近对等和对等的词，所以，译者可以在正确理解源语词义的基础上，进行合理创造。像专利（patent）、巡回法庭（circuit court）、地役权（easement）等早已进入汉语法律语言。

要做好英美法律术语的汉译工作，还应注意以下三种法律语言现象：

一是要注意英美法律术语的与时俱进。

英美法律语言也在循序演变的过程中。英美法中的burglary一词曾被定义为the breaking and entering of the dwelling house of another person at night with the intention to commit a felony of larceny inside，即行为人以犯重罪或盗窃为目的在夜间破门窗闯入他人住宅的行为，曾被译为"夜盗行为""夜盗罪"。当今的美国刑法对burglary的定义已有很多的修订：the entry into a building illegally with intent to commit a crime, especially theft; the crime of so doing。时间不局限于夜间，地点不仅是住宅，也可以包括其他建筑物等，美国《统一刑事案例汇编》（*Uniform Criminal Reports*）（1998）甚至对burglary的定义简单到"为犯重罪或偷窃而非法进入某一建筑内"，也不管进入该建筑内是否使用了暴力。为了伤害、强奸甚至杀害某人而进入他人住宅或其他建筑物（不一定是使用暴力的强行闯入），同样也构成burglary。所以，burglary一词可译为"恶意侵入他人住宅罪"。现在再把burglary译成"夜盗罪"显然是不合适的。

二是要注重汉语法律术语语言表达习惯。

英美法律术语汉译一定要注重汉语法律术语的表达习惯和语言内涵。

"海商"与"海事"是海商法理论与实践中使用频率颇高的两个词,作为一对词义相近,又相互包含与交叉的概念,使用时要避免混淆。伴随航运立法国际统一化的趋势,众多的国际公约不加区别地使用maritime law和admiralty law,使得两词含义逐渐趋同。请看英美法上的定义:Admiralty law or maritime law is the distinct body of law (both substantive and procedural) governing navigation and shipping. Topics associated with this field in legal reference works may include: shipping; navigation; waters; commerce; seamen; towage; wharves, piers, and docks; insurance; maritime liens; canals; and recreation. Piracy (ship hijacking) is also an aspect of admiralty.

按照我国海商法学界的习惯,通常将admiralty译为"海事",将maritime译为"海商"。虽然两词在英美国家的含义已经基本等同,但作为外来语译入词,"海商"与"海事"在融入中国本土化语境的过程中,其字面含义以及在中国法律体系中的用语解释却衍生出了自己独特的内涵。最典型的就是对两个词所做的狭义和广义的理解。所谓狭义的"海事",通常指造成航海财产损失或人身伤亡的事故,包括船舶碰撞、海难救助、残骸打捞、共同海损等;而广义的"海事",则泛指与海有关的活动。狭义的"海商",一般是指与海相关的商业活动,如海上货物运输及旅客运输、船舶租赁、海上保险等;广义的"海商"则是指与海上运输或船舶有关的活动,侧重于商业行为,但不限于商业范畴。人们在使用这两个词的时候,根据特定的情形,取其特定的含义。一般来说,海商法是专指以法典形式存在的法律,是法律的一个部门。海事法不是法典的名称,也不是一个独立的法律部门,而是一类法律的总和或者概括。海商法和海事法是两个独立不同的概念,翻译时要严加注意。

三是要尊重约定俗成的翻译。

英美法律术语汉译过程中出现了一些翻译欠妥的译例,有些翻译甚至就是错误的,但我们要尊重接受这些约定俗成的翻译。比如把intellectual property译成"知识产权"就是不妥当的。这个术语不论从字面看还是按含义译都不能译为"知识产权"。intellectual一词根本没有"知识"的意思，它与"知识"是两个完全不同的概念。作为名词intellectual指"知识分子"，但是在intellectual property术语中intellectual显然是形容词而不是名词，何况"知识分子"与"知识"并不能画等号。从定义上看（Intellectual property (IP) is a term referring to creations of the intellect for which a monopoly is assigned to designated owners by law.[1] Some common types of intellectual property rights (IPR) are trademarks, copyright, patents, industrial design rights, and in some jurisdictions trade secrets: all these cover music, literature, and other artistic works; discoveries and inventions; and words, phrases, symbols, and designs.）intellectual property指对于智力劳动所创造的智力产品或智力成果的权利，主要包括版权、专利权、商标权等，所以应该译为"智力产权"，在中国台湾和香港地区，则通常称之为"智慧财产权"或"智力财产权"。

中国法律语言素养是英美法律术语汉译成功的关键。法律翻译界要加强法律术语的规范和统一工作。只有规范法律法规乃至法律术语的翻译，才能保证有效的中外司法交流，推动我国的司法体制改革，提高我国在国际法律事务中的话语权。

（2）中国法律术语英译

中国特色法律术语汉英译名缺乏统一，随意变动，严重损害中国法治理念信息的对外传播质量。依据法律术语翻译的"一致性"要求，实现法律原文和译文的功能对，前提是遵守法律翻译"一致性"原则。（刘法公，2013）

中国特色法律术语用词固定，内涵特指。汉英翻译中，要保持汉语特色法律术语英语译名的固定统一，传递其固有概念，避免多样的译名替换带来的概念偏差风险，我们必须遵守法律术语翻译的"一致性"原则，即：法律文献翻译中使用的术语译名要前后一致，概念上始终如一。"一致性"既是高质量法律翻译必须达到的目标，也是起草法律的"黄金法则"。国内外关于法律术语严肃性和翻译"一致性"原则已有不少重要论述。法律翻译专家陈忠诚谈到法律术语使用时说:"为求精确无误,同一概念必须使用同一词语,而不能翻花样。"

"科学立法、严格执法、公正司法、全民守法",这十六字方针是习近平全面推进依法治国重大战略思想之一,也是法治中国建设的衡量标准。这十六字方针的汉语固定统一,但中国政府权威文件上可见的英译却多种多样,不符合法律翻译的一致性原则。例如:

① legislation is sound, law enforcement is strict, the administration of justice is impartial, and the law is observed by everyone(十九大报告英文版)

② take a well-conceived approach to law-making, and ensure that law is strictly enforced, justice is administered impartially, and the law is observed by all(《中央文献重要术语译文发布》,2015年第2期)

③ sound lawmaking, strict law enforcement, impartial administration of justice, and common observance of the law(《中国人权法治化保障的新进展》白皮书)

④ that law-making is conducted through well-conceived procedures, that the law is enforced strictly, that justice is administered impartially, and that the law is observed by all(《习近平在党的十八届四中全会第二次全体会议上的讲话》英文版)

⑤ legislature based on rational analysis, strict law enforcement, judicial justice, and observance of the law by all citizens(国务院新闻办公室《中国司法领域人权保障的新进展》白皮书)

习近平关于依法治国的系列论述中涉及的许多法治概念和词语意义特殊,隶属于中国特色法治术语。要实现这些依法治国系列论述的对外传播,特色法治术语翻译与译名统一必须按照法律翻译规范来完成,即"法律翻译不再被认为仅仅是语言转换的过程,而是法律机制中进行的交际活动,旨在实现法律功能的对等"(张法连,2016)。实现法律原文和译文的功能对等，前提是遵守译名统一律原则。

目前中国法律术语英译乱象丛生，国家最高权威部门或媒体的翻译也比较随意。法律术语译名不统一的问题严重，一方面是由于各级部门重视不够，另一方面是"由于法律翻译相对属于一个较新的学科方向，缺乏相应的历史积淀和实践经验，只能不断探索，不断总结，边摸索边发展"（张法连，2018）。中国法律术语的固定翻译和译名统一，是国家最高权威部门和翻译界需要特别重视、不断探索的重要领域，因为它关系到党和国家治国理政思想的对外传播，关系到法治中国形象的塑造，更关系到中国法治外交话语体系的构建。

刘法公教授指出，结合法律翻译"一致性"原则，中国法律术语汉英译名统一应坚持两个原则：

① 以国家最高权威部门或国家最高权威媒体发布或率先使用的译名为统一译名；

② 当国家多个最高权威部门或国家最高权威媒体发布或使用的英语译名有多个版本时，以时间上最新发布和使用的版本为统一译名。

2. 法律翻译研究中存在的问题

随着法治化进程的日益推进，我国的法律翻译研究已经取得了一些成就，但仍然存在诸多问题，值得关注。

（1）缺乏学科独立意识，系统性理论研究不够

法律翻译至少涉及三个研究领域：法学、语言学和翻译学。但是，法律翻译又处于它们的灰色地带。在法学界，法学家及法律工作者对于法律翻译的研究缺乏足够的重视；在语言学界，法律翻译只是应用语言学的一个分支。法律翻译始终附属于其他学科，并没有建立独立的学科，这对法律翻译的发展是极其不利的。

从我国目前的研究成果来看，法律翻译理论层次的研究亟待加强。理论研究的强弱在很大程度上直接决定这一学科的发展空间和深度。目前的

多数成果仅仅局限于对某些翻译实例的总结性描述或者心得体会的阐发。理论研究的缺乏使得我国法律翻译的研究没有明确的方法论作指导，从而缺乏深入研究的明确目标。

（2）法律术语的翻译随意性太强，亟待规范统一

法律翻译中术语的翻译至关重要。与医药、化学、计算机科学不同，法律首先是一个国家现象，每个国家或地区的法律有其自身的术语和潜在的概念结构、本身的分类规则、法律渊源及社会经济原则。每个法律体系本身有其表述概念的词汇、不同类别的规则，以及解释规则的方法。以汉译英为例，由于中国法治术语寓意特殊，内涵专一，使用固定，政治严肃，功能特别，我们绝对不能指望外国媒体或译者为我们提供恰当的英语译文，更不能放任中国社会各界对其自由"创译"发挥。国家最高权威部门和权威媒体应该是中国法治术语统一翻译的创造者、遵从者。党和国家的各级政府文本对外传播过程中，涉及国家法治术语翻译时，一定要由专家论证内涵后确定固定的外语翻译。其他人则要遵从中国法治术语固定翻译的权威出处，坚持提取使用，不能再任性翻译。

（3）对法律翻译的重要性认识不足，法律翻译人才培养体系亟待建立

《人民日报》的一篇报道，题目就是"中美贸易谈判，协议文本翻译成拦路虎"。同时，《华盛顿邮报》发表文章《与中国谈判，魔鬼在细节》，称"大量工作有待完成，尤其中方要把协议草案翻译成中文，而目前双方的谈判只涉及英文"。《华盛顿邮报》进一步提醒特朗普政府，要格外关注中文译本是否忠实于原文（be vigilant about policing the faithfulness of the Chinese text）。中文译本之所以重要，是因为它将与英文文本效力同等。从报道看，美国人对协议文本中译不太放心，担心在中文上吃亏。被特朗普誉为"中国问题权威"的美国鹰牌学者白邦瑞（Michael Pillsbury）接受《南华早报》采访时说，翻译成中文时，措辞方式有很多，而不同措辞之间有很多细微差异（nuances）。白邦瑞这话不是随便说的。在美国国务院网站上，至今还挂着一篇主题为"中美联合公报中的

一个翻译问题"（A Translation Problem in the Joint Communique）的备忘录，作者是当年的美国国家安全委员会中国问题专家米克尔·奥森柏格（Michel Oksenberg）。

此处所谓的"翻译问题"指的是，英文acknowledge在《上海公报》与《中美建交公报》中文版里的译法不一致。《上海公报》将acknowledge译为"认识到"：美国认识到"台湾海峡两边的所有中国人都认为只有一个中国，台湾是中国的一部分"。《中美建交公报》将acknowledge译为"承认"：美利坚合众国政府承认中国的立场，即只有一个中国，台湾是中国的一部分。美国的中国问题专家认为，"承认"比"认识到"具有更强的认同感（a stronger acceptance），译成"承认"令美方外交陷入被动。

"孙杨禁赛案"也与法律翻译有关。在听证会开始之前，来自意大利的知名法官弗朗哥·弗拉蒂尼（Franco Frattini）还询问翻译设备能否正常运行，然而，听证会开始后，孙杨的"现场翻译"在关键时刻频频出现翻译错误，极大影响了案件审理进展。首先，译员根本无法传达孙杨的意思，不能把孙杨的表述清晰准确地翻译给法官。很多次孙杨都是听完翻译的话却一脸蒙，根本无法理解翻译的意思。其次，翻译消耗了太多时间。翻译耗时基本上是孙杨发言用时的三倍。另外，翻译的不畅打乱了孙杨的发言节奏。孙杨说完观点后，其实翻译才刚刚说了一小部分。在这场庭审中，本该非常重要的翻译，却成了庭审中最薄弱的一环。

事后，各大国际媒体都报道了听证会上糟糕的翻译问题，普遍认为孙杨听证会的失败是翻译惹的"祸"。多位专家也表示，翻译不当有时候会直接影响当事人的基本权利，有时这种影响是无法弥补的。翻译带来的影响和后果或许是致命的。痛定思痛，这场本可避免的翻译风波，更多的是源于孙杨及其团队对翻译的漠视。在面对关乎其职业生涯的关键场合，孙杨和团队居然没有提前核查译员的翻译水平。这也从一个侧面清晰反映出一个事实：我国对外交流中"翻译"的力量和重要性被严重低估了。

高校外语教育应该面向国家战略需要，全力培养高端法律翻译专业人才。由于法律本身的权威性、强制性特点以及法律翻译的"高标准、严要求",法律翻译在非文学类翻译中具有统领性作用。高校"重文学翻译,轻专业翻译"的弊端必须扭转。

(三)法治外交翻译中的文化传递

不同语言是各自所特有的文化积淀的体现,这使它们之间的转换更为复杂。语言上的障碍可通过翻译来解决,而文化差异则是翻译中一大拦路虎。这种差异表现在法治外交翻译中则更为棘手,因为法治外交语言的严肃性和权威性,译者稍有不慎就可能带来严重后果。

法治外交语言是法治外交文化的载体,法治外交文化是法治外交语言形成的基础环境。法治外交翻译至少跨越语言学、法学、国际政治和翻译学四大领域,是沟通不同政治法律体系的重要途径,是语言转换和文化移植的双重过程,直接影响着不同法治外交文化间的交流效果。因此,在法治外交翻译过程中,译者必须注重文化考量,充分了解中外不同法治外交文化的基本内涵和特色,语言文化双管齐下,从而实现等效翻译。

法治外交翻译是一种跨文化交流活动,法治外交文化可具体化为源语和目的语中的法律制度、规范、组织,法律心理、思想、习惯以及整个法治外交运行环境。法治外交文化融于整个社会文化系统,但又自成体系。法治外交文化与一个国家的文明发展程度紧密相关,法治外交翻译要适时传递法治外交文化信息。

法治外交翻译作为法治外交工作的重要内容之一,目的语语言表述准确甚为关键。法治外交翻译之所以难,是因为法治外交语言反映法治外交文化,并受法治外交文化制约。要有效从事法治外交翻译活动,译者不但要有相关法治外交知识、双语能力,而且还要有法治外交相关的双文化乃至多文化知识,特别是对两种法治外交语言的民族心理意识、文化形成过程、历史习俗传统、宗教文化,甚至地域风貌特征等一系列互变因素等均要有一定的了解。这是法治外交翻译的文化特性决定的。

1. 影响法治外交翻译的文化因素

语言的发展常常折射文化的变迁。翻译是通过语言机制的转换连接或沟通自身文化或异域文化的桥梁，它不仅涉及两种语言，而且还涉及两种社会文化，并受到多种因素的影响。

（1）词源因素

法律英语主要指英美等普通法国家在立法、司法过程中使用的专业语言。法律英语术语大多来自日常用语，也有专门术语、行话和借用术语，其中外来法律术语主要来源于法语和拉丁语。例如，来源于法语的jury（陪审团），de facto marriage（事实婚姻），voir dire（挑选陪审员过程）等；来源于拉丁语的ad hoc（专门的），custody（拘留），appeal（上诉），ex post facto（追溯）等。此外，法律英语中也在使用很多古英语词汇，它们在长期的使用过程中已经形成了为人们所公认的特定含义，例如，herein（此处），whereby（由此），hereto（至此），aforesaid（上述的）等。中国法律术语中也存在着古词语，如"大赦""诉状""自首"等以及一些文言虚词，如"兹""上述"等。

（2）法系因素

目前，世界上影响最大的两个法系是大陆法系和英美法系。大陆法系主要以德国、法国为代表，比较注重法典的编纂，将成文法典作为最关键的法律渊源。英美法系以美国、英国为代表，比较注重判例。两个法系的根本区别在于法律观念的不同，大陆法系注重理性，英美法系强调经验。此外，法系的差异还反映在诉讼程序上，英美法系的诉讼程序复杂，例如审前证据开示（discovery）流程，在大陆法系中就不存在。英国和美国属同一法系，两者在法律渊源、司法程序和法律适用等方面存在共性，但在具体的法律体制上也存在着许多差异，如司法机关的名称、设置、职能等。

（3）思维因素

西方国家的思维形式侧重于抽象思维。早在罗马时代，就已经有了契约、侵权责任、不当得利等法学概念。同时，西方国家的思维也是一种"求异"思维，注重逻辑，这种方式导致了整个社会鼓励创造，推崇创新。而中国则惯于形象思维，相信"人之初，性本善"，注重道德培养，强调法律的感情因素。因此，由于思维方式不同，在观察事物和现象时的角度会有所不同，甚至是相反的。这种思维上的差异也表现在语言上，例如法律英语中的 Law of Unfair Competition 译成"反不正当竞争法"；Statute of Frauds 译成"防止欺诈条例"。英美法律文件中的 Put an ×，不能直译为"打×号"，应译为"打√号"或"签字画押"。

（4）历史宗教因素

各国的法律都与本国历史紧密相连。要理解法国对宗教的规范措施，就必须了解1789年大革命前的法国及19世纪后期的政治斗争，否则，就不可能真正理解法国法律。不了解英国18和19世纪在印度扮演的角色，便无法理解印度法律。不了解英国历史，就很难理解大宪章（The Great Charter）的意义。

外国法律与宗教密不可分。今天德国的平稳状态是基督教徒与天主教徒大体势均力敌的结果，但这曾是激烈斗争的根源。英美国家受基督教影响最大，连美元上都印有"我们相信上帝"（In God We Trust），美国总统要手按《圣经》宣誓就职。基督教文化相信"人性本恶""人生来都是有罪的"，所以极力推崇法律，不注重道德说教。美国宪法第一修正案规定了政教分离和宗教自由，这是文明国家第一次用法制的形式把政教分离问题法律化、明确化。

2. 文化缺省下的法治外交术语误译

术语翻译是法律翻译的关键。术语翻译的准确与否直接关系到翻译质量的优劣。下面仅举数例"没文化"的误译：

（1）望文生义导致的误译

把Attorney in fact译成"实际律师、事实律师"，这是望文生义的逐字硬译。精准汉译英美法律术语，可靠的方法当然是首先查阅该术语的源语释义：An attorney who may or may not be a lawyer who is given written authority to act on another's behalf esp. by a power of attorney（指经授权委托书授权主要从事非诉讼活动者，多在庭外处理委托事务，不一定具有律师资格）。所以Attorney in fact应译为"委托代理人"。Attorney at law才是我们通常意义上讲的"律师"。有人把Federal Public Defender Office误译为"联邦安全办公室"，其实应译为"联邦公共刑辩律师办公室"；美国法中常见到reasonable person，在法律语境下，应译为"普通正常人"。国内法学教材中译为"理性人"是欠妥的。"相向而行"是常见外交术语，不能简单译为moving in a positive direction，而应译为meet someone halfway，这是英文中比较常用的短语，意为：To compromise with someone, often in an argument or disagreement。所谓的"相向而行"，并非"单方面"提出希望或者要求，而是暗含"双方都要妥协"之意。相向而行，你"行"我也得"行"，双方都得动起来才能更快达成一致。杨洁篪曾对蓬佩奥说，希望美方"与中方相向而行"①，《华盛顿邮报》很敏锐地捕捉到了这句话的话外音：strike a slightly more conciliatory tone（有一点妥协的味道）。所以，meet China halfway这个译法很准确生动，否则就背离了这个外交术语的宗旨。

（2）法律文化差异导致的误译

在美国，州最高法院一般都称为the Supreme Court，但纽约州例外，其最高法院叫the Highest Court，而the Supreme Court在该州却指初审法院。美国法庭上，律师通常称法官Your Honor或Judge，例外的是按洛杉矶高等法院的规矩，不能当面称呼法官Judge。在联邦最高法院，大法官必须被称呼为Justice，首席大法官为Chief Justice。美国的associate justice常被误译为"副法官""助理大法官"或"陪审大法官"。associate justice与

---

① 海外媒体：蓬佩奥访华难缓中美紧张关系[EB/OL]. 参考消息网, https://baijiahao.baidu.com/s?id=1613815220172955975&wfr=spider&for=pc, 2018-10-09/2022-02-10.

justice同义，都指大法官，只是和chief justice（首席大法官）相对应而已，是不担任院长或审判长的大法官。

英国法官的称呼更加讲究，与法官所在法院的级别有密切关系。御前大臣［也称大法官（Lord Chancellor）］为英格兰首席法律官员，同时兼任内阁成员及上议院议长；皇家首席大法官（Lord Chief Justice）为上诉法院刑事庭庭长，兼任高等法院王座庭庭长。在英格兰和威尔士，只有高等法院（High Court）以上的法官才被称为 My Lord/My Lady，有时也称 Your Lordship/Your Ladyship。一般的Crown Court的首席法官因具有高等法院法官的地位才被称为 My Lord。

我们常说美国实行三权分立，其中的"司法权"是从judicial 翻译过来的，但是中文语境下的"司法"包括公、检、法、司，但美国法语境中的judicial仅指法院的审判权及法律解释权，这显然和中文的"司法"内涵不对应。此外，美国法学院的学位JD（Juris Doctor）最好要翻译成"法律博士"；美国法中的Attorney General不能译成"大律师""检察长"等，应译为"司法部长"而非其他（张法连，2016），和Chief Justice应表述为"美利坚合众国首席大法官"一样，Attorney General应表述为"美利坚合众国司法部长"而不是"美利坚合众国司法部部长"。

（3）一词多义导致的误译

issue在不同的语境下有不同的含义：He died without an issue. 中的issue应译为"子嗣"；而在What's the issue of this case? 中，Issue is a legal term, refers to sth. to be decided by a judge. 应译为"纷争点、争议点"，所以需要特别指出的是"台湾问题"应译为Taiwan Question而不是Taiwan Issue，后者是错译issue被解释成国际化的问题，需要国际法庭裁判。而台湾问题是中国内政。再比如He was awarded $1000 damages for the injury he suffered in the accident. award在普通英语中意为to officially give a prize or money to someone for a special reason，而在法律语境下意为judged by the court。

（4）法系差异导致的误译

大陆法系与英美法系在法律渊源、法律结构、司法组织、诉讼程序和法官权限等方面存在着明显的差异，并体现在法律文化上。cross-examination常被误译成"盘问""盘诘""反复讯问"。按照英美法系的审判制度，起诉方和被告方均可要求法院传唤证人出庭作证，在庭上先由要求传证人的一方向证人提问，然后再由对方向证人提问，也就是起诉方询问被告方的证人或被告方询问起诉方的证人，即双方交叉询问证人，所以cross-examination最好译成"交叉询问"。deposition是英美诉讼法中特有的制度，可以由双方当事人在审判前互相询问对方或其证人进行采证，发生在审判前，而且是在庭外进行的（通常在一方律师的办公室），一般译作"庭外采证"或"庭外采取（的）证词或供词的笔录"。该词不同于中国法律制度中的"证词"或"法庭作证"，因而不能译成"录取证词"或"在法庭上作证"。把jury译为"陪审团"是典型的误译，请看其定义：a body of citizens sworn to give a true verdict according to the evidence presented in a court of law。所以，jury应译为"公众裁判团"。当然这一类误译已是"约定俗成"。

我国的人民陪审员制度与美国的陪审制度均被称为"陪审"，但由于两大法系的渊源、文化历史传统等因素的差异，两者虽然中文名称相同但有实质差异。法律英语中的juror专指英美国家的陪审员，中国的陪审员应译成judicial assessor，以示区别法系差异。我国刑事诉讼法中"取保候审"是否和美国刑事诉讼法中的bail相对应？二者具有相同点：都是刑事诉讼法概念，形式都为提供保证人或交纳保证金，对象都是犯罪嫌疑人，目的都是让犯罪嫌疑人随传随到，给予其一定程度的自由。二者不同点在于："取保候审"属于强制措施，虽程度较轻，但价值取向是限制犯罪嫌疑人自由，体现公权力；而bail体现的司法理念是无罪推定，是对民权的保护的司法理念不同。"取保候审"体现了"少捕慎诉慎押"的刑事司法理念，"少"和"慎"的司法目标的提出，背后是我国司法理念的转变，

bail体现无罪推定的司法理念，目的是保障犯罪嫌疑人个人权利。所以，把"取保候审"译为bail是欠妥的，用post a bail and await trial with restricted liberty of moving或obtain guarantor pending trial翻译"取保候审"则更好体现了中美法系的差异。

（5）词义相近导致的误译

英汉法律术语中存在着大量的类义词，即意思相近甚至同义，翻译时极易混淆。法律外交翻译要做到正确措辞，准确理解术语的含义是前提。

美国侵权法中的battery和assault 是对人身的故意侵权（intentional torts to a person）行为，包括殴打、威吓、非法监禁以及精神伤害等：A battery is the actual infliction of unlawful force on another person。battery指被告故意对他人人身进行伤害性的、冒犯性的接触，其涵盖面广，只要碰到他人的身体以及与身体相连的东西，就算成立。battery可译为"殴打""恶意触碰"。In the law of tort, an assault is an act that causes another person to apprehend the infliction of immediate unlawful force on his person. 在美国侵权法中，assault 指引起他人对即将发生的殴打产生合理警觉的行为。也就是说，被告的行为引起了他人对即将要发生的伤害的警觉，至于其行为是否伤害了原告，甚至是否触碰到了原告，法律并无要求。因此，将assault 译成"威吓、恫吓"更准确些。这正是两个术语间的主要区别：殴打必须有身体上的接触，威吓则没有接触。殴打和威吓容易混淆，就是因为二者在时空上常同时出现，且相互转换。murder，manslaughter 和homicide 通常都可译作"杀人"，其实它们有很大区别。murder 指"故意杀人"，即"谋杀"，专指"有预谋的蓄意谋杀"（premeditated and deliberate murder），常可按情节分为一级和二级等多种等级的谋杀。manslaughter 指"过失杀人"或"误杀"，着重于没有预谋的杀人，它分为无故意非预谋杀人罪（involuntary manslaughter）和非预谋但故意杀人罪（voluntary manslaughter）。manslaughter是一种犯罪，应译成"防卫过当致人死亡罪"。homicide 指一个人的作为或不作为导致或促使他人的死亡，并非就道德或法律判定该行为一定为犯罪或有过错。所以，homicide泛指所有的杀人，既包括意外的过失杀人，也包括故意杀人。在刑法上他杀可分为无罪杀人（lawful homicide）和有罪杀人（felonious homicide）两种。

中文法律外交语言中也含有大量词义相近的法律术语，翻译时一定要先搞清楚其具体含义，否则做出的翻译就和源语大相径庭了。比如"交代"还是"交待"？在说"交代罪行""坦白交代"的时候，宜用"交代"；在说吩咐、安排、总结工作等事情的时候，宜用"交待"。所以，"交代（罪行、问题）"可译为confess 或 admit；"交待（工作）"则要译为arrange。"吊销、撤销、注销"也有不同的含义：吊销是一种行使法律处罚行为，具有强制性和制裁性；撤销是一种对行政许可的法律收回行为，具有剥夺性和不可逆转性以及补救性；注销在一定程度上也是一种法律行为，具有程序性质，有时带有一定的惩罚性。所以翻译措辞要格外小心：注销登记nullify the registration，吊销许可证cancel/revoke a license，撤销案件dismiss/withdraw a case。"被告"与"被告人"也是两个不同的概念。被告与原告相对应，是民事诉讼法律术语；而被告人与被害人、公诉人相对应，属刑事诉讼法律用语。所以"被告"只可译为defendant，"被告人"也可译为 the accused。

3. 法治外交文化考量下的翻译策略

法治外交翻译比一般的语言翻译更为复杂，因为"法律翻译并不是用译入语中的概念和制度来替代原来的法律体系中的概念和制度的简单过程，而是一个包含语言转码和法律转码的双重解码过程"（Susan S., 1997）。因此，译者必须在两种文化之间找到相对应的语言表达方式，做出相应的转换。

（1）概念对等时使用确切对等词

中国属于大陆法系，如果其法律渊源中存在着与英语法律术语相对等的术语，则直接进行翻译，实现目的语词与源语词的一一对应。例如

plaintiff——原告，will——遗嘱，criminal law——刑法等。同时，还要注意法律英语中"近义词并用"的惯用法，如null and void——有效，terms and conditions——条件，rights and interests——权益等。

各国法律都有自己特有的概念，纵使是中国、德国这样如此相近的法律体系，还是有许多法律概念在内涵上不能完全重合。比如德国民法中的Rechtsgeschäft，就与我国民法典中的民事法律行为在内涵上不一致，后者只包括合法的法律行为。又比如德国行政法上的Rechtsverordnung也不能完全等同于我国的行政法规，因为前者的颁布主体只能是联邦机构。

（2）接近对等时使用功能对等词

如果汉语或英语中没有确切的对等词，译者可以在忠实原文的基础上选择功能对等词。例如英语中的jail和prison，人们习惯于把两个词都译成"监狱"而不加区分是不对的。jail的用法更倾向于口语化，一般关押的是等待审讯的嫌疑人或已判轻罪的犯人，更接近于中国的"看守所、拘留所"；而prison关押的是已判刑，而且刑期较长的犯人，其功能对等词应该是"监狱、牢狱"。因此，选择功能对等词可以保证在没有确切对等词的情况下法律翻译的正确性和可接受性。

（3）部分对等时扩充词义

如果某个汉语功能对等词不能用来翻译源术语，此时可以用扩充词义的方法来限定或扩大对等词的意义。例如法律英语中barrister和solicitor两个术语都可译成"律师"，但在英国英语里，barrister的含义是指有资格在任何法庭作辩护的出庭律师；solicitor的含义是一般事务性律师，不能出庭辩护。所以这两个术语分别译为"出庭律师"和"事务律师"意义就非常明确了。

（4）完全不对等时使用释义、中性词或新词

释义是指直接用译入语把源语中的意图内涵表达出来，这是解决缺少确切对等词的有效手段之一。例如，把法律英语中的Sunset law译成"日落法"很令人费解，虽然译成了汉语，中国人却看不懂。这个术语

的英语定义为：a statute that includes provision for automatic termination of a government program, agency, etc., at the end of a specified time period unless it is reauthorized by the legislature. 意为"定期审查政府机构工作以便决定是否保留该机构或其工作计划之法律"，亦即"定期废止法律"，这样就一目了然了。采用释义法翻译，目的语读者能更好理解源术语的准确含义。

由于法治外交文化的不同，不少法律英语中的概念在汉语中找不到确切对等或接近对等的概念，只能用汉语中的某些中性词来翻译。例如在英美法系中，libel和slander是侵权法概念，而不是刑法概念，对于侵害他人名誉者，受害人可以提起损害赔偿诉讼。中国没有专门的侵权法，侵权行为根据其严重程度分别由民法和刑法来调整，但中国有诽谤罪，可译为defamation。libel, slander和"诽谤罪"显然不是对等的法律概念，这种情况下就要分别使用中性词"书面诽谤"和"口头诽谤"来翻译。

法治外交翻译过程中，当使用释义、中性词、扩充等都不能实现功能对等时，就需要创造新词。比如美国法中的plea bargaining，指被告人就较轻的罪名或数项指控中的一项或几项做出guilty plea（有罪答辩，指刑事被告人理智自愿地在法庭上正式承认犯有受指控的罪行）就可以换取检察官的某种让步。这种检察官和被告人律师之间经过协商达成某种协议，通常是被告人获得较轻判决或撤销其他指控的有效途径，所以该术语可创造性地译为"认罪协商"。中国司法体制改革借鉴域外经验，我们也建立了相应的"认罪认罚"制度。

（5）综合选优法

新冠疫情暴发以来，官方常常讲这样一句话：疫情防控要坚持全国一盘棋。英译"坚持全国一盘棋"这样的中国特色话语，一定要抓住精神实质，官方对外新闻稿一般译为ensure a coordinated national response。面对疫情，美国国会众议院议长佩洛西（Nancy Patricia D'Alesandro Pelosi）呼吁全国要采取一种coordinated, science-based and whole-of-government response的措施，whole-of-government，顾名思义，就是"多部门联动"。

在美国联邦体制下,各州相对独立,联邦政府很难进行中国式的"统一指挥、统一协调、统一调度"。虽然国家进入紧急状态,联邦政府可以动用一系列紧急权力,但"联邦权"与"州权"之间的紧张平衡关系始终存在,抗疫举措需要平衡好这一对权力关系。

中国的"全国一盘棋"扎根于其独特的政治文化土壤。美国或许可以借鉴中国的某些做法,但不好直接复制。同样都是whole-of-government,中美的做法也不可能雷同,因为文化土壤不同。所以,把government改成nation或society,译成take a whole-of-nation approach也许是最接近"全国一盘棋"内涵又容易被英语国家接受的翻译。

新时代背景下法治外交翻译工作日显重要。法治外交文化是法治外交语言之魂,任何一部法律的产生和外交政策的制定都伴随相应的法律外交文化背景。法治外交翻译是两个法律体系间的语言转换,是法治外交语言文化的跨语系交际行为。法治外交语言的翻译其实就是法治外交文化的翻译。法治外交翻译一定要注重法治外交文化内涵的准确传递。

(四)法治外交翻译的伦理观

后疫情时代,法治日益成为国家间交往的最大共识。加强涉外法治建设,加快推进我国法域外适用的法律体系建设,积极发展涉外法律服务业,努力推进我国法制对外传播和交流,讲好中国法治故事,法治外交翻译发挥着实现不同法律语言和文化交流互通的不可或缺的作用。加强法治外交翻译者职业伦理教育和构建研究,对于规范法律外交翻译市场,尤其是对法治外交翻译人才培养来说迫在眉睫。作为一项社会实践活动,翻译活动无不处于各类关系的伦理调节之中,故而伦理属性是翻译的重要属性。(冯曼,2018)健全的职业伦理对一个行业的健康发展而言至关重要。

中国翻译协会发布的《中国职业译员道德规范》提出的忠实准确、对错误的处理、平等待人、行为中立、遵守契约、同业互助、机辅/机器翻译操作等多个行为规范,为法治外交翻译活动提供了重要遵循,也为法治外交翻译者职业伦理的构建指引了方向。职业伦理是一套价值标准,而价值标准是与主体存在同一性的,即价值标准需要满足主体的客观需要,并且适应主体的能力。(李德顺,2013)简言之,法治外交翻译者职业伦理具有主体性,并因主体不同而异。法治外交翻译译员和普通译员是特殊和一般的关系。由于法治外交翻译职业主体的特殊性,普通译员伦理规范无法完全满足法治外交翻译译员主体的需要,也不能完全适应其能力,故而不能替代法治外交翻译译员伦理规范。至少,应在普通翻译的伦理规范之上,进行如下的细化。

1. 法治外交翻译者职业伦理的核心价值——精准服务

精准服务的职业伦理要求法治外交翻译译员在法治外交翻译活动中做到翻译内容的准确和严谨。各类文体翻译都需要遵守"忠实"的翻译原则,但是他们在忠实的层面上各有侧重:文学翻译侧重于"神似",强调传递原文的思想内容和艺术品位;科技翻译追求术语的精当、逻辑严密和行文的简约规范;新闻翻译要求符合新闻的陈述程式,文字雅俗共赏,具有广泛的可读性;而法治外交翻译强调准确严谨,表意明确,不产生歧义。准确和严谨是法律外交语言的灵魂和生命,是法治外交翻译的最根本原则;忠实于原文内容,力求准确无误是法律翻译区别于其他文体翻译的一个重要的特征。这种准确严谨性不同于普通翻译原则的"信、达、雅",而且"翻译是再创造"的观点在法治外交翻译中很难站得住脚。因为法治外交翻译必须原原本本地呈现并传达源语的法律外交意图,尤其要达到法律功能上的精准对等,不能进行创造性的增减。

准确严谨在法治外交翻译职业中则体现为精准服务的职业伦理。精准服务是法治外交翻译职业者最基本的责任和义务,也是其核心价值的突出体现。语言之外无法律:法律本身是通过语言来规定权利和义务的;法律外交语言的生命就在于准确严谨,法律外交规范中的每一句,甚至每一词背后都是具体且影响重大的权利和义务。法治外交翻译将这种权利和义务在两种语言之间传递，就必须保证不能篡改语言本来的含义，做到译入语准确严谨。翻译实践中，domicile（永久居住地）常常与habitual residence（经常居住地）混淆，错误的翻译极易对案件管辖权产生严重影响；法语demander表示请求，美法会谈却因为这个词的误译，造成了双方关系的突然紧张：一条以le gouvernement français demande（法国政府请求）开头的信息被送往白宫，但由于把该句话误译为"法国政府强烈要求"，让美方以为法国提出了一系列强硬措施而立即拒绝。由此看出，如果译员未遵循精准服务的伦理规范，将给权利和义务主体造成严重的权益损害。

在法治外交翻译实践中，译员采取什么样的翻译策略往往能体现其对法治外交翻译性质及其重要性的责任认知。以英美法律术语汉译为例，要做到精准服务，就有必要遵循以下翻译策略（张法连，2016）：（1）根据具体语境弄清源语英美法律术语的准确定义，切忌"望文生译"；（2）要谙熟中国法律语言和文化，切忌生搬硬套；（3）如果在中国法语境里无法找到合适的对等术语，就要敢于合理创造。

此外，清晰简明、前后一致、语体规范也是法治外交翻译精准服务的应有之义。清晰简明原则要求翻译时在做到准确严谨的前提下不多用一词一句，结构简单，意思清楚明白，避免使用晦涩的词汇和句式；前后一致原则是指在法治外交翻译过程中用同一法律外交术语表述同一法律外交概念，旨在避免使用同义词造成的法律外交含义错位，破坏准确严谨性；语体规范原则是指不同的法律外交语言翻译对应不同的法律外交语体，不同的法律外交语体具有不同的法律外交语言表述特点，法治外交翻译译员必须遵循规范的语体表述要求，不能任意发挥。例如在合同翻译时不能把"善意第三人"换为"善意第三方"；立法文本翻译中不能把"应该"简化为"应"，把"或者"简化为"或"。总之，法治外交翻译者职业伦理中的精准服务，要求译员用最简洁明了的语言、前后一致的表达、规范的法律外交语体以达到准确严谨的翻译效果。

2. 法治外交翻译者职业伦理的价值前提——扎实的法治外交翻译知识技能

职业知识技能和职业道德都属于职业素养的组成部分。职业伦理是一种服务性的职责和义务，它需要特别的知识技能作为支撑。换言之，只有具备该项职业所要求的基本的知识技能，才有资格从事该项职业活动。因为法治外交翻译者是通过其专业素质与服务对象处于一种道德伦理关系之中的，如果缺失专业素质，便直接破坏了伦理关系产生的基础。所以法治外交翻译译员需要具备且不断提高自身的专业素养，这是法治外交翻译者的译前职业伦理，也是法治外交翻译者职业伦理的价值前提。

具体而言，法治外交翻译的内容与范畴是法律和外交，其实质又是一个语言问题。所以法治外交翻译者职业伦理所要求的基本知识技能是要同时具备法律、外交和语言三方面的知识和能力。以法律英语翻译为例，要想做好法律英语翻译，必须以法律英语语言能力为根本，并辅之以中国法律专业知识。首先，最基本的是需要系统学习法律英语专业知识（具体包括法律英语的听、说、读、写、译等课程），掌握法律英语语言和法律汉语语言的词汇、句法、语篇特征，同时要学习了解中西法律语言与文化的异同。其次，需要熟知中国法律知识体系以及作为法律英语的载体的英美法系的基础知识体系，并且了解二者之间的异同。最后，要具备法律口译、笔译的基本专业技能。法治外交翻译具有典型的跨学科特征，往往并不是具备语言和法律外交知识就能胜任翻译工作，还需经过专门的法律外交翻译理论和技巧训练，将语言知识和法律外交知识有机融合，才能成为一名合格的法治外交翻译译员。所以要测试译员的法治外交翻译水平，不能仅仅测试译员的法律外交语篇翻译，更重要的是要测试相关外国法律知识点、法律外交语篇的阅读理解和法律外交文书写作，这些测试点都是相辅相成的，只有这样的法治外交翻译测试，其信度和效度才能达到最佳。以法律英语翻译测试为例，目前国内唯一考察涉外法治人才法律英语水平的考试——法律英语证书（LEC）全国统一考试正是基于英美法律及WTO

法知识、英美法律文化知识、英美判例阅读、英汉法律语篇互译以及英语法律文书写作和法律逻辑推理等全方位考查法律英语语言运用能力，考生的法律翻译能力才能够得到较为客观准确的反映，值得肯定。

总之，上述法律翻译职业知识技能是做好法律翻译的基础。为确保法治外交翻译的准确严谨性，保障法治外交翻译的译文质量，法治外交翻译者有责任和义务扎实储备法治外交翻译职业知识技能。

3.法治外交翻译者职业伦理的价值目标——爱岗敬业的译者人格

林语堂（1984：287）指出，翻译上的问题不外乎是译者的心理及所译文字这两样关系，即语言文字及心理问题。人格是人在社会活动中的外在表现，也是人在一定的生理机制作用下的一种稳定的心理活动的内在表现。（任俊，2006）法治外交翻译作为翻译的一个特殊领域，其译员需兼备上述人格特征。同时对于法治外交翻译而言，最强调的人格特征是一定要有责任意识，可体现为爱岗敬业、有责任感、用心负责的职业态度。法治外交翻译译员承担着更多的责任和义务，必须端正职业态度，形成爱岗敬业的法治外交翻译译者人格。这不仅仅有利于提升自身的专业素质，同时对法治外交翻译活动的全过程都会产生直接的影响。爱岗敬业的译者人格既是法治外交翻译者履行职业义务的心理基础，也应成为法治外交翻译译员的价值目标追求。爱岗敬业的译者人格主要包括以下内容。

第一，保持认真严谨、有责任感的职业态度。在管理心理学中，态度是个体对某一具体对象的较为持久而一致的心理和行为倾向。而职业态度是从业人员对社会、对其他社会成员履行职业义务的基础。只有内化于心，才能外化于行。因为主观的态度往往直接影响客观的法治外交翻译职业实践，所以态度问题在法治外交翻译实践中至关重要。日本翻译家藤井省三为准确翻译莫言小说里的"豆虫"，日本翻译家吉田富夫为准确翻译莫言《丰乳肥臀》中的"过堂""掏灰耙"，都特意从日本前往莫言的家乡进行调查研究。这背后反映的就是译员认真严谨、有责任感的职业态度。在语言和知识水平差不多的情况下,认真负责、字斟句酌的译员与草草了事的译员相比,译文质量大相径庭。(彭萍,2013)考虑到法治外交翻译内容的严肃性,法治外交翻译者更加需要严肃认真、高度负责的职业态度。法治外交翻译不是简单地依靠查阅词典就能完成的,而须结合具体的法律外交语境,通过大量的检索查证,力求做到语言上专业严谨的同时,坚持达到法律表述效果的对等。有时候一个词的翻译就需要花大量时间和精力去检索和求证。只有认真严谨、负责任的职业态度才能确保误译、错译少之又少,从而保障法治外交翻译质量。

第二,树立对法治外交翻译工作的敬畏意识。新时代背景下,法治外交翻译市场需求不断扩大,法律外交翻译报价日益攀升,法律外交翻译译员面临诸多利益选择。在利益面前,法治外交翻译者一定要端正态度,切勿急功近利,要敬畏服务对象的法律权益。当法律外交文本涉及国家秘密或商业秘密时,需要对服务对象的翻译内容严格保密。当自己能力不能胜任法律外交翻译的时候,拒绝翻译也是对法治外交翻译敬畏和对客户负责任的具体表现。

爱岗敬业的译者人格是一种内心自觉,很难量化且有些许抽象,但正是其抽象性可以指导很多具体的翻译行为。其主旨是要求法治外交翻译者对翻译背后所传递的法律信息负责,而并非机械地、教条地恪守条规。这需要译员在爱岗敬业的译者人格指导下,根据不同的翻译内容判断出其对即将发生关系的主体可能产生的法律意义。

4. 法治外交翻译者职业伦理的价值取向——坚定正确的政治方向

价值取向指的是一定主体基于自己的价值观在面对或处理各种矛盾、冲突、关系时所持的基本价值立场、价值态度,在多种工作情景中指导人们行动和决策判断的总体信念。价值取向的突出作用是决定、支配主体的价值选择,因而对主体自身、主体间关系、其他主体均有重大的影响。人的价值取向直接影响着工作态度和行为。法治外交翻译者的价值取向至关重要。

　　一般意义上的法治外交翻译服务，译者应该恪守公平中立的立场。法律是国家意志的体现，在以国家为主体的对外交往活动中，但凡涉及国家利益，法治外交翻译者的职业伦理要求译者一定要有坚定正确的政治方向。法治外交翻译者必须在做到公正、客观、准确的同时，保持正确的政治立场。对于不客观且侵犯我国利益的法律外交文本，法治外交翻译者应果断做出正确的伦理选择，进行坚决的有意识干预。尤其是外交领域的法律文本翻译，更是需要译员保持坚定正确的政治立场。例如要快速纠正"南中国海问题"为"中国南海问题"；"中国共产党"的正确英译是Communist Party of China 而不是 Chinese Communist Party；"中国春节"是Chinese New Year而不是亚洲某些国家一直声称的Lunar New Year。法治外交翻译者始终要保持高度政治敏锐性，坚定正确的政治方向，慎重对待翻译中的遣词造句，及时果断地纠正不当表述。

　　本书探讨了法治外交翻译者翻译角色的职业伦理。然而，现实中法治外交翻译译员的角色是多重的。法治外交翻译的内容可能涉及政治、经济、外交、法律、环境等社会各个领域。在每一个领域中，法治外交翻译译员都会体现出该领域中的一种角色。例如当译员对外交类法律文本（如两国之间的双边协议）进行翻译时，则译员的角色层中就需要体现出政治立场代言人的角色，翻译策略也会因此而调整。集多重角色于一身的法治外交翻译者所要遵循的职业伦理也会包括不同角色的具体要求。故本书所探讨的法治外交翻译者职业伦理仅仅是最核心基础部分。在具体的法治外交翻译职业活动中往往并不是这么简单，所以法治外交翻译者职业伦理需要进一步深入细化研究。

　　法治外交翻译者应采取循序渐进的方式不断提高对职业伦理的认知水平，以基本翻译职业伦理为起点，在法治外交翻译服务过程中，逐步塑造、完善自身的职业伦理观。法治外交翻译者之外的其他社会主体也应为法治外交翻译译员职业伦理的建设提高做出努力。"全民外交"大背景下，全社会都应该有"法治外交"意识，正确认知法治外交翻译的内涵，给予法治外交翻译事业应有的重视，尊重法治外交翻译译员及其翻译活动，有力保障法治外交翻译质量，促进法治外交翻译事业发展，更快更好地发挥法治外交翻译在改革完善全球治理体系、推动构建人类命运共同体建设中不可替代的重要作用。

第七章　智库外交法治化

周恩来说:"外交是通过国家和国家的关系这个形式来进行的,但落脚点还是在影响和争取人民,这是辩证的。"(中华人民共和国外交部,中共中央文献研究室,1990)公共外交的核心目的是缔造和平。公共外交作为政府外交的有益补充,对于加强各国之间的理解与互信、提升国家形象和软实力有着重要作用。传统公共外交理论认为,公共外交主要以政府为行为主体,以国外受众为目标受众,但是随着近些年国际秩序的变化、信息技术的发展以及公众舆论变得越来越发重要,只是以政府作为主体的公共外交已经满足不了国际关系的需要。

"智库"也称"思想库",泛指一切以战略问题和政策研究为中心、以影响公共决策为宗旨、非营利性的研究咨询机构。第二次世界大战期间,有人把它们称为"脑盒"(Brain Box),而在美国,人们把军方制定战略方案的地方叫作Think Tank,后来就用它来称呼向军方提供政策咨询的民间机构,例如著名的兰德公司。再往后,凡是专注公共政策研究,包括政治、经济、军事、卫生、环境等人类社会共同面对的问题,向政府、企业和社会团体提供政策报告的机构,无论是民间、学界和官办,都被称为智库。

智库外交顾名思义,是智库人员之间打交道的事务,而不同于正式的官方外交。在外交领域里,一般来说外交官的身份很重要、正式、权威且敏感,但同时也会有许多限制。以美国为例,别国的外交官与美国官员、议员打交道时，双方都会因身份的正式和敏感，或多或少受到一些心照不宣的天然限制，这种限制通行全世界。尤其是当存在一定意识形态冲突的情况下，更是如此。但智库之间研究人员彼此接触和交往相对较为容易，方式也更加灵活，通过这些长期非正式、灵活频繁的交流能够有效加深双方之间的沟通和理解，尤其在一些存在利益冲突的问题上，在问题激化或上升为难以调和的矛盾之前发挥一定的沟通、预防和调节作用。我们现在所谈的公共外交，主要是"多元公共外交"的概念。在行为主体上是以政府为主导的，以智库、媒体、企业以及我们的社会公众这样多元化的行动主体去从事的公共外交活动。其中，政府是政策制定和引领，媒体是舆论放大器，智库是思想源泉和话语权力的中心。中国公共外交的核心目的是讲述好中国故事，让世界了解一个真实、全面、立体的中国。

智库在很多国家的内政外交中发挥着非常重要的作用。从一定意义上来讲，世界各国的发展与竞争也是战略和智力的竞争。因此，高水平、法治化的智库，已成为一个国家的软实力和国际话语权的重要表征。当前，世界格局正在重组，中美关系也面临两国建交以来的最低谷。根据后疫情时代国际形势和新时代我国对外交往特点，我们应大力开展智库法治外交，充分运用法治思维和法治方式加强与一些国家的重要智库之间的深入交往。

一、国内智库建设状况

智力资源是国家和民族最宝贵的资源，智库则是国家思想创新的动力和源头。如果说党和政府是国家决策的大脑，智库则可被称为政府的"外脑"。如何真正有效地使中国的价值观更好地传播到海外是我们当前面临的重大课题。对外传播和对外交往有多个层次和领域，官方外交通常是外交中最重要的部分，其他还包括经济外交、文化外交、民间外交等。这些交往方式都是全方位外交中重要的组成部分，发挥着不同的重要作用，而且这些不同的作用难以相互替代。

随着中国成为世界第二大经济体，中国智库的规模迅速壮大。据统计，中国目前已有超过1500家规模不一的智库。中国智库以官办为主，其中大部分智库是外交智库，比如中国社会科学院、中国国际问题研究所、中国现代国际关系研究院以及分布在各高校中的国际问题或外交政策研究机构。虽然近年来中国智库参与国际交流的程度和水平有很大提高，但与西方发达国家的智库相比，我国智库的发展仍相对滞后，发展潜力巨大。

（一）概念内涵和功能作用

王莉丽教授提出了"智库公共外交"的概念，并且界定其内涵为：智库作为一种积极的公共外交行动主体、传播媒介和目标受众的三位一体的角色，以高水平的政策专家和其创新的思想成果为基础，以国外智库和各界公众为目标受众，运用人际传播、组织传播、大众传播等各种传播模式，以融合传播的方式，全媒介、多网络传播思想成果，开展对话与交流，影响他国公共政策和舆论。（王莉丽，2019）智库公共外交的核心是思想的双向对称交流和舆论传播，智库公共外交的作用是增强信息沟通、加深理解互信、促进交流合作。智库公共外交的根本目的是在国际社会营造和本国推崇的价值理念相吻合的舆论氛围，助力国家主体外交。

智库公共外交，或者说智库外交大致包括两层含义：一是以智库为主体，智库之间的国际交流；二是以外国智库为对象与目标的国际交流，包括本国政府官员到外国智库进行专题演讲，向外国智库派出交流访问学者等。从这个意义上讲，智库也承担着相应的公共职能，用思想产品为公众提供思想和观点，引导大众舆论，增进社会共识。智库外交是国家总体外交重要的组成部分，它既不是官方外交，也不是传统意义上的文化外交、民间外交，而是一种有着独特功能作用的新型公共外交形式。

1.影响引导舆论，在国际舆论空间提升国家形象。一个国家是否受到国际社会的认同，取决于它所传达的思想和价值观以及采取的和国际社会的沟通策略。智库是思想产品的制造者,也是思想产品的传播者。在当今信息时代,越是成熟的智库越注意利用各种信息传播渠道来传播自己的研究立场和研究成果,主动引导舆论,扩大影响力。智库以政策研究、非营利、非官方、中立的身份更容易被国际社会受众所信任,智库外交影响力的发挥主要是通过专家见解与舆论力量的充分结合而产出的思想产品影响他国舆论。事实证明,积极正面的智库思想产品通过一定的舆论媒介向国际社会进行信息传递,有助于传播国家主流思想价值,集聚社会正能量,提高国际舆论的传播力、引导力、影响力。

智库外交对舆论的影响引导方式,具体可分为设置舆论议程与引导舆论方向两个层次,这两个层次都建立在智库具有优秀的研究专家和创新思想产品的基础上。就设定舆论议程而言,智库可以把研究发现、创新观点介绍给国际受众,或者提出与各方利益相关的新问题。智库外交要实现这一影响力,可以通过举办国际学术会议、去国外智库发表演讲等形式开展国际合作交流,也可以通过在国外媒体发表文章、接受采访,或者直接通过多元化的融媒体平台传播方式来实现。就引导舆论而言,智库外交需要有针对性地设计传播媒介和模式,针对特定的受众群体进行舆论引导。

2. 增强理解互信,在良好国际舆论氛围中助力政府外交。当政府外交陷入僵局时,智库可以发挥独特优势,通过组织有关敏感问题的对话,作为对政府外交的有益补充,与对象国相关方进行接触和交流,加深双方之间的理解与互信,从而了解其态度和政策取向,为双方政府提出政策建议,争取外交回旋余地。这种智库外交方式相比政府外交,不拘泥于形式,氛围更为宽松,双方不受特定谈判指标限制,可以就问题进行更为深入的探讨。国际智库间对话的专业性、灵活性、深度和广度为双方政府进一步寻求合作与对话提供了一种可能。即使两国智库间的对话不能解决问题,也可以有效防止双方的误解进一步加深,缓和冲突敌对情绪,为政府外交投石问路,做好铺垫。

当然,我们也不能过分夸大智库外交的功能作用,尤其是在政府外交处于停滞的情况下更是如此。智库外交毕竟只是政府外交有益的补充，并不能替代政府外交。我们加强与西方国家智库之间的交往主要是为了加深理解和沟通，避免误判，为开展中国特色的大国外交营造和谐氛围，创造有利条件。

（二）途径和形式

在我国，智库主要通过以下四条途径为党政部门提供决策咨询和参考：一是通过承担党政部门委托的研究课题，给党政部门领导报内参、送材料，把自身研究的对策、建议等成果，直接呈送给党政领导人参阅，以期为党政部门所认可或采纳；二是直接参与中央和地方省市党代会报告、政府工作报告、相关决议、规划和政策等的咨询、起草和修订，在许多大事的处理和政策出台前，为党和政府出主意、当参谋；三是有的智库专家被请去给重要决策部门讲课，通过当面授课，向党政领导提供自己的观点和思想；四是通过召开学术研讨会、研究成果发布会等，扩大自身影响力。

智库外交一般包括以下几种形式：

1. 知识外交（Knowledgeable Diplomacy）

在知识外交中，智库扮演了"思想掮客"和"幕僚"的角色，主要任务是为外交系统提供思想、理念和政策等方面的知识和咨询建议，并不直接参与具体履行外交使命的外交实践。比如曾在小布什总统任内担任亚太事务副助理国务卿柯庆生（Thomas Christensen）在离开美国国务院后继续被聘请为美国国务院的亚太政策顾问、中国很多研究机构的专家参加外交部的政策咨询会等，都属于知识为外交服务的活动。

2. 二轨外交（Track Two Diplomacy）

二轨外交是非官方或半官方人士（包括学者、退休官员、公共人物和社会积极分子等）参与外交对话，目的在于寻找冲突解决和信任创建的机会。在二轨外交中，智库开始接受政府外交使命，参与官方外交对话，或得到官方授意以公开、非官方论坛的形式探索实现政府外交目的的途径。按照参与程度不同还有二轨外交和1.5轨外交之差异。比如被称为东亚二轨领头羊的"东亚思想库网络"（NEAT）、"9·11"后亚太地区新出现的"英国国际战略研究所"（IISS）、在新加坡政府支持下举办的"香格里拉对话会"（Shangri-La Dialogue，简称SLD）中的智库参与等，都是二轨外交或1.5轨外交的典型案例。

3. 公民外交（Citizen Diplomacy）

公民外交是普通公民无意中或者精心设计作为国家代表参与科技交流、文化交流、教育交流以及体育交流等国际交流，进而为两国外交关系创造机会，特别是当两国官方交流渠道不畅或陷于停滞之时，公民外交就是理想的外交工具，它可以补充官方外交甚至突破官方外交之限制。冷战期间的物理学家罗伯特·W.富勒（Robert W. Fuller）在20世纪70—80年代对苏联的访问就对缓和美苏冷战起到了十分重要的作用。在公民外交中，智库所扮演的角色更加自主，对外交的参与仅仅是以"呼应者"的角色。（赵可金，2014）新媒体时代信息畅通无阻，智库网络化趋势加快，智库的公民外交影响力日趋稳步上升。

美国宾夕法尼亚大学有一个学术机构"智库与公民社会项目"（Think Tanks and Civil Societies Program，简称TTCSP），自2006年开始，每年发布《全球智库指数》报告（Global Go To Think Tank Index，简称GGTTI），所以该机构也被业界称为"智库的智库"。下面我们列举其发布的2020年GGTTI报告的有关中国智库的主要指标。

全球智库分布，中国数量位居世界第二，亚洲超过欧洲成为智库数量最多区域。2019年，中国有507家智库进入TTCSP数据库，智库数量在全球排名第三。2020年，中国智库有1413家智库，较上一年呈现大幅增长，智库数量仅次于美国，位居全球第二。

全球顶级智库综合榜单中，中国现代国际关系研究院、中国社会科学院、清华–卡内基全球政策中心、国务院发展研究中心、中国国际问题研究院、全球化智库（CCG）、北京大学国际战略研究院（IISS）、上海国际问题研究院等8家中国智库连续三年入选全球百强智库榜单。其中，CCG上升12位，是入选全球百强榜单的唯一社会智库，也是百强榜单中排名上升幅度最大的中国智库。

2020全球顶级智库百强榜单（上榜中国智库）

序号	智库名称	排名
1	中国现代国际关系研究院（CICIR）	18
2	中国社会科学院（CASS）	38
3	清华–卡内基全球政策中心	50
4	国务院发展研究中心（DRC）	56
5	中国国际问题研究院（CIIS）	58
6	全球化智库（CCG）	64
7	北京大学国际战略研究院（IISS）	81
8	上海国际问题研究院（SIIS）	96

中国多家智库入选全球顶级智库分类排名，中国智库国际影响力逐步提升。在研究领域方面，中国多家智库入选了全球最佳"国防和国家安全研究""国内经济政策研究""教育政策研究""能源与资源政策研究""环境政策研究""外交政策与国际事务研究""全球健康政策研究""国际发展政策研究""国际经济政策研究""科技政策研究""社会政策研究"等不同研究领域榜单。

2020全球最佳国防和国家安全研究（上榜中国智库）

序号	智库名称	排名
1	北京大学国际战略研究院（IISS）	15
2	中国现代国际关系研究院（CICIR）	43

2020 全球最佳国内经济政策研究（上榜中国智库）

序号	智库名称	排名
1	国务院发展研究中心（DRC）	34
2	九鼎公共事务研究所（CIPA）	37
3	中国社会科学院世界经济与政治研究所（IWEP）	42
4	中国人民大学重阳金融研究院（RDCY）	61
5	中国社会科学院（CASS）	89
6	上海社会科学院（SASS）	119
7	团结香港基金（中国香港）	128

2020 全球最佳教育政策研究（上榜中国智库）

序号	智库名称	排名
1	国务院发展研究中心（DRC）	15

2020 全球最佳能源与资源政策研究（上榜中国智库）

序号	智库名称	排名
1	环境、能源与资源政策中心（CEERP）	10
2	国际能源安全研究中心	24

2020 全球最佳环境政策研究（上榜中国智库）

序号	智库名称	排名
1	生态环境部环境规划院（CAEP）	34
2	中国环境科学研究院（CRAES）	37
3	思汇政策研究所（中国香港）	47
4	中华环境保护基金会（CEPF）	78

2020 全球最佳外交政策与国际事务研究（上榜中国智库）

序号	智库名称	排名
1	中国现代国际关系研究院（CICIR）	3
2	中国国际问题研究院（CIIS）	36
3	上海国际问题研究院（SIIS）	47
4	中国人民大学重阳金融研究院（RDCY）	113
5	察哈尔学会	116
6	全球化智库（CCG）	120

2020全球最佳全球健康政策研究（上榜中国智库）

序号	智库名称	排名
1	中国医学科学院卫生政策与管理研究中心	9
2	中国（海南）改革发展研究院（CIRD）	26

2020全球最佳国际经济政策研究（上榜中国智库）

序号	智库名称	排名
1	中国社会科学院世界经济与政治研究所（IWEP）	12
2	中国国际经济交流中心（CCIEE）	62
3	国务院发展研究中心（DRC）	63
4	中国人民大学重阳金融研究院（RDCY）	65

2020全球最佳科技政策研究（上榜中国智库）

序号	智库名称	排名
1	中国科学技术协会	39
2	中国科学院国家创新与发展战略研究会	57
3	国网能源研究院	71

2020全球最佳社会政策研究（上榜中国智库）

序号	智库名称	排名
1	国务院发展研究中心（DRC）	32
2	中国社会科学院（CASS）	51
3	上海社会科学院（SASS）	65

在特殊成就方面，多家中国智库在政策研究、传播、创意管理和合作方式等多领域，如全球最佳"倡议宣传""政府附属单位智库""多方机制性合作智库""管理智库""创意或模式创新智库""新兴智库""智库会议""智库网络""政党智库""跨学科研究智库""大学智库""社交媒体及网络运用智库""最值得关注智库""对外关系及公共参与智库""互联网应用智库""媒体应用智库（纸质或电子版）""最具创新提议智库""最具公共政策影响力智库""杰出政策研究智库""独立智库""年度运营预算少于500万美元的顶级智库""质量保证和诚信政策程序智库""独立区域研究中心""2016—2019全球卓越大学地区研究中心"以及"全球最佳人工智能政策和战略智库"等榜单

中均占有一席之地,中国智库的国际影响力和知名度正在逐步提升。

值得关注的是,在新冠疫情对全球公共卫生和经济发展产生巨大影响的背景下,TTCSP新设"全球最佳政策及系统性应对新冠疫情榜单"。中国智库有五个上榜,分别为安邦集团、中亚区域经济合作学院、全球化智库、北京市长城企业战略研究所(GEI)、团结香港基金(中国香港)。

2020全球最佳政府附属单位智库(上榜中国智库)

序号	智库名称	排名
1	中国现代国际关系研究院(CICIR)	7
2	中国国际问题研究院(CIIS)	10
3	国务院发展研究中心(DRC)	13
4	中国社会科学院(CASS)	16
5	上海国际问题研究院(SIIS)	39
6	工业技术研究院(ITRI)(中国台湾)	48
7	中共中央党校国际战略研究所	64

2020最佳大学智库(上榜中国智库)

序号	智库名称	排名
1	北京大学国际战略研究院(IISS)	9
2	清华-卡内基全球政策中心	13
3	清华-布鲁金斯公共政策研究中心(BTC)	14
4	中国人民大学重阳金融研究院(RDCY)	35
5	清华大学国情研究中心	58
6	北京大学国家发展研究院	79

2020 全球最佳社会智库（上榜中国智库）

序号	智库名称	排名
1	全球化智库（CCG）	37
2	思汇政策研究所（中国香港）	101
3	中国经济改革研究基金会	108
4	应用国际贸易研究所（IAIT）	113

2020 全球杰出政策研究智库（上榜中国智库）

序号	智库名称	排名
1	国务院发展研究中心（DRC）	24
2	中国社会科学院（CASS）	43
3	全球化智库（CCG）	60
4	中国人民大学重阳金融研究院（RDCY）	78

2020 全球最佳多方机制性合作智库（上榜中国智库）

序号	智库名称	排名
1	全球化智库（CCG）	19

2020 全球最佳管理智库（上榜中国智库）

序号	智库名称	排名
1	国务院发展研究中心（DRC）	32
2	上海高级金融学院（SAIF）	41
3	清华大学当代国际关系研究院（IMIR）	63
4	中国（海南）改革发展研究院（CIRD）	68

2020全球最佳创意或模式创新智库（上榜中国智库）

序号	智库名称	排名
1	团结香港基金（中国香港）	17
2	全球化智库（CCG）	43
3	清华大学当代国际关系研究院（IMIR）	47

2020全球最佳质量保证和诚信政策程序智库（上榜中国智库）

序号	智库名称	排名
1	全球化智库（CCG）	28

2020"全球最值得关注智库"（上榜中国智库）

序号	智库名称	排名
1	团结香港基金（中国香港）	8
2	澳门国际研究所（中国澳门）	13
3	全球化智库（CCG）	21
4	上海高级金融学院（SAIF）	36
5	中国金融40人论坛（CF40）	55

2020全球最佳互联网应用智库（上榜中国智库）

序号	智库名称	排名
1	全球化智库（CCG）	25

2020全球最具公共政策影响力智库（上榜中国智库）

序号	智库名称	排名
1	中国社会科学院世界经济与政治研究所（IWEP）	26
2	团结香港基金（中国香港）	54
3	全球化智库（CCG）	60
4	国观智库	70
5	中国人民大学重阳金融研究院（RDCY）	72

2020 全球最佳新兴智库（上榜中国智库）
（按智库名称音序排列，此排名不分先后）

序号	智库名称
1	北京体育大学冬奥文化研究中心
2	中国社会科学院"一带一路"国际智库
3	浙江农林大学中国农民发展研究中心
4	浙江大学全球创业研究中心
5	华东政法大学中国法治战略研究中心
6	中共中央党史和文献研究院
7	中国产业金融协同创新中心
8	中国兴边富民战略研究院
9	中国宏观经济智库联盟
10	中国房地产数据研究院
11	华南理工大学粤港澳大湾区发展广州智库
12	国防安全研究院（中国台湾）
13	湖南师范大学生态文明研究院
14	中山大学南海战略研究院
15	国防科技大学国际问题研究中心
16	湖石可持续发展研究院（LISD）
17	香港大学秀圃老年研究中心
18	雨花台红色文化研究院（南京大学）
19	习近平外交思想研究中心

"中国特色新型智库"是以战略问题和公共政策为主要研究对象，以服务党和政府科学、民主、依法决策为宗旨的非营利性研究咨询机构，主要功能是咨政建言、理论创新、舆论引导、社会服务、公共外交和集贤育人。全面提高智库的自身素质和能力，建设高质量、高水平、有特色的智库，不仅是时代的需求，更是人民的要求。一个国家的发展进程，既是经济、军事等硬实力提高的进程，也是思想文化等软实力节节攀升的过程。智库是国家软实力的重要载体，越来越成为国际竞争力的重要因素，是国家对外交往中不可或缺的力量。

总体来看，我国智库呈现"五多五少"的特征：大国政策研究智库多，中小国家政策研究智库少；理论和学术研究成果多，战略和政策研究成果少；长时段战略研究多，中短期政策研究少；局外政策评议多，局内外交参与少；国内政策讨论多，跨国政策交流少。（赵曙光，2013）导致我国智库参与和服务国家主体外交能力不强的原因是多方面的，但最根本的原因在于对智库外交的重要功能作用认识不足，缺少顶层制度设计。智库管理理念落后，缺乏法治意识，目前的有关政策规定支离破碎，不成体系，严重限制了智库的壮大发展和服务国家主体外交的能力。

（三）存在的问题

新时代背景下，智库外交作为民心相通的重要渠道，变得愈发重要。通过人文交流，促进民心相通，让世界其他国家对中国有更多的理解，以避免误解或者误判，也为中国自身的发展创造更好的国际舆论环境。

近年来，中国智库发展如火如荼，数量增长迅速。2013年4月，习近平首次提出建设"中国特色新型智库"的目标，智库建设从此被提升到了国家战略的高度。中国智库的发展类型多元化，官方智库、民间智库、大学智库、媒体智库等共同构成了智库多元化的局面。智库外交是以国际社会的民众为目标对象，期待赢得国际社会对本国各种政策的理解、支持和认同，提升本国在国际社会的形象和影响力。智库外交的主要手段之一是通过出版物、广播电视、新媒体、文化交流、非政府组织等方式来影响国际民众态度。中国智库公共外交近年取得的成绩有目共睹，但存在的问题也不容小觑。例如，中国智库法治化水平不高，对外传播媒体官方色彩浓重，政治和经济类信息较多，大话套话口号繁多，与国际民众所关注的问题差距较大等。这些问题都与智库外交语言使用密切相关。世界发达国家和新兴经济体都非常重视智库法治化建设和公共外交。智库外交作为国家软实力的重要载体，在国家国际形象塑造、国际话语体系构建和国家话语权提升等方面都具有极其重要的使命和意义。

为了更好发挥智库外交的功能作用，提高国际传播效能，我们必须正视当前智库外交发展中存在的如下问题：

1. 中国智库在发展中出现了泛化、汉化及无效国际传播现象。智库研究实力不足，外语研究人才缺乏，所有活动完全使用中文，尤其是严重缺乏熟练运用外语进行国际交流的能力。专业外语口语表达、听力、快速反应、对国际问题本身与中国外交政策的准确把握等能力需要长期的专业训练；

2. 中国智库研究的独创性和前瞻性严重不足。中国智库往往太注重理论研究，不接地气，思想创新能力、研究质量与发达国家智库的水平相差甚远。一方面，目前很多智库的研究只是低水平的媒体评论，没有研究深度。智库的思想不应该是简单的媒体信息的综合和评论，而要有深度，有战略性和前瞻性。另一方面，一些智库提供的思想只是把一些学术成果转化为政策研究，远远达不到当前国家战略发展的需求。对外交流无的放矢、自娱自乐，不少项目停留于低水平重复上，收效甚微。

3. 中国智库与国外民间交往的能力亟待提高。公共外交的重要功能之一便是与其他国家的民间社会交往，进而推动国家形象的改善和提升。但中国智库在推动中外民间交往方面的经验严重不足，观念落后。中国智库的交流对象多为外国的智库、大学、研究机构以及官方机构，与民间机构特别是公民社会组织和非政府组织的交流相对较少；同时，中国智库的研究人员由于机制、经费及研究方法等的限制，很少像西方智库研究人员那样在其他国家做较长时间的田野调查和实地考察，进而缺乏与国外基层民众的交往能力。

4. 中国智库公共外交能力不足，国际交流被动应付。后疫情时代的国际关系非常复杂，可以说是第二次世界大战以来国际格局变化最大的时期。在这样的国际大背景下，我们的智库研究要有国际化视野，有非常强的公共外交能力，要主动出击，但目前中国具备这样能力的智库可谓是凤毛麟角。虽然有一些比较活跃的智库能够在国际舞台上进行对话交流，但普遍停留在浅层次的调研、会议交流上。不少智库思想上受传统文化的影响，认为"行胜于言""沉默是金"，无力回应西方对中国的诋毁，有的回应甚至可能起到负面作用。

5. 中国智库国际议题的设置能力欠缺，跟风现象严重。智库研究要独立自主，而不应跟风。目前中国智库研究成果和西方著名智库的产品雷同，观点相近。中国迫切需要设定以我为主的但同时也具备重要普遍性的议题，确立中国在国际事务中的公信力。这就要求中国智库不能被动地应对短期性的国际议题或跟着国际舆论走，而应主动设定特别是与中国密切相关的议题，同时前瞻性地研究涉及全人类命运的国际性议题，使中国声音在特定议程的讨论之初便得以融入，从而避免目前较为普遍存在的"前期参与不足、后期反对有余"的尴尬局面。

6. 中国智库同样面临人才流通问题，需要建立健全旋转门机制。在美国，智库与政府间存在一种特殊的人才交换通道——"旋转门"。思想界与实务界、学者与官员通过"旋转门"机制实现身份转换，在一定程度上沟通了学界与政界，实现了二者的相互渗透。一方面，智库人才进入政府任职，从政策研究者转变为政策制定者，增强了智库对国家政策的影响力；另一方面，智库大量吸纳政府离任官员，成为高级人才的蓄水池和引力场，提升了智库政策研究的质量。目前，中国的旋转门已经推开了半扇。退休的政府官员有很小一部分可以旋转到智库从事政策研究，但是从智库平台旋转到政策制定的官方体系的人才非常少，而且即便旋转过去了，也受制于目前的行政级别而发挥作用较小。

7. 对智库的认识不够，缺乏"智库外交"的意识与长远的战略眼光。有些智库把更多的精力放在与政府打交道上，没有长远规划和国际视野，缺乏长期经营的思想，缺乏必要而充分的投入与扶持；体制机制制约与交往渠道不畅的原因，包括在人员与项目申请、审批、派出、接收等方面有待加强跨部门的统筹协调，欠缺与欧美国家智库的对接交流，国内智库运作模式的封闭陈旧，国内智库业的整体素质不高，主动"走出去"与"请进来"还很不够。

8.中国智库的整体发展缺乏法治外交理念。这主要表现在智库行政管理人员和研究人员受传统思想观念束缚,缺少法治思维,没有规则意识,管理观念严重滞后,对外交没有通盘考虑和系统完整的规划,对外讲话表述没有统一口径,各自为政,各执一词。我国智库的发展存在不少问题,但运用法治思维和法治的方式来开展智库外交工作是最急需改革的。否则,目前的智库外交散兵游勇、良莠不齐,很难形成合力,却给国际社会留下中国人规则意识淡薄,说话办事前后自相矛盾、言而无信的印象。如此,智库外交只能流于形式,无法实现可持续性发展,也就谈不上助力国家主体外交了。

从第56届慕尼黑安全会议上可以对中国智库发展中存在的问题窥见一斑,深刻教训值得永远铭记。傅莹大使见证了这尴尬窘迫的一幕并撰文追述:美国对慕安会高度重视,很多政府高官,包括众议长佩洛西在内的二十多名参众议员,还有国务卿蓬佩奥、国防部长埃斯珀(Mark Esper)、常驻联合国代表克拉夫特(Kelly Craft)、前国务卿克里(John Forbes Kerry)等政要和智库学者出席,在会议的大小场合都有美国人的身影和声音。而且美方显然是协调了两党一致的立场,把如何应对中国崛起和"中国威胁"作为与会的主打"炮弹"。蓬佩奥在慕安会上的演讲用三分之一时间批评中国,指责中国奉行"胁迫性的海洋政策",污蔑华为是"中国情报系统安放在西方内部的特洛伊木马",声称中国运用军事和外交力量挑衅他国等。蓬佩奥傲慢地宣称"西方没有没落","西方价值观将战胜俄罗斯和中国对'帝国'的渴望"。他要求欧洲与美国共同应对"中共不断增强的进攻性"。埃斯珀在讲话中也指责中国通过华为实施"邪恶战略",对英国决定允许华为有限参与5G建设的决定表示不满。

王毅作为中国政府代表在主会场发表演讲,对美方的宣传和污蔑做出了严肃的回击,斥之为谎言,强调"如果把这些谎言的主角换成美国,那么这些谎言就会变成事实,就是真相"。佩洛西在"西方民主状态"分论坛上大谈5G问题时,她声称对中国妥协就意味着损害民主、人权、经济独立性和国家安全,把问题上升到制度安全的高度。傅莹大使得到一个提问机会,对此表示质疑,问佩洛西为什么华为能威胁到西方的民主制度。佩洛西显然习惯于在没有中国人的场合大肆攻击中国,未料到在这里会被人质疑,因此回答傅莹大使的提问显得有些吃力。与会人士高度赞赏傅莹大使的提问,一定程度上有效抵制了西方媒体的不实报道。

第56届慕安会明确涉及中国的分论坛多达11场,议题包括"西方如何面对中国挑战""如果中俄结盟怎么办""中国在全球军控中的未来参与"等,还有关于南海、新冠疫情、中国网络政策的专题会,其他一些论坛虽然在题目设计上没有提中国,但也大都把矛头指向中国。这其实正是中国智库大显身手的绝佳时机。遗憾的是只有三位中国学者代表各自的智库参会。当然,这三位学者都分别在不同场合发表讲话,回应对中国的关注和疑问,但毕竟势单力薄,影响有限。据傅莹大使观察,但凡有中国人出现的场合,人们在讨论中总是要顾及中国人的感受,中国学者的发言和提问也很吸引与会者的注意并经常得到肯定。一位德国学者参加了傅大使的午餐演讲之后说:"当面听你讲中国的情况,感觉我们是可以建立信任的,但在许多时候和很多问题上,很难直接听到中国人的意见和对一些重大问题有说服力的阐述。"

"国际关系与人际关系差不多,需要以一些基本的信任作为基础,来构建合作和协调关系。建立信任是中国日益走近世界中央舞台过程中必须面对的重要课题。然而,在慕安会后期的讨论中,我们区区几名中国学者,要应对美国人铺天盖地的反华遏华声浪,深感力不从心,哪怕仅仅是争取出现在所有涉及中国议题的场合,我们都分身乏术。当世界形势如此快速变化之际,中国的国际角色和地位面临众多复杂的挑战,中国应该有更多重量级的人物出现在慕安会这样的国际论坛上,也应该有更多的中国学者和人大代表、政协委员直接走向国际,参与到外交斗争中来,否则很

难改变当前国际舞台上，尤其在欧美舆论场上，在涉及中国的话题上中国人的声音较弱的状况。"（傅莹，2020）

总体来说，目前中国的智库与西方国家的智库之间的交往还远不能满足新形势下国际关系发展的客观需要，问题主要表现为缺乏法治外交意识，专业外语表达能力差，交流互动少，理解沟通能力弱。我方智库人员主动参与能力低，讲话太过谨慎，知识面狭窄，交流不能深入，严重缺乏做好智库外交的使命担当。

二、国外智库运行经验

多年来，美国和欧洲的智库建设一直走在世界前列，智库数量多、影响力大，特别是涌现出一批世界著名的智库——美国的布鲁金斯学会、兰德公司，英国皇家国际事务研究所，比利时智库布勒哲尔，瑞典的斯德哥尔摩国际和平研究所等，都发挥着十分重要的作用。

（一）概述

北美和欧洲是当代最早出现智库的国家和地区。某些西方国家在当前全球政治经济议题中掌握了主要话语权，成为欧美智库获得更多影响全球政策发展优先权的有利条件。

美国智库的发展在世界上最有代表性，数量多、质量高、影响大。一些著名智库的研究成果直接影响着美国政治、外交、军事等各方面的重大决策，有学者甚至把美国"智库"视为美国行政、立法和司法部门之外的"第四部门"。

英国智库的主要作用是为制定政策提供相关背景信息，为政府解释政策和帮助民众理解政策，为中长期发展的重点问题提出"预警"等；德国智库的优势在于其政府直接资助的公共智库比重高、影响力强，资金的分配和使用机制有很好的激励性，政策研究方式灵活多样；法国智库注重实用性，一般不搞纯理论研究，注重对具体与社会经济生活密切相关的实际问题进行调查、研究和咨询；欧盟智库规模小，兼职研究人员多，研究主要以项目形式进行，往往召开很多规模不等、规格各异的论坛及研讨会；俄罗斯智库继承了苏联智库工作灵活积极、整合信息情报的方式，积极撰写研究报告进行形势分析，"头脑风暴""跨学科研究"等优良传统继续发扬光大；日本智库在组织方式上采取独特的"派出研究员"制度，即政府、大学、企业、研究所向智库派出研究员，工作2—3年后回原单位工作，工资由原单位发放。

现在全世界有超过1万家智库，其中有一多半是1980年之后建立的。下面是2020年GGTTI报告的主要指标。

报告显示，2020年，TTCSP全球智库数据库中列出的所有11175家智库中，亚洲超过了一直稳居第一的欧洲，成为智库数量最多的区域，共计3389家（30.3%）。欧洲和北美洲智库数量较去年也有所增加，分别为2932家（26.2%）和2397家（21.4%）。与此同时，中南美洲、撒哈拉以南非洲地区、中东以及北非的智库数量较去年增长，分别为1179家（10.6%）、679家（6.1%）以及599家（5.4%）。

从国别来看，美国仍以2203家的数量遥遥领先，是全球拥有智库机构最多的国家。中国智库以1413家位居第二；印度有612家，位居第三。英国智库以515家的数量紧随其后。上一年没有在"2019全球智库最多国家（前十名）"之列的韩国今年以412家的智库数量，位居第五。同样，2019年没有在此列表的越南取代了意大利，成为2020年智库数量第十多的国家，达180家。同时，上一年在列的俄罗斯并未在当年的前十之列。

2020全球智库最多国家（前十名）

序号	国家	数量
1	美国	2203
2	中国	1413
3	印度	612
4	英国	515
5	韩国	412
6	法国	275
7	德国	266
8	阿根廷	262
9	巴西	190
10	越南	180

2020年全球智库指数排名中，任何连续三年被评为某一类别顶级智库（第一位）的智库都被视为"卓越智库"，未来三年内其将不会被列入该类别的排名。其中，美国布鲁金斯学会连续三年入选全球顶级智库综合榜单第一位，被评为"卓越智库"，因此未被列入"2020年全球顶级智库综合榜单"。该榜单共有174家智库入围，相较上一年，美国卡内基国际和平基金会和比利时布鲁盖尔研究所保持在了第一位和第二位。上一年排在第五位的巴西热图利奥·瓦加斯基金会当年排在第三位，反之上一年在第三位的法国国际关系研究所当年排在第五。美国国际战略研究中心、英国皇家国际事务研究所、美国彼得森国际经济研究所和美国伍德罗·威尔逊国际学者中心的排名和上一年一样，分列第四、第九和第十。上一年分别位列第十二、第十三的兰德公司和日本国际问题研究所当年分别位列第七和第八，取代了上一年在此排名的英国国际战略研究所和美国传统基金会。其中，日本国际问题研究所是唯一一个在该榜单中排在前十的亚洲智库，其亦被评为"2020年度最佳智库"。

2020年全球顶级智库综合榜单（前十名）

序号	智库名称	所属国家
1	卡内基国际和平基金会	美国
2	布鲁盖尔研究所	比利时
3	热图利奥·瓦加斯基金会	巴西
4	国际战略研究中心	美国
5	国际关系研究所	法国
6	皇家国际事务研究所	英国
7	兰德公司	美国
8	国际问题研究所	日本
9	彼得森国际经济研究所	美国
10	伍德罗·威尔逊国际学者中心	美国

虽然中国与美国等西方国家政治体制不同，文化传统各异，但是美国等西方国家智库的成功经验对我国智库外交还是具有"他山之石可以攻玉"的借鉴意义。

（二）美国智库

美国首都华盛顿是美国主要智库的集中地。智库不仅是美国政策思想与对外战略的重要发源地，也是美国社会与政府（包含行政与立法）之间的纽带与旋转门。专家学者在智库与政府间来回穿梭，今天的政府官员与政策制定者，往往就是昨天的智库专家；而今天的智库专家，很可能明天就变成政府官员。美国智库数量众多、机制成熟，对政府决策与公众舆论的影响非常大，在美对外关系中举足轻重。

美国智库绝大多数都是民间机构，但美国智库的国际化、法治化与专业化程度很高，其中包括不少来自世界各地的访问学者与留学生，智库是名副其实的外交斗争与非武力较量的阵地。很显然，在美国智库举行演说、作报告，及时阐述中国政府的政策立场或中国研究机构的观点看法，有助于影响来自世界各国的政治精英，有助于主动塑造与不断改善中国的国际形象，增加中国政府及其政策的透明度、亲和力、感染力与说服力，进而增加外界对中国的了解与尊重。因此，世界上不少国家与地区相当重视对美国智库的研究与交往，有意把"智库外交"纳入对美外交之中，从长计议，以图影响美对外决策。

智库能够在推动人文交流中发挥巨大作用。中外智库人文交流要更多地在意怎么把中国的价值观、理念传播出去，尤其是重视电影这个重要的传播载体。一部好的电影，胜过十本教科书的力量，但现在传播到西方的中国电影，传播效果很不理想。西方人、美国人对中国文化不太了解，老觉得东方人要么是阴险，要么就是背后搞小动作。美国电影宣传美国精神，公开、透明。而中国电影翻译后进入海外市场，包括《甄嬛传》，海外观众一看，中国女人太可怕了，全是钩心斗角。再看以前的《王的盛宴》《鸿门宴》，都觉得中国人很狡诈。中国人看着很高兴，但这样的电影到国外恰恰起不到人文交流、传播中国价值观的作用。

美国智库历史较长，发展较成熟，其智库在本国政治、外交、经济乃至军事政策的形成和制定过程中，有非常重要的影响。前几年美国奉行的"巧实力"政策就出自智库。美国的政策、法案的通过和实施需要先经过国会听证，而进行听证的报告或建议往往来自智库。政府官员通常也会要求智库提供对一些问题的分析和咨询报告，经过反复论证后有的报告成为美国政府制定对外政策的基础。美国媒体同时也进行大量的追踪报道，经常引用智库的报告。智库因为全程参与其中一些政策、法案等的酝酿、发酵、听证、讨论等过程，在政界、军界、社会上的影响力都很高。例如，南海问题被热炒时，美国国会就中国周边的海洋问题举行了听证会，在听证会上提供咨询的两位研究人员便来自两家主要智库，由于听证会对外直播，他们的观点对议员、媒体、社会产生了较大影响。类似这样的听证会和智库内部的研讨会比往年增加了许多。在影响对华政策和塑造社会对华认知方面，智库有着独特而重要的作用。因此，在美国流传有"美国的政策由美国智库制定"（American policies are formulated by American think tanks）之类的话。

美国智库成员出入政界已成为美国政治的一大特色，政府部长等内阁成员大都是来自精英荟萃的智库，很多卸任的官员又会回到智库从事政策研究，这就形成了美国智库人员的"旋转门"现象。比如说，美国前国务卿基辛格进入政界前是哈佛大学的学者，离开政界后又成立基辛格"国际咨询公司"并任董事长。小布什执政时期的国务卿赖斯在结束国务卿任期后，进入著名的智库"胡佛研究所"。通过"旋转门"机制，美国智库打通了知识进入政府决策并转化为权力的通道，在与政府决策者进行沟通中影响政策制定，进而凭借与官方决策的特殊关系以及自身非官方的身份，在国际政治中发挥着独特而又重要的外交作用。从"旋转门"机制来看，美国精英社会非常重视编织"关系网"。

罗伯特·E. 杭特（Robert E. Hunter），华盛顿特区兰德公司的资深顾问，也是美国驻北约组织前大使。他指出，智库在美国外交与国家安全政策上扮演的角色加重"是对美国在过去半个世纪在世界介入日深的一种自然反应"。这些机构有助于"训练美国的领袖人物、形塑未来政策、教育美国大众"。

21世纪初期，美国已深深介入世界各国，以它全球涉入的范围来看，其他国家无可比拟。美国与180个左右的主权国家有外交关系；军队部署于世界各地；它是全球第一大经济体，经济强国的角色无可匹敌；而且它是许多国际机构的重要成员。世界上不少国家寄希望于美国的领导，协助提供安全保障。

战后时期率先成立的此类机构是兰德公司。其源头是当时新成立的美国空军，其将领想要为其新军种构思发展目标与方案。为确保待设立的研究机构变成官僚机构，因此要尽可能远离华盛顿，而选址在加州的圣塔·莫尼卡（Santa Monica）。客观、高质量的国家安全研究成为该机构的主要特色。历年来，五角大楼创设了其他几个智库，专门致力于防卫议题的研究，包括防卫分析研究所和海军分析中心等。在硬科学界（Hard

Science）也有类似的研究机构，包括加州大学经营的两个：洛斯阿拉莫斯国家实验室（Los Alamos National Laboratory设立于1943年，是为了设计与建造最早的原子弹）和劳伦斯·利佛摩尔国家实验室（Lawrence Livermore National Laboratory，成立之初是要创造氢制武器）。

美国全国各地设置的其他众多智库研究机构，在美国外交政策的构思与形塑上颇有影响，部分位于民间公司或工会，一些是独立的，还有些是附属于主要大学——包括加州大学洛杉矶分校、斯坦福大学、麻省理工学院等。有人幽默地指出，"外交""国际""战略""全球""研究""政策""中心""协会"以及"委员会"这些字眼的每种排列组合，都会有一个美国智库用作名称。这些不同的智库研究机构研究方向各异，包括研究区域问题与功能议题等，例如经济与军事事务；以及针对美国参与外在世界和特定的构想与政策，明确致力于建构民众的理解与政治支持。有"联合国协会"，负责增进民众对联合国的了解，还有"大西洋理事会""海外发展委员会""武器控制协会"，以及许多世界事务的委员会，这些都是分布在全国各地的地方公民团体，它们对外交政策有兴趣。另有若干其他专门性的智库成立，例如国家出资的"美国和平研究所"。还有很多其他智库机构，旨在促进外交政策的某一方面，常结合其他研究单位，以公共教育和各项努力去影响国会内部的意见。

多年来，包括卡内基国际和平基金会、兰德公司、外交关系协会、布鲁金斯学会、战略与国际研究中心、美国企业研究所（与企业界有重要关系）、政策研究所（以自由派观点闻名），以及传统基金会（以保守派观点闻名）在内的众多知名智库成为形塑美国外交政策上最具政治影响力的智库。

美国外交事务智库有两个重要特色。首先，它们有许多是专注于把来自不同领域的人（学界、企业、政府）聚集起来讨论观点与政策选项。这些活动也不只是分享信息或发展最好的构想，它们也建构政策支持，尽可能协调各方达成共识：哪些议题是最重要的？不同观点的最大差异是什么，以及美国应遵循什么原则？外交事务智库聚拢持有不同观点的人士，而他们在美国全盘政治过程的角色也不同——有政府人士和非政府人士，也有人来自国会和其他行政部门。这种人员与政策构想结合效果理想，非常有助于培养美国外交政策制定中的一个主要元素——两党共治。如历届的行政当局和国会所体认的，当一项政策能擘划出两党支持的途径，那么该政策在国内（争取民众支持）与在国外（国家的跟随者和国际承诺）都有最佳成功机会。智库对于美国外交政策与美国在世界各地的角色已是不可或缺的。

（三）国外智库发展对我国智库建设的启示

纵观当今世界各国现代化发展历程，智库在国家治理中发挥着越来越重要的作用，日益成为国家治理体系中不可或缺的组成部分，是国家治理能力的重要体现。

观察西方国家间的关系，美国与欧洲、日本之间在政策和行动上的协调性较好，除了重大利益和价值观上的原因外，其智库之间交往程度很深也是原因之一。这些国家主要智库之间每年的互访次数多，互动频繁、灵活，通过各种类型的会面、会议，建立起机构和个人深入交往的有效方式。这些国家之间智库交往的频度、深度在现阶段都远非我们可比。这种交往非常有利于加深双方在一些问题、观点和思想上的相互沟通和理解，对相关国家某些政策的制定、媒体和社会认知的塑造都有着深入实际的影响。

我们应当看到，世界发达国家对智库发展都是高度重视的，不仅提供资金，还对投资、人才机制和情报分享等方面给予很大支持。当前，世界智库发展有了新的趋势：一是以项目资金主导智库发展；二是研究成果面向公众开放，将民众作为目标群体影响政策制定；三是成果形式适时适应新媒体传播。

虽然各国智库的发展和主要特点各异，但它们的共同之处主要在于智库与政府之间都有着密切的关系。美国很多内政外交政策背后都有智库的身影：兰德公司曾完全主导美国的核战略，策划越南战争，谋划里根政府的"星球大战"计划；向日本广岛和长崎投放原子弹是外交关系学会的意见；布鲁金斯学会曾构建具有跨时代影响力的"马歇尔计划"，成功挽救西欧濒于崩溃的经济，是美国对外政策中最成功的例子之一；战略与国际研究中心提出"巧实力"外交思想，最终成为奥巴马政府执政后的外交战略。

布鲁金斯学会理事会主席约翰·桑顿（John L.Thornton）认为布鲁金斯学会的三个核心价值是：质量、独立性、影响力。布鲁金斯学会的三个核心价值观奠定了它的全球声誉，也是全球不同国家的智库必须遵守的核心价值观。三个核心价值观展开来讲：质量，即研究的质量。智库是做政策研究的，产出的是思想，智库是以思想提升核心竞争力和社会影响力的。独立性，不仅是一个机构的独立性，还包括研究过程的独立性和学者的独立性。欧美智库的资金来源比较多元，它要保证资金的多元化不能影响研究过程。中国智库资金来源比较单一，能保证充足的资金，不必在市场上寻找资金，但资金来源的单一性对研究也有一定的影响。对于很多欧美智库来讲，影响力又分为三个层次，一是议程的设定，二是影响力的传播和框架的构建，最后是政策的设计。对一个智库来讲，三个价值观是互为贯通、互相支撑的。思想要由学者产出，所以研究的质量取决于学者，学者需要机制化的支撑，学者有了思想之后需要通过各种传播媒介扩大影响力。

随着中国综合国力的日益强盛，"中国议题"的火热也推动了智库的发展，一些国际顶尖智库已将中国作为重点研究对象。著名的研究型智库兰德公司聘用了多位了解中国情况的专家，专门研究中国问题。中国智库要抓住千载难逢的机会，做好顶层设计，完善体制机制，统一思想认识，加速智库外交法治化，全力推动中国法治外交理念的国际传播。

三、中国智库创新建构

党的十八大以来,中国正在开启一个智库发展的新时代。这是中国历史进程的必然要求,也是党和国家事业发展的紧迫呼唤。习近平把智库建设提上了国家外交层面,"智库外交"成为我国国际交流与合作的"第二轨道"。习近平在中央全面深化改革领导小组第六次会议强调,要从推动科学决策、民主决策,推进国家治理体系和治理能力现代化、增强国家软实力的战略高度,把中国特色新型智库建设作为一项重大而紧迫的任务切实抓好。我们欣喜地看到,国家对发展中国特色新型智库事业作出了一系列重要决策和部署;但是,我们也必须清醒地看到,目前中国智库发展仍然面临很多问题,整体上还处于改革乏力的阶段。贯彻落实习近平法治思想、外交思想,中国智库必须走创新发展之路。

(一)创新顶层设计

当今世界,智库的发展水平是一个国家软实力和竞争力的重要标志。中国虽然已是智库大国,但远不是智库强国,要建成世界智库强国,建设一批高质量、具有较大影响和国际知名的高端智库,中国必须贯彻法治外交理念,创新顶层设计。

1. 提高智库独立运行能力

西方智库之所以有强大的影响力,独立性是最主要的原因之一。尽管西方也有偏向某一党派或政治团体的智库,但此类智库终因其政治倾向而影响有限。中国智库有较强参政议政的积极性,但中国智库多为官方智库,真正的民间智库少之又少。官方智库免不了"官气十足",工作只求四平八稳,明显地缺乏活力,主动性不足。

改善中国智库外交的首要之举在于出台具体措施打通民间智库设置障碍,大力发展民间专业智库。党和国家的外交外事部门要尽可能开放政策研究空间，打破绝对"官办外交"传统理念，鼓励创新性研究，鼓励不同学术观点。如果智库更多表达与政府相同的观点，反而可能会令政府闭目塞听。智库独立运作，放飞思想，表达与政府不同的声音，才能提醒政府重视可能的其他思路，帮助政府做出更全面、更准确的判断。恐怕这个道理没有人不明白。

2. 改造官办智库，理顺体制机制

目前的中国智库"两极化"现象严重：一极是很多中国智库附属于国家部委，人财物各方面受部委限制，智库工作干脆沦为给部委唱赞歌，为部委出台的政策作注脚，几乎完全不能发挥智库的功能作用；另一极是有些智库研究人员完全天马行空，没有问题导向，不看实际需要，不考虑外交工作可行性，完全从概念、理论和逻辑推理出发，坐而论道，提供了一些大而空的对策建议，严重缺乏可操作性。中国不缺乏经院性的纯理论研究，也不缺乏实践性的对策研究，最缺乏的是理论与实践相结合的研究。（赵曙光，2013）我国出国人员复杂漫长的审批机制早已不适应"全民外交"的时代要求，不利于扩大、加强、加深我国智库与西方智库的交流。所以，有关部门要出真招、实招对目前的官办智库进行彻底改造，为官办智库松绑，在人财物各方面有相应的制度设计支持，解除智库研究人员的后顾之忧。

3. 鼓励发展"小而专"的智库

智库小型化和专业化是西方智库参与外交的一个趋势。20世纪70年代以后，美国大量倡议型智库往往都明确宣布自己的自由或保守倾向，虽然规模不大，但同样具有不可小觑的影响力。中国智库要在创特色、创品牌、创声誉上做足文章，中央外交外事部门要尽可能向专业智库定期发布政策议题，鼓励智库做一线调研，提出具有针对性、实效性和可行性的政策建议。规模大并不能决定智库研究水平一定高。中国智库必须从"大而全智库"的迷雾中走出来，鼓励"小而专"的外交智库的发展。

4. 保障智库外交的基础建设

新形势下，中国智库必须建立庞大的国际性网络以适应公共外交要求，进行中国特色大国外交理念的传播、国家形象的塑造和中国法治外交话语的推广。中国智库在各种信息技术的有效利用方面远远落后于西方智库。中国智库首先需要建立一个能够使自身在其中有重要影响力的国际性网络，要切实提升自身的关系管理和网络建设能力，建立高科技含量的决策支持系统迫在眉睫。积极推进中国外交决策的智能化，已经成为时不我待的重要举措。充分利用信息时代带来的机遇和便利，中国外交决策部门应该与智库协力合作，对落后的外交决策方法从技术上进行必要的革新，建立中国外交决策数据库、外交决策模块数据库、外交危机预警系统，创办中国外交决策实验室等支持系统，不断提高中国外交决策技术含量和科技水平。

利用科技手段，加强"虚拟"智库建设。"虚拟"公共外交的运行成本低、覆盖面广、效果更佳。几乎所有中国智库都需要根本地改善自身的网站建设，以读者为本，充实内容，以便于读者阅读和进一步传播。信息化时代，中国智库要尽量建立与媒体的合作机制，特别是与外国媒体的合作机制，以便有效加强国际传播。中国智库还需要借鉴目前在西方普遍运用的网络动员手段，建立自身的国际粉丝团，从而拓展自身的影响力，实现智库的实际和虚拟的同步"走出去"。（张春，2013）

5. 完善智库建设的法治化建构

中国智库不仅在法律体系上尚不完善，广大智库都缺乏独立的法律地位，大多隶属于某一党政军机构，或者从属于某一行政主管单位，难以独立运作，做出独立决策。更重要的是，由于中国智库运作更多采取项目化管理，过于依赖某一知名专家和项目负责人，在项目运作中更多依靠项目负责人的人格力量而非制度性力量，长期存在"人存政举，人亡政息"的问题。（赵曙光，2013）因此，提升中国智库外交的影响力，还需要转变"个人驱动"下的项目运作,走向"制度驱动"的法治机制化运作,加强制度设计,完善智库外交的法治化水平,此乃打造百年智库的根本之所在。

6. 明确智库外交人才的素养要求

智库外交人员不同于传统意义上的学术型研究人员或职业外交官。传统上,我国从事外交工作的人员往往是国际关系专业或外语专业的毕业生,而智库外交人员除了外语是必备技能外,首先应当能够在国际上有效传播中国的政策主张和价值观,这就需要对中国政治、文化及国情有深入的了解。合格的智库外交人员应当同时具备以下五个方面的条件:

(1)熟悉本国国情,了解本国历史、政治、经济等情况,国内实践调研经验丰富;

(2)熟悉对象国的政治、历史、经济发展脉络和现状;

(3)具有较丰富的国际实践经验,了解一定的国际法律知识和外交知识,善于法治思维;

(4)具备优秀人际交往能力,懂国际礼仪,善于使用法律外交语言与外方进行沟通交流;

(5)专业外语听、说、读、写、译能力俱佳,优秀的法律外交英语交流沟通能力必不可少。

只有逐渐建立和拥有懂法律、会外交、擅讲法律外交语言的智库外交人才队伍,我们才具备与国际一流智库之间展开充分对话和交往的资本,才有可能使中国的价值快速有效地传播给那些直接对本国媒体、政策制定等方面拥有影响力的机构和个人。郑永年(2012)对中国外交提出的一些观点值得深思:"光有职业外交家的经验,仍然不足以促使大外交的确立,因为职业外交家只是外交的执行者。更为重要的是,中国需要培养一些能够超越具体利益的外交战略家。他们既可以来自职业外交家这个群体,也可来自大学或者研究机构。但不管如何,他们必须超越具体的利益。"这其实是智库外交的一个侧影。

（二）重视高校智库发挥作用

党中央、国务院近年来在多个文件中明确提出智库要发挥外交功能，并将其列为智库的五大功能之一。要打造智库交流合作网络，推进智库外交。在落实中央这一指导精神的基础上，一些重要的政治、经济、军事智库开始逐步在国际事务中发挥重要作用。在这一点上，教育智库还有较大的空间可以作为。要想弥合中国智库政策研究的两极鸿沟，最根本的出路在于促进学界和外交实务界的交流，彼此取长补短，促进学术研究和外交实践的紧密结合。

《中国教育现代化2035》中明确提出"开创教育对外开放新格局"的战略任务，提出要"积极参与全球教育治理，深度参与国际教育规则、标准、评价体系的研究制定"。这一战略任务目标与智库的外交功能高度契合。《中国教育智库评价SFAI研究报告（2019年版）》明确提出，国际影响力指标应涵盖国际合作、国际推广、聘请海外员工等指标选项。这既是对国内教育智库外交功能的一次审视，也是一种督促，更是为了快速推进教育智库外交功能的发展建议。在当下教育智库的建设发展中，各类教育智库在国际影响力上还有所欠缺，如在国际教育事务的参与，国际教育机构人员构成，国际教育机构合作、共建、推广等事务上都存在种种不足，这与我们推进教育现代化、建设教育强国的目标是不吻合的，需要不断改善。

1.高校智库要瞄准发力点

当前，我们要合理聚焦教育智库外交的范围，抓住重点、稳步辐射，不仅要抓住落实教育部《推进共建"一带一路"教育行动》文件的机遇，将教育智库外交的重点放在共建"一带一路"国家，对接共建国家的教育需求，形成经贸合作与教育发展双轮驱动之势，而且要努力扩大教育智库外交的辐射范围，通过相互交流合作，将中国教育的经验和理念传播到世界各国。高校智库为此应着眼于以下三点工作：

一是进一步加强与国际教育组织的合作。对照《中国教育现代化2035》中"深度参与国际教育规则、标准、评价体系的研究制定"的目标，我们不仅要进一步加强与联合国教科文组织的合作，并共建相关教育机构，还要加强与经济合作与发展组织（OECD，以下简称"经合组织"）、世界银行等综合性国际机构中教育部门的合作，如经合组织的教育与技能局、世界银行的教育全球发展实践局等，不断扩大中国教育智库与世界顶级机构的合作范围，吸引这些国际重要教育组织与国内高校、教科院所共建智库平台，逐步引导国内教育智库参与国际教育事务的规则标准制定工作。同时，我们还要借助这些机构在全球的影响力和辐射力，借船出海，不仅要将它们"引进来"，还要在全球范围内借助它们的渠道，在其他国家共建教育智库，扩大研究范围，增强中国教育智库的影响力。

二是进一步加强全球范围的教育推广交流。向世界推广中国教育经验，挖掘中国教育的"法治"根基。首先，总结推广中国历史上的成功教育经验与方法，尤其是对发展中国家具有借鉴意义的教育实践路径。如教育家陶行知的生活教育理论，其内核"生活即教育""社会即学校""教学做合一""小先生制"，迄今依然可以成为教育欠发达国家和地区迅速提升教育质量的重要抓手。我们完全可以借助教育智库外交，将生活教育理论引介到共建"一带一路"国家和地区，既可以帮助他们在短时间内提升教育质量，也可以向世界宣传中国的教育名家与教育思想。其次，提炼中国历史上的法治思想与当前中国教育改革中的"法治"亮点和经验，向全球各国传播。简言之，通过古今结合，可以展示中国教育的"法治"底色，有利于塑造法治中国形象。

三是进一步加强国际教育智库人才的培养与交流。据统计，在联合国教科文组织中，我国分摊了5.1%的会费，聘用的中国籍员工仅仅占比1.6%。世界银行等国际机构的中国籍员工数量也在2%以下。如果缺乏足够的中国籍员工在世界重要组织的教育机构任职，那我们想要参与全球教育治理的目标就很难实现。因此，当前及今后很长一段时间内，我们首先要加大国际组织人才的培养。特别是针对联合国教科文组织、经合组织、世界银行等具有教育智库性质的机构，适当在部分高校开设语言、教育等相关课程，甚至设置国际组织人才培养学院，培育一批全球视野与中国情怀相结合的国际教育机构工作人员，建立渠道输送他们进入相关国际教育组织，为中国参与全球教育治理奠定人力资本基础。其次要加强教育智库人才的国际交流。建议由教育部、人社部相关国际交流司局遴选一些高端教育智库中具有良好语言功底的教育政策、教育智库研究者，派驻联合国教科文组织、经合组织教育与技能局、世界银行教育全球发展实践局等机构，了解并参与国际教育标准、规则的制定，同时也积极邀请相关国际组织中的教育学者来华讲学，指导教育政策、教育智库的研究，在不断交流中共同推进人才培养。

2. 高校智库深度融入国家治理体系

中国高校智库的发展迅速，但存在不少共性问题：智库的研究创新能力需要提升。智库研究在信息获取上有一些屏障。如果信息获取不全，那么研究出来的政策成果就会片面，缺乏可行性。所以，智库应该和政府之间建立一个法治化的通道，能够让智库学者在某些政策研究领域，在不涉密的情况下，获取和政府官员同样的信息。高校智库要有科研考核评价机制来评定学者们的研究成果，没有适合智库研究的评价机制就会遏制人才的创新发展。人才决定了研究质量，需要法治化、制度化的环境和激励政策来保障研究人员的理想和激情，促进创新，提高研究质量。智库研究要有独立性，但它一定要服务于国家利益，中国高校智库在改革创新发展中要坚持独立性和国家利益并重，构建一个法治化的体系，做好制度设计，形成良好的发展机制。

提升国家治理体系与治理能力现代化是当前和今后较长一个时期全党

的重大战略任务。研究高校智库如何深度融入国家治理体系,既是高校自身发展的使命担当,也是新时代我国推进国家治理体系与治理能力现代化的一个重要抓手。中南财经政法大学汪锋教授说,由于受"五唯"(唯论文、唯帽子、唯职称、唯学历、唯奖项)等因素影响,高校及其智库服务国家决策的能力与其所处地位不相符,普遍存在机制不顺、能力不强、贡献率低等问题,一些高校智库甚至游离于国家治理体系之外。解决这一问题,既需要微观层面的深化改革,也需要宏观层面的制度创新。从体制机制层面破除"五唯",推动高校智库深度融入国家治理体系的改革策略,要着重解决好如下问题:

第一,完善评价标准,激发智库内生动力。在第四轮学科评估指标体系中,智库评价体现在三级指标"社会服务特色与贡献"中,主要采取"典型案例"这一类似"代表作"的评价方式。这一指标虽然首次将智库建设纳入评价体系,但过于单一的评价标准,难以全面准确地反映高校智库建设成效,尤其是难以科学评价通过跨学科研究取得的智库成果,以及高校是否建立起常态化、长效化的社会服务机制。鉴于此,在新一轮学科评估指标体系的设计中,对于应用类学科,建议采取定性与定量相结合、点与面相结合的方式,既要考察是否发挥学科特色与优势、产出了高质量的社会服务成果,也要观察该学科是否建有一定层级、数量的实体化、专业化智库。同时,重点考察这些智库是否拥有畅通的参政议政渠道、发达的社会关系网络,学术影响力、社会影响力与决策影响力如何等。(汪锋,2020)只有客观公正的评价标准才能激发高校智库内生动力,提升其自觉自愿服务国家决策能力的意识。

第二,总结智库建设经验,稳步扩大规模。自2015年国家高端智库试点工作启动以来,我国先后培育建设了近十家高校高端智库试点单位。经过几年的探索,这些高校国家高端智库已经在体制机制、研究范式、评价体系、队伍建设、成果转化等方面,探索出一些行之有效的制度、办法和措施。高校智库建设的当务之急是教育主管部门总结经验教训,降低智库门槛,将这些试点经验有序推广到其他高校,影响和带动更多高校智库发挥所能,为国家决策做好咨询服务。

第三,加强顶层设计,规范指引智库发展。近年来,国家及教育部出台了一系列关于新型智库建设的文件,但作为一种创新型的学术组织,高校智库目前在理论与实践层面仍面临一些亟待解决的问题与困惑。例如,高校智库与具有一定智库功能的协同创新中心、人文社科重点研究基地的区别是什么?在"双一流"建设中的功能与目标定位是什么?不同类型高校在智库建设的目标与路径上有何差异?智库与高校内部传统学术组织有何不同,与一流学科建设的关系是什么?高校在创建新型智库时,在基本制度构架、管理运行模式、考核评价标准等方面的规范性要求是什么?这些问题均需教育行政部门从顶层设计高度予以明确,提出指引性、原则性意见。(汪锋,2020)

第四,遵循多元化原则,深化高校学术评价体系改革。当前,高校对决策咨询类成果的评价形式较为单一,基本是以领导批示或采纳应用证明为主要依据,且很多高校仍然未对决策咨询类成果的学术价值做出认定,难以客观全面地反映决策咨询成果质量。鉴于此,应遵循多元化的原则,进一步深化高校学术评价体系改革。除传统形式外,还有一些重要成果形式应纳入评价体系之内。如高校智库研究人员承担决策部门委托的政策研究类项目情况,负责相关法律法规、规章制度草案的创立、修订情况,负责决策部门专业性较强的规范性文件、发展规划、工作方案起草情况,在新媒体发表的具有较大影响力的学术文章等。同时,应充分肯定智库成果的学术价值。可考虑在高校学术委员会下设立决策咨询成果学术评价专门委员会,对本校相关成果进行同行评议,并按照质量对评价结果进行分级。在评价结果的运用上,应与高校传统学术评价分级标准相对应,并与研究人员职称评聘挂钩。(汪锋,2020)

第五,借鉴域外经验,提高智库研究水平。目前,高校智库研究队伍的整体力量不强。美国智库的"旋转门"人才制度建设值得效仿。应当将智库研究人员作为专职教师队伍中的一个类别，纳入学校师资队伍建设整体规划中。同时，充分整合利用本校学术资源，在学科、学院、智库之间搭建人才无障碍流动的制度桥梁，形成智库与学院、学科相互促进的良性发展机制。在具体制度设计上，高校内部相关学院或学科的教师对决策咨询有兴趣、有能力的，可以通过聘任岗位的转换，申请在智库工作一个或多个聘期，聘期结束后再返回学院。智库研究人员如果希望转型为教学型教师，也可通过校内转岗程序实现流动。（汪锋，2020）鼓励高校和国家机关实务部门共建研究院，外交官到智库担任客座研究员、选拔智库专家到驻外使领馆挂职锻炼、鼓励学界和外交实务界的对话和讨论等，提高智库外交人员研究水平。

第六，注重智库功能建设，提高智库国际传播能力。智库的传播可以分为国内舆论传播和国际舆论传播两个层次。可以说，国内舆论传播中国智库做得很好，中国智库很重视影响力的传播。但是重视舆论传播不代表舆论传播达到了希望的高度，智库的传播力还在于思想的创新能力。对于中国智库国内传播来讲，思想的创新能力限制了舆论传播力的效果。国际舆论传播层面，即智库公共外交影响力，在国际舆论传播空间，中国智库还有相当大的提升空间。智库建设对外的最重要的功能是把中国的政策主张、价值观传出去，以此塑造良好的中国国际形象。高校智库可以凭借自身独特优势，在国际传播能力建设方面实现突破。

新形势下，中国智库必须进一步增强使命感、责任感。我们要致力于运用法治外交理念办好智库，系统规划，稳步推进。通过智库外交，把党的百年奋斗重大成就和历史经验、党的百年奋斗的初心使命和重大成就、中国特色社会主义新时代的历史性成就和历史性变革、党的百年奋斗的历史意义和历史经验等，进行深入对外阐释，展示好中国文化和中国精神的时代精华，展现全面建设社会主义现代化国家的光明前景，向国际社会讲好真实动人的中国故事，讲好感天动地的中国共产党辉煌奋斗史，讲好中国共产党领导下的百年法治建设奋进史。中国智库的历史责任是要成为理论的创造者、舆论的引导者、政策的设计者、国家战略的探索者、国际交流的贡献者。智库外交,大有可为。

第八章　法治外交国际传播

美国学者布鲁斯·拉西特（Bruce Russett）曾说过："外交的主要特征是沟通。"而良好有效的沟通，则依赖于一国对外传播能力。当前，维护全球语境下我国国家安全，凝聚价值共识，扩大中华文化国际影响力，塑造良好的中国国际形象，都离不开提升我国国际话语权。作为爱好和平的世界文明大国，中国应该有自己的话语权，更应该有引领时代发展和世界潮流的话语权。后疫情时代，话语权在国际政治中的作用日益突出，而中国在国际政治话语权的提升方面却相对滞后。没有较高水平的话语体系，就不可能赢得一定的话语权。尽管党中央一直在强调国际话语体系建设，我们不得不承认我国的话语体系建设和国际传播还是存在很多问题的。由于历史和现实原因，我国话语体系目前尚无法及时提出适应我国社会日新月异发展态势的新概念和新范式，也无法充分、鲜明地展现并阐述中国当代故事及其背后的思想力量和精神力量。

话语体系建设与国家安全休戚相关。近年来，中国一直面临来自西方世界的"中国威胁""中国不确定"等话语压力，时常处于"话语防御"的被动状态。虽然我国也提出了一些关于国际政治和经济秩序等方面的主张和理念，但是在世界范围内还远未形成足够的影响力。我们的很多表述国际社会都无法理解，更谈不上被认同接受或是达到某种建构效果。我们急需重点研究中国的话语表达与世界通用话语表达的差异在哪里，以及中国话语具体建构路径问题。中国要正视所面临的严峻挑战，理性建立和发展自己的传媒体系,更好地应对来自西方国家的话语和价值观的挑战。只有对这些问题进行客观深入的研究,中国才能形成自己的话语策略,建立与综合国力相匹配的话语体系。

构建话语体系离不开高效的对外传播机制保障。加强国际传播能力建设,首先要优化对外传播战略布局,打造具有国际影响的外宣旗舰媒体,掌握对外传播先进方法,拓宽对外传播渠道。新形势下做好国际传播,就是要在对外传播中主动讲好中国共产党治国理政的故事、中国人民英勇抗疫共筑人类命运共同体的故事、中国坚持和平发展合作共赢的故事,要让世界知道"发展中的中国""改革中的中国",更要让世界知道"法治中的中国""开放中的中国""为人类文明作贡献的中国",向国际社会不卑不亢地展示中华人民共和国东方文明大国形象、负责任大国形象、社会主义大国形象。鉴于此,通过精心构建中国对外话语体系传播中国声音、消除外界误解、拨开认知迷雾、回应国际关切,赢得国际话语权已经成为新时代中国紧迫且重大的任务。

一、国际传播中的困惑与问题

经过70年的发展和努力,中国已经成为世界第二大经济体,但遗憾的是,我们还没有与之匹配的国际话语权。在解读中国实践、构建中国理论上,我们应该最有发言权,但实际上我国在国际上仍处于有理说不出、说了传不开的境况。中国话语体系或中国故事叙事方式还是重在描述现象为主,缺乏学术概念提升和理论反思的机制和路径。这些基于中国场景的现象描述在西方文化或国际舆论场中进行传播时就很容易被曲解,甚至出现与中国场景的理解完全相反的效果,产生不必要的误解甚至敌意。要想提高中国话语的域外传播效能,我们首先要澄清认识、明晰差距、练好内功。

(一) 外交语言的丰富内涵

外交语言是一个国家的外交政策和外交理念通过政策文件、声明公告、国际规则、对话访谈等各种媒介传导的信息。外交语言具有特有的表达范式,承载着丰富的内涵。了解外交语言的丰富内涵是做好法治外交国际传播的基础前提。

外交语言承载着国家基本的价值观。在当今世界,国家的外交政策必然反映国家主流价值观导向,也就是一国外交语言必须说明本国认为理想的国际秩序应该是什么样的,本国将如何去追求维护这种理想的国际环境,在这一过程中本国将如何处理与世界各国的关系。其实这些问题不仅是一个国家需主动对世界说明的问题,而且也是世界其他国家共同关注的问题。外交语言在传播过程中要说明"我是谁""我要干什么"的问题,同时也要回答他国"你是谁""你想干什么"的问题。(张耀,2018)从近现代历史中我们可以看到几乎所有大国的外交语言都有着比较明显的价值观体现。中华人民共和国成立70多年来,我们的外交语言传播担负着承载与传导我们的外交价值观的使命。中国作为社会主义国家,一直坚持自己独立自主的和平外交政策,早在中华人民共和国成立初期就提出并坚持以和平共处五项基本原则作为中国外交的基本理念。今天,习近平新时代中国特色社会主义思想是中国在各个领域的基本价值观,反映在外交语言上,就是习近平提倡的"构建以合作共赢为核心的新型国际关系,打造人类命运共同体"。(张耀,2018)

中国经济的迅速发展和崛起是当今世界最重大的事件。四十多年来,中国坚持以经济建设为中心,锐意推进改革,全力扩大开放,经济发展步入快车道。1978年,我国国内生产总值只有3679亿元,之后连续跨越,1986年上升到1万亿元,1991年上升到2万亿元,2000年突破10万亿元大关,2006年超过20万亿元,2017年首次站上80万亿元的历史新台阶,达到827122亿元,当年经济增量折合1.2万亿美元,相当于2016年全球第十四大经济体澳大利亚的经济总量。（国家统计局，2018）十多亿人口的中国，通过改革开放实现了持续的经济腾飞。中国的发展对国际格局的演变起着举足轻重的作用，也将对中华民族的未来起着至关重要的作用。当今世界面临着如何认知拥有14亿人口的中国在中国共产党的坚强领导下迅速崛起这一历史事实。中华人民共和国成立后的几十年中，中国共产党作为执政党坚持探索符合中国国情的发展道路，形成了一套独特的政治制度。中国的社会主义制度，不是教条式的社会主义制度，它汲取了其他制度的优点，并不断从理论上进行创新，以保持它的先进性和与中国社会发展的融合度。中国从自身和世界发展的历史经验教训中深刻体会到，强权霸权并不会有助于国家的发展，相反会给自身带来灾难性影响。习近平提出的"构建以合作共赢为核心的新型国际关系，打造人类命运共同体"已经被写入联合国相关文件中，这充分表明了中国外交语言传播的有效性。（张耀，2018）

外交语言饱含法治与道义融合原则。道义是国际法治的基础，违背道义的国际法律是不存在的。国家间道义是国际交往中大多数国家所认同的以平等、正义、和平、民主为价值追求，对国家行为有一定约束力的行为规范。当今世界，虽然各国外交要遵守国际法律，但是"义"也已经越来越成为各国外交中的重要元素，在外交博弈中尽可能争取对己有利的价值标准、道义标准也成为当今国际关系的特点之一。依据道义规范国际行为的国家，则会占据道义制高点，增强国家软实力，赢得其他国家的尊重和支持。中华人民共和国成立以来，社会主义中国奉行独立自主的和平外交方针，坚持义利并行、义字当先的外交理念。中国一直在国际关系和对外交往中秉持公道、仗义执言、维护世界人民的根本利益。虽然自身国力有限，但在国际事务中中国一直支持各国人民的正义斗争，包括广大殖民地人民的民族独立和国家解放以及独立之后的发展，反对帝国主义、殖民主义、霸权主义和强权政治行径。中国在联合国等国际场合也一贯秉持公道、维护正义，得到了世界上大多数国家的认同和赞赏。1971年，当恢复中华人民共和国在联合国的合法席位，中国代表团进入联合国大会会场时，受到了发展中国家代表的热烈欢迎，这是对中国外交坚持法治道义相融合原则的充分肯定，体现了中国法治外交语言传播的高效能。

党的十八大以来，我们的外交工作坚持正确义利观，主张中国外交在维护国家利益的同时要坚持"义"字当先。中国外交的国家间法治道义融合思想，不仅对国际关系理论中国范式的建构有一定的理论价值，而且对当前中国的和平崛起进程有着重要的现实意义。正确义利观丰富发展了马克思主义外交理论，提升了中国外交话语权和软实力，有助于引导全球治理体系向着更加公正合理的方向变革。只有坚持正确的义利观，中国的发展才能被世界所认同，中国的发展才能走出历史的窠臼。正确义利观是新时期中国外交的一面旗帜。

外交语言表述需要立场鲜明。当今世界纷繁复杂，矛盾冲突不断，性质各异，这给很多国家制定外交政策、决定利益取舍、表明外交立场带来困难。但一个国家的外交语言在一些原则问题、是非问题上必须有鲜明的立场。鲜明的立场展示了本国的外交价值观和道义观，从长远来看，有助于国际社会了解本国的根本价值理念和基本立场、了解本国的关切和底线，从而事实上也有助于维护本国的长远利益。如果在一些原则问题上模棱两可，左右摇摆，最后往往得不偿失，失去国际社会的信任。中国外交语言的传播在关乎国际关系的基本原则和外交立场等大是大非问题上总是立场鲜明，态度明确。近年来，在联合国多次面对一些西方国家试图以武力干预其他国家内部事务时，中国都果断投了反对票，旗帜鲜明地表达了中国维护国际关系基本准则，反对未经联合国授权武力干预别国内部事务的立场。事实表明，只有立场鲜明的法治外交语言，才可以弘扬正气，彰显道义，维护法治，获得国际社会的尊重。

总之，一国外交语言的表现形式、风格风范在不同历史时期也许会有所不同，但其基本要素应该是长久稳定的。法治外交语言是做好中国法治外交国际传播的重要抓手。

(二)"知彼知己"关注中西传播文化差异

哈佛大学东亚系伊维德（Wilt Lukas Idema）教授认为：每个国家都希望自己的文化走向世界，但文化交流无法预设。中国故事在走出去时需要考虑受众的接受度，因为外国听众缺乏有关中国文化的背景，外国听众的预期、准则、价值观等和中国读者是不同的。所以文化交流传播是一个漫长过程，需要长时间努力构建和积极参与。我们要做到"知彼知己"，才能扬长避短，应对自如，切实提高国际传播效能。

1. 国际传播中的问题概述

目前的中国话语对外传播效果不理想，存有不少问题，概括起来主要有以下六个方面的问题：

（1）缺乏创新性话语表达。固守既有传播思维，没有与受众相融的话语表述，自说自话，话语僵硬机械，陈词滥调，刻板教条，缺乏逻辑，没有可信度，对外传播效能低下，严重损害了中国对外话语体系的声誉。

（2）学术话语尚未形成体系。建构融通中外的话语体系，需要以新概念、新范畴、新表述来向国际社会解读人类命运共同体理念，需要用中国理论解释中国的发展，这是一个庞大而艰巨的系统工程，任重道远。

（3）智库的功能作用远未得到发挥。中国智库研究缺乏引领性概念和原发性观点，与西方智库机构缺乏联系交流，对外交往缩手缩脚、顾虑重重，严重缺乏灵活性，远未发挥智库在国际社会上应有的传播影响力。

（4）缺乏法治思维和法律意识，没有制定国际规则的经验，在全球治理中尚未构建起自己的话语体系，这是我国提升国际话语权所面临的严峻挑战。国际议题的设置能力不足。国际议题的设置，既是国际话语权强弱的直观表现，也是国际话语权竞争的重要途径。

（5）对外传播主体和形式太单一。价值观多元分散。随着冷战后国际与国内局势的变化、社会思潮的变迁和阶层利益的分化，中国社会出现了价值观多元化状态。这自然也反映到思想与学术理论界，并转而产生具有多元价值的话语。

（6）还远未形成精准传播。中国国际传播缺乏统一部署和规划，不能有效整合利用传播平台，传播内容随意性较强。对传播受众缺乏了解，没有认识到法治传播的重要性，增加了国际传播的盲目性，传播效能低下。

2. 理性认识西方媒体

（1）为什么外媒一直抹黑中国

中国的崛起吸引了各国对中国的关注，同时，加剧了对一个强大且不甚透明的中国的猜测与怀疑，按说这也是情理之中的事。任何一个国家想扩大自身在国际上的话语权均无可厚非。我国近年来强调讲好中国故事，推动官方媒体走向世界。但出于政治、历史与文化等原因，目前国际社会上最有影响力、最有公信力的媒体大部分还是在西方。无论承认与否，外界对中国的认识绝大部分仍然受到西方媒体的影响。西方主流媒体是西方世界了解中国的最重要的窗口，未来很长一段时间也仍将是如此。西方也正是从西方媒体开始了解中国共产党。延安时期，毛泽东与斯诺的对话，被西方人认为是一种良性互动。这样的交流给了中国向世界阐明自己观点的机会。而外国记者也可以向中方解释外界对相关议题的意见和疑虑，促进世界和中国的交流。

而西方媒体中，驻华特派员是让外界了解中国的首要渠道之一。削减他们在中国实地采访报道的机会只会扩大外界对中国的误解与怀疑，削弱外媒对中国进行客观公平报道的能力，对各方都不是最优之举。中国与外媒其实更应是探索一种互为表里的关系。需要找到的是共存的方式，而不是割席分坐。

为什么外媒一直抹黑中国？首先，从外国新闻媒体的运营层面。驻华记者的大部分报道的出发点是追求客观事实的。但不可否认，有的记者工作不认真，得过且过，加上记者本身的肤浅认识与偏见，文章自然不客观。同时，西方国家新闻产业多是私企控制，在现在的环境下面临极大的商业压力。多数外国媒体人手很少，在一些规模较小的机构，记者加中国助理的人数甚至不过两三人。这种小团队报道一个人口达十四亿、语言文化极为多元的庞大国家，其实勉为其难。他们工作量特别繁重，没有时间和能力来加深对中国的了解，也没太多机会做一些比较深入的采访报道。

再就是因为同样的商业压力，外国媒体中有能力外派记者的媒体机构越来越少，要培养一批有能力、素质高的外媒驻华记者更是难上加难。目前在西方媒体驻华分社工作的外籍记者群体当中，大部分可以说是新生代。他们大多数年轻、好学、有干劲，但客观来说也缺乏经验，对中国的理解相对较浅。随着老一批外籍记者近年来或退休或离开中国，剩下的一些次资深的中生代记者又被逐离，外媒驻华记者圈内的新老交替几乎一夜间溃灭。

外媒报道中国，需要照顾外国读者阅读新闻的习惯。最受欢迎的西方报刊，例如美国的《纽约时报》《华尔街日报》和《华盛顿邮报》，英国的《金融时报》和《经济学人》等，他们每刊发布的国际新闻稿一般只占当天新闻总量的少数。虽然是国际媒体，但是他们的读者首要关注的还是自己国家的重大新闻。读者就算关注国外新闻，也是因为想了解外界发生的事情如何影响到自己。这点同中国读者阅读国际新闻的原因和习惯，相信是差不多的。

中国作为世界第二大经济体，在各大报刊的国际新闻版面上占有一定的栏目，但平均每天也差不多只能看到一两篇有关中国新闻的稿子。一般来说，这些西方主流媒体的读者对中国的认识较浅，看新闻的时间不多，更别说把注意力放在中国新闻上。读者的时间是宝贵的，每天翻看报纸，刷刷手机新闻移动平台也花不了几分钟，要让他们看完稿子就必须尽量把信息以简略准确且公平的方式呈现，尽可能捕捉到读者的注意力。一般说来，在中国投资设立分社派驻记者，无非是媒体机构希望能够在新闻一线采访到最真实的声音，反映最客观准确的情况。反而一些在报道中国新闻方面做得不专业、负有偏见甚至歧视的媒体机构，他们都没有在中国设立分社,跟中国社会几乎没有直接接触,甚至没有专注中国的记者。这些媒体报道中国新闻时一般会采用其他媒体发布的消息,断章取义,融进自己对中国的片面理解,编成符合他们政治观点的报道。例如福克斯新闻频道,这家可以说是当年最响应特朗普的号召攻击中国、抹黑中国的媒体机构,他们在中国境内就没有任何新闻工作人员。

无可否认,外籍记者一般会从外国视角分析中国事务,选题和撰稿过程都以自身国家和社会环境作为背景考量。这也许在所难免,毕竟他们在不同的历史文化背景中成长,世界观与中国人有一定的差异。但应该相信如果可以有更多的机会让驻华媒体记者了解不同的情况,由文化差异引起的误解是可以减少的。

中国需要用平常心来面对这个问题,每个人看待问题的视角不同,不可能要求所有人都给中国一个良好的评价。西方媒体的影响力扩散大,传播快。无论对中国还是对他们自己的国家,西方媒体似乎有个共同的偏好:不去报道好的一面,而是更倾向于报道不好的一面。比如美国有线电视新闻网(CNN)每天揪着特朗普不放,每天都在批判特朗普。

(2)新闻就是宣传吗

新闻不是宣传,也绝不能是宣传,新闻必须有专业的机制和操守。媒体是天然应当把公共命运置于首位,决定它要遵循的这种价值和它的社会责任主要体现为新闻专业主义。

媒体服从公共利益,媒体必须报道事实。媒体作为信息流通的渠道,它要采纳一定的价值标准,可以采用社会的核心价值,就是自由、平等、公正、法治。媒体必须受制于专业规范。

新闻报道首先要坚持不迎合原则,这是人对信息的需求,其实每个人的欲望有很多层次,我不是提供你欲望当中最低的层次所需要的东西,而是提供你应该知道的东西,这就是不迎合。第二个就是现场原则。在路透社和汤姆森合并之后,路透社发现他们自己最大的问题是到新闻现场的机会在比例上变少,于是修改了他们的制度,在每一次重大事件发生的时候，记者必须在现场，就是只用记者代表公众的眼睛看这个事件的发生。第三个就是防火墙原则，媒体不能被收买，必须有一个新闻内部的防火墙，就是编辑部和经营部必须是完全隔离的，这是不可逾越的，就是经营不能变成任何干预。（胡舒立，2013）

资深媒体人胡舒立认为，中国现在最主要的是必须得有新闻专业主义的成长，由新闻记者这些经过专业训练的人用专业、客观、公正的手法报道事实，让公众去判断，然后维护公众的知情权。我们现在大量的时间陷入了在事实不完整，甚至事实不清晰的情况下进行讨论。因此，中国需要通过整体的努力，利用新媒体的机会，构建起适应现代国家社会治理所需要的以新闻媒体为主体的一批稳定的、开放的、包容的、理性的平台，这就很清晰地体现了媒体人的追求、社会责任和价值。

（3）外媒一贯反华吗

个别外国媒体确实是一贯反华，但并不是所有外媒都贬低歧视中国。

媒体不是一个人，也不是一个国家，而是一种工具。媒体想要传播的都是价值观。媒体想要传播的不是基本的新闻事实，而是它自己的价值观。如果只是传播新闻事实的话，那所有媒体都只要发电报就行了，某年某月某日发生了某事，报道就完了。大家的价值观和出发点不同，报道中就会各自夹带自己的私货，这是自然规律。所以，那些个别总是要歧视贬低中国的媒体，就算今天他不因为病毒歧视中国，明天他还会问你吃狗肉的问题，后天他又会用雾霾问题刁难你。今天你逼他道歉了，明天他还会再犯。他的价值观决定了，他会一直在这条道上走下去，不停地试探你的底线。

让世界听到中国的声音，光靠去外媒网页下面抗议，是远远不够的。这些年西方国家对中国的印象有所改观，主要还是因为我们自己壮大了。国际舞台上，靠实力说话，这很残酷，却是游戏规则。

如果你攻克了欧美人都无法攻克的科研难题，那没有人敢歧视你。如果你掌握了欧美国家的核心技术和命门，那你不出声别人也尊敬你。如果有一天，我们根本不在乎那些外国三流媒体怎么说我们，那我们才是从经济到心理都真的强大了。

（4）美国的媒体霸权

美国媒体在世界上的地位如何？世界四大通讯社中，美国独占美联社和合众国际社。美联社成立于1848年，1892年改为现名，由美1200余家报刊和3400家广播公司、电视台合股组成，而合众国际社是世界上独立经营的最大通讯社。有学者指出，美国媒体的发稿量占全球半壁江山。

另外，Metaverse，Twitter，Youtube，Instagram等社交媒体都是美国的公司。这些媒体拥有美国科技支撑，发展迅速，又以世界通用语（英语）为媒介，通过内容审查机制影响着全球各国大众的思想，稍加诱导或调控，就能够达到煽动人心、丑化他国的目的。这是美国当前位居世界霸权地位的坚强后盾，这种力量极具渗透性，令人担忧，需要引起国人的重视。

美国表面实施新闻自由，实际上实施的是赤裸裸的"媒体霸权主义"。美国在全球拥有在议程设置、内容控制、事件解释等层面"一超独霸"的话语主导权与规则制定权。中国社会科学院冷淞（2019）认为，美国媒体霸权主义体现在三个方面：

首先，美国式的霸权从"直接介入"走向"媒介渗透"。今天的美国已经成为"世界喇叭"。在干涉他国内政时，美国不仅直接介入，更会动用美国主导的西方媒体，煽动全球舆论，妄图达到"不战而屈人之兵"之效果，达到美国优先、维持世界霸权之目的。

其次，美国媒介霸权已"从传统媒体言论攻击走向新媒体集群发酵"。在当前全球性的互联网新媒体时代，美国政府通过舆论霸权干涉他国内政的方式，从动用报纸、杂志、广播、电视等传统媒体，走向了既动用传统媒体，又打造美式的"新媒体霸权主义"，在网络新媒体端对他国粗暴"侵入"。这种舆论霸权的效果较之于传统媒体更为高效而迅猛，尤其值得国际社会引起高度重视。

最后，美国舆论战策略从鼓动歪曲报道走向滥用公权身份煽动。这种"新媒体霸权"的营造，既包括美国政府领导人在自媒体、社交媒体的发声；也包括动用美国主导的全球性新媒体平台营造舆论攻势；还包括买通被攻击国的新媒体机构和平台歪曲事实，以期实现被攻击国的"内部瓦解"。

我们要尽快提升中国媒体的全球影响力、传播力与掌控力，为澄清事实真相，净化全球舆论环境，抵制美国"媒体霸权主义"，建设属于中国自己的全球影响力媒体。

3. 构建法治外交国际传播翻译话语体系

习近平在2016年党的新闻舆论工作座谈会上指出："我们在国际上还常常处于有理说不出、说了也传不开的境地，存在着信息流进流出的'逆差'、中国形象和西方主观印象的'反差'、软实力和硬实力的'落差'"。之所以出现上述的"逆差""反差"和"落差"，除了东西文明和意识形态的冲突以及西方社会对于中国话语的先天偏见之外，翻译能力与传播能力自身的建设也不容回避。在论及中国外交话语的翻译与传播时，有论者指出，近年来，我国外交工作取得巨大成就，但外交话语的翻译能力却乏善可陈。一方面是因为国际社会在语言文化和意识形态等方面千差万别；另一方面则是因为我们在翻译外交话语时往往忽略受众，采用单一且生硬的政治宣传模式，较少针对受众地区或国家的社会文化语境和话语体系调整传播策略，过分关注外交话语的生成而忽略接受情况。（胡开宝，李婵，2018：6）

中国应有独立的国际传播翻译理论话语体系。因为法治外交语言的强大威力，法治外交翻译成为我国对外翻译传播翻译话语体系建设的核心内涵。党的十八大明确提出要倡导人类命运共同体意识，在国际社会引发了热烈回响，掀起了国外学者研究人类命运共同体的热潮，研究的广度和深度都得到了前所未有的拓展。但是，由于主体身份、语言文化背景、价值取向、利益诉求、意识形态等诸多差异，国际社会对人类命运共同体的认知也存在着一定程度的差异。某些国家的过度解读和质疑之声也逐渐浮出水面，该理念甚至遭受话语强势的西方媒体的污名化传播。我们对这种差异的重要性认识不足，会加重西方社会对中国"和合"文化的负面情绪，也从侧面体现出我国构建人类命运共同体对外话语权的必要性和紧迫性。（佟晓梅，2019）

之所以产生这种认知上的质疑和曲解，东西方文明的冲突是主要原因，但更重要的是我们没有建立起国际传播翻译话语体系。我们的对外翻译政出多门，似乎也没有国家某个部门管理协调对外翻译工作。我们创新使用的理论和术语被翻译得五花八门，我们似乎自己都不能说服自己，又怎么能去说服别人。国家没有对翻译学科给予足够的重视，高校里只设有传统的翻译教学，过度关注文学翻译。

众所周知，中国特色对外话语体系能否赢得国际社会的普遍认可，最终取决于我们是否掌握话语权，是否具有强有力的话语体系。中国国际话语权的赢取在很大程度上取决于中国话语在对外译介与传播过程中的认识论与方法论选择，以及各种话语变量在此过程中的协调与配合。因此，如何实现"中国知识""中国智慧"的世界表达与阐释（魏向清，杨平，2019：97），如何切实有效提升中国的国家文化软实力，是摆在对外传播工作者面前严肃而迫切的历史使命。

刘禾（1999：30）指出："不同语言在翻译活动和跨语际的实践中发生的交往是历史进程中至关重要的一部分。今天，若是不充分考虑到不同语言之间发生的历史性交换活动的复杂性，就无法进行跨文化的研究。"基于此，刘禾提出了"跨语际实践"的概念："我对跨语际实践的研究重心并不是技术意义上的翻译，而是翻译的历史条件，以及由不同语言间最初的接触而引发的话语实践。总体而言，我所要考察的是新词语、新意思和新话语兴起、代谢，并在本国语言中获得合法性的过程。"（刘禾，1999：35）虽然刘禾探讨的是外来话语在中文世界里的兴起、代谢和合法化问题,但这一视角无疑也可以用来观照中国话语在国际社会的跨语际实践。毋庸置疑,中国话语的跨语际实践,是中国同国际社会交往交流的重要组成部分,必然牵涉语言接触、语言转换、话语生成、话语流通、话语建构等复杂的话语实践过程。(刘禾,2009)

胡安江教授说,在当下的非线性传播语境中,中国特色对外话语体系的译介与传播面临本土与世界、传统与现代、政府与民间、中心与边缘等多个话语变量的冲突与挑战,加之国际舆论长期受制于西方话语霸权,中国特色对外话语体系存在译介效果参差、国际传播弱势和对外话语困扰,即"失声""失踪""失语"等多重话语困境。综合黄友义、黄长奇、丁洁、陈亦琳、李艳玲、李倩等学者的观点,中国特色对外话语体系的译介与传播,长期存在着机制上的"四种缺失":1. 有效协调话语构建方、翻译方、发布机构及媒体机构的顶层设计与工作机制缺失;2. 对外话语体系的构建、译介与传播全流程的协调机制缺失;3. 对外话语翻译标准的研究与发布机制缺失;4. 上述各方力量的联动机制缺失。如此一来,在话语实践过程中便注定面临"四大困境":1. 话语立场困境:"说了没人信";2. 话语内容困境:"说了记不住";3. 话语表达困境:"说了听不懂";4. 话语渠道困境:"说了传不开"。(胡安江,2020a)事实上,除了这"四种缺失"和"四大困境",中国特色对外话语体系在译介与传播过程中,还存在着"认识、选择、理解、表达、策略五种不到位"等认识论与方法论问题。

国际传播翻译话语体系建设是个系统工程,不能一蹴而就。教育主管部门要有顶层设计,重视开展法律语言学、法治外交翻译学等新兴交叉学科研究。其中法治外交话语协调机制、效果反馈机制、法治外交人才培养机制的建设可谓是重中之重。如果不加快打通这些机制壁垒,不加快开展法律、外交等专业翻译教学,中国法治外交话语国际传播势必难以达成最终目标和理想效果。有关各方应高度重视,并出台相关政策支持,中国特色对外话语传播才能走出各种误区和困境,中国话语的影响力版图也才会越来越大。

二、国际传播创新思考

当今世界，从传播流向和传播渠道这两大要素来看，东西方的媒体传播交流存在严重的不平衡现象。造成这种不平衡现象的原因主要是我们对国际传播的内涵认知有误，没有掌握国际传播技巧。如果我们的媒体总是报喜不报忧，不能及时、全面地报道受众所关注的重大事件，总是充满了空洞乏味、强加于人的说教、空话，总是带着浓重的宣传气息，那么，对外传播就起不到在国际上塑造中国良好国际形象应有的效果。

十八大以来，党中央高度重视中国话语的国际传播，并努力塑造新时代中国负责任大国形象。我们欣喜地看到，进入21世纪以来，中国软实力建设出现了不少亮点，从在全球兴起的"姚明旋风"到中国"文热"，再到近年来电子支付、高铁、"基建狂魔"的称号以及"李子柒现象"，中国软实力发展是可圈可点的；但是，软实力对于中国发展而言，仍是"点"上的表现，"面"上的效应尚待进一步形成。（王文，贾晋京，关照宇，2020）作为一项国家长期战略，中国的国际传播需要创新思维，从多个视角，系统性构建国家对外话语传播体系工程。具体建议如下：

第一，发挥我国制度优势，做好国家软实力战略规划。

一方面要做好国家软实力构建的战略规划。推出指导政策，激发全国上下都有可能投入软实力的建设中，还可以设置国家软实力构建的"三步走"战略、"国家软实力构建百年规划"等系统性的战略布局。我国政治局势稳定，在政策的连贯性方面比其他国家更具有优势。从某种程度上看，每一代人都应是中国国家软实力的构建者。同时要增强法律意识，充分利用好政府的制度作为杠杆，为民间软实力构建营造良好的制度空间。设置相关的制度，保护一些比较成功的典型案例和典型人物。（王文，贾晋京，关照宇，2020）

第二，进一步完善激励和考核机制，让人人都成为国际传播的主角。

各级政府、央企国企要将做好自身对外软实力构建作为绩效考核的重要指标。在当前的国家软实力构建领域中，法治是重要的评价因子，政府要继续坚持深化改革，继续推动公务员财产公开、电子化办公、政务公开等措施，提高政府办公的透明度。

建议相关部门建立评选年度"十大国家形象代表人物"机制，激励一批真正有想法、有能力、懂传播、具有国际视野和国家情怀，擅长讲好中国故事的人，让这批人成为中国媒体建设的中坚力量，并鼓励中国的媒体人走向世界，积极赴国际知名媒体（今日俄罗斯、BBC、CNN、《明镜周刊》等）交流任职，逐渐从这些媒体组织的内部制约反华势力，甚至逐步掌握舆论主动权。

改革当前的学术考核机制和奖励机制。将一切有助于提升中国软实力的事项纳入对学者的考核机制中。将外出参与国际会议、在国内举办重大国际性会议、在海外媒体发表有利于中国软实力构建的文章、媒体采访、海外宣讲中国政策等纳入学术评价体系，进一步鼓励人人都要为国际传播做出贡献。

第三，发挥智库等组织作用，支持"名学者"走向国际发声。

一要继续放开国内精英尤其是智库学者、退休官员走向国际社会，尤其是一些有影响力的国际论坛的频次，积极引导国内力量参与国际秩序改革与民主化进程，做到"凡是有重大国际场合，必有中国人在发声"的局面。（王文，贾晋京，关照宇，2020）通过邀请外国政要到本国智库发表重要讲话等方式，扶植中国一些智库成为国家软实力构建的中坚力量。对智库外交工作中具有国际影响力的研究报告和成果要给予重大的政府激励。软实力也应当像芯片高科技那样进行国家级的攻坚攻关。

二要鼓励中国在海外的跨国公司积极组织或参与当地的社会公益活动，例如设立奖学金、援建医院、图书馆等公共设施，并在国内通过免税等手段予以激励，或者是通过设置中国企业海外形象构建基金，奖励在海外的中国企业的公益活动,促进国际传播"直播"活动。

三要充分发挥民间非政府组织(NGO)、慈善组织的作用。美国利用大量的NGO组织在全球展开布局。中国也应该充分发挥NGO和慈善组织的作用。当然,NGO、慈善组织需要做好对外公关,避免外媒将中国的对外援助解读为金钱渗透。(王文,贾晋京,关照宇,2020)

第四,注重金融、法律、经济、科技信息的国际传播。

全球抗疫背景下,世界各国都不能独善其身,国际科技经济合作显得更加珍贵。国与国间更大的合作需求、更新的合作理念、更多的合作方式为我们强化科技新闻报道提出了许多新课题、新要求。特别是新冠疫情发生以来,中国政府始终以科学精神积极应对,果断决策,成效明显。中国的数字支付、数字货币(DC/EP)、中美贸易争端、政府债务问题、中国的经济发展政策走向、"一带一路"倡议的后续投资、中国的货币主权以及中国是如何应对全球负利率趋势等问题,均是目前全球关注的焦点。同时要高度重视法律相关内容的对外传播,法律是国际交往的最大共识,"法治"形象是取信于国际社会的金字招牌。

(一)新媒体在国际传播中大有可为

新媒体的出现及其在国际传播中的广泛应用,丰富了现代传播内容与方式,为当代中国价值观念"走出去"提供了机遇。但同时,西方借助新媒体抢占价值观传播阵地、强化话语垄断地位、培植价值观"代言人",也为当代中国价值观念国际传播带来挑战。(项久雨,2018)抓住机遇,利用新媒体提升当代中国法治外交理念、国际传播的水平和影响力,应在丰富主体、拓展渠道、创新内容、关照客体等方面积极作为。

人类进入新媒体时代,以网络信息技术、数字化技术、移动传播技术为基础,以网络媒体、手机媒体、电视媒体等为代表的新媒体迅速发展。新媒体的出现,不仅改变了人们的生活方式、交往方式,也改变了国际传播方式。习近平在十八届中共中央政治局第十二次集体学习时强调指出:

"要加强国际传播能力建设，精心构建对外话语体系，发挥好新兴媒体作用，增强对外话语的创造力、感召力、公信力，讲好中国故事，传播好中国声音，阐释好中国特色。"在西方传播优势地位短期内难以撼动，而运用传统媒体进行国际传播效果不佳的背景下，新媒体为法治外交的国际传播提供了契机。当代中国法治外交理念国际传播事关国家形象和国际话语权。面对新媒体环境下国际传播的新变化、新机遇、新挑战，因时而动、积极作为，成为推进当代中国法治外交理念国际传播的重要课题。

（1）丰富传播主体：整合队伍协同发声，形成立体传播

长期以来，我们的对外传播都是由国家控制的主流媒体承担。在价值观念多元、多样、多变，人人都是信息创造者和传播者的新媒体时代，仅仅依靠国家的传统主流媒体传播中国法治外交理念已远远无法满足对外传播的需要，不仅声音单一，而且不够响亮。为此，必须利用新媒体整合多支队伍协同发声，形成立体化的传播格局，提升中国法治外交理念对外传播的影响力。

一是整合官方与非官方传播力量。在国际传播领域，官方传播通常由国家控制，传播代表国家形象与国家权力。因为西方国家的媒体一般都不是官方掌控的，所以在西方文化中存在一种对官方媒体天然的不相信。这就要求在对外传播当代中国价值观念时应注意多元主体的表达，发挥好非官方传播的力量，扩大非官方交流传播元素，增加来自民间的声音。应提高智库外交、非官方传播的比重，让媒体、企业、公民等庞大的社会网络人群，从国家利益角度发出自己的声音，在法治外交国际传播中扮演积极角色。这不仅可以极大地丰富传播主体，拓展传播渠道，还能大大提高传播的效能。

二是整合专业与民众个人传播力量。新媒体传播需要技术支持，我们利用新媒体传播中国法治外交理念必须有一支懂传播技术、会法治外交的专业化队伍。虽然依托主流媒体我们有一支专门的、官方的新媒体传播队伍，但是其专业素养与承担的传播任务匹配度还远远不够，必须加强法治

外交专业素养培养。同时，也要发挥好基层民众个体传播的力量。微博、微信、抖音等作为国内最受欢迎的社交媒体平台，他们技术精湛、形式灵活、粉丝众多，拥有数量庞大的海内外用户，是传播中国法治外交理念的优势新媒体，必须走向前景巨大的国际市场，成为法治外交国际传播的重要力量。

三是整合国内与国外传播队伍。海外华人、留学生等群体长期生活工作在国外，适应当地人文环境，熟悉当地受众，具有更贴近受众、更易被理解接受的优势。同时，新媒体的广泛运用，也使这些群体能够及时、全面地了解国家发生的变化，从而更好地宣传展示一个真实立体的中国。法治外交国际传播应动员和发挥好海外华人、留学生等国外传播力量，在学习、工作、交流中自然地把中国的声音、中国的文化、中国的价值观传向世界。

（2）拓展传播渠道：打造新媒体，提高传播覆盖面

新媒体的迅速发展为我们拓展传播渠道提供了机遇。向世界讲好中国故事、传播中国声音，不仅要依靠主流传统媒体，更要借助新媒体渠道，形成多元、全方位的传播格局，提高传播覆盖面。为此，必须以建设国内新媒体为立足点，以开辟国外新媒体为补充，既要"造船出海"，也要"借船出海"，形成覆盖世界各地的传播能力。

一是建设国内新媒体。既要推进传统媒体与新媒体的融合发展，走融媒体发展道路，"遵循新闻传播规律和新兴媒体发展规律，强化互联网思维，坚持传统媒体和新兴媒体优势互补、一体发展，坚持先进技术为支撑、内容建设为根本，推动传统媒体和新兴媒体在内容、渠道、平台、经营、管理等方面的深度融合"（庹震，2015）；也要积极推广国内知名新媒体如微博、微信、抖音等的海外发展。

二是拓展海外新媒体。利用新媒体做好国际传播不能故步自封，我们要拓展国内传统媒体的国际新媒体平台，发挥海外新媒体的传播优势，借助当地新媒体传播中国法治外交理念。积极推动国内主流媒体、政府部

门、社会组织、知名企业等的海外新媒体建设,推进业态的健全、转型,拓展传播语种规模。

三是打造全球性新型媒体。国际传播实践证明,真正对国际舆论产生重大影响的,都是具有强大实力和竞争力的综合性传媒集团。因此,中国法治外交理念要"走出去",也必须遵循新媒体发展规律,打造具有影响力的全球性新型媒体,着力在广播电视、报刊、通讯社和互联网等领域建成若干具有世界影响力的跨国传媒集团,打破西方媒体垄断。

四是充分利用新媒体。新媒体时代,人人都可以是传播主角。我们要善于利用身边的新媒体资源。比如随着手机网络的普遍使用,手机的社交媒体已经取代了传统媒体的部分功能,甚至比传统媒体更具有传播效力。因而,在美国和欧洲国家,许多政治家、政客都广泛地使用手机社交媒体,用于与民众沟通、政治宣传,甚至外交上的立场表态。其中,又以特朗普为甚。特朗普曾因身陷弹劾风暴,不断透过Twitter为自己发声,曾一日内发123条推文。特朗普利用了社交媒体的特性,为个人政治和美国外交增加了一些空间。

中国外交部业已开通了Twitter账号。中国推动Twitter外交,应该说是适应时代发展,以及中国外交客观需要。外交部发言人的官方讲话,往往要经过西方媒体记者和编辑的"加工"之后,才能传向全球的观众和读者,不少信息因此被过滤掉,甚至被扭曲或断章取义。发展社交媒体的外交,便于更准确、真实地表达中国声音、中国意见,增加中国在国际社会的话语权。而且,社交媒体也有官方账号和私人账号之分,外交官以个人账号发表意见,有时候会有比官方正式讲话更好的效果,而即使是一时失误说错了话,也可以视为个人言论,可以减少对政府的冲击。

中国发展Twitter外交,早已引起西方社会的关注,有些人甚至希望将其杀死于襁褓之中。西方的攻击可以说是必然的,但中国不应该就此放弃发展社交媒体的外交,不仅中国的外交官要善用社交媒体,中国的媒体、学者,以及其他的各层面,都应该更好地使用社交媒体,让中国声音、中国意见可以更好地在全世界传播。

（3）创新传播内容：讲好中国法治故事，增强传播吸引力

新媒体为传播中国法治外交理念提供了多元主体、丰富渠道，但想要扩大传播影响力、增强话语权，关键还是要以创新内容生产为核心竞争力，增强中国法治外交理念的吸引力。为此，要借助新媒体的传播特点和优势，运用电影、纪录片等各种鲜活生动形式的资料，向世界讲好中国过去、现在和未来的故事，以中国法治故事吸引世界的关注，增进对中国特色大国外交的理解和认同。

一是讲好中国过去的故事。要讲清楚源远流长、博大精深的中华五千年优秀传统文化，彰显当代中国价值观念的深厚文化底蕴。早在两千多年前，韩非子就提出了"法治"的观念。中华优秀传统文化是中华民族的"根"和"魂"，蕴含着中华民族的优秀精神品格，凝聚着中华民族的民族精神，"积淀着中华民族最深沉的精神追求，是中华民族生生不息、发展壮大的丰厚滋养"（习近平，2020a），是当代中国价值观念的"根本"和"命脉"所在。中华优秀传统文化"讲仁爱、重民本、守诚信、崇正义、尚和合、求大同"的价值理念是涵养当代中国价值观念的重要源泉，是当代中国价值观念深厚的文化底蕴所在，是我们应该讲好的"过去"故事。

二是讲好中国现在的故事。要讲清楚中国特色社会主义取得的伟大成就，彰显当代中国价值观念的深刻实践特性。"一个民族、一个国家的核心价值观必须……同这个民族、这个国家的人民正在进行的奋斗相结合"。（习近平，2018a）当代中国价值观念的产生有着深厚的实践基础，那就是中国共产党领导人民开辟和推进的中国特色社会主义伟大事业。经过改革开放四十多年的不懈奋斗，中国特色社会主义取得了举世瞩目的成就，展现出当代中国价值观念引领实践、指导实践的力量。这些充分彰显了基于中国道路而生的当代中国价值观念的实践特性，是我们应该讲好的"现在"故事。

三是讲好中国未来的故事。要讲清楚中国走和平发展道路的负责任大国形象，彰显当代中国价值观念的显著文明特质。和平与发展仍然是当今时代的主题。维护世界和平、促进共同发展是当代中国价值观念处理国际关系问题的集中体现，是中国始终奉行的外交政策与宗旨，更是中国作为大国的责任与担当。我们传播当代中国价值观念，不是搞意识形态输出和价值观渗透，而是秉持文明交流互鉴的态度，让世界更客观、更全面地了解、认识中国，让中国更好地服务世界、贡献世界。这些充分彰显了当代中国价值观念促和谐、增进步、谋发展的文明特质，是我们应该讲好的"未来"故事。

四是要讲好中国法治故事。要讲清楚中国传统法治文化和新时代中国法治建设的发展脉络，厘清习近平法治思想的来龙去脉，彰显当代中国价值观念的法治基础。法治是国际交往最大公约数，讲好中国故事首先要讲好中国法治故事，赋予中国故事全人类共同价值，是能够被世界所认同的理性叙事范式，是我国参与全球治理、提升国际话语权和推动构建人类命运共同体的必由之路。法治是人类共同的价值追求，以讲好中国法治故事为突破口，让国际社会首先了解中国法治，才能接受法治中国。要把推进全民守法作为基础工程，推动各级领导干部带头尊法学法守法用法，引导广大群众自觉守法、遇事找法、解决问题靠法。要总结我国法治体系建设和法治实践的经验，阐发我国优秀传统法治文化，讲好中国法治故事。

（4）从"传播"走向"接受"提升传播效能

新媒体环境下人人既是信息文化的传播者，也是信息文化的接受者。这为中国法治外交理念"走出去"提供机遇的同时，也向当代中国价值观念"走进去"提出了一个现实课题，即如何让受众"接受"我们的价值观念，特别是在东西方文化差异显著和西方意识形态偏见顽固的背景下，实现由"传播"向"接受"的转变。为此，传播当代中国价值观念还必须考虑传播受众、文化环境、发展需要等差异，提高当代中国价值观念国际传播的针对性，提升传播效能。

一是关照多样的新媒体受众。新媒体的形态多样,既有传统媒体的新形态,也有与生俱来的新媒体,不同形态的新媒体其受众群体呈现出差异性。以新形态出现的传统媒体其受众主要是中老年群体,而新兴媒体则主要是青年群体。因此,在不同的新媒体平台上传播当代中国价值观念,应根据受众个体差异运用不同的传播形态,进行针对性传播。

二是关照受众文化环境。要深入研究不同文化之间的传播技巧,充分考虑中西方在文化传统、宗教信仰、生活习俗、阅读习惯等方面的差异,寻找"共通"点。当代中国价值观念吸收和借鉴了世界文明有益成果,特别是西方优秀价值理念,这使得其能够和西方世界产生共鸣,能够适应和贴近受众所处文化环境,落地生根,从而更好地"走进去"。

三是关照受众发展需要。新媒体是受众能够自由表达发展诉求的平台,探寻受众的共同利益是重中之重。当代中国价值观念为世界各国以和平发展理念处理内部矛盾、解决国际纷争,为世界各国人民走全球化道路、加快发展并保持自身独立性,都提供了新的智慧方案,成为推动世界和平与发展、促进人类共同进步的重要精神力量。这充分体现并满足了世界人民发展进步的共同需要,在国际传播中必然能够被接受和认同。

(二)打造强有力的国际传播翻译队伍

当今世界,各国之间的竞争正在从以经济和科技为代表的综合国力竞争逐步转向文化软实力竞争,而软实力竞争在相当程度上是通过国际传播形式来完成的。语言是传播的主要媒介,也是国家软实力之一,国际传播离不开翻译。国际传播是国际政治的工具,它在从面向国内说服对象转而面向西方说服对象时,所要求的是一种"再构思""再表达"和"重构",而不是一般意义上的翻译。国际传播翻译工作直接决定中国话语对外传播的效能。提高国际传播翻译质量,打造强有力的国际传播翻译队伍刻不容缓。

在全球化的大趋势下,国际传播翻译的力度不断加强,广度不断拓宽。只有翻译才能"让中国走向国际，让世界了解中国"，要想提高国际传播效能，改进翻译质量不容忽视。以"南海仲裁案"为例，从以名举实角度出发，不难发现南海新闻翻译报道明显存在着诸多不足。分析研究表明，媒体对 the Permanent Court of Arbitration，ruling，South China Sea，Scarborough Reef 和 Taiping Rock 等关键性词语翻译欠妥，这样的新闻报道容易造成误会并带来不良后果。（夏磊，张顺生，2018）基于此，国际新闻报道过程中应提倡树立国家翻译安全观，国际新闻的翻译、编译和摘译等必须讲政治，切不可率尔操觚、张冠李戴或人云亦云。

我国政府网站是对外传播的重要窗口。这些网站的英文版存在的问题不容小觑，尤其是译文质量问题，"中国式英语"味道浓重，严重地影响了对外传播效果，不利于实现让世界了解真实中国的目的。有专家分析了我国四大中央级英文网站在对外传播中存在的问题，包括自创新闻少，稿件翻译质量有待提高，在传播理念上存在正面报道过多、不符合境外受众心理等偏差。

在上述的诸多问题中，对外传播翻译质量问题十分突出，也早已引起我国翻译界的高度重视，但现状尚无明显改观。我们至少可以从以下几个方面去着手改进：

1. 进一步加大政府对国际传播的重视和支持。国际传播活动以及所有对外传播渠道都应该得到政府包括政策层面和资金方面的强力扶持。"外宣无小事"，因为它直接关系到国家安全、国家形象、国际话语权。

2. 重视国际传播人才的培养。以电视新闻媒体的对外传播为例，要做好电视新闻对外传播翻译，首先必须熟练掌握两种语言，还必须掌握新闻写作的基本原理，了解中外文新闻报道的差异，掌握对外传播的原则。称职的电视英语新闻采编人员既要有良好的中英双语驾驭能力，又要懂得新闻写作的基本原理，尤其是要了解中英文新闻写作之间的异同，甚至必须具备用英语思考、采访和写作的能力。

3. 高校翻译课程建设应进一步重视对学生的专业应用文体翻译能力培

养。翻译课程设置要面向国家战略，适应社会需求，增加非文学翻译，尤其是法律翻译的内容，改变长期以来过分强调学术性的研究型培养模式，提高培养专业翻译学位研究生的数量和质量。

4. 重视对西方受众的心理和修辞思想研究。对于西方受众而言，我们传播到西方的信息在多大程度上是有效的，在多大程度上使他们觉得可信、有理、有说服力，从而使他们改变了对中国的看法，这些问题值得深入探讨。比如，我们常说的"事实胜于雄辩"，在西方修辞思想中被认为是毫无意义的，因为按照西方人的逻辑，对事实的掌握是雄辩的题中应有之义，他们认为事实不会主动站出来，只有通过激烈的辩论才能发现事实。如果我们在对外发言中以理直气壮的口吻过分强调"事实胜于雄辩"，寄希望于"以理服人"和"以事实说话"，它所传达的语气反倒容易在受众中产生理屈词穷时转而诉诸色厉内荏的断言之印象，由此而来的事实陈述是肯定不被对方认可的。这应该引起国际传播领域的深刻反思。

5. 国际传播翻译实践中要有高超的语言驾驭能力，树立全局观念，提高政治站位，体现灵活性。国际传播既要服从国家大政方针，也要考虑我国与外国受众对象之间的意识形态、文化背景、审美心理、价值观念和思维方式等的差异，更要重视汉语与对外传播主要语言英语之间在哲学基础、句子结构、语言使用者的思维方式、用语习惯等层面上的差异及其对翻译的影响，从国际传播的效果出发，减少空洞说教。

6. 高端专业翻译人才队伍培养迫在眉睫。高校是人才培养的主阵地，要通过改革创新高校翻译专业培养模式，增设法律外语专业，加快培养法律外交专业翻译人才。这是一项十分紧迫的任务，容不得再犹豫不决。

（三）依"法"翻译才能让中国故事传播久远

洞察国际国内大势，新时代的中国正经历一场空前绝后的大考验。全球抗疫，世界充满诸多不确定因素。新媒体时代，纷繁复杂、浩如烟海的信息扑面而来，正考验着我们的视听觉超负荷承载能力。此情此景离不开翻译，翻译活动变得越来越丰富，越来越复杂，越来越重要，也越来越"失控"。必须指出，"无法无天"的翻译传播乱象严重损害了中国的国际形象。加强翻译治理研究，发扬"法律"翻译精神，明确翻译历史使命，依"法"从事翻译活动，为促进中外文化交流，中外文明互学互鉴，推动构建人类命运共同体做出贡献，地嫌势逼，刻不容缓。

本书提出的依"法"翻译，此处"法"指"法律责任感、法律意识、法律精神"。新媒体语境下的翻译活动处于一种无序状态。为了中国的国际形象和有效推动构建人类命运共同体，译者要树立强烈的法律责任感来对待翻译活动。

"让中国走向国际，让世界了解中国"。要想提高对外传播的效果，改进翻译质量首当其冲。新媒体时代，胡译乱译现象日趋严重。不少人以为学过外语，就能做翻译，想当然的、随意的翻译现象比比皆是。构建中国的对外话语体系离不开高质量的翻译。为了树立中国的良好国际形象，提高中国国际话语域外传播效率，译者要有高度的法律责任感从事对外翻译。态度决定高度，对外翻译工作者要苦练内功，站稳立场，严谨表述，知彼知己，方能百战不殆。

1. 苦练内功，目标"精准"

汉语言功底是经常被忽略的，翻译毕竟涉及两种语言之间的转换，对两种语言的熟练程度要求很高。母语水平是翻译能力的天花板。因为母语的理解出现偏差而导致的翻译错误举不胜举。

众所周知，在众多门类的翻译中，法律外交类翻译的标准最为严格，这是由法律外交类翻译内容决定的。为了保证对外翻译传播的效果，应该用法律外交翻译的标准来要求所有对外翻译。

轰动一时的"南海仲裁案"更是因为翻译的错误导致国际舆论误读中国。准确、严谨是法律术语翻译的灵魂。（张法连，2018）可仲裁前后，荒唐的翻译却是如出一辙,如FT中文网刊载的译文,将PCA张冠李戴成了"国际仲裁庭"("国际仲裁庭"和PCA毫不相干);随后又称"海牙的'国际法庭'对菲律宾针对中国领土主张提起的仲裁案裁决在即"("国际法庭"与PCA性质截然不同)。翻译中的约定俗成绝非一朝一夕之事,非得遵循"天地人"(时间、空间、体认)之法则,方能谓之宜。在总体遵循"约定俗成"的同时,不断突破局部不合理的"约定俗成"的藩篱,开始新一轮"约定俗成"。例如,民国时期先将"浪花礁"按照西方的命名Bombay Reef英译为"傍俾滩",后来又改译为"蓬勃礁",最终才根据中国国情和文化再次"约定俗成"为"浪花礁"。因此,就目前而言,宜将PCA"以名举实"地译成"常设仲裁理事会""常设仲裁机构"或"常设仲裁协会",将"South China Sea"译成"中国南海"而非"南中国海",将"太平岛""黄岩岛"等岛礁的命名和译名分别"约定俗成"为Taiping Island(Dao)和Huangyan Island(Dao)。正如衡孝军(2011)等指出的那样,对外翻译是一种"处心积虑地加以利用的"对外传播形式。此类乱译,若非出于某种政治或舆论目的,便是不负责任,实乃翻译之痛。

2. 把握内涵,站稳立场

对外翻译上升到国家政治层面,具有高度的政治敏锐性,对外翻译者应该明确国家立场,明晰翻译内涵,沉着应战才能收到预期的传播效果。类似把"新兴大国关系"译为A New Type of Great Power Relations,之所以产生某种认知上的质疑和曲解,东西方文明的冲突是主要原因,但更重要的是我们没有建立起对外传播翻译话语体系。外交部前副部长傅莹在介绍"新型大国关系"的翻译背景时说,美国智库习惯用great powers来表达"大国"概念,而其在中文里通常被译为强国甚至强权。在中国,大多数人并不认为中国现在已经成为世界强国,更不认同强权政治。外交部采用major country译法对"大国"二字赋予了不同的政治内涵,旨在表明中美不走大国对抗的老路。外交部对美国政界、新闻界和学术界开展了三位一体的译名推广与传播活动，始终将"新型大国关系"统一译为a new model of major country relationship。"新型大国关系"创新译法有重要的现实意义：一方面，"新型大国关系"创新译法具有重要的外交战略意义，有力地提升了中国国际话语权；另一方面，"新型大国关系"创新译法具有重要的国际学术价值和语言学意义。（杨明星，2015：101）

再比如关于"中国南海"的英译法。19世纪中期，西方国家对中国南海就有了一致的认可，称之为China Sea，直到20世纪50年代左右都未有任何疑义。但南海周边国家后来在标识地理位置时，故意使用South China Sea，甚至South Asia Sea，而逐渐淡化China Sea。换言之，国际公认的政治性表述China Sea就是指"中国南海"，而不宜从地理角度弱化翻译成"南中国海"。但媒体不明South China Sea翻译背后的政治陷阱，将其译为"南中国海"，实为率尔操觚。这为后来的"南海仲裁"埋下了祸根。

3. 规范统一，严谨表述

对外翻译的表述规范统一应该成为一条铁律。2020年1月到世界卫生组织为新冠病毒（COVID-19）定名前，国内很多媒体没有法律意识，报道的名称五花八门，有说"武汉肺炎""武汉病毒"的，也有说"武汉肺病""武汉传染病"的，甚至还有说"湖北瘟疫""湖北非典"的。当时这些说法"译名"的广泛传播为后来某些国家和个人污名化中国提供了口实。这个血的教训我们必须要汲取。

我国全国人大常委会会议一般译为meeting，大会会议译为session；法律修改（带修改决定的）用amend，修订用revise。但是目前许多译本中这两个词的使用正好是颠倒过来的（如："根据关于修改XX的决定修正"可能就误译为in accordance with the Decision on Revising...）。关于罚款金额，要统一使用not more than RMB XX yuan but not less than RMB XX yuan的表述方式。其他涉及人民币的表述应统一译为RMB XX yuan。关于法律生效时间，要统一译成This Law shall go into effect/come into force as of...

另外，我国通用语言文字是普通话和规范汉字，其对应的英文分别为Putonghua和Standard Chinese（characters）。在特指中国通用语言时，可以使用两者结合的方式表述：The national language of China is Standard Chinese（Putonghua）。一般情况下使用Chinese就可以。不用Mandarin作为汉语或普通话的译文。少数民族译为minority ethnic groups，不译为minority nationalities。东北、华北等区域译为northeast China，north China，前面方位字首字母小写。"一带一路"倡议译为the Belt and Road Initiative，首次出现要注明全称：namely，the Silk Road Economic Belt and the 21st Century Maritime Silk Road。可视情况使用the land and maritime Silk Road initiative，不能译为strategy（战略）。我国山川河流等地理名称原则上专名部分使用汉语拼音拼写，但黄河（the Yellow River）、长江（the Yangtze River）、珠江（the Pearl River）等约定俗成的译法和雅鲁藏布江（the Yarlung Zangbo River）、帕米尔高原（Pamir Plateau）等少数民族名称译法应保留。中国陆地领土面积960多万平方公里，翻译时应明确译出"陆地领土"land territory。

4. 知彼知己，百战不殆

对外传播在从面向国内转向西方说服对象时，所要求的是一种"再构思""再表达"和"重构"，而不是一般意义上的翻译，知彼之文化甚为关键。对外传播翻译工作直接决定中国话语对外传播的效果，也是一个国家对外交流水平和人文建设环境的体现。

对于西方受众而言，我们传播到西方的信息在多大程度上使他们觉得可信、有理、有说服力，从而使他们改变了对中国的看法？比如中西方对"红色"的理解是不同的，在中国"红色"表示喜庆、运气，但在西方"红色"则表示愤怒、攻击性，所以"红色基因""红色江山""红色旅游"则要灵活处理，分别译为revolutionary legacy，socialist country，CPC heritage tourism。加强对西方受众的心理和修辞思想研究迫在眉睫。

据报道，中国援助亚美尼亚的一批抗疫物资上的标语，引发土耳其方面不满。该标语的中文写道："高山之巅，长江之滨"，英文写道："愿我们的友谊比阿拉拉特山高、比长江长"。土耳其方面对该标语以存在争议的阿拉拉特山作为亚美尼亚的象征表示不满。中方已就此事与土耳其方面进行沟通，表明该物资上的文字"应以中文为准"。阿拉拉特山（土耳其称阿勒山）靠近土耳其、伊朗、亚美尼亚三国交界处。土耳其与亚美尼亚的历史恩怨始于第一次世界大战期间及战后，阿拉拉特山地区多次被割让、占领，曾隶属于包括亚美尼亚在内的不同国家。1923年苏联与土耳其签订条约，将阿拉拉特山划给土耳其。但许多亚美尼亚人仍认为此山为其所有。

新媒体时代的对外翻译亟待治理。中国对外翻译的文化自信还要不断地进行理论创新。译者要树立起勇于对翻译负责的法律责任感，敢于担当，发扬法律翻译精神，严肃对待翻译活动，在体现自我主体性的同时，努力提升翻译传播质量，让世界愿意听、听得懂，最终形成中国对外翻译的创造力、感召力和公信力。中国话语的影响力版图定会日益扩大，中国故事方能传播久远。

三、他山之石发人深省

后疫情时代，全球英文世界（占国际信息80%以上）的传播载体正在发生巨变。"四大社交媒体平台"的格局（即Metaverse, Instagram, Twitter和Snapchat四个用户覆盖率极高）已初步形成。据统计，90%以上的美国人有Metaverse账号。2016年美国总统大选中，特朗普个人Twitter言论影响力被认为超过CNN等所有传统媒体总和。研究显示，社交媒体用户很容易被别用有心者利用，用户看到的信息全是操作者想让用户看到的。四大社交媒体加上视频分享网站Youtube，几乎可决定中国境外舆论环境的全部。（王文，贾晋宇，关照宇，2020）

俄罗斯媒体"今日俄罗斯美国电视台"（RT America）因为在西方媒体垄断格局中打开了一个缺口，让俄罗斯的声音开始受到越来越多的关注，被封为打破西方世界话语权垄断的标杆。国际市场调查机构益普索（IPSOS）的调查显示，在38个国家中，每周收看RT节目的人数激增36%。单是在美国，每周收看RT节目的人数增长逾三成，由800万增至1100万。互联网方面，RT在YouTube的订阅人数多达245万，数字相当可观，虽然少于CNN的326万，但多于BBC的224万和彭博通讯社的不足90万。今日俄罗斯的成功之道值得研究：其一是目标明确，通过强有力的传播输出，发出俄罗斯的声音，打破西方话语垄断，毫不惧怕与强大对手对垒较量；其二，媒体精英同投资者及政府机构全面结合，小资本、分散化运作，同时在国际化、年轻化以及专业化方面下功夫，吸引了诸如维基解密创始人阿桑奇（Julian Assange）和CNN王牌主持人拉里·金（Larry King）的加盟；其三，顺应技术裂变时代的传媒趋势，采取了本土化内容与互联网应用相结合的"走出去"策略。

（一）起底RT：俄罗斯"外宣航母"的打造

在俄罗斯首都莫斯科市郊，有一栋8层临街建筑，外墙被粉刷为绿色和灰色，在周围安静而平凡的居民区中显得颇为突兀。这座大楼就是俄罗斯媒体金字招牌RT的总部。

RT常被译作"今日俄罗斯电视台"。这个成立不足20年的媒体，如今已经在世界100多个国家中拥有超过7亿观众；2008年开设YouTube频道后，2013年便成为YouTube首个点击量超过10亿的新闻电视频道，到2021年年底观看次数更是达到39亿次。RT正在国际舆论激烈的"话语权争夺战"中，改变全球媒体的竞争态势。以往牢牢掌握舆论权的西方媒体，正愈发被迫处于守势。或许正因如此，这个具有官方背景的媒体，也正引起西方国家愈发敏感的戒心，俄罗斯与西方正上演激烈的媒体战。

RT总编辑西蒙尼扬（Margarita Simonyan）批评说，自2017年11月美国司法部根据1938年《外国代理人登记法》将RT登记为"外国代理人"后，该台在美国的播放便开始受到限制，该台记者失去美国国会报道权限，甚至被迫停播。联想到俄罗斯与西方在前俄国间谍中毒案、叙利亚导弹危机等事情上的交锋，当下打得正酣的媒体战，其实也是政治博弈在舆论上的反映。而面对来自俄罗斯的挑战，美英等国的回击方式也正令西方陷入一个自相矛盾的困境：面对与自己本质上相冲突的观点时，新闻和言论自由究竟当如何秉持？

1. 来龙去脉

这一切都需要从三十多年前，俄罗斯政府急迫的外宣需求说起。RT的"建台伟业"可以追溯至"媒体沙皇"列辛（Mikhail Lesin）。他在20世纪90年代初成立广告公司，并在1996年协助叶利钦（Boris Yeltsin）连任总统，继而成为总统公关主管。普京（Vladimir Putin）上台后，列辛继续受到重用。相比叶利钦，普京更不满外国媒体报道俄罗斯的手法。2005年，他在一批年轻人面前，痛斥外媒报道偏颇："他们只报道（俄国）危机和崩溃。"当年，国际油价高企，在俄国经济复苏、资金充足的情况下，普京授意列辛建立Russia Today，通过英语、阿拉伯语和西班牙语播放节目，希望这个媒体能够像美国有线电视新闻网令世人认识美国一样，让世界认识俄罗斯。

成立之初，Russia Today主要报道俄国新闻，但很快调整定位，更为关注海外特别是美国的新闻。2009年，Russia Today聘用美国著名广告公司麦迪逊邦（McCann Erickson），设计出新口号Question More（多提问），并配合自身定位的转变，把正式名称由Russia Today改为RT。2010年，RT美国电视台成立。值得一提的是，不知是刻意还是因缘巧合，RT美国电视台办公室所在大楼与白宫距离只有三个街口，报道美国政治新闻可谓近水楼台。

2005年开台时，RT只是国有企业俄新社的分支，2013年年底，普京决定解散俄新社，并把辖下除RT以外的拨归新成立的今日俄罗斯（Rossiya Segodnya）国际通讯社，由基谢廖夫（Dmitriy Kiselev）担任总经理，年仅25岁的西蒙尼扬则同时担任今日俄罗斯和RT的总编辑。这位媒体新星曾坦言，RT的目标是反击由BBC和CNN主导全球电视新闻的英语霸权。克里姆林宫发言人佩斯科夫（Dmitry Peskov）说得更明白："为什么你们总是批评我们在车臣做的事，看看你们美国如何处理黑人和白人的种族关系吧。"

西蒙尼扬和佩斯科夫说出了世人不得不重视的问题：作为当今世界主流声音的西方媒体有其固有观点，在面对众多发展中国家时，西方主流媒体往往未能设身处地展现该地区实情，更难以透过当下静态的现况，以动态的眼光看到这些国家的发展进程。而当发展中国家的经济体量愈来愈大，愈发参与到国际事务的决策和推进进程中时，它们的观点、理念、意见却未能通过现有主流媒体得到展现。RT的所作所为正是出于这样的初衷，为观众提供有别于主流媒体的、独属于俄罗斯的观点，同时，受到了前所未有的关注。2015年普京在RT成立十周年时表示："当年受命打造RT时未曾想到这一项目能够在如此短的时间内达到如此规模，聚集这样一批世界级的卓越人才。"

2. 针锋相对

面对RT剑指西方的攻势，欧美需要培养媒体自身的舆论攻坚能力自然是最根本的还击手段，可是"九层高塔起于累土"，要让固化的、享受多年舆论霸权的西方主流媒体重新包装自己、改变经营运营策略，又谈何容易。因此，由政府出面采取打压措施变成了最"可行"的手段，也才有了此次RT美国电视台在华府地区被禁播的情况。

事实上，西方限制RT并非始于今日。2016年10月，RT在英国的所有账户遭到冻结，苏格兰皇家银行集团不再为其提供服务；同年年底，欧洲议会通过《欧盟反击第三方宣传的战略传播》决议案，指控RT是"最危险的俄国媒体",挑战民主价值、企图分化欧洲;2017年年初,Facebook关闭RT电视台账户除文字以外的功能,使其无法转播美国总统就职典礼。苏格兰保守党主席戴维森(Ruth Davidson)也呼吁,RT正在英国"利用我们秉持的言论自由等价值观",旨在"毒害我们的社会发展进程",英国必须对其进行打压。在大洋彼岸,RT甚至进入美国情报部门的视线:RT和俄罗斯卫星通讯社(Sputnik)是莫斯科的传声筒,"克里姆林宫为RT配置人员,密切监督报道内容,聘用能够传播俄国战略信息的人员"。

无论是英国银行的决定,还是RT美国电视台的遭遇,难免令人联想到这是来自政界的刻意打压。个中关键不难理解——莫斯科与西方长期关系不佳,而以俄国角度报道新闻的RT,自然负有"原罪"。

RT取得了巨大成功的背后,有"三大法宝"不得不提及。"谁是我们的敌人?谁是我们的朋友?这个问题是革命的首要问题"。换言之,RT从一开始就目标明确,并以此作为前提,最大限度地团结大多数"友",同时以政治斗争的策略分化掉"敌"。

普京成立RT,也毫不避讳己方的问题与野心,俄罗斯在国际舆论领域中长期处于不利地位,西方主流媒体对俄罗斯存在诸多蓄意攻击和不实报道;野心在于,通过强有力的宣传输出,发出俄罗斯的声音,打破西方的话语垄断。从问题到野心,RT的"敌人"与"朋友"也更加清晰。所谓"敌人",就是那些带着意识形态的傲慢与偏见攻击俄罗斯的媒体与政治团体,RT毫不掩饰甚至不惧怕与这些"敌人"对垒较量,大有"兵来将挡水来土掩"的架势;所谓"朋友",则是那些长期关注以及支持RT在重大问题上所持态度的群体,更有甚者"敌人的敌人就是朋友",RT也深谙此道。

作为被锁定的头号敌人,美国可谓RT报道的常客。不过,RT的反美新闻并不是直白地痛骂,而是有针对性地抓住美国中青年观众的软肋,比如对建制派和政治精英虚伪本质的反感,对华尔街资本主导一切的憎恶,以及对美国在中东问题上不作为、乱作为的质疑等。尤其在中东问题上,与美国媒体习惯性标榜己方扮演主持公道角色的报道不同，RT直接对以色列在巴勒斯坦占领区的暴行和美国政府的亲以行为进行鞭挞，这样的"反其道而行"，既配合了俄政府的中东战略，也在美国收获了一批支持者。

3. 两条腿走路

当RT这艘"外宣航母"建成后，并没有延续以往的"一点论"，而是独辟蹊径地"两条腿走路"，并很有先见之明地将媒体从寡头手中收归国有，并视之为能源出口和武器贸易之外又一强有力的外交工具。此为RT制胜的第二大法宝。

所谓"两条腿走路"就是媒体精英同投资者及政府机构全面结合，小资本、分散化运作。如此结合的好处是，既保障了资金来源与制度支持，有了政府托底RT可以不用为了生存和盈利分散太多注意力，而且有了媒体精英的加入，RT避免了基于官方话语体系的老生常谈，可以精准把握西方媒体的空白和软肋，切中要害见缝插针，迅速崛起自不在话下。

关于RT的媒体精英团队，国际化、年轻化以及专业化是显著特色。在两千余人的队伍中，最吸引外界关注的，当属其吸引了维基解密创始人阿桑奇（Julian Assange）和CNN的王牌主持人拉里·金（Larry King）的加盟，前者作为争议人物，本身就自带流量和注意力，这对西方媒体的震动和冲击可想而知。2013年，曾就职于BBC、CNN、彭博社、半岛电视台和伊朗Press TV的拉坦西（Afshin Rattansi）也加入RT，主持一档名为《秘密行动》的脱口秀节目。拉坦西曾坦言："和在BBC、CNN的时候不一样，在RT，从来没人告诉我应该说什么。"据悉，RT给这些"名嘴"提供了充分的自由度，由他们自行雇佣制作团队，而不会主导讨论内容的选材。至于西方媒体的空白与软肋，既有物理层面的，以美国媒体为例，最大的问题是人们普遍更重视国内新闻，目前只有CNN一家全天24小时报道国际资讯，而且每一次媒体整合的尝试最终都因各种原因而以失败告终，所以不遗余力进行国际问题报道的RT很快便在西方媒体的一片空白中占据了一席之地；也有认知层面的，当西方媒体众口一词大加挞伐俄罗斯时，RT全然不同的视角和观点更容易聚拢关注度。

此外，RT对2013年叙利亚反对派扣押联合国维和人员作为人质的事件以及2011年9月"占领华尔街"抗议者的第一次集会，都有着全然不同于西方视角的报道，这些也成为人们谈及RT崛起成因时津津乐道的案例。

4. 因势利导

如果说分清敌友和两条腿走路是RT在自身认识论和方法论上所下的功夫，那么制胜的第三大法宝就是对国际关系张弛以及世界未来大势的把握，并因势利导抢占先机，则是RT之于外部力量所做的尝试与突破。

安德烈耶夫提到的与受众互动，最为突出地体现在旗下Ruptly的运营过程中，这一国际视频新闻通讯社于2012年建立，总部位于德国柏林，在视频新闻火速发展的风口上，Ruptly视频新闻社被视为RT放出的大招，该社不仅为RT提供独家内容，还通过与路透社、美联社等西方老牌通讯社合作来抢夺话语权。更值得一提的是，Ruptly开先河与用户进行良性互动，鼓励受众主动提供身边的视频素材，并给予一定金额的奖励，这一招对于扩大素材来源和受众参与度收效颇丰。

至于新型新闻产品展示原创内容，RT也是独树一帜，除了经常采用网络摄像头、手机视频等方式直接报道新闻外，RT还一度模拟了叙利亚使用化学武器的"战争"场面，令外界大跌眼镜。而这样追求时尚多样的报道，也不可避免地引发一系列批驳和质疑，尤其是当其形成颠覆性力量时，这股来自西方世界的批驳与质疑也随之加大了火力。

拥持着这"三大法宝"，RT的确在赚足了世界眼球的同时，也不出意料地成为美国的眼中钉、肉中刺。当下，人们还无法预判RT这艘"外宣航母"究竟能走多远，其辉煌能延续多久，但至少可以肯定的是，普京一手打造的这艘航母走向成功的"法宝"，并非皆正当且恰当，也绝不是放之四海而皆准。说到底，RT呈现的世界，主轴是为了附和俄罗斯的国家意志与对外战略，正如CNN呈现的世界脱不开自身的意识形态一样。

（二）对我国法治外交国际传播的启示

与RT相比，我国国际传播的投入不可谓不大，资金支持与人才储备有过之而无不及。自20世纪80年代开始，契合对外开放需要，中央设立专门工作机构中共中央对外宣传领导小组，面向世界，设立新闻发言人制度。坦白讲，在大众媒体传播手段多元化时期，中国也自20世纪90年代至今进行国家媒体大规模扩张。可是大投入并没有换来等量的产出。不管是打破西方媒体的垄断，还是改观中国的外部形象，效果都不尽如人意。

"人到半山路更陡""船到中流浪更急"正是中国国际传播在世界舆论场中的现实地位的真实写照。中国法治外交国际传播战略目标是要塑造法治中国形象，推动中国法治国际认同。从战略实施角度讲，除了拉斯韦尔（Lasswell）传播的"5W模式"之外，还应提出适合中国法治外交国际传播的理论原则，思考中国法治外交国际传播的战略需求和特点，搭建精准化、体系化的战略框架，包括传播的原则、圈层、方式与策略。

1. 法治外交国际传播原则

法治外交国际传播应遵循的基本原则是"行为事实→感性认知→理性认同"。行为事实指具体的法治实际行动或法治案例，这是法治外交国际传播的核心和基础。话语权来自话语之外，"做得好"才是硬道理。只有把真正做得好的事实案例传播出去，才能让受众有一个较好的感性认知，进而达到理性认同。没有法治行为事实做坚实的基础，就不会形成较好的感性认知，也就谈不上法治认同。编造事实、掩盖真相永远是法治外交国际传播之大忌。中国依法抗疫是国际传播的生动案例：中国政府全力践行"以人民为中心"的理念，本着对国际社会高度负责的态度，坚决遏制住疫情蔓延，为国际社会有效抗疫争得了时间，提供了中国经验。新媒体时代，中国抗疫过程就是国际传播过程，或者说中国的抗疫一直在对世界进行直播。由于中国国际传播长期以来处于劣势，再加上国际传播策略及媒介技术平台等诸方面的不利因素，中国的"抗疫"传播并非迅速得到国际社会的一致认同，但中国的抗疫传播走出了坚实的一大步，这种"行为事实"从源头上为中国抗疫国际传播奠定了坚实基础，中国抗疫传播会逐步得到国际社会的认可，最终定能收到较好的传播效果。

2. 法治外交国际传播圈层

传播学中，"圈层"的研究极其丰富，如"文化圈层""汉语国际传播圈层""话语圈层"等。（徐翔，2017）传播"圈层"的提出旨在说明不同划分标准下传播主体、内容与受众的差异性，这是实现国际传播"精准化"前提。

从文化角度看，中国法治外交国际传播方略应考虑法治文化的圈层划分。法治文化可以分为精神层面、制度层面与行为层面的法治文化。（公丕祥，2015）而根据国别区域与哲学传统，法治文化又可分为欧陆理性主义、英美经验主义以及新加坡威权主义法治文化等类型。（周刚志，罗芬，2020）简单地作"东西方"法治文化划分过于笼统与对立，需要根据精神、制度与行为层面法治文化的异同，将不同国家、区域的传播受众划入不同的法治文化圈层，包括在法治价值、法治理念、法治理论、法治意识方面具有共识的精神文化圈；拥有相似宪法制度、立法制度、执法制度、司法制度以及法律体系、法律机构设置、法律原则的制度文化圈；具有相同社会法治态度、法治状态的行为文化圈。中国法治外交国际传播是跨文化圈层的传播活动，需要厘清我国法治文化与各种法治文化圈的关系，预测传播的重点与难点。

从语言角度看，语言认同是文化认同的内核。语言认同与语言的知识化（intellectualization）密切相关。（Robert K. and Richard B., 2003）欧美国家具有悠久的法律、法治传统和深厚的法学研究基础，欧美法律是许多国际规则的制定参考，美国法律语言体系成为国际上法律领域的主要工作用语。英语在法律领域知识化程度最高，已经确立起了"国际通用法律语言"的地位。法律英语负载着丰富的法律概念、范畴、命题、术语等，形成了能够有效覆盖目前国际法律事务的"话语体系"。（谢伏瞻，2019）

因此，中国法治外交国际传播定会涉及英文法治话语圈与中文法治话语圈的关联互动，而法律翻译是促进双方有效沟通的关键，能够推动中文法治话语圈与英文法治话语圈接轨（如图8.1所示）。中国的法治外交话语要传播出去，应在自身话语体系完善的基础上，思考其外译的准确性、合法性与可接受性，努力争取中文立法文本的国际合法性和中文的国际法律通用语地位，而这有赖于中文译写的规范化、中国法律语言的国际化与涉外法治人才培养的系统化。

图8.1 中国法治外交国际传播的话语圈层

3. 法治外交国际传播方式

中国法治外交国际传播圈层是从宏观的角度审视战略布局，然而要确定具体的传播方式，还需要精准到"人"，明确中国法治外交国际传播的主体和受众情况。

关于国际传播主体，学界普遍的看法是以传媒平台为主的"多元主体"，有官方与非官方、机构与个人、媒体与非媒体之别。从本质上讲，法治外交传播是中国政治传播内容输出的新形式，与政治传播主体一样，法治外交传播的"多元主体"也必然要以国家（政党、政府）为主导。（荆学民，苏颖，2014）但是结合国际传播环境和传播受众群体的接受度反应，非官方传播主体的作用不可小觑，这正是我国在国际传播能力建设方面的不足。因此，中国法治外交国际传播应以党和国家为主体，台前要呈现"百花齐放，百家争鸣"的国际传播景象，充分发挥企业、社团、个人等各类非官方传播主体的作用。具体而言，每一传播主体都要提高法治思维能力，提高对我国法治文化的自信心以及传播的自觉性，将法治思维和法治方式融入传播全过程。

其次，在传播过程中，传播主体必须先了解受众再进行传播。中国法治外交国际传播的受众与国内法治传播的受众不同，后者约等于普法对象，主要为普遍意义上的社会大众以及负责普法宣传的媒体机构。但是法治外交国际传播的对象处于不同的地域和文化圈层。地理与文化圈层的差异导致对我国法治外交不同的需求。这种需求决定了法治外交传播受众的优先层级，即在传播过程中谁最可能或最应该优先接触和了解我国的法治精神、法律制度和法治状态等。这需要着重考虑国内法治、涉外法治与国际法治的关系。作为国内法治与国际法治的"桥梁"，涉外法律关系主体理应成为中国法治外交国际传播的前沿受众，即中国境内的外国企业和公民、无国籍人士以及在境外或国外的中国企业和公民等。其次，国际法治主体逐渐多元化，中国国际法治观也从和平共处变为合作共赢，国际组织逐渐成为推动国际法治的主要行为主体。与我国合作关系密切，尤其是法治合作、司法对话频繁的国际组织理应作为法治外交国际传播受众的第二层次。而对中国法治文化认同度最低的组织、国家或区域则为法治国际传播的第三层次受众。面对这一层次的受众，官方主导、国家层面的法治合作与规则协商的难度较大，民间的法治交流则可以成为主要方式，相应地，其受众核心也应调整为这类组织、国家或区域的非官方组织、群体或个人。

结合中国法治外交国际传播的主体、受众，不妨重新思考中国国际传播的"自塑"与"他塑"问题。中国形象的"自塑"与"他塑"并不完全冲突，早期《红星照耀中国》的海外传播作为"他塑"的实例，提示我们国际传播的目的不是要消灭"他塑"，而是要改变以抹黑中国为主的"他塑"舆论格局。"自塑"以正本清源，传播以影响"他塑"，在人类命运共同体理念下实现国际传播中信源与信宿话语的趋同。

从"自塑"与"他塑"出发,可以对中国法治外交国际传播方式做显性与隐性的划分(如表8.1所示):显性的法治外交国际传播以自塑"法治形象"为目标,以官方主体为主导,表现为政府、官媒主动宣传或邀请国外传播主体参与,如政府外宣、外交发言、政策解读、官媒宣传、邀请外媒报道等,同时充分发挥非官方主体的传播影响力,通过外企、在华外籍人士、海外华人、非政府组织以及在国际法律领域有影响力的群体或个人传播"法治中国",讲述"中国法治故事"。隐性传播则主要以影响"他塑"为目标,一方面体现为以"法治事实"说话,提升国内司法执法、法治服务水平,建立良好的法治营商环境,从而影响在华企业、外籍人士和国际组织对我国法治环境的态度、评价,同时通过参与国际规则制定、国际法治合作交流、涉外法治人才联合培养等,构筑法治传播的"桥梁";另一方面,则体现为非官方主体的隐性传播,主要包括民间法治文化交流,如法治学术国际论坛、法律智库共建共享、法治文化展活动、跨国企业员工培训等,以及非官媒舆论互动,特别是实施以微信、推特、抖音等自媒体平台为传播渠道的法治"微传播",借助跨国网民讨论开展直面国外民众的中国法治隐性传播。官方主体与非官方主体之间也应开展常态化的交流互动,上情下达、下情上达,统一传播口径,形成传播合力。

表8.1　中国法治外交国际传播方式

		第一层次受众	第二层次受众	第三层次受众
官方主体	显性传播（自塑法治形象）	政府外宣、外交发言、政策解读、官媒宣传等	政府外宣、外交发言、政策解读、官媒宣传等	政府外宣、外交发言、政策解读、官媒宣传、邀请外媒等
	隐性传播（影响他塑舆论）	司法执法、法治服务、法治交流合作等	参与规则制定、开展司法对话、联合培养法治人才等	搭建法治合作平台、促进人才交流、优化法治营商环境等

（续表）

		第一层次受众	第二层次受众	第三层次受众
非官方主体	显性传播（自塑法治形象）	行业与社区法治传播、法治文化产品"走出去"等	通过NGO传播中国法治等	发挥群体或个人传播影响力
	隐性传播（影响他塑舆论）	行业协会自治、民间法治文化交流、非官媒舆论互动等	民间法治文化交流、非官媒舆论互动等	民间法治文化交流、非官媒舆论互动等

4. 法治外交国际传播策略

充分利用现代传播技术和新媒体平台，生产国际化信息产品和树立以受众为主体的服务意识是信息时代国际传播的总体策略。然而，与普遍意义上的国际传播相比，中国法治外交国际传播服务的受众除了海外普通公众之外，更重要的是法治领域的"专业群体"，所提供的信息产品与服务类型也以法治信息与法治服务为主，因此在确保以上国际传播总体策略的基础上，还应制定适应法治外交国际传播实际的专门策略。

第一，重视规则，塑造传播的"合法性"。习近平提出："增信释疑、凝心聚力"，要运用法治思维和法治方式实现法治认同，寻求达到传播效果的最大化。在法治外交国际传播中形成"最大公约数"，就必须运用法治思维和法治方式，从而尽可能实现理性和感性传播的统一。（杨振武，2015）其一，中国法治外交国际传播也需要法律和制度的支持，通过法律与制度将法治外交国际传播的权利与责任予以明确。同时，要想实现认知认同、情感认同向行为认同的转换，更有效的方式是将国内法治规则转化为国际标准或规范，方能淡化或消除他国被我国法律规范社会化的担忧。其二，传播"合法"的内容、开展"合法"的传播实践，既要求传播内容客观真实、不损害他者权益，又要遵守国际规则以及受众所在国家、区域的传播法规、政策，合法地开展传播活动。此外，在我国法治规则国际化过程中，要明确议程设置的重点是环境、安全、发展等全球性问题，这是国际社会共同关心的问题，也是取得法治认同的基础。

第二，创新话语，增强传播的"合理性"。国际传播需要创新话语表达方式、技巧以有效地影响和引导国际舆论。法治传播所依存的是法治话语，话语建构中国法治的整体形象，所以法治话语方式是影响法治认同的重要因素。中华文化对外传播的关键在于不能仅停留在具象的符号层面，更要讲好符号后的中国故事、传递符号后的中国价值。其中暗含通过创新和变革话语方式来提高国际传播效能之意。中国法治外交国际传播应运用法治外交话语开展国际传播，要求国际传播中的话语表达合法理、合学理、合俗理。修辞是创新话语方式的重要维度。肯尼斯·伯克（Kenneth Burke）的新修辞学主张在"认同"维度上重新理解修辞，并确立非语言因素作为符号象征的修辞意义。要明确修辞的最终归宿是促进"共同理解"，要说服别人就必须使用与对方相同或相似的话语表达方式，实际上这样就将"说服"转换为"寻求认同"。由此"认同"不仅是修辞的目的，还成为修辞的"策略"。中国法治外交的载体是话语，但是法治外交传播不能拘泥于形式上的话语表述，而应多考虑运用修辞促进"共同理解"的话语效果，要避免让国际社会产生我国通过话语进行刻意构建的认识。此外，修辞和话语背后的中国法治外交实践才是传播的关键内容，要提高传播效能，除了在传播策略和表达方式上作出调整，还应努力促进实现全面依法治国，并不断完善中国特色社会主义法治体系。只有国外受众切实感受到我国法治现实与各国现实需求相符之时，法治认同才有可能实现。

第三，和而不同，坚持传播的"平等性"。中国秉持"求同存异""和而不同"的法治传播理念，坚持认为国与国之间应保持平等友好发展关系，而不是以我为主，强加于人。中国模式不是一种向他国强行推广的模式，它的含义是希望每个国家都能够找到适合自己的发展道路，而不是复制其他国家的经验。中国一方面拒绝接受任何宣称普世单一和绝对的发展模式，同时也拒绝在对外交往中输出自己的成功发展道路。中国是和平共处五项原则的提出者和践行者，但中国从未强行向国际社会输出这些原则，也没有把这些原则看成和其他国家合作的前提条件。中国通过自身对该原则的践行来展示其合理性，进而实现该原则被国际受众普遍认同，成为国际关系的基本原则之一。在法治外交国际传播中，我们应该一以贯之坚持中国的传播理念，坚持求同存异、和而不同、和谐共融、文明互鉴的基本传播观。

第四，创新思维，发展传播的"在地化"。我国国际媒体的在地化建设既是当前我国国际传播能力建设的短板，也是冲出传播困局的突破口。国际媒体海外在地化建设能够助力国际传播能力的提升，中观及微观层面的在地化建设举措能够促进传播内容认同，实现传播价值的宏观目标。我国的国际媒体可从"弱化外来身份"与"增强本土色彩"出发来构建中国法治国际传播的在地化建设策略，打破西方法治传播霸权，构建中国法治的国际法治价值认同；融入当地法治视角，讲述动态法治故事。

第五，求同存异，提升传播的"精准性"。推动中国法治外交精准传播是提升国际传播效能的关键，需要重视研究传播价值观、工作机制与受众的差异；同样需要分析传播主体、受众之间以及各类受众之间的差异性，包括受众群体的法治意识、法律素养、法治理解、法治需求、法治表达等。然而分析差异的目的不是要在国际传播中直接、片面地强调中国的特殊性，而是本着"求同存异"的理念，寻求不同传播受众可接受的"共同点""共通点"，包括共通的传播语言、相通的传播渠道、法治文化共识、社会法治共性等，从而引导国外受众逐渐正视、理解并认同中国的法治特色。其中语言与渠道相通是法治外交精准传播的基础，越过传播语言与渠道谈法治外交内容的精准传播是不现实的。一方面，不能忽视英语作为国际法治外交通用语、国际传媒领域主要用语、文化传播强势语、国际组织首选工作用语、互联网信息负载量最高语言的地位与功能；另一方面，需要认识到，在平台化的全球信息传播生态中，新型传播媒介平台的兴起正在打破西方传媒垄断的国际传播格局，对我们来说这无疑是天赐良机。针对传播受众的平台调适与搭建自有、可管、可控的新型传播平台正成为国际传播的主要渠道。因此，提升中国法治外交国际传播的精准性，需要首先做好法治（律）语言规范标准化建设，设置法律外语，尤其是法律英语专业，提升法律翻译服务质量，完善涉外法治专业人才与法治外交传播人才培养；其次，助力国内传媒企业、平台"走出去"，充分运用法律保护其在国内外的合法权益以及在海外的规范管理，尽量避免美国等国家抵制"Tik Tok"类似事件的发生；最后，在保证语言、平台相通的基础上，开展国际受众的传播接受度调查，调整传播内容，优化传播方式，精准传播法治信息。结合国际舆情、传播力等指标，适时建立中国法治外交国际传播效果评估体系。学会换位思考，善于从海外受众的角度出发，创新完善中国法治外交国际传播的话语体系，把判断的权利交给受众。这种适度"留白"的传播方式，反而能在潜移默化中加深海外受众对我国法治外交的理解和认同。

第九章　法治外交专业人才培养

法治外交理念的域外传播及开展有效的法治外交活动，推动构建人类命运共同体，关键靠训练有素的法治外交专业人才。专业人才培养也是构建中国法治外交话语体系的核心内容。国际组织中的人才数量是各国在国际舞台"声音"大小的重要体现。然而，我国在国际组织中的人才数量稀缺，居于菲律宾、印度等国之后的第11位。高校是人才培养的主阵地，如何加快培养全球治理人才，特别是适应国际组织需要的法治外交人才是当前高校的迫切任务之一。面向国家战略需要，研究培养合格的法治外交专业人才必将成为高校服务国家战略的新支点。

一、外语复合型人才培养

清廷大臣李佳一百多年前曾预言："因念中外交涉之事日繁一日，亦日棘一日"，在培养国际法治人才方面"诚能贯而通之，引而伸之，一省数十人合十数省数百人，熟谙公法而后出于中外交涉事，或和平与议，或执理与争，庶几外交不致如今日之棘手也"。"我国家得此数十外交之长才，转弱为强……是公法之所系者大已"。（程鹏，1990）一代宗师周鲠生先生曾谆谆教诲，大学应该"造人"（出人才），也应该"出品"（出科研成果）。"在校内造成研究的空气，在'出品'工作上有学术价值的贡献，是今后大家努力的目标"（窦贤康，2019）。特别是法治外交工作更是关系国家民族利益之大局,法治外交人才必须"铁肩担道义、妙手著文章",努力践行"忠诚、使命、奉献"的核心价值观,孜孜以求,创造事业和人生的辉煌。

(一)人才内涵

法治外交专业人才是指具有国际视野、通晓国际规则、熟悉外交政策、善于依法处理外交事务、能够参与国际合作与国际竞争的高端复合型法律外语人才。法治外交人才需要具备两方面能力:一方面,具有国际视野,能熟练运用法律专业外语,能在国际事务中发出自己的声音,并进行有效的交流与谈判,即精通法律外语;另一方面,通晓国际规则,熟悉对外政策,精通国际谈判,能够依法处理外交事务,维护国家利益。简言之,法治外交人才即精通法律外语、明晰国际法律与外交的高端复合型人才。法治外交人才这两种能力的培养是相辅相成的,不可偏废。

懂法律、知外交是法治外交专业人才的基本素养要求。法律和外交有着天然的联系,法律是外交工作的基本遵循,外交是国际法律的应用。在开拓中国特色大国外交新局面过程中,我们应牢牢把握国际法治维护者和建设者的角色定位,推动国际法律规则的共同制定和共同遵守。国际法律本身即为和平发展之法,将和平发展落实为具体权利义务,引导规范国家和国民之行动,加深国家间依存关系,为推动构建新型国际关系奠定了基础。国际公法切实维护国家主权、安全、发展利益;国际私法调整国际民事关系的法律冲突和法律适用问题;国际经济法推动对外开放,消除经济壁垒;国际环境法的发展促进人类发展与自然生态相平衡。和平解决争端、尊重各国主权、维护公平正义和促进合作共赢是国际法治的应有之义,契合构建新型国际关系"相互尊重、公平正义、合作共赢"的要求。国际法治在外交实践中能有效促进国家利益的实现、巩固外交成果、消除国际合作障碍。法治外交能够对处于动态发展之中的国际法治善加引导,并将中国方案与国际法治密切结合起来,使国际法治在中国特色大国外交中发挥出应有的保障作用。国际法治的制度化和可预期性为服务新时代中国法治外交打下了良好基础。国际法治在国家利益、外交政策、身份认同、目标追求方面可发挥重大作用，能有效服务中国特色大国外交，统筹国内国际两个大局，捍卫国家核心和重大利益，实现合作共赢和义利相兼。

法律外交外语是一种专业外语，可以简单地理解为这种专业外语既包含法律知识，又包括外交知识。从以上法律和外交的关系分析看，法律的内涵比外交丰富得多，或者说法律从广义上讲已经包含了外交（国际法律）的内涵。所以从专业外语角度看，可以说法律外语已经包含了外交外语的内涵，或者说法律外交外语是法律外语的有机组成部分，只不过它更加注重国际法治领域而已。从人才内涵看，涉外法律人才是涉外法治专业人才的重要组成部分，涉外法治专业人才又是法治外交人才的主力军。

（二）法律外语是关键

从涉外法务实践看，涉外法律人才在工作中首当其冲遇到的重大障碍是"语言表达"能力，"心里明白，但张不开口，不会用外语表达"是今天涉外律师的通病。切实提高法律外语语言运用能力是涉外法治专业人才培养的重中之重。从外交实践看，我国外交人员在国际事务的处理过程中，外语语言的表述往往也是最大障碍，"有理说不出、讲不明"现象普遍存在。法律外语是法治外交工作不可或缺的工作语言。合格的法治外交专业人才首先必须是法律外语人才，或者说法律外语人才是法治外交人才的必经阶段。法律外语成为培养法治外交专业人才的关键，法治外交专业人才的培养要从法律外语做起。因为英语的国际通用语地位，法律英语又成为法律外语中的核心专业英语。

从广义上讲，法律外语包括法律翻译。由于专业外语没有跟上，或者说因为我们很多高校并没有系统开设法律外语课程，所以我们的法律外语复合型人才储备不足。在涉外法律服务等国际交往活动中，法律翻译专业人才的缺口最大，应该引起高等教育主管部门的高度注意，法律翻译专业人才的培养时不我待。应该特别指出，具体的法律外语（如法律英语）和法律翻译都是独立的专业，不能把法律外语或法律翻译仅仅理解成一门课，应从法律外语的听、说、读、写、译各方面对学生进行系统培养，才能培养出真正合格的法治外交人才。法律外语能力的培养很难在目前我国的法学院系或国际政治院系独立实现，外语院系应该承担起法律外语能力培养的重任。

二、办好法律英语专业

法律英语（Legal English），在英语国家中被称为Legal Language或Language of the Law，即法律语言。我们通常所说的"法律英语"有狭义和广义之分。狭义的法律英语源于梅林可夫（1962）指称的"Language of the Law"，即法律语言，主要指英美等以英语为母语的普通法国家律师、法官以及相关法学工作者在立法、司法及其他与法律相关活动中所使用的语言。这种界定其实将法律英语简单化为"英美法律语言"，法律英语即英美国家所使用的法律语言。法律英语专业本科阶段即是学习以英美法（特别是美国法）为载体的法律英语。

这种界定不能涵盖法律英语完整的应有之义。随着国际交流和经济全球化的不断发展，各国涉外法律事务逐渐增多，在这种涉外法律事务中所使用的英语也应为法律英语。这既包括英美的法律工作者适用英美法规则或国际法规则用英语开展涉外法律事务所使用的语言，也包括不同国家用英语表述自己国家的法律制度和司法活动时所使用的语言。因此，英美法律语言（即狭义的法律英语）只是法律英语（广义）的一部分，广义的法律英语涉及包括英美等以英语为官方语言的国家在内的世界各个国家的司法活动、国际法律、国际公约、国际条约和国际惯例等，以及所有以法律英语语言表达形式撰写的通知、公告、规则等。这些通知、公告里可能不含有法律术语，但语言表述却是采用的法律专业英语的表达形式，具有"准确严谨，言简意赅，不偏不倚"等法律语言特点，是狭义法律英语的扩大适用。这种语言现象被称为法律英语"外溢现象"。法律英语专业的研究生阶段可以以广义的法律英语为学习内容。

据此，我们在总体理解法律英语的含义时要打破国别、法源和使用者的限制，以更广阔的视野去界定法律英语的专业内涵，将"法律英语"定义为：法律英语是以普通英语为基础，在立法、司法及其他与法律相关的活动中形成和使用的具有法律专业特点的语言，其表述准确严谨、言简意赅、不偏不倚。法律英语的语言表述客观理性，可信度强，是实现精准国际传播的关键抓手，是法治外交专业人才必备的工作语言。

（一）法律英语专业的科学性与合理性

外语教育要面向国家战略需要。我国当下涉外法律人才缺口之大难以想象。据《中国律师》公开数字报道，我国能做高端涉外法律业务的律师不足二十人，在国际法律舞台上几乎完全没有中国声音。（冷帅等，2017）十八届四中全会提出加强涉外法律工作，对建设通晓国际法律规则、善于处理涉外法律事务的涉外法治人才队伍做出重要部署。司法部等四部委随后联合印发《关于发展涉外法律服务业的意见》；中央全面深化改革领导小组第24次会议专题研究涉外法律工作；2019年2月25日，习近平在中央全面依法治国委员会第二次会议的重要讲话指出，要加快推进我国法域外适用的法律体系建设，加强涉外法治专业人才培养。随后，司法部、教育部等13个部门召开发展涉外法律服务业第二次联席会议，研究部署涉外法律服务工作，号召各高等院校、科研院所要根据涉外法律人才的目标要求设置专业，创新人才培养模式。

这一系列重要政策性文件及联席会议，对当前涉外法律工作的严峻形势做出了及时、准确回应，凸显了涉外法律工作的重要性以及涉外法治人才培养的紧迫性。高等外语教育发展到今天正面临着新时代的重大挑战。多年来，国内高校单一英语和法学学科毕业生高度同质化，"千院一面"，就业率低，学生一毕业就失业，双双成为"红牌"专业。高校英语和法学人才的培养现状与经济发展和社会需求严重错位。经院办学，闭门造车，不能按照市场需要进行学科建设、专业设置和人才培养。英语、法学专业发展遭遇瓶颈，亟须寻求发展出路。而培养"英语+法律"复合型人才是大势所趋，既是专业发展出路之所在，也是服务"一带一路"等国家战略的高等教育使命之所在。

《国家中长期教育改革和发展规划纲要（2010—2020年）》指出要适应国家和区域经济社会发展需要，重点扩大应用型、复合型、技能型特色人才培养规模。教育部和中央政法委员会《关于实施卓越法律人才教育培养计划的若干意见》（2011）提出适应世界多极化、经济全球化深入发展和国家对外开放的需要，培养"具有国际视野、通晓国际规则，能够参与国际法律事务和维护国家利益的涉外法律人才"，并把培养涉外法律人才作为培养应用型、复合型法律职业人才的突破口。教育部《英语类专业本科教学质量国家标准》（2018）提出以需求为导向，创新探索多元人才培养模式与机制，依据国家与区域经济社会发展需求培养适应多层次、多行业、多领域特点的复合型外语人才。

"英语+法律"复合型人才培养顺应国家对外开放向纵深发展的战略需要。"英语+法律"复合型人才就是法律英语专业人才。法律英语是涉外法治专业人才培养的起点和关键。法律英语专业人才是涉外法治专业人才的必经阶段。很多高校早在十几年前已开展了法律英语相关专业建设和人才培养实践。但由于法律英语一直没有上教育部英语类专业目录，总让人感觉"名不正，言不顺"。如果说商务英语专业是在"经济建设为中心"年代设立的，那么法律英语专业则是"加强涉外法治工作"大背景下的必然产物。

习近平在两院院士大会、哲学社会科学工作座谈会等重要会议上多次强调:"要加快发展具有重要现实意义的新兴学科和交叉学科。"法律英语作为法律科学和英语语言跨域联动的结晶,就是这样一个新兴交叉专业。法律英语发展到今天,从理论到实践,从教学大纲到统编教材以及测试等已经完全具备专业设置的条件。市场的需要("一带一路"等伟大实践)是法律英语专业发展的不竭动力。在习近平法治思想指引下,我们大力发展法律英语这个新兴交叉专业具有重大的现实意义。

为了响应新时代召唤,推动"一带一路"倡议行稳致远,促进高校外语法学教育改革创新,助力外语和法学专业摆危脱困,融合发展,保障涉外法治工作的有效开展,通过增设法律英语专业,从而加大法律英语复合型人才培养力度,缓解涉外法治人才严重匮乏的局面变得日益迫切,既有科学性又有合理性。

(二)法律英语专业与所属"专业类"的区分度

法律英语是法学和英语语言文学交叉融合形成的新兴交叉专业。法律英语专业的目标是要适应国家社会发展的需要,培养具有国际视野、通晓国际规则、具有涉外法律技能的"精英明法"复合型国际化人才。

传统英语专业遭遇发展瓶颈。英语语言文学专业旨在培养学生熟练掌握听、说、读、写、译等实践技能,深刻了解英语语言、文学以及英语国家历史、社会、文化、政治、经济等知识,并具有扎实的人文社会科学知识和初步的科学研究能力。随着高等教育的不断扩招,各高等院校竞相增设英语专业或扩大其招生规模。目前英语专业已是各大高校开设最普遍的专业之一,英语专业人才在就业市场上曾经供不应求,现如今却面临着严峻的考验。主要的问题是传统的英语语言文学专业不能和社会发展需要对接。过去40年,大学英语(非英语专业)历经数次改革,其发展和完善使非英语专业学生的英语技能稳步提高,并且在课程设置、教学内容以及考核标准等方面与英语专业日益趋同。甚至,不少高校非英语专业已经开始走向英语专业化的道路,这使得英语专业发展的空间日渐萎缩,专业优势逐渐缩小,严重脱离市场的需求。

法律英语不是凭空捏造出的专业,其基础是普通英语专业,是建立在普通英语之上的一种法律专业语言能力提升,是表现出更高语言技能的一种法律专业外语。法律英语和传统英语专业紧密相连,相互促进,而不是矛盾对立。时任教育部高教司司长吴岩(现任教育部副部长)指出,高校的专业设置不要追求大而全,各校要根据学校自身特色设置专业。正如先有英语专业,后有翻译专业一样,法律翻译的基础是法律英语专业。没有法律英语专业,法律翻译专业就无从谈起。法律英语专业旨在培养学生的法律英语语言运用技能,是涉外法律服务基本的工作语言;而法律翻译专业则聚焦翻译法律问题,追求法律语言服务的精准度,提高涉外法律服务质量。另外,法律翻译还为我国司法体制改革充分借鉴域外经验提供支持。

十八届四中全会以来,各地在培养涉外法治人才的实践中存在不少误区。消除误解、统一认识是涉外法治人才培养的前提。涉外法治人才培养不能单靠法学院系。这是由涉外法治人才的内涵要求决定的。涉外法治专业人才需要具备两方面能力:一是具有国际视野,能熟练运用法律专业外语,能在国际事务活动中发出自己的声音,并进行有效的交流与谈判,即精通法律外语(尤其是法律英语);二是通晓国际规则,精通国际谈判,能够参与国际法律事务,维护国家利益。涉外法治人才这两种能力的培养是相辅相成的,不可偏废。法律专业外语能力的培养很难在目前我国的法学院系实现,外语院系应该承担起法律专业外语能力培养的重任。

涉外法律工作并不意味着要使用众多的小语种外语。由于英语的国际通用语地位,法律英语的语言价值上升。世界各国法律体系各异,为统一法律适用,大都选择WTO法律体系及有关国际法。英语是WTO官方语言,是涉外法律工作必需的工作语言,也是涉外法治人才培养的关键。认为共建"一带一路"国家涉及外语种类众多,盲目开设小语种外语,既不经济,也不现实。

法律英语不等于法律+英语。狭义概念上的法律英语是英美法国家以普通英语为基础，在立法和司法过程中逐渐形成的、具有规约性的语言变体。法律英语是系统独立、内涵丰富、实践性很强的新兴交叉专业。法律英语是法律科学和英语语言学有机融合的专业语言，绝不能把法律和英语割裂开来学习。涉外法治专业人才的培养要从打好坚实的法律英语语言基础开始。

涉外法律工作内容并不完全等同于国际法课程。要做好涉外法律工作，只学习国际法还不够。其实涉外法律工作的核心内容之一是英美法体系。有着上千年历史的英美法今天仍被广泛应用于美、英及加拿大等英联邦国家。美国法虽然是由英国法发展而来，但今天的美国法国际影响力无疑最大，这主要体现在国际法的很多规则都借鉴了美国法，联合国国际法院运用的司法程序依据也是美国法，WTO等国际贸易的基本规则同样依照美国法。所以，法律英语专业本科阶段的切入点就是通过学习美国法学习纯正地道的法律英语。美国法是本科阶段法律英语专业的载体。

法律英语复合型人才并不完全等于涉外法治专业人才。涉外法治专业人才即"精英明法"的高端复合型人才，这就决定了涉外法治专业人才的培养是分阶段、分层次的。法律英语人才归根结底首先是外语人才，可以从为涉外法律工作提供语言服务起步；在经过后续不同阶段的分层次培养提高之后，方可走上直接从事涉外法律实务的职业轨道。法律英语人才不完全等于涉外法治专业人才，但涉外法治专业人才首先必须是法律英语复合型人才。市场调研表明，本土律师相较外国律师的劣势不在于涉外法律知识和业务能力，而是语言问题。法律英语是涉外法律服务不可或缺的工作语言。

法律英语不单是一门课程，而且是新兴的交叉学科专业。习近平多次指出，要加快发展具有重要现实意义的新兴交叉学科。法律英语语言在词法、句法、语篇上都有鲜明特点，它内涵丰富，涵盖法律英语翻译、写作、英美法律文化、文学等研究领域。"一带一路"倡议等伟大实践急需"精英明法"复合型人才。因此,法律英语新兴复合交叉专业应运而生。法律英语区别于一般意义上的交叉专业,它集语言文学专业和法学专业为一体,和新时代国家对外开放伟大实践紧密相连,有利于改善相关专业发展薄弱、后劲乏力的现状,有利于培养新的学科专业增长点和研究创新点,有利于国家外语能力提升和国家发展战略的实现,具有重大的战略意义。

(三)法律英语专业设置刻不容缓

改革开放四十多年来,高校外语专业发生了深刻变化。教育部颁布的《关于外语专业面向21世纪本科教育改革的若干意见》(简称《若干意见》)为新时代高校外语专业的发展指明了方向。《若干意见》指出,社会对外语人才的需求已呈多元化趋势,过去那种单一外语专业和基础技能型的人才已不能适应市场经济的需要,市场对单纯语言文学专业毕业生的需求量正逐渐减小。因此,外语专业必须从单科的"经院式"人才培养模式转向宽口径、应用型、复合型人才的培养模式。

教育部副部长吴岩在高等学校专业设置与教学指导委员会第一次全体会议上讲话振聋发聩:在专业设置上,如果我们还以不变应万变,将是战略失误。专业设置只"积极应变"还不够,还必须"主动求变",要以高等教育的变革来引导经济社会发展的人才变化,说专业结构多重要都不为过。专业是人才培养的基本单元,是人才培养的核心。习近平最关心的就是高校专业结构优化调整问题。专业结构调整首要问题是解决专业和现实需要脱节的问题。目前的专业很多是自娱自乐,跟社会脱节、跟经济脱节、跟创新脱节。专业本来就是面向社会需要的职业而设立的,自娱自乐、不融合就是脱离。专业设置要坚持三个导向。第一,需求导向,高校自身发展是"小逻辑",经济社会发展是"大逻辑","小逻辑"要服从于"大逻辑"。高校一定要打破思维定式,要坚持有所为有所不为。高校专业设置的第一准则是社会需求。第二是标准导向,去年教育部发布了

《普通高等学校本科专业类教学质量国家标准》，明确提出复合型外语人才的培养标准；第三是特色导向，学校不要刻意追求大而全。学校是"真改革"，还是"假改革"？专业设置就是试金石。学校要下决心动专业调整这块奶酪。设置好专业才是真正地为国家负责、为老百姓负责，才是真正的"以学生发展为中心"。

我国当前涉外法治专业人才奇缺，严重影响了我国对外开放质量。法律英语是市场需求催生出的新兴专业。涉外法治人才的培养是系统工程，不能一蹴而就。涉外法治人才的培养要以法律英语人才的培养为起点，要从培养坚实的法律英语语言基础开始。新时代高校外语、法学教育教学改革要为国家战略服务，努力推进涉外法治人才系统化培养。法律英语专业应该在培养涉外法治专业人才过程中大有作为。

申请增设法律英语专业，并非否定原有英语语言文学专业，而是在继承原有英语教学经验基础上，积极培育法律英语复合交叉专业，从而使外语人才培养达到精"英"明"法"之目标。此外，《国家中长期教育改革和发展规划纲要（2010—2020年）》明确指出，重点扩大应用型、复合型、技能型人才培养规模。促进高校办出特色，克服专业同质化倾向，形成各自的办学理念和风格，在不同层次、不同领域办出特色，争创一流。

法律英语专业人才的培养是当前我国面临的紧迫任务，是我国建设好中国特色社会主义法律话语体系、切实增强我国软实力，也是确保国家在世界格局中继续富有生机活力、更加具有影响力的必要之举。增设法律英语专业，对于促进英语类专业全面健康发展和培养国家涉外法治专业人才都有着极其深远的意义。无论从当前形势、学科建设，还是时代要求来看，法律英语专业设置大势所趋。

习近平在中央全面依法治国委员会第二次会议上指出："要加快推进我国法域外适用的法律体系建设，加强涉外法治专业人才培养"。总书记在两院院士大会上发表重要讲话，明确指出："学科之间、科学和技术之间、技术之间、自然科学和人文社会科学之间日益呈现交叉融合趋势，科学技术从来没有像今天这样深刻影响着国家前途命运"。教育部提出深化专业改革，提升文科专业的内涵建设质量，建设新兴的文科专业。法律英语就是这样一个新兴的文科专业，它不是"法律"和"英语"简单叠加，而是法律和英语的有机融合。《新概念英语》的作者亚历山大曾经讲过，法律英语是一门专业性很强的外语，甚至是另一种语言。国外法律语言学理论为法律英语语言的研究提供了很好的理论基础，该专业能够结合社会发展新需求和学科交叉融合的新趋势，能够融合法律知识、法律思维和英语语言技能，又能保留原有传统专业的优势。

法律英语作为法律科学和英语语言文学跨域联动的结晶，是对于培育新兴专业增长点、增强研究创新点、提升国家外语能力、实现国家发展战略有着卓越贡献度的一个新兴专业，是"依法治国、统筹推进国内法治和涉外法治"大背景下的必然产物。建设好法律英语专业既是当前社会发展的需要，也是新时代外语教育工作者的新使命。市场的需要是法律英语专业发展的不竭动力。法律英语专业人才为涉外法治人才和法治外交人才的培养做了很好的人才准备，市场需求量巨大。我们要正确理解法律英语专业内涵，努力促进高校外语法学教育改革创新。要从国家战略的高度加快设置法律英语专业，加大法律英语人才培养力度，努力缓解涉外法治专业人才严重匮乏的局面。

（四）课程体系创新设置

根据复合型的专业素养以及阶段性的培养要求，涉外法治专业人才的培养有赖于跨学科的课程体系。此外，须严格遵照"厚德育"和"重实践"的举措，优化课程体系结构；敢于尝试开发跨学科、跨专业的新兴交叉课程。法律英语专业下的核心课程体系可大致按照以下框架（如表9.1）进行构建。

表9.1 法律英语专业核心课程

		本科阶段（基础阶段）	研究生阶段（提升阶段）
理论课程	语言部分	法律英语视听说、基础法律英语、法律英语术语、英美法律文化、法律英语翻译、法律英语写作、法律英语案例阅读、现代汉语、法律语言概论等	英汉法律语言对比研究、高级法律英语、涉外法律文书翻译、法律语篇分析、企业合规、涉外法律文书写作、英美经典判例赏析、法律语言学、涉外谈判技巧、法律逻辑学等
	法律部分	法学基础理论、中国法概论、西方法治思想史、美国法概论、英美法律制度与文化、国际法概论等	中西法律语言与文化对比研究、英美普通法、比较法研究、司法文书写作、知识产权法、WTO法律制度等
实务课程		ADR实务和双语模拟法庭/仲裁庭、涉外法律谈判、涉外律师实务、涉外案例研讨、非诉讼法律技能、法律职业伦理、涉外礼仪、法律诊所课程等	

该课程体系主要分基础阶段和提升阶段。在基础阶段使学生掌握听、说、读、写、译的法律英语基本技能以及基本的中国法和英美法律知识。提升阶段必须结合一定的研究方向，深入学习相关部门法，并要在语篇层次掌握法律翻译、涉外法律文书写作等技能，合理安排实务课程，以培养学生实践应用能力以及独立工作的能力。

除此之外，构建法律英语专业课程体系还要处理好以下几个关系。第一，基础理论学习和专业实践的关系。实践能力不足是当前法学毕业生的一大弊病。教育部、中央政法委员会发布的《关于坚持德法兼修实施卓越法治人才教育培养计划2.0的意见》（简称《培养计划2.0》）也相应提出了"重实践"的重点举措。涉外法治专业人才中的"专业"二字即为了突出其专业性和实践性的特征。职业化教育、实践能力培育应是涉外法治专业人才培养的重要组成部分。但职业化教育并不是纯粹的技术化教育，涉外法治专业人才的培养绝不能重实践而轻理论，要做到有侧重地平均深化。理论知识是从业资格的基础，而专业实践是所有理论知识指向的终极目的。在基础阶段必须确保打下扎实的基础理论功底，而后再进行相应的实务训练。理论是相对稳定的，而实践是多变的，理论与实践之间需要以

"判断"作为桥梁,即学会变化、适应、融会贯通、批判、发明地将理论知识变成职业工作所需要的实践知识。在涉外法治专业人才培养中,为提升学生的"判断"能力,就需要增加相关案例分析等实践课程,以获得各种判断分析的经验。

实务课程的安排应遵循《培养计划2.0》提出的"拓渠道"要求,合理利用最新的人工智能、互联网+、大数据等技术,提高实务课程的教学效果,如利用虚拟现实技术(VR)仿真模拟真实涉外工作情景,增加学生的课堂体验感和代入感。在培养阶段的后期可适当组织学生参加各类国际模拟法庭、模拟仲裁庭竞赛以及法律翻译、写作等赛事以及安排学生进行涉外法律业务的实习,以提高学生的涉外法律实践能力。

第二,核心课程和通识类课程的关系。涉外法治专业人才应具备多重素养,尤其应遵照《培养计划2.0》的"厚德育"要求,重视法律职业伦理教育。除了法律和法律外语核心课程外,应重视人文素养和通识教育类课程,设置适当比例的法律职业伦理、中国语言与文化、西方法哲学思想、外事礼仪、跨文化交际等选修课程。

第三,课程体系和法律英语语言理论体系、教材体系的关系。丰富的理论体系和完善的教材体系,是法律英语专业课程体系建设的基础。首先,法律英语语言理论体系对于课程体系建设起着支撑作用。应以法律英语学科建设为导向,加强涉外法治文化、英美法律文化以及"一带一路"国别法律文化研究,丰富和完善法律英语学科理论体系。其次,法律英语专业教材必须承载涉外法治理论研究的前沿成果和一线实践经验。这就需要邀请理论界的学者与涉外法治领域的实务专家共同编写能同时体现理论成果和实践经验的优秀教材。对于教材的编纂模式,基础阶段可以采取中英文对照的模式,但在后期,尤其是英美法相关教材最好应采取全英文编纂,可辅以中文导读和注释,以便学生更好地融入法律英语的语境之中,习得纯正地道的法律英语和扎实掌握英美法律知识,但同时要注意英文原版教材与我国本土制度的衔接问题。

（五）高度重视法律外交翻译人才培养

法律外交翻译是法治外交工作的重要内容之一。法律外交翻译问题实质是语言问题。对法律外交翻译的认识首先要从语言入手。研究表明，专业语言服务和外语服务具有巨大的显性经济价值，能有效助推经济发展；语言服务也具有文化价值、社会价值和战略价值等隐性非经济价值。（李现乐，2016）"一带一路"倡议实质是国家重大涉外经济工程，其中必然涉及大量的跨国投资和国际贸易活动，而无论是前期考察，还是之后的谈判和签约，以及随后的项目实施与长期合作，都需要借助法律外交翻译的桥梁作用来实现。

1.法律英语翻译是涉外法律服务的重要内容

涉外法律服务是涉外经济活动安全运行的重要保障。法律英语翻译成为涉外法律服务工作不可或缺的重要环节。共建"一带一路"国家都有自己的法律体系和法律文化，推动"一带一路"倡议落地生根，首先要理解这些国家的法律规则及法律文化，并且要让共建国家了解中国法律法规，这都需要进行大量的法律法规翻译。

美国法是当今世界法律体系中较为完善的法律体系，是最重要的国别法之一。涉外法律工作绕不开美国法，美国法是法律英语的重要载体。做好法律英语翻译首先要学习了解美国法及法律文化。可以说，法律英语翻译已成为"一带一路"倡议等涉外发展战略有效实施的重要保障。法律英语翻译成为维护国家主权和安全，维护我国公民、法人在海外以及外国公民、法人在我国拥有正当权益的桥梁。（李凤霞，张法连，徐文彬，2015）

2.重视法律外交翻译教学中的关键环节

法律外交翻译教学是法治外交人才培养的核心环节。由于法律外交翻译相对属于一个较新的专业方向，缺乏相应的历史积淀和实践经验，只能不断探索，不断总结，边摸索边发展。目前，法律外交翻译教学要处理好如下几个问题。

（1）教学目标

教学目标是一切教学活动的出发点和最终归宿，只有制定明确、合理的教学目标，才能保证教学活动的有序进行。法律外交翻译教学目标需参考国家有关涉外法治专业人才的要求，并结合法律外交翻译本身的特点来制定。根据中央全面深化改革领导小组会议于2016年5月审议通过的《关于发展涉外法律服务业的意见》，国家要建立一支通晓国际规则、具有世界眼光和国际视野的高素质涉外法律服务队伍。此外，还要注意到法律外交翻译具有专业性强、严谨度高、涉及面广等特点。

据此，法律外交翻译的教学目标可定位为：培养具有国际视野、通晓国际规则、能够参与国际事务的熟练使用法律外交外语、通晓涉外法律外交知识和法律外交文化、具备法律外交口笔译技能的复合型国际化人才。其中，"复合型国际化人才"是对法律外交翻译人才培养的总体定位，"具有国际视野、通晓国际规则、能够参与国际事务"是对其战略层面的宏观要求，"通晓涉外法律外交知识和法律外交文化、具备法律外交口笔译技能"是对其技能层面的具体要求，技能层面是战略层面的前提和保障，战略层面是技能层面的凝练与升华。

总体上说，教学目标不仅要界定清楚、明确，还要能够在教学实践活动中具有较强的可操作性。教学目标是人才培养的导向标，必须坚定不移地得到贯彻落实，尤其是在课程设置和教学实践环节的设计过程中。

（2）法律外交翻译师资

法律外交翻译教学的成功需要有一支高水平的法律外交翻译专业教师队伍，但根据我国翻译专业发展状况，法律外交翻译专业教师十分稀缺。目前大多数高校从事法律外交翻译教学的教师多为传统的外国语言文学专业出身，即便是从事法律外交翻译教学的一线教师，大多数也并非专长于法律外交翻译理论和实践。因此，建设一支高水平的法律外交翻译教师队伍刻不容缓。

　　一般来说，根据国际通用的教师培养途径，法律外交翻译教师可通过如下四种渠道培养：一是"原生态"，即高校自己培养法律外交翻译专业教师。高校要把法律外交翻译师资的培养列入计划，分期分批培养自己的法律外交翻译师资队伍。近年来，中国翻译协会、中国仲裁法学研究会法律英语教学与测试专业委员会等行业团体组织每年都进行法律英语翻译师资培训，收到了良好的社会效果。二是"嫁接"，即原有相关专业教师（法学或外语）跨学科转型。翻译教师往往学科背景太单一，知识面窄，尤其是从事法律外交翻译教学，往往感到力不从心。要想培养出复合型的学生，教师自身要首先成为复合型教师。三是"引进来"，即从法律或外交外事实务部门聘请专业人员作为高校教师或从国外法学院、律师事务所等司法机构引进师资（根据市场调研，美国法律博士JD或其他英语国家的法学博士是比较理想的法律英语翻译引进师资）。四是"走出去"，即高校教师进入实务部门进行专业实践锻炼。（张法连，马彦峰，2017）高校不能自我封闭，要和涉外法律实务部门建立密切合作关系，从而达到教师"接地气"的锻炼提升目的。高校外语教师到国外的法学院访学研修也是培养法律外交翻译师资的有效途径之一。

　　此外，2016年7月教育部印发《推进共建"一带一路"教育行动》（简称《教育行动》），提出"教育互联合作""开展人才培养培训合作""共建丝路合作机制"等三方面教育行动纲要，要求有序推进构建教育互联互通、人才培养培训及丝路合作机制建设。《教育行动》所带来的这些机遇是培养法律翻译专业教师的契机，在国家加强"丝绸之路"人文交流高层磋商的过程中，高校可制定法律翻译教师培养方案，开展国与国间教师互通培养。通过双边多边合作机制，让更多的法律和翻译专业的教师走出国门，进入共建国家的司法、立法、执法部门培养和锻炼其法律翻译实践能力。

（3）课程设置

课程设置是法律外交翻译教学的关键环节。高校要根据法律外交翻译人才培养的要求以及学校自身的特色和现状，合理设置课程体系，形成课程群。一般来讲，法律外交翻译学科至少应包含以下三方面的课程：一是语言类课程，包括外语的听、说、读、写、译等课程，但更应侧重翻译；二是法学（包含法律文化）类课程，包括目的语国家的法律体系和中国法体系，还应包括WTO法和国际法常识；三是翻译类课程，包括一般的翻译理论和法律外交翻译理论，但更应侧重法律外交翻译实践。对于涉外法治外交专业人才培养来说，还应加上外交类课程，包括外交学、国际关系、中国外交等主干课程。此外，还应包含大量的课外实务活动，如组织学生到涉外律所或外交智库进行专业实习，带领学生参与涉外法律翻译（法律笔译和庭审口译）及各种会议翻译实践，组织并指导学生参加涉外模拟法庭、外交谈判模拟、模拟联合国大会及其他各种法律外交翻译竞赛等。

从具体设置来讲，法律外交翻译课程可分为两个阶段：基础学习阶段和实务能力提升阶段。基础学习阶段主要打好语言和法学基础，并了解法律外交翻译的一般理论，主要以语言类、法学类和翻译理论类课程为主。更重要的是第二个阶段，即实务能力提升阶段，要加强法律口笔译实务技能的集中训练，设法创造各种实践机会或模拟真实场景，通过大量的实践提升法律外交翻译实务能力。根据法律外交翻译跨学科的特点，对法律外交翻译的认识首先要突破法律外交翻译是"一门课"的观念，要强调法律外交翻译是一个有机融合的"课程群"；或者说，学习法律外交翻译要重视"法律外交翻译"之外的知识积累，否则根本无从下手翻译法律。

鉴于英语法律语言在国际经济贸易和法律事务中具有通用语的地位，法律英语翻译成为法律外交翻译的主要内容。法律英语翻译课程群的设置，建议参考下表（如表9.2）内容进行安排。

表9.2 法律外交翻译必修课程

本科（基础阶段）	研究生（提升阶段）
语言类：法律英语视听说 　　　　基础法律英语 　　　　英美基本法律制度简介 　　　　法律英语写作 　　　　法律英语案例阅读 　　　　现代汉语	英汉语言对比研究 高级法律英语 英语法律文书写作 美国经典判例赏析 法律语言学 法律逻辑学
法学类：法学基础理论 　　　　中国法概论 　　　　英美法基础 　　　　法律语言概论 　　　　国际仲裁	中西法律语言与文化对比研究 英美普通法 比较法研究 知识产权法 WTO法概论
外交类：国际法概论 　　　　外交学概论 　　　　当代中国外交 　　　　国际政治学概论 　　　　国际组织概论	国际法 国际关系史（含近现代与当代部分） 外国政治制度 对外政策分析 地区国别政治经济与外交
翻译类：翻译理论与实践 　　　　翻译史概论 　　　　法律翻译基础 　　　　英美法律文化 　　　　法律术语翻译 　　　　文体翻译理论与实践	法律翻译工作坊 法律翻译专题（文书、术语、合同等） 法律翻译批评 法务谈判与翻译 法庭口译 法律文本分类翻译与实践
实践活动：模拟法庭 　　　　　法律、外交谈判模拟 　　　　　法律翻译、写作诊所	涉外法律业务实习 法律、外交谈判实务 法律翻译、写作等赛事

（4）教学安排

法律外交翻译是跨学科的实践性较强的专业，涉及学科多，知识面广，语言技能要求高，教学安排一定要科学系统，力戒急功近利（参见表9.2）。具体来讲，要处理好如下关系：

一是基础专业知识学习与翻译实践的关系。基础法律、外交知识和外语语言技能是做好法律外交翻译的前提和保证，所以在基础阶段必须加强对法学类课程的学习和外语语言技能的培养。只有在掌握了基本的法律、外交知识，打下较为坚实的外语基础之后，才能开展相应的法律外交翻译实务训练。教师首先要引导学生正确理解法律外交翻译的内涵，认识到法律外交翻译的学习是个系统工程，澄清学生的认识偏颇：只要看看法律、外交翻译技巧的书，听听法律、外交翻译专家讲座就能掌握法律、外交翻译技能。以法律英语翻译为例，如果学生没有系统学习过法律英语学科的系列课程，头脑中还没有建立起美国法律的基本框架，很难想象这样的学生能做好法律英语翻译。

二是语言技能与法律文化的关系。法律语言是承载法律文化的主体和透视法律文化的镜子。法律翻译就是要翻译法律文化。语言技能的培养和法律文化的学习是相辅相成的，不可偏颇对待。但是，在我国现有的法律翻译教学中，普遍存在重语言技能而轻文化背景的现象，特别是在法律文本翻译中，教师往往更加重视句法结构、术语翻译以及法律翻译技巧，而忽视了法律文化、译者主体和翻译对象等因素。因此，在法律外交翻译教学中，教师一定要正视并引导学生重视法律文化知识的摄入，加强对法律文化知识的传授。比如说在美国法律语境中经常见到circuit court这个术语，如果不了解美国的法律文化，一律翻译成"巡回法庭"那就会犯错误。因为在密西西比、密苏里、南卡罗来纳以及南达科他等州，circuit court是"州初审法院"的意思，而在路易斯安那州却是"州上诉法院"的意思。

另外，还要适当设置汉语法律语言课程。教导学生重视习得汉语法律语言的表述特点，努力提高汉语法律语言的语言技能。汉语法律语言素养是法律外交翻译的关键。

（5）培养体系

法律外交翻译人才培养是个系统工程，需要长期的投入与不懈的努力。法律外交翻译旨在培养复合型国际化人才，目标层次高，所需知识面广，能力要求强；既涉及国内外法学知识、外交知识和法律外交文化的学习，也涉及一般外语语言技能的培养，但最终还需落实到法律外交口笔译实际能力的提升上。如此浩大的系统工程很难在短时间内（如本科阶段）

达到较理想的效果。所以，一定要考虑法律外交翻译人才培养的体系问题，注重本科和研究生阶段的课程设置和衔接（参见表9.2）。法律外交翻译人才培养体系包括：本科基础阶段+研究生提升阶段=法律英语证书测试。

法律外交翻译教师要首先掌握法律外交翻译的丰富内涵，认知法律外交翻译人才培养是一个系统工程，培养周期较长，顺势做好学生的认知引领工作。理解是翻译的前提。从认知发展的角度来讲，本科阶段的学生心智尚不成熟，加之缺乏相应的社会阅历和文化积淀，难以对社会现象和法律语言有较为深入准确的理解。从学科规划的角度来看，本科阶段重在传授学生专业基础知识和培养外语基本技能，对于法律外交翻译这样要求较高的实务能力的培养则不应予以强求。据此，本科阶段应重点培养外语基本技能和中外法律基础知识，即上述基础学习阶段；而在研究生阶段［含翻译硕士（MTI）］再侧重法律外交翻译实践的开展和实际法律外交口笔译能力的全面提升，即实务能力提升阶段。（参见表9.2）

测试是检验教学效果的手段。有效的法律外交翻译测试能够提高法律外交翻译教学质量。法律外交翻译是法律英语学科的重要组成部分。现阶段，教师应引导学生以通过法律英语证书（LEC）考试为目标，切实提高法律英语翻译的基础性综合能力。

三、法治外交人才培养是系统工程

法治外交专业人才的培养需要系统设计培养方案，精心打磨培养机制，同时更需要国家对法治外交人才战略的顶层设计规划。国际化人才首先是外语人才，法治外交人才的培养首先应从法律英语做起。扎实的外语能力是从事外事外交工作的必然条件和基本要求。涉外法律人才是涉外法治专业人才的主力军，涉外法治专业人才是法治外交人才的中流砥柱。高校，尤其是外语类高校，要以法律英语作为法治外交人才系统培养的起点。国际上的成功范例也为我们指明了方向,美国佛莱辙法律外交学院(Fletcher School of Law and Diplomacy)早已开始培养法律外交复合型人才,在课程设置和培养模式等各个方面值得我们学习和借鉴。

《培养计划2.0》提出"厚德育、强专业、重实践、深协同、强德能、拓渠道、促开放、立标准"的重点培养举措,为涉外法治专业人才的培养提供了重要遵循。法律英语专业在自身"强专业",以专业发展带动人才培养的基础上,在课程体系、师资队伍、培养模式以及人才评价体系设计中应严格遵循以上要求,科学设计,形成符合涉外法治专业人才成长规律的长效机制。

(一) 多元培养机制

虽然高校是涉外法治专业人才培养的主阵地,但绝不能仅靠这单一的培养渠道。应在强调高校主体地位的基础上,遵照《培养计划2.0》"深协同"和"促开放"的要求,展开院级、校级以及国内外的联合培养,还应切实发挥政府部门、法院、检察院、律所和企事业单位中涉外部门的作用,协力配合、增强合力、多措并举、协同攻关。

第一,多院联合培养。涉外法治专业人才的复合性要求高校必须打破院系藩篱和学科壁垒,加强横向交叉联合培养。这种交叉联合培养在美国芝加哥大学早已取得很好的效果。法律英语学科应借鉴国外成熟经验,充分发挥"法学+"和"外语+"的双重联合优势。高校可根据情况以法学为基础结合其他外语类课程,或者以外语为基础结合其他法学类课程,强调二者之间的协调,避免机械地组合。同时,为了能让涉外法治专业人才学习掌握其他专业知识,如经济学、管理学、国际关系学、外交学等,就需要联合其他相关学院,为学生提供可供选修的其他专业课程。

第二,校际协同培养。涉外法治专业人才是多类别、多领域的。有条件的高校首先应根据各自优势,尝试开设各有侧重的法律英语专业。如石油大学可以侧重国际能源法、环境法；理工科院校侧重知识产权法；海洋海事大学侧重国际海洋法、海商法；体育音乐院校侧重国际赛事规则、娱乐法等。在此基础上，各高校，尤其是入选22所涉外法律人才培养基地的高校应加强校际协同，实现优势互补，尽快构建如"涉外法治专业人才培养联盟"这样的联合培养平台，共享优秀的培养资源和经验。

第三，国内外联合培养。首先在联合对象上，应选择英美法国家的法学院作为联合培养的主体。目前国内涉外法律人才培养基地开展的中外合作办学的国家主要是英美法系国家。当然与德国、法国等大陆法系国家的合作办学也具有重要意义，但是在涉外法治专业人才培养的摸索阶段，无论从英美法的战略需求上还是从涉外法律工作需要以及经济效用上，英美法国家的法学院都是联合培养的最佳选择。除此之外，高校可以与国际性组织建立合作关系，为优秀的同学提供国际组织实习的机会。其次在联合培养模式上，可以根据需要开展各类长期或短期交流项目，如"国内培养年限+国外培养年限"为"3+1""3+2""2+2""1+3"或"4+2"等的多重模式，同时可以开展授权办学、海外分校、姊妹计划等多种合作项目。国内外联合培养的高校可以互聘教师，共享培养方案、课程体系、教材、教学方法等办学经验，同时应明确不同层次涉外法治专业人才国际化培养的具体目标，共同建立国际化培养评估机制。

第四，高校与实务部门联合培养。为了弥补高校内部对法律职业教育环境的缺失，增强涉外法治专业人才将理论转化为实践的"判断"能力，高校应加强与政府涉外部门、外向型企业、涉外律所等涉外实务部门的联合培养，或构建实习、实践基地，或实施长期的双向培养机制。一方面，涉外法治实务部门可以聘请法律英语专家举办法律英语培训班，进行在职培训和实务指导，提升职员处理涉外法律事务的工作能力。另一方面，高校也应邀请涉外实务界的涉外律师等到高校任教或开办讲座，甚至参与到人才培养方案、课程体系、教学方法的设计工作中，加强在校学生和涉外法律实务一线人员的直接对话与交流，由实务人员分享行业实战经验，让学生尽早感受行业氛围。另外，相关涉外部门也应积极向高校学生提供实务机会和实践平台，使其毕业后能尽快上手，成为名副其实的涉外法治专业人才。

（二）创新培养模式

按照涉外法治专业人才培养阶段性的要求，法律英语专业应着力于其初、中级阶段，而且关键在于能将这两个阶段衔接好。所以在学制设置上，法律英语专业可以突破传统的4年学制，可在外国语学院设置法律英语双学位专业，采取3年法律英语专业加2年涉外法律的5年学制。为了能够将法学本科阶段和研究生阶段衔接好，也可在法学院设置本硕连读模式的涉外法律专业，采取4年法律英语专业+2年涉外法律的6年学制。这两种培养形式也是四年制法律英语本科专业的补充和延续提升。法学院应明确不同层次涉外法治专业人才国际化培养的具体目标，建立科学合理的教育教学体系，实施精心设计的培养模式、课程体系、教学内容和教学方法，加强培养过程的国际合作与交流，建立涉外法治专业人才国际化培养评估机制。我国高校法学院在人才培养功能定位上应该走分化和差异化路线（如划分综合法学院和专业法学院）。总的来说，不同院校应在明确涉外法治专业人才培养阶段性要求的基础上，精心设计培养模式，同时应根据自身情况走分化和差异化的路线，避免千院（校）一面，同质化发展。

在教学方法上，首先，应以教学效果为根本标准，选用合适的语言进行教学，不能盲目地推崇纯英语教学。在人才培养初、中期较宜采用双语教学，即同时使用汉语和英语。在讲授美国法律知识和案例时，教材宜选取附带中文导读的英文教材，讲授时使用中文，以便学生理解；对于中国法律和案例则采用英语教授，让学生感受中文法律转化为法律英语的过程。保障教学效果的同时，确保法律和英语的联系。其次，应合理利用最新的信息技术和科技，如第五代移动通信技术（简称"5G"）、虚拟现实技术，打破校园和涉外法治实务部门、国外优质教学资源的时空障碍，努力搭建涉外法治专业人才教学资源共建共享平台。

（三）评价机制构建

良好的人才评价机制可以检验涉外法治专业人才培养的效果和质量，并为用人单位选拔人才提供标准，是连接高校和用人单位的桥梁；同时还能"以考促学"，增加整个社会对法律英语的认识和学习热情。目前针对法治人才的专门评价机制是"国家统一法律职业资格考试"。而法律职业资格考试的主要测试内容是中国法律体系，对涉外法治专业人才的针对性并不强。随着国家对外开放事业的发展，亟须构建专门针对涉外法治专业人才的评价和考量标准。

法律英语证书全国统一考试（简称"LEC考试"）的推出填补了此领域的空白，为政府、外向型企业、律所招募涉外法治专业人才提供了客观标准。LEC考试探索出了一套适合我国国情的法律英语考量标准，在测试题型、考查内容等方面与美国的律师资格考试（BAR）相近，同时又突出了法律英语语言运用的特色，并结合中国的实际增加了法律英语翻译测试。LEC考试以其良好的信度、效度、实用性和后效作用，已经得到越来越多英美法学院认可，实践也证明，凡在国内通过LEC考试的人员，到英美国家法学院学习一年以上，可以基本达到涉外法治专业人才的素质要求。不看法律英语基础，忽视法律英语语言的作用，盲目派人到国外法学院培训并不能从根本上解决问题。

作为法律英语专业的评价机制，LEC考试尚需不断改良，如根据涉外法治专业人才的培养阶段和层次研制出更为科学的考试等级层次。另外，在法律英语考试取得足够经验的情况下，可以尝试构建其他语种的考试体系，如法律法语、法律德语考试等。或根据领域需求划分出更细的考试体系，如增设法律翻译资格考试。在合适的时机，也可以考虑在LEC考试的基础上构建涉外法律职业准入制度。通过不断改良，LEC考试的目标就是努力形成以涉外法治专业人才培养为中心的质量文化，使行业、高校、学生形成对人才质量的共同价值追求和行为自觉。

增设法律英语专业，构建法律英语学科应提高到国家战略高度。涉外法治专业人才培养关涉我国国际法治事业的长远发展，关涉国家的利益、民族的尊严。我们必须站在国家对外开放事业的全局，站在国家战略的高度，充分认识到涉外法治人才培养的现实紧迫性和战略重要性。法律英语复合型人才是涉外法治专业人才的必经阶段，法律英语专业是培养涉外法治专业人才的必由之路。法律英语专业则是"依法治国、加强涉外法律工作"大背景下的必然产物。涉外法治专业人才培养体系构建必须抓住牵一发动全身的关键环节，重点突破，尽快取得实质性进展。从涉外法治专业人才的内涵来看，这个关键环节和突破就是构建法律英语专业，在法律英语专业带动下实现涉外法治专业人才的系统性、整体性和协同性培养。

同时，作为培养主体的高校必须增强责任感和使命感，协力推进涉外法治专业人才的培养，全面夯实人才的素质基础，积极探索和实践多样化培养模式，强化条件制度保障。在"新文科"建设背景下，符合条件的高校可以依托教育部"双万计划"，积极培育一流的国家级或省级法律英语本科专业。具有法学与语言优势的高校更应积极做好法律英语专业发展规划，优先打造一批示范性专业，发挥其引领作用，再带动其他高校不断地优化专业结构、提升专业建设质量，推动形成高水平的涉外法治专业人才培养体系。

（四）他山之石，洋为中用

外交家摇篮：美国佛莱辙法律外交学院

在美国国务院以及国际社会上，很多出类拔萃的外交官和大使都是毕业于坐落在美国波士顿市的著名精英学府——佛莱辙法律外交学院。这所贵族学校只有350个学生，每年招生在180人左右，只有国际法和外交学的硕士和博士学位等项目。大部分学生来自各国外交部门、国际组织或跨国公司。鉴于学生多出自名望家族，加上相当一部分学生无须公平考试竞争，靠本国外交部资助保送读书，使得很多平民出身的优秀学生喊冤，无法在招生名额有限的情况下被录取，因此该校通常被视为外交界的特权学校。毕业生们有现任希腊首相、利比亚总理、美国众多的大使包括前驻华大使洛德，以及一些国家的外长等。其校友遍布世界130多个国家。

美国自第一次世界大战后开始步入国际事务。早年毕业于塔夫茨大学的佛莱辙先生生前是一位事业成功的律师，他死前捐献300万美元给塔夫茨大学并立了一份遗嘱，要求用100万美元建立美国第一所涉及外交和法律的研究生院，也就是后来令人刮目相看的佛莱辙法律外交学院。在1930年，经马萨诸塞州最高法院批准，塔夫茨大学与哈佛大学合作建立和经营佛莱辙法律外交学院，使其成为美国最早的外交学研究生院，也是美国学术界罕见的由两所私立大学"合营"的学府。该校于1933年正式招生，由塔夫茨大学历史系主任兼任第一届院长，但师资却都是来自哈佛大学法学院。后来塔夫茨大学与哈佛大学就该校所属权问题发生争执。经过协商，塔夫茨大学夺取了主要经营权，但仍需与哈佛大学共享师资和课程，直至今日。

近几十年来，佛莱辙法律外交学院终于独立，有自己的董事会、招生办公室、现代化的教学楼和丰厚的财政资源。该校的学生与哈佛大学的学生可以到彼此学校修课或同修两个学位，比如用4年时间同修哈佛法学院的法律博士及佛莱辙法律外交学院的外交硕士。今天，佛莱辙法律外交学院已经发展到与加州大学伯克利分校法学院、达特茅斯大学商学院、法国HEC商学院、西班牙IE商学院和奥地利外交学院有双学位合作项目。同时，还与巴黎政治学院、日内瓦国际关系学院、德国KAS等院校有学生交换项目。与美国其他国际关系院校比较，佛莱辙法律外交学院招生人数少，费用高，充满古板的新英格兰地区贵族学院气息，不如位于华盛顿的乔治顿外交学院或其他同类院校灵活、通俗、实际。

佛莱辙法律外交学院的师资水平很高，其中很多教授是有国际组织及外交经历的专家。上任院长是原任北约总司令的美国四星上将，而眼下的院长则是原美国驻韩国的大使。该校虽然是私立住读学校，但与美国政府关系尤其密切，每年为五角大楼培训武官并给国务院输送外交官。学校里的生活很丰富，格调亦高雅。由于学生本身修养较高，衣着考究，举止与众不同，每人要求至少会一种外语，所以其学生难免有些气质清高，傲气凌人。该校每周都邀请外交界名流或者学者来学校演讲。教室装备的是现代化的电讯设施，整个学校是无线网。教材通常是每个教授自己编著。佛莱辙法律外交学院的校友会很活跃，以在社会上互相提携著称，招引许多外交界同行指责其为"私人俱乐部"。有趣的是，据即将卸任的校友德国驻美国大使披露，去年德国与美国终于达成贸易协议，双方各派三名谈判专家，结果六个人全是该校校友。大家谈笑风生，很快地签署了条约。马上就职的新任德国驻美国大使还是该校校友。该校学生45%毕业后在外交部门或国际组织工作，28%去跨国公司工作，18%去非营利团体工作，其余的继续读书深造。历年来，毕业于该校的中国学生零星稀少（中国驻英大使刘晓明为该校毕业生）。在亚洲招生中，日本名额最多。近年来，泰国、新加坡、印度、菲律宾、韩国等国家也陆续派人进修留学。

万事皆有缺欠，佛莱辙法律外交学院虽然很难考取，但毕竟不是对所有人都合适。首先，该校的奖学金很少，每年7万多美元的费用会令许多人望而生怯，其中有的硕士项目要每年耗资8万美元左右。此外，尽管该校是培养外交精英的学府，但如果没有强势的家庭背景，普通人家出身的毕业生很难在政界施展身手。

附录一

联合国宪章 Charter of the United Nations

WE THE PEOPLES OF THE UNITED NATIONS DETERMINED

to save succeeding generations from the scourge of war, which twice in our lifetime has brought untold sorrow to mankind, and

to reaffirm faith in fundamental human rights, in the dignity and worth of the human person, in the equal rights of men and women and of nations large and small, and

to establish conditions under which justice and respect for the obligations arising from treaties and other sources of international law can be maintained, and

to promote social progress and better standards of life in larger freedom,

AND FOR THESE ENDS

to practice tolerance and live together in peace with one another as good neighbours, and

to unite our strength to maintain international peace and security, and

to ensure, by the acceptance of principles and the institution of methods, that armed force shall not be used, save in the common interest, and

to employ international machinery for the promotion of the economic and social advancement of all peoples,

HAVE RESOLVED TO COMBINE OUR EFFORTS TO ACCOMPLISH THESE AIMS.

Accordingly, our respective Governments, through representatives assembled in the city of San Francisco, who have exhibited their full powers found to be in good and due form, have agreed to the present Charter of the United Nations and do hereby establish an international organization to be known as the United Nations.

CHAPTER Ⅰ: PURPOSES AND PRINCIPLES

Article 1

The Purposes of the United Nations are:

1. To maintain international peace and security, and to that end: to take effective collective measures for the prevention and removal of threats to the peace, and for the suppression of acts of aggression or other breaches of the peace, and to bring about by peaceful means, and in conformity with the principles of justice and international law, adjustment or settlement of international disputes or situations which might lead to a breach of the peace;
2. To develop friendly relations among nations based on respect for the principle of equal rights and self-determination of peoples, and to take other appropriate measures to strengthen universal peace;
3. To achieve international co-operation in solving international problems of an economic, social, cultural, or humanitarian character, and in promoting and encouraging respect for human rights and for fundamental freedoms for all without distinction as to race, sex, language, or religion; and
4. To be a centre for harmonizing the actions of nations in the attainment of these common ends.

Article 2

The Organization and its Members, in pursuit of the Purposes stated in Article 1, shall act in accordance with the following Principles.

1. The Organization is based on the principle of the sovereign equality of all its Members.
2. All Members, in order to ensure to all of them the rights and benefits resulting from membership, shall fulfill in good faith the obligations assumed by them in accordance with the present Charter.
3. All Members shall settle their international disputes by peaceful means in such a manner that international peace and security, and justice, are not endangered.
4. All Members shall refrain in their international relations from the threat or use of force against the territorial integrity or political independence of any state, or in any other manner inconsistent with the Purposes of the United Nations.
5. All Members shall give the United Nations every assistance in any action it takes in accordance with the present Charter, and shall refrain from giving assistance to any state against which the United Nations is taking preventive or enforcement action.
6. The Organization shall ensure that states which are not Members of the United Nations act in accordance with these Principles so far as may be necessary for the maintenance of international peace and security.
7. Nothing contained in the present Charter shall authorize the United Nations to intervene in matters which are essentially within the domestic jurisdiction of any state or shall require the Members to submit such matters to settlement under the present Charter; but this principle shall not prejudice the application of enforcement measures under Chapter Vll.

CHAPTER II: MEMBERSHIP

Article 3

The original Members of the United Nations shall be the states which, having participated in the United Nations Conference on International Organization at San Francisco, or having previously signed the Declaration by United Nations of 1 January 1942, sign the present Charter and ratify it in accordance with Article 110.

Article 4

Membership in the United Nations is open to all other peace-loving states which accept the obligations contained in the present Charter and, in the judgment of the Organization, are able and willing to carry out these obligations.

The admission of any such state to membership in the United Nations will be effected by a decision of the General Assembly upon the recommendation of the Security Council.

Article 5

A Member of the United Nations against which preventive or enforcement action has been taken by the Security Council may be suspended from the exercise of the rights and privileges of membership by the General Assembly upon the recommendation of the Security Council. The exercise of these rights and privileges may be restored by the Security Council.

Article 6

A Member of the United Nations which has persistently violated the Principles contained in the present Charter may be expelled from the Organization by the General Assembly upon the recommendation of the Security Council.

CHAPTER III: ORGANS

Article 7

There are established as principal organs of the United Nations: a General Assembly, a Security Council, an Economic and Social Council, a Trusteeship Council, an International Court of Justice and a Secretariat.

Such subsidiary organs as may be found necessary may be established in accordance with the present Charter.

Article 8

The United Nations shall place no restrictions on the eligibility of men and women to participate in any capacity and under conditions of equality in its principal and subsidiary organs.

CHAPTER IV: THE GENERAL ASSEMBLY
COMPOSITION

Article 9

The General Assembly shall consist of all the Members of the United Nations.

Each Member shall have not more than five representatives in the General Assembly.

FUNCTIONS and POWERS

Article 10

The General Assembly may discuss any questions or any matters within the scope of the present Charter or relating to the powers and functions of any organs provided for in the present Charter, and, except as provided in Article 12, may make recommendations to the Members of the United Nations or to the Security Council or to both on any such questions or matters.

Article 11

1. The General Assembly may consider the general principles of co-operation in

the maintenance of international peace and security, including the principles governing disarmament and the regulation of armaments, and may make recommendations with regard to such principles to the Members or to the Security Council or to both.

2. The General Assembly may discuss any questions relating to the maintenance of international peace and security brought before it by any Member of the United Nations, or by the Security Council, or by a state which is not a Member of the United Nations in accordance with Article 35, paragraph 2, and, except as provided in Article 12, may make recommendations with regard to any such questions to the state or states concerned or to the Security Council or to both. Any such question on which action is necessary shall be referred to the Security Council by the General Assembly either before or after discussion.

3. The General Assembly may call the attention of the Security Council to situations which are likely to endanger international peace and security.

4. The powers of the General Assembly set forth in this Article shall not limit the general scope of Article 10.

Article 12

1. While the Security Council is exercising in respect of any dispute or situation the functions assigned to it in the present Charter, the General Assembly shall not make any recommendation with regard to that dispute or situation unless the Security Council so requests.

2. The Secretary-General, with the consent of the Security Council, shall notify the General Assembly at each session of any matters relative to the maintenance of international peace and security which are being dealt with by the Security Council and shall similarly notify the General Assembly, or the Members of the United Nations if the General Assembly is not in session,

immediately the Security Council ceases to deal with such matters.

Article 13

1. The General Assembly shall initiate studies and make recommendations for the purpose of:

    a. promoting international co-operation in the political field and encouraging the progressive development of international law and its codification;

    b. promoting international co-operation in the economic, social, cultural, educational, and health fields, and assisting in the realization of human rights and fundamental freedoms for all without distinction as to race, sex, language, or religion.

2. The further responsibilities, functions and powers of the General Assembly with respect to matters mentioned in paragraph 1 (b) above are set forth in Chapters IX and X.

Article 14

Subject to the provisions of Article 12, the General Assembly may recommend measures for the peaceful adjustment of any situation, regardless of origin, which it deems likely to impair the general welfare or friendly relations among nations, including situations resulting from a violation of the provisions of the present Charter setting forth the Purposes and Principles of the United Nations.

Article 15

1. The General Assembly shall receive and consider annual and special reports from the Security Council; these reports shall include an account of the measures that the Security Council has decided upon or taken to maintain international peace and security.

2. The General Assembly shall receive and consider reports from the other organs of the United Nations.

Article 16

The General Assembly shall perform such functions with respect to the international trusteeship system as are assigned to it under Chapters XII and XIII, including the approval of the trusteeship agreements for areas not designated as strategic.

Article 17

1. The General Assembly shall consider and approve the budget of the Organization.
2. The expenses of the Organization shall be borne by the Members as apportioned by the General Assembly.
3. The General Assembly shall consider and approve any financial and budgetary arrangements with specialized agencies referred to in Article 57 and shall examine the administrative budgets of such specialized agencies with a view to making recommendations to the agencies concerned.

VOTING

Article 18

1. Each member of the General Assembly shall have one vote.
2. Decisions of the General Assembly on important questions shall be made by a two-thirds majority of the members present and voting. These questions shall include: recommendations with respect to the maintenance of international peace and security, the election of the non-permanent members of the Security Council, the election of the members of the Economic and Social Council, the election of members of the Trusteeship Council in accordance with paragraph 1 (c) of Article 86, the admission of new Members to the United Nations, the suspension of the rights and privileges of membership, the expulsion of Members, questions relating to the operation of the trusteeship system, and budgetary questions.

3. Decisions on other questions, including the determination of additional categories of questions to be decided by a two-thirds majority, shall be made by a majority of the members present and voting.

Article 19

A Member of the United Nations which is in arrears in the payment of its financial contributions to the Organization shall have no vote in the General Assembly if the amount of its arrears equals or exceeds the amount of the contributions due from it for the preceding two full years. The General Assembly may, nevertheless, permit such a Member to vote if it is satisfied that the failure to pay is due to conditions beyond the control of the Member.

PROCEDURE

Article 20

The General Assembly shall meet in regular annual sessions and in such special sessions as occasion may require. Special sessions shall be convoked by the Secretary-General at the request of the Security Council or of a majority of the Members of the United Nations.

Article 21

The General Assembly shall adopt its own rules of procedure. It shall elect its President for each session.

Article 22

The General Assembly may establish such subsidiary organs as it deems necessary for the performance of its functions.

CHAPTER V: THE SECURITY COUNCIL

COMPOSITION

Article 23

1. The Security Council shall consist of fifteen Members of the United Nations.

The Republic of China, France, the Union of Soviet Socialist Republics, the United Kingdom of Great Britain and Northern Ireland, and the United States of America shall be permanent members of the Security Council. The General Assembly shall elect ten other Members of the United Nations to be non-permanent members of the Security Council, due regard being specially paid, in the first instance to the contribution of Members of the United Nations to the maintenance of international peace and security and to the other purposes of the Organization, and also to equitable geographical distribution.

2. The non-permanent members of the Security Council shall be elected for a term of two years. In the first election of the non-permanent members after the increase of the membership of the Security Council from eleven to fifteen, two of the four additional members shall be chosen for a term of one year. A retiring member shall not be eligible for immediate re-election.

3. Each member of the Security Council shall have one representative.

FUNCTIONS and POWERS

Article 24

1. In order to ensure prompt and effective action by the United Nations, its Members confer on the Security Council primary responsibility for the maintenance of international peace and security, and agree that in carrying out its duties under this responsibility the Security Council acts on their behalf.

2. In discharging these duties the Security Council shall act in accordance with the Purposes and Principles of the United Nations. The specific powers granted to the Security Council for the discharge of these duties are laid down in Chapters Ⅵ, Ⅶ, Ⅷ, and Ⅻ.

3. The Security Council shall submit annual and, when necessary, special reports to the General Assembly for its consideration.

Article 25

The Members of the United Nations agree to accept and carry out the decisions of the Security Council in accordance with the present Charter.

Article 26

In order to promote the establishment and maintenance of international peace and security with the least diversion for armaments of the world's human and economic resources, the Security Council shall be responsible for formulating, with the assistance of the Military Staff Committee referred to in Article 47, plans to be submitted to the Members of the United Nations for the establishment of a system for the regulation of armaments.

VOTING

Article 27

1. Each member of the Security Council shall have one vote.
2. Decisions of the Security Council on procedural matters shall be made by an affirmative vote of nine members.
3. Decisions of the Security Council on all other matters shall be made by an affirmative vote of nine members including the concurring votes of the permanent members; provided that, in decisions under Chapter VI, and under paragraph 3 of Article 52, a party to a dispute shall abstain from voting.

PROCEDURE

Article 28

1. The Security Council shall be so organized as to be able to function continuously. Each member of the Security Council shall for this purpose be represented at all times at the seat of the Organization.
2. The Security Council shall hold periodic meetings at which each of its members may, if it so desires, be represented by a member of the government or by some other specially designated representative.

3. The Security Council may hold meetings at such places other than the seat of the Organization as in its judgment will best facilitate its work.

Article 29

The Security Council may establish such subsidiary organs as it deems necessary for the performance of its functions.

Article 30

The Security Council shall adopt its own rules of procedure, including the method of selecting its President.

Article 31

Any Member of the United Nations which is not a member of the Security Council may participate, without vote, in the discussion of any question brought before the Security Council whenever the latter considers that the interests of that Member are specially affected.

Article 32

Any Member of the United Nations which is not a member of the Security Council or any state which is not a Member of the United Nations, if it is a party to a dispute under consideration by the Security Council, shall be invited to participate, without vote, in the discussion relating to the dispute. The Security Council shall lay down such conditions as it deems just for the participation of a state which is not a Member of the United Nations.

CHAPTER VI: PACIFIC SETTLEMENT OF DISPUTES

Article 33

1. The parties to any dispute, the continuance of which is likely to endanger the maintenance of international peace and security, shall, first of all, seek a solution by negotiation, enquiry, mediation, conciliation, arbitration, judicial settlement, resort to regional agencies or arrangements, or other peaceful

means of their own choice.

2. The Security Council shall, when it deems necessary, call upon the parties to settle their dispute by such means.

Article 34

The Security Council may investigate any dispute, or any situation which might lead to international friction or give rise to a dispute, in order to determine whether the continuance of the dispute or situation is likely to endanger the maintenance of international peace and security.

Article 35

1. Any Member of the United Nations may bring any dispute, or any situation of the nature referred to in Article 34, to the attention of the Security Council or of the General Assembly.

2. A state which is not a Member of the United Nations may bring to the attention of the Security Council or of the General Assembly any dispute to which it is a party if it accepts in advance, for the purposes of the dispute, the obligations of pacific settlement provided in the present Charter.

3. The proceedings of the General Assembly in respect of matters brought to its attention under this Article will be subject to the provisions of Articles 11 and 12.

Article 36

1. The Security Council may, at any stage of a dispute of the nature referred to in Article 33 or of a situation of like nature, recommend appropriate procedures or methods of adjustment.

2. The Security Council should take into consideration any procedures for the settlement of the dispute which have already been adopted by the parties.

3. In making recommendations under this Article the Security Council should also take into consideration that legal disputes should as a general rule be

referred by the parties to the International Court of Justice in accordance with the provisions of the Statute of the Court.

Article 37

1. Should the parties to a dispute of the nature referred to in Article 33 fail to settle it by the means indicated in that Article, they shall refer it to the Security Council.
2. If the Security Council deems that the continuance of the dispute is in fact likely to endanger the maintenance of international peace and security, it shall decide whether to take action under Article 36 or to recommend such terms of settlement as it may consider appropriate.

Article 38

Without prejudice to the provisions of Articles 33 to 37, the Security Council may, if all the parties to any dispute so request, make recommendations to the parties with a view to a pacific settlement of the dispute.

CHAPTER VII: ACTION WITH RESPECT TO THREATS TO THE PEACE, BREACHES OF THE PEACE, AND ACTS OF AGGRESSION

Article 39

The Security Council shall determine the existence of any threat to the peace, breach of the peace, or act of aggression and shall make recommendations, or decide what measures shall be taken in accordance with Articles 41 and 42, to maintain or restore international peace and security.

Article 40

In order to prevent an aggravation of the situation, the Security Council may, before making the recommendations or deciding upon the measures provided for in Article 39, call upon the parties concerned to comply with such provisional measures as it deems necessary or desirable. Such provisional measures shall be without prejudice to the rights, claims, or position of the parties concerned. The Security Council shall duly take account of failure to comply with such provisional measures.

Article 41

The Security Council may decide what measures not involving the use of armed force are to be employed to give effect to its decisions, and it may call upon the Members of the United Nations to apply such measures. These may include complete or partial interruption of economic relations and of rail, sea, air, postal, telegraphic, radio, and other means of communication, and the severance of diplomatic relations.

Article 42

Should the Security Council consider that measures provided for in Article 41 would be inadequate or have proved to be inadequate, it may take such action by air, sea, or land forces as may be necessary to maintain or restore international peace and security. Such action may include demonstrations, blockade, and other operations by air, sea, or land forces of Members of the United Nations.

Article 43

1. All Members of the United Nations, in order to contribute to the maintenance of international peace and security, undertake to make available to the Security Council, on its call and in accordance with a special agreement or agreements, armed forces, assistance, and facilities, including rights of passage, necessary for the purpose of maintaining international peace and security.
2. Such agreement or agreements shall govern the numbers and types of forces, their degree of readiness and general location, and the nature of the facilities and assistance to be provided.
3. The agreement or agreements shall be negotiated as soon as possible on the initiative of the Security Council. They shall be concluded between the

Security Council and Members or between the Security Council and groups of Members and shall be subject to ratification by the signatory states in accordance with their respective constitutional processes.

Article 44

When the Security Council has decided to use force it shall, before calling upon a Member not represented on it to provide armed forces in fulfilment of the obligations assumed under Article 43, invite that Member, if the Member so desires, to participate in the decisions of the Security Council concerning the employment of contingents of that Member's armed forces.

Article 45

In order to enable the United Nations to take urgent military measures, Members shall hold immediately available national air-force contingents for combined international enforcement action. The strength and degree of readiness of these contingents and plans for their combined action shall be determined within the limits laid down in the special agreement or agreements referred to in Article 43, by the Security Council with the assistance of the Military Staff Committee.

Article 46

Plans for the application of armed force shall be made by the Security Council with the assistance of the Military Staff Committee.

Article 47

1. There shall be established a Military Staff Committee to advise and assist the Security Council on all questions relating to the Security Council's military requirements for the maintenance of international peace and security, the employment and command of forces placed at its disposal, the regulation of armaments, and possible disarmament.
2. The Military Staff Committee shall consist of the Chiefs of Staff of the permanent members of the Security Council or their representatives. Any

Member of the United Nations not permanently represented on the Committee shall be invited by the Committee to be associated with it when the efficient discharge of the Committee's responsibilities requires the participation of that Member in its work.

3. The Military Staff Committee shall be responsible under the Security Council for the strategic direction of any armed forces placed at the disposal of the Security Council. Questions relating to the command of such forces shall be worked out subsequently.

4. The Military Staff Committee, with the authorization of the Security Council and after consultation with appropriate regional agencies, may establish regional sub-committees.

Article 48

1. The action required to carry out the decisions of the Security Council for the maintenance of international peace and security shall be taken by all the Members of the United Nations or by some of them, as the Security Council may determine.

2. Such decisions shall be carried out by the Members of the United Nations directly and through their action in the appropriate international agencies of which they are members.

Article 49

The Members of the United Nations shall join in affording mutual assistance in carrying out the measures decided upon by the Security Council.

Article 50

If preventive or enforcement measures against any state are taken by the Security Council, any other state, whether a Member of the United Nations or not, which finds itself confronted with special economic problems arising from the carrying out of those measures shall have the right to consult the Security Council with regard to a solution of those problems.

Article 51

Nothing in the present Charter shall impair the inherent right of individual or collective self-defence if an armed attack occurs against a Member of the United Nations, until the Security Council has taken measures necessary to maintain international peace and security. Measures taken by Members in the exercise of this right of self-defence shall be immediately reported to the Security Council and shall not in any way affect the authority and responsibility of the Security Council under the present Charter to take at any time such action as it deems necessary in order to maintain or restore international peace and security.

CHAPTER Ⅷ: REGIONAL ARRANGEMENTS

Article 52

1. Nothing in the present Charter precludes the existence of regional arrangements or agencies for dealing with such matters relating to the maintenance of international peace and security as are appropriate for regional action provided that such arrangements or agencies and their activities are consistent with the Purposes and Principles of the United Nations.
2. The Members of the United Nations entering into such arrangements or constituting such agencies shall make every effort to achieve pacific settlement of local disputes through such regional arrangements or by such regional agencies before referring them to the Security Council.
3. The Security Council shall encourage the development of pacific settlement of local disputes through such regional arrangements or by such regional agencies either on the initiative of the states concerned or by reference from the Security Council.
4. This Article in no way impairs the application of Articles 34 and 35.

Article 53

1. The Security Council shall, where appropriate, utilize such regional arrangements or agencies for enforcement action under its authority. But no enforcement action shall be taken under regional arrangements or by regional agencies without the authorization of the Security Council, with the exception of measures against any enemy state, as defined in paragraph 2 of this Article, provided for pursuant to Article 107 or in regional arrangements directed against renewal of aggressive policy on the part of any such state, until such time as the Organization may, on request of the Governments concerned, be charged with the responsibility for preventing further aggression by such a state.
2. The term enemy state as used in paragraph 1 of this Article applies to any state which during the Second World War has been an enemy of any signatory of the present Charter.

Article 54

The Security Council shall at all times be kept fully informed of activities undertaken or in contemplation under regional arrangements or by regional agencies for the maintenance of international peace and security.

CHAPTER IX: INTERNATIONAL ECONOMIC AND SOCIAL CO-OPERATION

Article 55

With a view to the creation of conditions of stability and well-being which are necessary for peaceful and friendly relations among nations based on respect for the principle of equal rights and self-determination of peoples, the United Nations shall promote:

1. higher standards of living, full employment, and conditions of economic and

social progress and development;
2. solutions of international economic, social, health, and related problems; and international cultural and educational cooperation; and
3. universal respect for, and observance of, human rights and fundamental freedoms for all without distinction as to race, sex, language, or religion.

Article 56

All Members pledge themselves to take joint and separate action in co-operation with the Organization for the achievement of the purposes set forth in Article 55.

Article 57

1. The various specialized agencies, established by intergovernmental agreement and having wide international responsibilities, as defined in their basic instruments, in economic, social, cultural, educational, health, and related fields, shall be brought into relationship with the United Nations in accordance with the provisions of Article 63.
2. Such agencies thus brought into relationship with the United Nations are hereinafter referred to as specialized agencies.

Article 58

The Organization shall make recommendations for the co-ordination of the policies and activities of the specialized agencies.

Article 59

The Organization shall, where appropriate, initiate negotiations among the states concerned for the creation of any new specialized agencies required for the accomplishment of the purposes set forth in Article 55.

Article 60

Responsibility for the discharge of the functions of the Organization set forth in this Chapter shall be vested in the General Assembly and, under the authority of the General Assembly, in the Economic and Social Council, which shall have for this purpose the powers set forth in Chapter X.

CHAPTER X: THE ECONOMIC AND SOCIAL COUNCIL
COMPOSITION
Article 61

1. The Economic and Social Council shall consist of fifty-four Members of the United Nations elected by the General Assembly.

2. Subject to the provisions of paragraph 3, eighteen members of the Economic and Social Council shall be elected each year for a term of three years. A retiring member shall be eligible for immediate re-election.

3. At the first election after the increase in the membership of the Economic and Social Council from twenty-seven to fifty-four members, in addition to the members elected in place of the nine members whose term of office expires at the end of that year, twenty-seven additional members shall be elected. Of these twenty-seven additional members, the term of office of nine members so elected shall expire at the end of one year, and of nine other members at the end of two years, in accordance with arrangements made by the General Assembly.

4. Each member of the Economic and Social Council shall have one representative.

FUNCTIONS and POWERS
Article 62

1. The Economic and Social Council may make or initiate studies and reports with respect to international economic, social, cultural, educational, health, and related matters and may make recommendations with respect to any such matters to the General Assembly to the Members of the United Nations, and to

the specialized agencies concerned.

2. It may make recommendations for the purpose of promoting respect for, and observance of, human rights and fundamental freedoms for all.

3. It may prepare draft conventions for submission to the General Assembly, with respect to matters falling within its competence.

4. It may call, in accordance with the rules prescribed by the United Nations, international conferences on matters falling within its competence.

Article 63

1. The Economic and Social Council may enter into agreements with any of the agencies referred to in Article 57, defining the terms on which the agency concerned shall be brought into relationship with the United Nations. Such agreements shall be subject to approval by the General Assembly.

2. It may co-ordinate the activities of the specialized agencies through consultation with and recommendations to such agencies and through recommendations to the General Assembly and to the Members of the United Nations.

Article 64

1. The Economic and Social Council may take appropriate steps to obtain regular reports from the specialized agencies. It may make arrangements with the Members of the United Nations and with the specialized agencies to obtain reports on the steps taken to give effect to its own recommendations and to recommendations on matters falling within its competence made by the General Assembly.

2. It may communicate its observations on these reports to the General Assembly.

Article 65

The Economic and Social Council may furnish information to the Security Council and shall assist the Security Council upon its request.

Article 66

1. The Economic and Social Council shall perform such functions as fall within its competence in connection with the carrying out of the recommendations of the General Assembly.

2. It may, with the approval of the General Assembly, perform services at the request of Members of the United Nations and at the request of specialized agencies.

3. It shall perform such other functions as are specified elsewhere in the present Charter or as may be assigned to it by the General Assembly.

VOTING

Article 67

1. Each member of the Economic and Social Council shall have one vote.

2. Decisions of the Economic and Social Council shall be made by a majority of the members present and voting.

PROCEDURE

Article 68

The Economic and Social Council shall set up commissions in economic and social fields and for the promotion of human rights, and such other commissions as may be required for the performance of its functions.

Article 69

The Economic and Social Council shall invite any Member of the United Nations to participate, without vote, in its deliberations on any matter of particular concern to that Member.

Article 70

The Economic and Social Council may make arrangements for representatives of the specialized agencies to participate, without vote, in its deliberations and in those of the commissions established by it, and for its representatives to participate in the deliberations of the specialized agencies.

Article 71

The Economic and Social Council may make suitable arrangements for consultation with non-governmental organizations which are concerned with matters within its competence. Such arrangements may be made with international organizations and, where appropriate, with national organizations after consultation with the Member of the United Nations concerned.

Article 72

1. The Economic and Social Council shall adopt its own rules of procedure, including the method of selecting its President.
2. The Economic and Social Council shall meet as required in accordance with its rules, which shall include provision for the convening of meetings on the request of a majority of its members.

CHAPTER XI: DECLARATION REGARDING NON-SELF-GOVERNING TERRITORIES

Article 73

Members of the United Nations which have or assume responsibilities for the administration of territories whose peoples have not yet attained a full measure of self-government recognize the principle that the interests of the inhabitants of these territories are paramount, and accept as a sacred trust the obligation to promote to the utmost, within the system of international peace and security established by the present Charter, the well-being of the inhabitants of these territories, and, to this end:

a. to ensure, with due respect for the culture of the peoples concerned, their political, economic, social, and educational advancement, their just treatment, and their protection against abuses;

b. to develop self-government, to take due account of the political aspirations of the peoples, and to assist them in the progressive development of their free political institutions, according to the particular circumstances of each territory and its peoples and their varying stages of advancement;

c. to further international peace and security;

d. to promote constructive measures of development, to encourage research, and to co-operate with one another and, when and where appropriate, with specialized international bodies with a view to the practical achievement of the social, economic, and scientific purposes set forth in this Article; and

e. to transmit regularly to the Secretary-General for information purposes, subject to such limitation as security and constitutional considerations may require, statistical and other information of a technical nature relating to economic, social, and educational conditions in the territories for which they are respectively responsible other than those territories to which Chapters XII and XIII apply.

Article 74

Members of the United Nations also agree that their policy in respect of the territories to which this Chapter applies, no less than in respect of their metropolitan areas, must be based on the general principle of good-neighbourliness, due account being taken of the interests and well-being of the rest of the world, in social, economic, and commercial matters.

CHAPTER XII: INTERNATIONAL TRUSTEESHIP SYSTEM

Article 75

The United Nations shall establish under its authority an international trusteeship system for the administration and supervision of such territories as may be placed thereunder by subsequent individual agreements. These territories are hereinafter referred to as trust territories.

Article 76

The basic objectives of the trusteeship system, in accordance with the Purposes of the United Nations laid down in Article 1 of the present Charter, shall be:

a. to further international peace and security;

b. to promote the political, economic, social, and educational advancement of the inhabitants of the trust territories, and their progressive development towards self-government or independence as may be appropriate to the particular circumstances of each territory and its peoples and the freely expressed wishes of the peoples concerned, and as may be provided by the terms of each trusteeship agreement;

c. to encourage respect for human rights and for fundamental freedoms for all without distinction as to race, sex, language, or religion, and to encourage recognition of the interdependence of the peoples of the world; and

d. to ensure equal treatment in social, economic, and commercial matters for all Members of the United Nations and their nationals, and also equal treatment for the latter in the administration of justice, without prejudice to the attainment of the foregoing objectives and subject to the provisions of Article 80.

Article 77

1. The trusteeship system shall apply to such territories in the following categories as may be placed thereunder by means of trusteeship agreements:

    a. territories now held under mandate;

    b. territories which may be detached from enemy states as a result of the Second World War; and

    c. territories voluntarily placed under the system by states responsible for their administration.

2. It will be a matter for subsequent agreement as to which territories in the foregoing categories will be brought under the trusteeship system and upon what terms.

Article 78

The trusteeship system shall not apply to territories which have become Members of the United Nations, relationship among which shall be based on respect for the principle of sovereign equality.

Article 79

The terms of trusteeship for each territory to be placed under the trusteeship system, including any alteration or amendment, shall be agreed upon by the states directly concerned, including the mandatory power in the case of territories held under mandate by a Member of the United Nations, and shall be approved as provided for in Articles 83 and 85.

Article 80

1. Except as may be agreed upon in individual trusteeship agreements, made under Articles 77, 79, and 81, placing each territory under the trusteeship system, and until such agreements have been concluded, nothing in this Chapter shall be construed in or of itself to alter in any manner the rights whatsoever of any states or any peoples or the terms of existing international instruments to which Members of the United Nations may respectively be parties.
2. Paragraph 1 of this Article shall not be interpreted as giving grounds for delay or postponement of the negotiation and conclusion of agreements for placing mandated and other territories under the trusteeship system as provided for in Article 77.

Article 81

The trusteeship agreement shall in each case include the terms under which the trust territory will be administered and designate the authority which will exercise the administration of the trust territory. Such authority, hereinafter called the administering authority, may be one or more states or the Organization itself.

Article 82

There may be designated, in any trusteeship agreement, a strategic area or areas which may include part or all of the trust territory to which the agreement applies, without prejudice to any special agreement or agreements made under Article 43.

Article 83

1. All functions of the United Nations relating to strategic areas, including the approval of the terms of the trusteeship agreements and of their alteration or amendment shall be exercised by the Security Council.
2. The basic objectives set forth in Article 76 shall be applicable to the people of each strategic area.
3. The Security Council shall, subject to the provisions of the trusteeship agreements and without prejudice to security considerations, avail itself of the assistance of the Trusteeship Council to perform those functions of the United Nations under the trusteeship system relating to political, economic, social, and educational matters in the strategic areas.

Article 84

It shall be the duty of the administering authority to ensure that the trust territory shall play its part in the maintenance of international peace and security. To this end the administering authority may make use of volunteer forces, facilities, and assistance from the trust territory in carrying out the obligations towards the Security Council undertaken in this regard by the administering authority, as well as for local defence and the maintenance of law and order within the trust territory.

Article 85

1. The functions of the United Nations with regard to trusteeship agreements for all areas not designated as strategic, including the approval of the terms of the trusteeship agreements and of their alteration or amendment, shall be exercised by the General Assembly.
2. The Trusteeship Council, operating under the authority of the General Assembly shall assist the General Assembly in carrying out these functions.

CHAPTER XIII: THE TRUSTEESHIP COUNCIL
COMPOSITION
Article 86

1. The Trusteeship Council shall consist of the following Members of the United Nations:

    a. those Members administering trust territories;

    b. such of those Members mentioned by name in Article 23 as are not administering trust territories; and

    c. as many other Members elected for three-year terms by the General Assembly as may be necessary to ensure that the total number of members of the Trusteeship Council is equally divided between those Members of the United Nations which administer trust territories and those which do not.

2. Each member of the Trusteeship Council shall designate one specially qualified person to represent it therein.

FUNCTIONS and POWERS
Article 87

The General Assembly and, under its authority, the Trusteeship Council, in carrying out their functions, may:

a. consider reports submitted by the administering authority;

b. accept petitions and examine them in consultation with the administering authority;

c. provide for periodic visits to the respective trust territories at times agreed upon with the administering authority; and

d. take these and other actions in conformity with the terms of the trusteeship agreements.

Article 88

The Trusteeship Council shall formulate a questionnaire on the political, economic, social, and educational advancement of the inhabitants of each trust territory, and the administering authority for each trust territory within the competence of the General Assembly shall make an annual report to the General Assembly upon the basis of such questionnaire.

VOTING

Article 89

1. Each member of the Trusteeship Council shall have one vote.
2. Decisions of the Trusteeship Council shall be made by a majority of the members present and voting.

PROCEDURE

Article 90

1. The Trusteeship Council shall adopt its own rules of procedure, including the method of selecting its President.
2. The Trusteeship Council shall meet as required in accordance with its rules, which shall include provision for the convening of meetings on the request of a majority of its members.

Article 91

The Trusteeship Council shall, when appropriate, avail itself of the assistance of the Economic and Social Council and of the specialized agencies in regard to matters with which they are respectively concerned.

CHAPTER XIV: THE INTERNATIONAL COURT OF JUSTICE

Article 92

The International Court of Justice shall be the principal judicial organ of the United Nations. It shall function in accordance with the annexed Statute, which is based upon the Statute of the Permanent Court of International Justice and forms an integral part of the present Charter.

Article 93

1. All Members of the United Nations are *ipso facto* parties to the Statute of the International Court of Justice.

2. A state which is not a Member of the United Nations may become a party to the Statute of the International Court of Justice on conditions to be determined in each case by the General Assembly upon the recommendation of the Security Council.

Article 94

1. Each Member of the United Nations undertakes to comply with the decision of the International Court of Justice in any case to which it is a party.

2. If any party to a case fails to perform the obligations incumbent upon it under a judgment rendered by the Court, the other party may have recourse to the Security Council, which may, if it deems necessary, make recommendations or decide upon measures to be taken to give effect to the judgment.

Article 95

Nothing in the present Charter shall prevent Members of the United Nations from entrusting the solution of their differences to other tribunals by virtue of agreements already in existence or which may be concluded in the future.

Article 96

1. The General Assembly or the Security Council may request the International Court of Justice to give an advisory opinion on any legal question.
2. Other organs of the United Nations and specialized agencies, which may at any time be so authorized by the General Assembly, may also request advisory opinions of the Court on legal questions arising within the scope of their activities.

CHAPTER XV: THE SECRETARIAT

Article 97

The Secretariat shall comprise a Secretary-General and such staff as the Organization may require. The Secretary-General shall be appointed by the General Assembly upon the recommendation of the Security Council. He shall be the chief administrative officer of the Organization.

Article 98

The Secretary-General shall act in that capacity in all meetings of the General Assembly, of the Security Council, of the Economic and Social Council, and of the Trusteeship Council, and shall perform such other functions as are entrusted to him by these organs. The Secretary-General shall make an annual report to the General Assembly on the work of the Organization.

Article 99

The Secretary-General may bring to the attention of the Security Council any matter which in his opinion may threaten the maintenance of international peace and security.

Article 100

1. In the performance of their duties the Secretary-General and the staff shall not seek or receive instructions from any government or from any other authority

external to the Organization. They shall refrain from any action which might reflect on their position as international officials responsible only to the Organization.

2. Each Member of the United Nations undertakes to respect the exclusively international character of the responsibilities of the Secretary-General and the staff and not to seek to influence them in the discharge of their responsibilities.

Article 101

1. The staff shall be appointed by the Secretary-General under regulations established by the General Assembly.

2. Appropriate staffs shall be permanently assigned to the Economic and Social Council, the Trusteeship Council, and, as required, to other organs of the United Nations. These staffs shall form a part of the Secretariat.

3. The paramount consideration in the employment of the staff and in the determination of the conditions of service shall be the necessity of securing the highest standards of efficiency, competence, and integrity. Due regard shall be paid to the importance of recruiting the staff on as wide a geographical basis as possible.

CHAPTER XVI: MISCELLANEOUS PROVISIONS

Article 102

1. Every treaty and every international agreement entered into by any Member of the United Nations after the present Charter comes into force shall as soon as possible be registered with the Secretariat and published by it.

2. No party to any such treaty or international agreement which has not been registered in accordance with the provisions of paragraph 1 of this Article may invoke that treaty or agreement before any organ of the United Nations.

Article 103

In the event of a conflict between the obligations of the Members of the United Nations under the present Charter and their obligations under any other international agreement, their obligations under the present Charter shall prevail.

Article 104

The Organization shall enjoy in the territory of each of its Members such legal capacity as may be necessary for the exercise of its functions and the fulfilment of its purposes.

Article 105

1. The Organization shall enjoy in the territory of each of its Members such privileges and immunities as are necessary for the fulfilment of its purposes.
2. Representatives of the Members of the United Nations and officials of the Organization shall similarly enjoy such privileges and immunities as are necessary for the independent exercise of their functions in connexion with the Organization.
3. The General Assembly may make recommendations with a view to determining the details of the application of paragraphs 1 and 2 of this Article or may propose conventions to the Members of the United Nations for this purpose.

CHAPTER XVII: TRANSITIONAL SECURITY ARRANGEMENTS

Article 106

Pending the coming into force of such special agreements referred to in Article 43 as in the opinion of the Security Council enable it to begin the exercise of its responsibilities under Article 42, the parties to the Four-Nation Declaration, signed at Moscow, 30 October 1943, and France, shall, in accordance with the provisions of paragraph 5 of that Declaration, consult with one another and as occasion requires with other Members of the United Nations with a view to such joint action on behalf of the Organization as may be necessary for the purpose of maintaining international peace and security.

Article 107

Nothing in the present Charter shall invalidate or preclude action, in relation to any state which during the Second World War has been an enemy of any signatory to the present Charter, taken or authorized as a result of that war by the Governments having responsibility for such action.

CHAPTER XVIII: AMENDMENTS

Article 108

Amendments to the present Charter shall come into force for all Members of the United Nations when they have been adopted by a vote of two thirds of the members of the General Assembly and ratified in accordance with their respective constitutional processes by two thirds of the Members of the United Nations, including all the permanent members of the Security Council.

Article 109

1. A General Conference of the Members of the United Nations for the purpose of reviewing the present Charter may be held at a date and place to be fixed by a two-thirds vote of the members of the General Assembly and by a vote of any nine members of the Security Council. Each Member of the United Nations shall have one vote in the conference.

2. Any alteration of the present Charter recommended by a two-thirds vote of the conference shall take effect when ratified in accordance with their respective constitutional processes by two thirds of the Members of the United Nations including all the permanent members of the Security Council.

3. If such a conference has not been held before the tenth annual session of the

General Assembly following the coming into force of the present Charter, the proposal to call such a conference shall be placed on the agenda of that session of the General Assembly, and the conference shall be held if so decided by a majority vote of the members of the General Assembly and by a vote of any seven members of the Security Council.

CHAPTER XIX: RATIFICATION AND SIGNATURE

Article 110

1. The present Charter shall be ratified by the signatory states in accordance with their respective constitutional processes.
2. The ratifications shall be deposited with the Government of the United States of America, which shall notify all the signatory states of each deposit as well as the Secretary-General of the Organization when he has been appointed.
3. The present Charter shall come into force upon the deposit of ratifications by the Republic of China, France, the Union of Soviet Socialist Republics, the United Kingdom of Great Britain and Northern Ireland, and the United States of America, and by a majority of the other signatory states. A protocol of the ratifications deposited shall thereupon be drawn up by the Government of the United States of America which shall communicate copies thereof to all the signatory states.
4. The states signatory to the present Charter which ratify it after it has come into force will become original Members of the United Nations on the date of the deposit of their respective ratifications.

Article 111

The present Charter, of which the Chinese, French, Russian, English, and Spanish texts are equally authentic, shall remain deposited in the archives of the Government of the United States of America. Duly certified copies thereof shall be transmitted by that Government to the Governments of the other signatory states.

IN FAITH WHEREOF the representatives of the Governments of the United Nations have signed the present Charter. DONE at the city of San Francisco the twenty-sixth day of June, one thousand nine hundred and forty-five.

附录二

外交部、最高人民法院、最高人民检察院、公安部、国家安全部、司法部关于处理涉外案件若干问题的规定
（1995年6月20日外发〔1995〕17号）

各省、自治区、直辖市人民政府外事办公室、高级人民法院、人民检察院、公安厅（局）、国家安全厅（局）、司法厅（局）、海关、交通厅（局）、渔政厅（局）、民政厅（局），国务院各部委、各直属机构外事司（局），计划单列市人民政府外事办公室：

随着我国改革开放的不断深化，涉外案件工作中出现了许多新情况、新问题。为进一步妥善处理涉外案件的有关问题，明确分工，减少中间环节，提高效率，便于操作，特制定如下规定。

一、总则

（一）本规定中"涉外案件"是指在我国境内发生的涉及外国、外国人（自然人及法人）的刑事、民事、经济、行政、治安等案件及死亡事件。

（二）处理涉外案件，必须维护我国主权和利益，维护我国国家、法人、公民及外国国家、法人、公民在华合法权益，严格依照我国法律、法

规，做到事实清楚，证据确凿。适用法律正确，法律手续完备。

（三）处理涉外案件，在对等互惠原则的基础上，严格履行我国所承担的国际条约义务。当国内法或者我内部规定同我国所承担的国际条约义务发生冲突时，应当适用国际条约的有关规定（我国声明保留的条款除外）。各主管部门不应当以国内法或者内部规定为由拒绝履行我国所承担的国际条约规定的义务。

（四）处理涉外案件，必须依照有关规定和分工，密切配合，互相协调，严格执行请示报告，征求意见和通报情况等制度。

（五）对应当通知外国驻华使、领馆的涉外案件，必须按规定和分工及时通知。

（六）与我国无外交关系的，按对等互惠原则办理。

二、关于涉外案件的内部通报问题

（一）遇有下列情况之一，公安机关、国家安全机关、人民检察院、人民法院，以及其他主管机关应当将有关案情、处理情况，以及对外表态口径于受理案件或采取措施的四十八小时内报上一级主管机关，同时通报同级人民政府外事办公室。

1. 对外国人实行行政拘留、刑事拘留、司法拘留、拘留审查、逮捕、监视居住、取保候审、扣留护照、限期出境、驱逐出境的案件；

2. 外国船舶因在我国内水或领海损毁或搁浅，发生海上交通、污染等事故，走私及其他违法或违反国际公约的行为，被我主管部门扣留或采取其他强制措施的案件；

3. 外国渔船在我管辖水域违法捕捞，发生碰撞或海事纠纷，被我授权执法部门扣留的案件；

4. 外国船舶因经济纠纷被我法院扣留、拍卖的案件；

5. 外国人在华死亡事件或案件；

6. 涉及外国人在华民事和经济纠纷的案件；

7. 其他认为应当通报的案件。

同级人民政府外事办公室在接到通报后应当立即报外交部。案件了结后，也应当尽快向外交部通报结果。

（二）重大涉外案件，或外国政府已向我驻外使、领馆提出交涉或已引起国内外新闻界关注的涉外案件，在案件受理、办理、审理过程中，以及在判决公布前，中央一级主管部门经商外交部后，应当单位或者会同外交部联名将案件进展情况、对外表态口径等及时通报我驻外使、领馆，并答复有关文电。

三、关于通知外国驻华使、领馆问题

（一）凡与我国订有双边领事条约的，按条约的规定办理；未与我签订双边领事条约，但参加《维也纳领事关系公约》的，按照《维也纳领事关系公约》的规定办理；未与我国签订领事条约，也未参加《维也纳领事关系公约》，但与我国有外交关系的，可按互惠和对等原则，根据有关规定和国际惯例办理。

在外国驻华领事馆领区内发生的涉外案件，应通知有关外国驻该地区的领事馆；在外国领事馆领区外发生的涉外案件应通知有关外国驻华大使馆。与我国有外交关系，但未设使、领馆的国家，可通知其代管国家驻华使、领馆。无代管国家或代管国家不明的，可不通知。当事人本人要求不通知的，可不通知，但应当由其本人提出书面要求。

（二）通知内容

外国人的外文姓名、性别、入境时间、护照或证件号码、案件发生的时间、地点及有关情况，当事人违章违法犯罪的主要事实，已采取的法律措施及法律依据，各有关主管部门可根据需要制定固定的通知格式。

（三）通知时限

双边领事条约明确规定期限的（四天或七天），应当在条约规定的期限内通知；如无双边领事条约规定，也应当根据或者参照《维也纳领事关

系公约》和国际惯例尽快通知，不应超过七天。

（四）通知机关

1. 公安机关、国家安全机关对外国人依法作出行政拘留、刑事拘留、拘留审查、监视居住、取保候审的决定的，由有关省、自治区、直辖市公安厅（局）、国家安全厅（局）通知有关外国驻华使、领馆。

公安机关、国家安全机关对外国人执行逮捕的，由有关省、自治区、直辖市公安厅（局）、国家安全厅（局）通知有关外国驻华使、领馆。

人民法院对外国人依法做出司法拘留、监视居住、取保候审决定的，人民检察院依法对外国人作出监视居住，取保候审决定的，由有关省、自治区、直辖市高级人民法院、人民检察院通知有关外国驻华使、领馆。

依照本规定应予通报并决定开庭审理的涉外案件，人民法院在一审开庭日期确定后，应即报告高级人民法院，由高级人民法院在开庭七日以前，将开庭审理日期通知有关外国驻华使、领馆。

2. 外国船舶因在我国内水或领海损毁、搁浅或发生重大海上交通、污染等事故，各港务监督局应立即报告中华人民共和国港务监督局，由该局通知有关外国驻华使馆。

3. 外国船舶在我国内水或领海走私或有其他违法行为，被我海关、公安机关扣留，有关海关、公安机关应当立即逐级上报海关总署和公安部，由所在省、自治区、直辖市海关或者公安厅（局）通知有关外国驻华使、领馆。

4. 外国渔船在我管辖水域违法捕捞，被我授权执法部门扣留，由公安边防部门监护，渔政渔港监督管理部门处理。有关情况应立即上报国家渔政渔港监督管理局，由该局通知有关外国驻华使馆。

5. 外国船舶因经济纠纷被我海事法院扣留、拍卖的，由海事法院通知有关外国驻华使、领馆。如船籍国与我有外交关系，不论是否订有双边领事条约，均应通知。

6. 外国人在华正常死亡，由接待或者聘用单位通知有关外国驻华使、领馆。如死者在华无接待或者聘用单位,由有关省、自治区、直辖市公安厅(局)通知。

外国人在华非正常死亡,由有关省、自治区、直辖市公安厅(局)通知有关外国驻华使、领馆;在羁押期间或者案件审理中死亡,分别由受理案件的省、自治区、直辖市公安厅(局)、国家安全厅(局)、人民检察院或者高级人民法院通知;在监狱服刑期间死亡的,由省、自治区、直辖市司法厅(局)通知。

外国人在灾难性事故(包括陆上交通事故,空、海难事故)中死亡的,由当事部门通知有关外国驻华使、领馆。省、自治区、直辖市外事办公室予以协助。

7. 在对无有效证件证实死者或者被取保候审、监视居住、拘留审查、拘留、逮捕的人犯的国籍,或者其主要证件存在明显伪造、变造疑点的情况下,我主管机关可以通过查询的方式通告有关外国驻华使、领馆。

外国边民在我国边境地区死亡或者被取保候审、监视居住、拘留审查、拘留、逮捕的,按双边条约规定办理。如无双边条约规定的,也可考虑通过边防会晤的方式通知有关国家。

四、外国驻华使、领馆索要材料、交涉等问题

(一)外国驻华使、领馆如向我索要其公民被取保候审、拘留审查、监视居住、拘留或逮捕等有关材料,请其向省、自治区、直辖市高级人民法院、人民检察院、公安厅(局)、国家安全厅(局)或司法厅(局)提出。凡公开的材料或者法律规定可以提供的材料,我应予提供。地方外事办公室或者外交部予以协助。

(二)如外国驻华使、领馆要一审和终审判决书副本,可请其向省、自治区、直辖市高级人民法院提出,我可以提供。

(三)外国驻华使馆就有关案件进行交涉,可请其向外交部或者省级外事办公室提出,或者向中央或者省级主管部门直接提出。外国驻华使馆向主管部门提出的重要交涉，主管部门商外交部后答复外国驻华使馆。外国驻华领馆只同其领区内省级主管部门联系。外事办公室与主管部门之间互通情况，共商对外表态口径及交涉事宜。

五、关于探视被监视居住、拘留审查、拘留、逮捕或正在监狱服刑的外国公民以及与其通信问题

（一）外国驻华外交、领事官员要求探视被监视居住、拘留、拘留审查、逮捕或正在服刑的本国公民，我主管部门应在双边领事条约规定的时限内予以安排，如无条约规定，亦应尽快安排。如当事人拒绝其所属国家驻华外交、领事官员探视的，我可拒绝安排，但应由其本人提出书面意见。探视要求可请其向省、自治区、直辖市高级人民法院、人民检察院、公安厅（局）、国家安全厅（局）、司法厅（局）提出。地方外事办公室或者外交部可予以协助。外国驻华外交、领事官员探视时应遵守我有关探视规定。

（二）在侦查终结前的羁押期间，探视的有关事宜由立案侦查的公安机关、国家安全机关或者人民检察院安排；侦查终结后移送人民检察院审查起诉的羁押期间，探视的有关事宜由审查起诉的人民检察院安排；人民法院受理案件后在作出终审判决前的羁押期间，探视的有关事宜由审理案件的人民法院安排；人民法院将案件退回人民检察院，或者人民检察院将案件退回公安机关、国家安全机关补充侦查的羁押期间，探视的有关事宜由补充侦查的人民检察院、公安机关、国家安全机关安排；经人民法院判决后在监狱服刑期间，探视的有关事宜由司法行政机关安排。

（三）主办机关需要就探视事宜同有关外国驻华使、领馆联系时，应当分别经过各省、自治区、直辖市高级人民法院、人民检察院、公安厅（局）、国家安全厅（局）、司法厅（局）进行。地方外事办公室或者外交部予以协助。

（四）外国驻华外交、领事官员与其本国在华被监视居住、拘留审查、拘留、逮捕或者正在服刑的本国公民往来信件，我主管部门应按有关领事条约及《维也纳领事关系公约》的规定迅速转交。

六、旁听、新闻报道、司法协助、扣留护照等问题

（一）外国驻华使、领馆官员要求旁听涉外案件的公开审理，应向各省、自治区、直辖市高级人民法院提出申请，有关法院应予安排。旁听者应遵守人民法院的法庭规则。

对于依法不公开审理的涉外案件，外国驻华使、领馆官员要求旁听的，如有关国家与我国已签订的领事条约中明确承担有关义务的，应履行义务；未明确承担有关义务的，应根据我国法律规定，由主管部门商同级外事部门解决。

（二）主管部门就重大涉外案件发布新闻或者新闻单位对于上述案件进行报道，要从严掌握，应当事先报请省级主管机关审核，征求外事部门的意见。对危害国家安全的涉外案件的新闻报道，由主管部门商外交部后定。对于应通知外国驻华使、领馆的案件，应当在按规定通知有关外国驻华使、领馆后，再公开报道。

（三）对与我国订有双边司法协助协定、条约或者我与其共同参加载有司法协助条款的公约的国家，我中央机关和各主管部门应按照协定、条约或者公约的有关规定办理。未签订上述协定或条约、也未共同参加上述公约的，在对等互惠的基础上通过外交途径解决。

（四）扣留外国人护照问题

根据《中华人民共和国外国人入境出境管理法》和最高人民法院、最高人民检察院、公安部、国家安全部《关于依法限制外国人和中国公民出境问题的若干规定》（〔87〕公发16号），除我公安机关、国家安全机关、司法机关以及法律明确授权的机关外，其他任何单位或者个人都无权扣留外国人护照，也不得以任何方式限制外国人的人身自由；公安机关、国家安全机关、司法机关以及法律明确授权的机关扣留外国人护照，必须按照规定的权限报批，履行必要的手续，发给本人扣留护照的证明，并把有关情况及时上报上级主管部门，通报同级人民政府外事办公室，有关外事办公室应当及时报告外交部。

七、本规定自发文之日起生效。以前有关规定凡与本规定相抵的，一律以本规定为准。一九八七年《关于处理涉外案件若干问题的规定》（外发〔1987〕54号）同时废止。

附件：一、《外国人在华死亡后的处理程序》
　　　二、《维也纳领事关系公约》有关条款（略）
　　　三、参加《维也纳领事关系公约》国家名单（略）
　　　四、中国与有关国家签订的领事条约中关于死亡、拘留、逮捕通知时限表（略）
　　　五、中国与有关国家签订的司法协助条约一览表（略）
　　　六、外国驻华领馆领区一览表（略）

1995年6月20日

附件一：外国人在华死亡后的处理程序

一、死亡的确定

死亡分正常死亡和非正常死亡。因健康原因自然死亡的，谓正常死亡；因意外事故或突发事件死亡的，谓非正常死亡。

发现外国人在华死亡，发现人（包括个人或单位）应立即报告死者接待或聘用单位或当地公安机关、人民政府外事办公室。如属正常死亡，善后处理工作由接待或聘用单位负责。无接待或聘用单位的（包括零散游客），由公安机关会同有关部门共同处理。如属非正常死亡，应保护好现场，由公安机关进行取证并处理。

尸体在处理前应妥为保存（如防腐、冷冻）。

二、通知外国驻华使、领馆及死者家属

根据《维也纳领事关系公约》或双边领事条约的规定，以及国际惯例，外国人在华死亡后应尽快通知死者家属及其所属国家驻华使、领馆。

外国人在华正常死亡，在通报公安机关和地方外办后，由接待或聘用单位负责通知；如死者在华无接待或聘用单位，由有关省、自治区、直辖市公安厅（局）负责通知。

凡属非正常死亡的，由案件查处机关负责通知，在案件审理中死亡的，由案件审理机关负责通知，在监狱服刑过程中死亡的，由司法行政机关负责通知。

通知时限。如死者所属国家已同我国签订领事条约，应按条约规定办；如条约中没有规定，或无双边领事条约，应按《维也纳领事关系公约》的规定和国际惯例尽快通知，但不应超过七天。

通知内容应简单明了。如死因不明，需要调查后方能确定的，可先通知死亡事，同时告死因正在调查中。

三、尸体解剖

正常死亡者或死因明确的非正常死亡者，一般不需作尸体解剖。若死者家属或其所属国家驻华使、领馆要求解剖，我可同意，但必须有死者家属或其所属国家驻华使、领馆有关官员签字的书面要求。

死因不明的非正常死亡者，为查明死因，需进行解剖时由公安、司法机关按有关规定办理。

四、出具证明

正常死亡，由县级或县级以上医院出具"死亡证明书"。如死者生前曾住医院治疗或抢救，应其家属要求，医院可提供"诊断书"或"病历摘要"。

非正常死亡，由公安机关的法医出具"死亡鉴定书"。案件审理中正常死亡，由案件审理机关的法医出具"死亡鉴定书"。在监狱服刑中死亡，由司法行政机关的法医出具"死亡鉴定书"。如案件审理机关或司法行政机关没有法医，可由公安机关代为出具。

"死亡证明书"、"死亡鉴定书"交死者家属或死者所属国家驻华使、领馆。对外公司死因要慎重。如死因尚不明确，或有其他致死原因，待查清或内部意见统一后，再向外公布和提供证明。

外国人死在我村、镇或公民家中，县级或县级以上医院无法出具"死亡证明书"，或者死者所属国家要求或者有关驻华使、领馆提出办理"死亡公证书"时，则应办理"死亡公证书"等公证文件。

"诊断证书"、"病历摘要"、"死亡证明书"、"死亡鉴定书"、"防腐证明书"等证明，如办理认证手续，必须先在死者居所地公证处申办公证，而后办理外交部领事司或外国驻华领馆领区内我地方外办的认证和有关外国驻华使、领馆认证。在"死亡证明书"或"死亡鉴定书"中注明尸体已进行防腐处理的，可不再另行办理"防腐证明书"。

五、对尸体的处理

在华死亡的外国人尸体，可在当地火化，亦可运回其国内。处理时，应尊重死者家属或所属国家驻华使、领馆的意愿。

尸体火化应由死者家属或所属国家驻华使、领馆提出书面要求并签字，由当地殡仪馆负责火化，骨灰由他们带回或运回其国内。

如外方不愿火化，可将尸体运回其国内。运输（尸体及骨灰）手续和费用原则上均由外方自理。接待或聘用单位可在办理手续等方面给予必要的协助。

为做好外方工作和从礼节上考虑，对受聘或有接待单位的死者，在尸体火化或运回其国内前，可由聘用或接待单位酌情为死者举行简单的追悼仪式。有关单位可送花圈。可将追悼仪式拍照送死者家属。

如外方要求举行宗教仪式，应视当地条件，如有教堂和相应的神职人员，条件允许，可安排举行一个简单的宗教仪式。宗教仪式应在我规定的宗教场所举行。

如外方要求将死者在我国土葬，可以我国殡葬改革，提倡火葬为由，予以婉拒。

如外方要求将骨灰埋或撒在我国土地上，一般亦予以婉拒。但如死者是对我国作出特殊贡献的友好知名人士，应报请省级或中央民政部门决定。

六、骨灰和尸体运输出境

1. 骨灰运输：托运人必须提供医院出具的"死亡证明书"或法医出具的"死亡鉴定书"，及殡葬部门出具的"火化证明书"。各证明书一式二份，一份留始发站，一份附在货运单后，随骨灰盒带往目的站。

骨灰应装在封妥的罐内或盒内，外面用木箱套装。

骨灰自带出境，亦需备妥上述证明。

2. 尸体运输：可由中国国际运尸网络服务中心办理（见民事发〔1993〕2号文），也可由其他适当途径办理。尸体运输的包装要求是：首先应做防腐处理，然后装入厚塑料袋中密封，放入金属箱内。箱内应放木屑或碎木炭等吸湿物。连接处用锌焊牢，以防气味或液体外溢。金属箱应套装木棺，木棺两侧应装有便于搬运的把手。

尸体、棺柩出境须备以下证明：（1）由医院或公安、司法机关出具的"死亡证明书"或者"死亡鉴定书"，亦可由有关涉外公证处出具的"死亡公证书"代替上述证明书；（2）由殡仪部门出具的"防腐证明书"；（3）由防疫部门出具的"尸体检疫证明书"；（4）海关凭检疫机关出具的"尸体、棺柩出境许可证明书"放行。

七、遗物的清点和处理

清点死者遗物应有死者家属或其所属国家驻华使、领馆官员和我方人员在场。如家属或者驻华使、领馆官员明确表示不能到场时,可请公证处人员到场,并由公证员将上述人员不能到场的事实和原因注明。遗物清点必须造册,列出清单,清点人均应签字。移交遗物要开出移交书,一式二份,注明移交时间、地点、在场人、物品件数、种类和特征等。签字后办理公证手续。如死者有遗嘱,应将遗嘱拍照或复制,原件交死者家属或其所属国家驻华使、领馆。

八、写出《死亡善后处理情况报告》

死者善后事宜处理结束后,由接待或聘用单位写出《死亡善后处理情况报告》。无接待或聘用单位的,由处理死者善后事宜的公安机关或司法机关写出。《死亡善后处理情况报告》,内容应包括死亡原因、抢救措施、诊断结果、善后处理情况,以及外方反应等。上述死亡报告应报上级主管单位、地方外办、公安厅(局),抄外交部。

附录三

维也纳外交关系公约

（1961年4月18日订于维也纳）

[本公约于1964年4月24日生效]

本公约各当事国：

鉴于各国人民自古即已确认外交代表之地位，

察及联合国宪章之宗旨及原则中有各国主权平等、维持国际和平与安全、以及促进国际间友好关系等项，

深信关于外交往来，特权及豁免之国际公约当能有助于各国间友好关系之发展——此项关系对于各国宪政及社会制度之差异，在所不问，

确认此等特权与豁免之目的不在于给与个人以利益而在于确保代表国家之使馆能有效执行职务。

重申凡未经本公约明文规定之问题应继续适用国际习惯法之规例，

爰议定条款如下：

第一条

就适用本公约而言，下列名称之意义，应依下列规定：

（a）称"使馆馆长"者，谓派遣国责成担任此项职位之人；

（b）称"使馆人员"者，谓使馆馆长及使馆职员；

（c）称"使馆职员"者，谓使馆外交职员、行政及技术职员，及事务职员；

（d）称"外交职员"者，谓具有外交官级位之使馆职员；

（e）称"外交代表"者，谓使馆馆长或使馆外交职员；

（f）称"行政及技术职员"者，谓承办使馆行政及技术事务之使馆职员；

（g）称"事务职员"者，谓为使馆仆役之使馆职员；

（h）称"私人仆役"者，谓充使馆人员佣仆而非为派遣国雇用之人；

（i）称"使馆馆舍"者，谓供使馆使用及供使馆馆长寓邸之用之建筑物或建筑物之各部分，以及其所附属之土地，至所有权谁属，则在所不问。

第二条

国与国间外交关系及常设使馆之建立，以协议为之。

第三条

一、除其他事项外，使馆之职务如下：

（a）在接受国中代表派遣国；

（b）于国际法许可之限度内，在接受国中保护派遣国及其国民之利益；

（c）与接受国政府办理交涉；

（d）以一切合法手段调查接受国之状况及发展情形，向派遣国政府具报；

（e）促进派遣国与接受国间之友好关系，及发展两国间之经济、文化与科学关系。

二、本公约任何规定不得解释为禁止使馆执行领事职务。

第四条

一、派遣国对于拟派驻接受国之使馆馆长人选务须查明其确已获得接受国之同意。

二、接受国无须向派遣国说明不予同意之理由。

第五条

一、派遣国向有关接受国妥为通知后，得酌派任一使馆馆长或外交职员兼驻一个以上国家，但任何接受国明示反对者，不在此限。

二、派遣国委派使馆馆长兼驻另一国或数国者，得在该馆长不常川驻节之国内，设立以临时代办为馆长之使馆。

三、使馆馆长或使馆任何外交职员得兼任派遣国驻国际组织之代表。

第六条

两个以上国家得合派同一人为驻另一国之使馆馆长，但接受国表示反对者不在此限。

第七条

除第五条、第八条、第九条及第十一条另有规定外，派遣国得自由委派使馆职员。关于陆、海、空军武官，接受国得要求先行提名，征求该国同意。

第八条

一、使馆外交职员原则上应属派遣国国籍。

二、委派属接受国国籍之人为使馆外交职员，非经接受国同意，不得为之；此项同意得随时撤销之。

三、接受国对于第三国国民之亦非为派遣国国民者，得保留同样之权利。

第九条

一、接受国得随时不具解释通知派遣国宣告使馆馆长或使馆任何外交职员为不受欢迎人员或使馆任何其他职员为不能接受。遇此情形，派遣国应斟酌情况召回该员或终止其在使馆中之职务。任何人员得于其到达接受国国境前，被宣告为不受欢迎或不能接受。

二、如派遣国拒绝或不在相当期间内履行其依本条第一项规定所负义务，接受国得拒绝承认该员为使馆人员。

第十条

一、下列事项应通知接受国外交部或另经商定之其他部：

（a）使馆人员之委派，其到达及最后离境或其在使馆中职务之终止；

（b）使馆人员家属到达及最后离境；遇有任何人成为或不复为使馆人员家属时，亦宜酌量通知；

（c）本项（a）款所称人员雇用之私人仆役到达及最后离境；遇有私人仆役不复受此等人员雇用时，亦宜酌量通知；

（d）雇用居留接受国之人为使馆人员或为得享特权与豁免之私人仆役时，其雇用与解雇。

二、到达及最后离境，于可能范围内，亦应事先通知。

第十一条

一、关于使馆之构成人数如另无协议，接受国得酌量本国环境与情况及特定使馆之需要，要求使馆构成人数不超过该国认为合理及正常之限度。

二、接受国亦得在同样范围内并在无差别待遇之基础上，拒绝接受某一类之官员。

第十二条

派遣国非经接受国事先明示同意，不得在使馆本身所在地以外之地点设立办事处，作为使馆之一部分。

第十三条

一、使馆馆长依照接受应予划一适用之通行惯例。在呈递国书后或在向接受国外交部或另经商定之其他部通知到达并将所奉国书正式副本送交后，即视为已在接受国内开始执行职务。

二、呈递国书或递送国书正式副本之次第依使馆馆长到达之日期及时间先后定之。

第十四条

一、使馆馆长分为如下三级：

（a）向国家元首派遣之大使或教廷大使，及其他同等级位之使馆馆长；

（b）向国家元首派遣之使节、公使及教廷公使；

（c）向外交部长派遣之代办。

二、除关于优先地位及礼仪之事项外，各使馆馆长不应因其所属等级而有任何差别。

第十五条

使馆馆长所属之等级应由关系国家商定之。

第十六条

一、使馆馆长在其各别等级中之优先地位应按照其依第十三条规定开始执行职务之日期及时间先后定之。

二、使馆馆长之国书如有变更而对其所属等级并无更动时，其优先地位不受影响。

三、本条规定不妨碍接受国所采行关于教廷代表优先地位之任何办法。

第十七条

使馆外交职员之优先顺序应由使馆馆长通知外交部或另经商定之其他部。

第十八条

各国接待使馆馆长，对于同一等级之馆长应适用划一程序。

第十九条

一、使馆馆长缺位或不能执行职务时，应由临时代办暂代使馆馆长。临时代办姓名应由使馆馆长通知接受国外交部或另经商定之其他部；如馆长不能通知时，则由派遣国外交部通知之。

二、使馆如在接受国内并无外交职员时，派遣国得于征得接受国同意后，指派行政或技术职员一人，主持使馆日常行政事务。

第二十条

使馆及其馆长有权在使馆馆舍，及在使馆馆长寓邸与交通工具上使用派遣国之国旗或国徽。

第二十一条

一、接受国应便利派遣国依照接受国法律在其境内置备派遣国使馆所需之馆舍，或协助派遣国以其他方法获得房舍。

二、接受国遇必要时，并应协助使馆为其人员获得适当之房舍。

第二十二条

一、使馆馆舍不得侵犯。接受国官吏非经使馆馆长许可，不得进入使馆馆舍。

二、接受国负有特殊责任，采取一切适当步骤保护使馆馆舍免受侵入或损害，并防止一切扰乱使馆安宁或有损使馆尊严之情事。

三、使馆馆舍及设备，以及馆舍内其他财产与使馆交通工具免受搜查、征用、扣押或强制执行。

第二十三条

一、派遣国及使馆馆长对于使馆所有或租赁之馆舍，概免缴纳国家、区域或地方性捐税，但其为对供给特定服务应纳之费者不在此列。

二、本条所称之免税，对于与派遣国或使馆馆长订立承办契约者依接受国法律应纳之捐税不适用之。

第二十四条

使馆档案及文件无论何时，亦不论位于何处，均属不得侵犯。

第二十五条

接受国应给予使馆执行职务之充分便利。

第二十六条

除接受国为国家安全设定禁止或限制进入区域另订法律规章外，接受国应确保所有使馆人员在其境内行动及旅行之自由。

第二十七条

一、接受国应允许使馆为一切公务目的自由通讯，并予保护。使馆与派遣国政府及无论何处之该国其他使馆及领事馆通讯时，得采用一切适当方法，包括外交信差及明密码电信在内。但使馆非经接受国同意，不得装置并使用无线电发报机。

二、使馆之来往公文不得侵犯。来往公文指有关使馆及其职务之一切来往文件。

三、外交邮袋不得予以开拆或扣留。

四、构成外交邮袋之包裹须附有可资识别之外部标记，以装载外交文件或公务用品为限。

五、外交信差应持有官方文件，载明其身分及构成邮袋之包裹件数；其于执行职务时，应受接受国保护。外交信差享有人身不得侵犯权，不受任何方式之逮捕或拘禁。

六、派遣国或使馆得派特别外交信差。遇此情形，本条第五项之规定亦应适用，但特别信差将其所负责携带之外交邮袋送交收件人后，即不复享有该项所称之豁免。

七、外交邮袋得托交预定在准许入境地点降落之商营飞机机长转递。机长应持有官方文件载明构成邮袋之邮包件数，但机长不得视为外交信差。使馆得派馆员一人径向飞机机长自由取得外交邮袋。

第二十八条

使馆办理公务所收之规费及手续费免征一切捐税。

第二十九条

外交代表人身不得侵犯。外交代表不受任何方式之逮捕或拘禁。接受国对外交代表应特示尊重，并应采取一切适当步骤以防止其人身、自由或尊严受有任何侵犯。

第三十条

一、外交代表之私人寓所一如使馆馆舍应享有同样之不得侵犯权及保护。

二、外交代表之文书及信件同样享有不得侵犯权；其财产除第三十一条第三项另有规定外，亦同。

第三十一条

一、外交代表对接受国之刑事管辖享有豁免。除下列案件外，外交代表对接受国之民事及行政管辖亦享有豁免：

（a）关于接受国境内私有不动产之物权诉讼，但其代表派遣国为使馆用途置有之不动产不在此列；

（b）关于外交代表以私人身分并不代表派遣国而为遗嘱执行人、遗产管理人、继承人或受遗赠人之继承事件之诉讼；

（c）关于外交代表于接受国内在公务范围以外所从事之专业或商务活动之诉讼。

二、外交代表无以证人身分作证之义务。

三、对外交代表不得为执行之处分，但关于本条第一项（a）、（b）、（c）各款所列之案件，而执行处分复无损于其人身或寓所之不得侵犯权者，不在此限。

四、外交代表不因其对接受国管辖所享之豁免而免除其受派遣国之管辖。

第三十二条

一、外交代表及依第三十七条享有豁免之人对管辖之豁免得由派遣国抛弃之。

二、豁免之抛弃，概须明示。

三、外交代表或依第三十七条享有管辖之豁免之人如主动提起诉讼即不得对与主诉直接相关之反诉主张管辖之豁免。

四、在民事或行政诉讼程序上管辖豁免之抛弃，不得视为对判决执行之豁免亦默示抛弃，后项抛弃须分别为之。

第三十三条

一、除本条第三项另有规定外，外交代表就其对派遣国所为之服务而言，应免适用接受国施行之社会保险办法。

二、专受外交代表雇用之私人仆役亦应享有本条第一项所规定之豁免,但以符合下列条件为限:

(a) 非接受国国民且不在该国永久居留者;

(b) 受有派遣国或第三国之社会保险办法保护者。

三、外交代表如其所雇人员不得享受本条第二项所规定之豁免,应履行接受国社会保险办法对雇主所规定之义务。

四、本条第一项及第二项所规定之豁免不妨碍对于接受国社会保险制度之自愿参加,但以接受国许可参加为限。

五、本条规定不影响前此所订关于社会保险之双边或多边协定,亦不禁止此类协定之于将来议订。

第三十四条

外交代表免纳一切对人或对物课征之国家、区域、或地方性捐税,但下列各项,不在此列:

(a) 通常计入商品或劳务价格内之间接税;

(b) 对于接受国境内私有不动产课征之捐税,但其代表派遣国为使馆用途而置有之不动产,不在此列;

(c) 接受国课征之遗产税、遗产取得税或继承税,但以不抵触第三十九条第四项之规定为限;

(d) 对于自接受国内获致之私人所得课征之捐税,以及对于在接受国内商务事业上所为投资课征之资本税;

(e) 为供给特定服务所收费用;

(f) 关于不动产之登记费、法院手续费或记录费、抵押税及印花税;但第二十三条另有规定者,不在此列。

第三十五条

接受国对外交代表应免除一切个人劳务及所有各种公共服务,并应免除关于征用、军事募捐及屯宿等之军事义务。

第三十六条

一、接受国应依本国制定之法律规章，准许下列物品入境，并免除一切关税及贮存、运送及类似服务费用以外之一切其他课征：

（a）使馆公务用品；

（b）外交代表或与其构成同一户口之家属之私人用品，包括供其定居之用之物品在内。

二、外交代表私人行李免受查验，但有重大理由推定其中装有不在本条第一项所称免税之列之物品，或接受国法律禁止进出口或有检疫条例加以管制之物品者，不在此限。遇此情形，查验须有外交代表或其授权代理人在场，方得为之。

第三十七条

一、外交代表之与其构成同一户口之家属，如非接受国国民，应享有第二十九条至三十六条所规定之特权与豁免。

二、使馆行政与技术职员暨与其构成同一户口之家属，如非接受国国民且不在该国永久居留者，均享有第二十九条至第三十五条所规定之特权与豁免，但第三十一条第一项所规定对接受国民事及行政管辖之豁免不适用于执行职务范围以外之行为。关于最初定居时所输入之物品，此等人员亦享有第三十六条第一项所规定之特权。

三、使馆事务职员如非接受国国民且不在该国永久居留者，就其执行公务之行为享有豁免，其受雇所得酬报免纳捐税，并享有第三十三条所载之豁免。

四、使馆人员之私人仆役如非接受国国民且不在该国永久居留者，其受雇所得酬报免纳捐税。在其他方面，此等人员仅得在接受国许可范围内享有特权与豁免。但接受国对此等人员所施之管辖应妥为行使，以免对使馆职务之执行有不当之妨碍。

第三十八条

一、除接受国特许享受其他特权及豁免外，外交代表为接受国国民或在该国永久居留者，仅就其执行职务之公务行为，享有管辖之豁免及不得侵犯权。

二、其他使馆馆员及私人仆役为接受国国民或在该国永久居留者仅得在接受国许可之范围内享有特权与豁免。但接受国对此等人员所施之管辖应妥为行使，以免对使馆职务之执行有不当之妨碍。

第三十九条

一、凡享有外交特权与豁免之人，自其进入接受国国境前往就任之时起享有此项特权与豁免，其已在该国境内者，自其委派通知外交部或另经商定之其他部之时开始享有。

二、享有特权与豁免人员之职务如已终止，此项特权与豁免通常于该员离境之时或听任其离境之合理期间终了之时停止，纵有武装冲突情事，亦应继续有效至该时为止。但关于其以使馆人员资格执行职务之行为，豁免应始终有效。

三、遇使馆人员死亡，其家属应继续享有应享之特权与豁免，至听任其离境之合理期间终了之时为止。

四、遇非为接受国国民且不在该国永久居留之使馆人员或与其构成同一户口之家属死亡，接受国应许可亡故者之动产移送出国，但任何财产如系在接受国内取得而在当事人死亡时禁止出口者，不在此列。动产之在接受国纯系因亡故者为使馆人员或其家属而在接受国境内所致者，应不课征遗产税、遗产取得税及继承税。

第四十条

一、遇外交代表前往就任或返任或返回本国，道经第三国国境或在该国境内，而该国曾发给所需之护照签证时，第三国应给予不得侵犯权及确保其过境或返回所必需之其他豁免。享有外交特权或豁免之家属与外交代表同行时，或单独旅行前往会聚或返回本国时，本项规定同样适用。

二、遇有类似本条第一项所述之情形，第三国不得阻碍使馆之行政与技术或事务职员及其家属经过该国国境。

三、第三国对于过境之来往公文及其他公务通讯，包括明密码电信在内,应一如接受国给予同样之自由及保护。第三国于已发给所需护照签证之外交信差及外交邮袋过境时,应比照接受国所负之义务,给予同样之不得侵犯权及保护。

四、第三国依本条第一项、第二项及第三项规定所负之义务,对于各该项内分别述及之人员与公务通讯及外交邮袋之因不可抗力而在第三国境内者,亦适用之。

第四十一条

一、在不妨碍外交特权与豁免之情形下,凡享有此项特权与豁免之人员,均负有尊重接受国法律规章之义务。此等人员并负有不干涉该国内政之义务。

二、使馆承派遣国之命与接受国洽商公务,概应径与或经由接受国外交部或另经商定之其他部办理。

三、使馆馆舍不得充作与本公约或一般国际法之其他规则、或派遣国与接受国间有效之特别协定所规定之使馆职务不相符合之用途。

第四十二条

外交代表不应在接受国内为私人利益从事任何专业或商业活动。

第四十三条

除其他情形外,外交代表之职务遇有下列情事之一即告终了:

(a)派遣国通知接受国谓外交代表职务业已终了;

(b)接受国通知派遣国谓依第九条第二项之规定该国拒绝承认该外交代表为使馆人员。

第四十四条

接受国对于非为接受国国民之享有特权与豁免人员,以及此等人员之家属,不论其国籍为何,务须给予便利使能尽早离境,纵有武装冲突情事,亦应如此办理。遇必要时,接受国尤须供给其本人及财产所需之交通运输工具。

第四十五条

遇两国断绝外交关系，或遇使馆长期或暂时撤退时：

（a）接受国务应尊重并保护使馆馆舍以及使馆财产与档案，纵有武装冲突情事，亦应如此办理；

（b）派遣国得将使馆馆舍以及使馆财产与档案委托接受国认可之第三国保管；

（c）派遣国得委托接受国认可之第三国代为保护派遣国及其国民之利益。

第四十六条

派遣国经接受国事先同意，得应未在接受国内派有代表之第三国之请求，负责暂时保护该第三国及其国民之利益。

第四十七条

一、接受国适用本公约规定时，对各国不得差别待遇。

二、但下列情形不以差别待遇论：

（a）接受国因派遣国对接受国使馆适用本公约任一规定有所限制，对同一规定之适用亦予限制；

（b）各国依惯例或协定，彼此给予较本公约所规定者更为有利之待遇。

第四十八条

本公约应听由联合国或任何专门机关之全体会员国、或国际法院规约当事国、及经联合国大会邀请成为本公约当事一方之任何其他国家签署，其办法如下：至1961年10月31日止在奥地利联邦外交部签署，其后至1962年3月31日止在纽约联合国会所签署。

第四十九条

本公约须经批准。批准文件应送交联合国秘书长存放。

第五十条

本公约应听由属于第四十八条所称四类之一之国家加入。加入文件应送交联合国秘书长存放。

第五十一条

一、本公约应于第二十二件批准或加入文件送交联合国秘书长存放之日后第三十日起发生效力。

二、对于在第二十二件批准或加入文件存放后批准或加入本公约之国家，本公约应于各该国存放批准或加入文件后第三十日起发生效力。

第五十二条

联合国秘书长应将下列事项通知所有属于第四十八条所称四类之一之国家：

（a）依第四十八条、第四十九条及第五十条对本公约所为之签署及送存之批准或加入文件；

（b）依第五十一条本公约发生效力之日期。

第五十三条

本公约之原本应交联合国秘书长存放，其中文、英文、法文、俄文及西班牙文各本同一作准；秘书长应将各文正式副本分送所有属于第四十八条所称四类之一之国家。

为此，下列全权代表，各秉本国政府正式授予签字之权，谨签字于本公约，以昭信守。

公历1961年4月18日订于维也纳

参考文献

[1] Aalto P., Harle V., Moisio S., *International Studies: Interdisciplinary Approaches*[M]. Basingstoke: Palgrave Macmillan, 2001.

[2] Alfred Z., *University Teaching of International Relations*[M]. Geneva: League of Nations, 1939.

[3] Andrew A. G. R., Coming in from the cold: Constructivism and emotions[J]. *European Journal of International Relations*, 2006, 12(2).

[4] Buzan B., Little R. Why international relations has failed as an intellectual project and what to do about it[J]. *Journal of International Studies*, 2001, 30(1).

[5] Chris B., The poverty of grand theory[J]. *European Journal of International Relations*, 2013, 19(3).

[6] Christian R. S., Emotions and the social[J]. *International Theory*, 2014, 6(3).

[7] Detlef F. *Models, Numbers and Cases: Methods for Studying International Relations*[M]. Ann Arbor: University of Michigan Press, 2004.

[8] Dunne T., Hansen L., Wight C., The end of international relations theory?[J]. *European Journal of International Relations*, 2013, 19(3).

[9] Eric R., Performing international system, two east-Asian alternatives to the westphalian order[J]. *International Organization*, 2012, 66(1).

[10] Fong R., *Intercultural Communication: Chinese Culture in UK Education*[M]. New York: Palgrave Macmillan, 2007.

[11] Fran T., Analyzing Discourse, in Clive Seale ed., *Researching Society and Culture*[M]. London: Sage, 2004.

[12] Gaines B. J., Kuklinski J. H., Quirk P. J., Same facts, different interpretations: Partisan motivation and opinion on Iraq[J]. *The Journal of Politics*, 2007, 69(4).

[13] Holzscheiter A., Between communicative interaction and structures of signification: Discourse theory and analysis in international relations[J]. *International Studies Perspective*, 2014, 15(2).

[14] House J., *Translation as Communication across Languages and Cultures*[M]. London: Routledge, 2016.

[15] Jonathan M., Emotion and strategy in the Korean War[J]. *International Organization*, 2013, 67(2).

[16] Kenneth N. W., *Theory of Word Politics, Reading*[M]. MA: Addison-Wesley, 1979.

[17] Klein J. T., *Oxford Handbook of Interdisciplinarity, 1st Edition*[M]. Oxford & New York: Oxford University Press, 2010.

[18] Lene H., Reading comics for the field of international relations: Theory, method and the Bosnian War[J]. *European Journal of International Relations*, 2016, 23(3).

[19] Michael B., *The International Relations Discipline: Asset or Liability for Conflict Resolution*[M]. Boulder: Lynne Rienner Publishers, 1986.

[20] Orit G., A simmelian turn to space in world politics[J]. *International Theory*, 2018, 10(2).

[21] Quincy W., *The Study of International Relations*[M]. New York: Appleton Century Crofts, 1955.

[22] Raymond C. M., Interdisciplinarity: Its Meaning and Consequences[EB/OL]. http://internationalstudies.oxfordre.com/view/10.1093/acrefore/9780190846626.001.0001/acrefore-9780190846626-e-92/version/0, 2017-11-20/2022-2-19.

[23] Renée J., The promise and problems of the neuroscientific approach to emotions[J]. *International Theory*, 2014, 6(3).

[24] Robert F., *Sustainable Knowledge: A Theory of Interdisciplinarity*[M]. Basingstoke: Palgrave Macmillan, 2014.

[25] Robert K., Richard B., *Language and Language-in-Education Planning in the Pacific Basin*[M]. Dordrecht: Springer, 2003.

[26] Roland B., The aesthetic turn in international political theory[J]. *Journal of International Studies*, 2001, 30(3).

[27] Solomon T., Micro-moves in international relations theory[J]. *European Journal of International Relations*, 2017, 23(2).

[28] Steve A., *Advancing Interdisciplinary Approaches to International Relations*[M]. New York: Palgrave Macmillan, 2016.

[29] Susan S., *States and Markets* [M]. London: Pinter, 1997.

[30] Yosef L., The third debate: On the prospect of international theory in a post-positivist era[J]. *International Studies Quarterly*, 1989, 33(3).

[31] Michael Byram. 从外语教育到跨文化公民教育［M］. 北京：外文出版社，2013.

[32] 安昌光. 中美商务谈判风格差异的跨文化分析［J］. 中国商贸，2010（29）.

[33] 安东尼·D.史密斯. 全球化时代的民族与民族主义［M］. 龚维斌，良警宇译. 北京：中央编译出版社，2002.

[34] 白新杰. 语言的经济属性和政治属性探究［J］. 北京科技大学学报（社会科学版），2020（6）.

[35] 陈思进. 中国人善于诡辩,在逻辑上有明显的三大缺陷［EB/OL］. 新浪博客，http://blog. sina. com. cn/s/blog_5ef1fe090102zfp9. html, 2019-8-10/2022-2-19.

[36] 陈忠诚选编. 法律英语五十篇［M］. 北京：中国对外翻译出版公司，1987.

[37] 程鹏.清代人士关于国际法的评论[J]. 中外法学，1990（6）.

[38] 丹宁勋爵. 法律的训诫［M］. 杨百揆等译. 北京：群众出版社，1985.

[39] 邓小平.邓小平倡议建立国际政治新秩序[N]. 人民日报，1988-12-03. 第001版.

[40] 邓聿文．警惕狭隘的民族主义［N］．深圳特区报，2016-4-19．第C03版．

[41] 丁孝文．中美关系中的美国国会因素［J］．国际问题研究，2003（5）．

[42] 丁孝文．走进国会山——一个中国外交官的亲历［M］．上海：复旦大学出版社，2004．

[43] 窦贤康．在纪念周鲠生先生130周年诞辰座谈会上的讲话[J]．武大国际法评论，2019（2）．

[44] 杜正艾．推动构建新型国际关系 构建人类命运共同体[EB/OL]．人民网，http://theory.people.com.cn/n1/2017/1201/c40531-29680351.html，2017-12-01/2022-02-10．

[45] 范闻冬．运用新媒体进行国际传播浅探［J］．电视研究，2017（7）．

[46] 冯曼．翻译伦理研究——译者角色伦理与翻译策略选择［M］．武汉：武汉大学出版社，2018．

[47] 冯一潇．诺贝尔奖为何青睐交叉学科［N］．科学时报，2010-2-2．第A03版．

[48] 傅强，袁正清．隐喻与对外政策：中美关系的隐喻之战［J］．外交评论（外交学院学报），2017（2）．

[49] 傅莹．在慕安会感受西方对华复杂态度［N］．环球时报，2020-02-21．第15版．

[50] 高兴宇．借物识交际［M］．北京：清华大学出版社，2013．

[51] 葛洪义．法律方法与法律思维中的语言问题［A］．葛洪义主编．法律方法与法律思维（第2辑）［C］．北京：中国政法大学出版社，2003．

[52] 公丕祥主编．全面依法治国［M］．南京：江苏人民出版社，2015．

[53] 共同为改革想招一起为改革发力 群策群力把各项改革工作抓到位：李克强刘云山张高丽出席［N］．人民日报，2014-8-19．第001版．

[54] 谷昭民．中国开展法律外交的现状与发展趋势研究［J］．现代法学，2013（4）．

[55] 谷昭民．法律外交［M］．北京：中国法制出版社，2018．

[56] 郭熙.华语研究录［M］.北京：商务印书馆，2012.

[57] 国家统计局.波澜壮阔四十载 民族复兴展新篇——改革开放40年经济社会发展成就系列报告之一［EB/OL］.http://www.stats.gov.cn/zt_18555/ztfx/ggkf40n/202302/t20230209_1902581.html，2018-08-27/2022-2-10.

[58] 国家语言文字工作委员会组编.世界语言生活状况报告2018［M］.北京：商务印书馆，2018.

[59]《国际政治研究》特约记者.当代中国国际关系定量研究的进展与问题——庞珣教授访谈［J］.国际政治研究，2015（4）.

[60]《国际政治研究》特约记者.中国国际政治心理学理论与实践研究的进展与问题——尹继武教授访谈［J］.国际政治研究，2017（6）.

[61]《国际政治研究》特约记者.21世纪以来艺术与国际政治研究的发展——陈玉聃副教授访谈［J］.国际政治研究，2018（4）.

[62] 韩庆祥，陈远章.建构当代中国话语体系的核心要义［N］.光明日报，2017-5-16.第15版.

[63] 韩震.全球化时代的文化认同与国家认同［M］.北京：北京师范大学出版社，2013.

[64] 何帆.提升法治中国建设国际传播力和话语权的五个维度［N］.人民法院报，2021-6-3.第02版.

[65] 何伟.表征与国际政治研究：一种美学的维度［J］.国际关系研究，2016（3）.

[66] 何亚非.中美外交思维方式的不同［N］.第一财经日报，2016-05-12.第A11版.

[67] 衡孝军等.对外宣传翻译理论与实践——北京市外宣用语现状调查与规范［M］.北京：世界知识出版社，2011.

[68] 胡安江.中国特色对外话语体系的译介与传播研究［J］.中国翻译，2020a（02）.

[69] 胡安江.中国特色对外话语体系研究：热点、问题与趋势［J］.天津外国语

大学学报,2020b(01).

[70] 胡开宝,李婵.国内外外交话语研究:问题与展望[J].外语教学,2018(6).

[71] 胡开宝.积极构建中国特色大国外交话语[EB/OL].中国社会科学网,http://www.cssn.cn/gjgxx/gj_ttxw/201905/t20190510_4878724.shtml,2019-5-10/2022-2-19.

[72] 胡舒立.新闻不是宣传,不是迎合[EB/OL].和讯网,https://m.hexun.com/bschool/2013-01-06/149824860.html,2013-1-6/2022-2-19.

[73] 黄惠康.论国际法理论与外交实践的融合之道[J].国际法学刊,2019(1).

[74] 黄进.中国为国际法的创新发展作出重要贡献(权威论坛)[J].人民日报,2019-04-17.第17版.

[75] 贾桂德.新中国成立七十年来中国的国际法实践和贡献[J].国际经济法学刊,2020(1).

[76] 蒋骁华.翻译伦理与译者的语言服务意识[J].当代外语研究,2017(3).

[77] 金桂华.杂谈外交语言[J].外交学院学报,2003(1).

[78] 金吾伦主编.跨学科研究引论[M].北京:中央编译出版社,1997.

[79] 金新,黄凤志.国际关系理论研究的"空间转向"刍议[J].教学与研究,2013(7).

[80] 荆学民,苏颖.中国政治传播研究的学术路径与现实维度[J].中国社会科学,2014(2).

[81] 君言.外交语言拾趣[J].领导科学,2002(21).

[82] 冷帅,苏晓凌,董燕清,栾姗,刘克江.中国涉外法律服务业探析(上)[J].中国律师,2017(5).

[83] 冷淞.警惕美国的新型"媒体霸权主义"[J].世界社会主义研究,2019(10).

[84] 李德顺.价值论——一种主体性的研究(第3版)[M].北京:中国人民大学

出版社，2013．

[85] 李凤霞，张法连，徐文彬．国家战略视域下的法律英语人才培养[J]．外国语文，2015（5）．

[86] 李泓冰，周玉桥．通过疫情透视我国新闻报道与国家治理能力现代化［EB/OL］．为民网，http://www.wmtv.cn/article/202003/202003031132537281.html，2020-3-3/2020-5-4．

[87] 李晶．谐音梗也硬核：疫情下的文艺致谢［EB/OL］．中国文艺评论网，http://zgwypl.com/show-131-43656-1.html?yd=1，2020-4-1/2020-4-8．

[88] 李鹏．语言战略保障国家安全 发达国家先行一步［EB/OL］．新华网，http://www.xinhuanet.com/world/2015-08/03/c_128084493.htm，2020-3-3/2020-5-4．

[89] 李现乐．语言服务的显性价值与隐性价值——兼及语言经济贡献度研究的思考［J］．语言文字应用，2016（3）．

[90] 李宇明．"一带一路"需要语言铺路［N］．人民日报，2015-09-22．第007版．

[91] 李宇明．改善我国的外语服务——序《公共服务领域英文译写指南》［A］教育部语言文字信息管理司组编．公共服务领域英文译写指南［C］．北京：外语教学与研究出版社，2016a．

[92] 李宇明．正眼看世界——序"语言生活黄皮书"［A］．教育部语言文字信息管理司组编．世界语言生活报告2016［C］．北京：商务印书馆，2016b．

[93] 李宇明．大华语：全球华人的共同语［J］．语言文字应用，2017a（1）．

[94] 李宇明．提升国家外语能力任重而道远（大家手笔）［N］．人民日报，2017b-02-06．第007版．

[95] 李宇明．李宇明语言传播与规划文集［M］．北京：北京语言大学出版社，2018a．

[96] 李宇明．语言学是一个学科群［J］．语言战略研究，2018b（1）．

[97] 李宇明．语言在全球治理中的重要作用［J］．外语界，2018c（5）．

[98] 李宇明，王春辉．论语言的功能分类［J］．当代语言学，2019（1）．

[99] 李宇明，王海兰．粤港澳大湾区的四大基本语言建设［J］．语言战略研究，2020（1）．

[100] 李志丹．试谈外交话语体系建设［N］．中国社会科学报，2019-6-25．第3版．

[101] 梁晓波．国家形象的概念隐喻塑造研究［J］．湖北大学学报(哲学社会科学版),2013 (2).

[102] 林民旺．隐喻与国际关系理论的构建［J］．国际论坛，2007（2）．

[103] 林语堂．翻译论集［M］．北京：商务印书馆，1984．

[104] 林喆．法律思维学导论［M］．济南：山东人民出版社，2000．

[105] 凌胜利．人类命运共同体战略轮廓显现［N］．光明网·理论频道，2017-11-17．

[106] 刘德斌．中国叙事、公共外交与时代博弈［J］．探索与争鸣，2017（12）．

[107] 刘法公．论实现法律法规术语汉英译名统一的四种方法［J］．中国翻译，2013（6）．

[108] 刘禾．语际书写——现代思想史写作批判纲要［M］．上海：三联书店，1999．

[109] 刘禾．帝国的话语政治——从近代中西冲突看现代世界秩序的形成［M］．北京：生活·读书·新知三联书店，2009．

[110] 刘力平．国际关系理论的时空问题［J］．现代国际关系，2010（4）．

[111] 刘楠来．略论人类命运共同体国际法的构建［J］．蒋小红，马金星主编．走向繁荣的国际法学——中国社会科学院国际法研究所十周年所庆纪念文集·国际公法卷［M］．北京：社会科学文献出版社，2019．

[112] 刘愫贞．论法律语言学的学科定位——语言与法律的关系［J］．上海市政法管理干部学院学报，2002（3）．

[113] 刘同舫．学术话语体系创新的五个维度［N］．中国社会科学报，2019-8-22．第1版．

[114] 卢静．中国特色大国外交话语体系的基本特征［N］．中国社会科学报，2019-3-14．第1版．

[115] 卢凌宇．政治学田野调查方法［J］．世界经济与政治，2014（1）．

[116] 卢梭．社会契约论[M].李平沤译．北京：商务印书馆，2017.

[117] 路璐．中国梦视阈下的我国国家形象对外传播［J］．学海，2014（5）．

[118] 罗欢欣．国际法院在解决领土争端中的局限性［J］．法治论丛，2010（1）．

[119] 罗卫东．跨学科社会科学研究：理论创新的新路径［J］．浙江社会科学，2007（2）．

[120] 马克思，恩格斯．马克思恩格斯选集（第一卷）[M].北京：人民出版社，1995.

[121] 孟威．改进对外传播 构建"中国话语体系"［J］．新闻战线，2014（7）．

[122] 倪世雄等．当代西方国际关系理论［M］．上海：复旦大学出版社，2001．

[123] 聂宏毅．国际法在解决领土争端中的作用及困境评析［J］．黑龙江史志，2009（2）．

[124] 潘庆云．法律语言是一种有别于自然语言的技术语言［J］．江汉大学学报（人文科学版），2004（2）．

[125] 潘忠岐．中国人与美国人思维方式的差异及其对构建"中美新型大国关系"的寓意［J］．当代亚太，2017（4）．

[126] 彭萍．翻译伦理学［M］．北京：中央编译出版社，2013．

[127] 彭志红．语言的发展与政治［J］．河南大学学报（社会科学版），2000（3）．

[128] 钱三强．迎接交叉科学的新时代［N］．光明日报，1985-9-17．

[129] 任东波．构建超越"西方中心论"的话语体系（热点辨析）［N］．人民日报，2015-8-21.第007版．

[130] 任剑涛．走向理性：近代以来中国世界观的嬗变［J］．中央社会主义学院学报，2017(2).

[131] 任俊．积极心理学［M］．上海：上海教育出版社，2006．

[132] 邵津主编．国际法［M］．北京：北京大学出版社，2000．

[133] 沈骑．外语教育政策价值国际比较研究［M］．上海：复旦大学出版社，

2017.

[134] 石旭斋. 法律思维是法律人应有的基本品格［J］. 政法论坛, 2007（4）.

[135] 时殷弘. 关于国际关系的历史理解［J］. 世界经济与政治, 2005（10）.

[136] 苏·赖特. 语言政策与语言规划——从民族主义到全球化［M］. 陈新仁译.北京：商务印书馆, 2012.

[137] 孙吉胜. 国际关系理论中的语言研究：回顾与展望［J］. 外交评论（外交学院学报）, 2009a（1）.

[138] 孙吉胜. 国际关系中语言与意义的建构——伊拉克战争解析［J］. 世界经济与政治, 2009b（5）.

[139] 孙吉胜. 跨学科视域下的国际政治语言学：方向与议程［J］. 外交评论（外交学院学报）, 2013（1）.

[140] 孙吉胜. 国际政治语言学：理论与实践［M］. 北京：世界知识出版社, 2017.

[141] 孙吉胜. 深化国际政治学中的语言研究［N］. 人民日报, 2022-1-17. 第009版.

[142] 孙吉胜, 何伟. 国际政治话语的理解、意义生成与接受［J］. 国际政治研究, 2018（3）.

[143] 孙劲, 郭庆斌. 对TPP若干重要问题的看法［EB/OL］. 国际法促进中心, http://cn3.uscnpm.org/model_item.html?action=view&table=article&id=9316, 2016-2-27/2022-2-19.

[144] 孙笑侠. 法律人思维的规律［A］. 葛洪义主编. 法律方法与法律思维（第1辑）［C］. 北京：中国政法大学出版社, 2002.

[145] 谭好哲. 新时代中国人文社会科学话语体系建设应有的三个追求——以文艺理论话语体系建构为例［J］. 山东社会科学, 2019（1）.

[146] 唐青叶, 申奥："一带一路"及"人类命运共同体"话语体系构建的现状、问题与对策［J］. 北京科技大学学报（社会科学版）, 2018（1）.

[147] 佟晓梅. 构建对外话语体系，更好传播人类命运共同体理念［EB/OL］. 光

明网·理论频道,https://share.gmw.cn/theory/2019-08/16/content_33082820. htm,2019-8-16/2022-2-19.

[148] 童成寿. 译者人格特征内隐观的初步研究[J]. 语言教育,2019(2).

[149] 托布约尔·克努成. 国际关系理论史导论[M]. 余万里,何宗强译. 天津:天津人民出版社,2005.

[150] 庹震. 坚持传统媒体和新兴媒体优势互补一体发展.人民网·传媒频道, http://media.people.com.cn/n/2015/0819/c192362-27486734.html,2015-8-19/2022-2-19.

[151] 汪朝光,于铁军主编.中日历史认识共同研究报告(战前篇)——中日战争何以爆发[M],北京:社会科学文献出版社,2020.

[152] 汪锋. 推动高校智库融入国家治理体系[EB/OL]. 中国社会科学网, https://baijiahao.baidu.com/s?id=1662647169304227936&wfr=spider&for=pc, 2020-3-31/2022-2-19.

[153] 汪永清. 法治思维及其养成[EB/OL].中国人大网,http://www.npc.gov.cn/npc/c221/2014 06/cfadc17db7d4435f8da5492d27d9aea1.shtml,2014-6-16/2022-2-10.

[154] 王爱华. 南海报道的中外媒体博弈[J]. 对外传播,2016(7).

[155] 王庚年主编. 新媒体国际传播研究[M]. 北京:中国国际广播出版社, 2012.

[156] 王海媚. 21世纪以来世界史与国际关系跨学科研究的发展——刘德斌教授访谈[J]. 国际政治研究,2018(3).

[157] 王辉主编. "一带一路"国家语言状况与语言政策(第一卷)[M]. 北京:社会科学文献出版社,2015.

[158] 王辉主编. "一带一路"国家语言状况与语言政策(第二卷)[M]. 北京:社会科学文献出版社,2017.

[159] 王建勤等. 全球文化竞争背景下的汉语国际传播研究[M]. 北京:商务印书馆,2015.

[160] 王立非,任杰,孙疆卫,蒙永业. 应急语言服务的概念、研究现状与机制体

制建设［J］．北京第二外国语学院学报，2020（1）．

[161] 王利芬．目前的中国必须要面对十大残酷的现实［EB/OL］．美篇，https://www.meipian.cn/30w27wn2，2020-6-29/2022-2-19．

[162] 王莉丽．智库公共外交：概念、功能、机制与模式［J］．中国人民大学学报，2019（2）．

[163] 王娜，黄巨臣．推进跨学科建设：我国世界一流大学形成的路径选择［J］．现代教育管理，2018（5）．

[164] 王绳祖主编．国际关系史（第三卷）1871-1918［M］．北京：世界知识出版社，1995．

[165] 王士元．王士元语言学论文集［M］．北京：商务印书馆，2002．

[166] 王铁崖主编．国际法［M］．北京：法律出版社，1981．

[167] 王文，贾晋京，关照宇．后疫情时代，中国形象传播方式急需改革［J］．对外传播，2020（3）．

[168] 王毅．摆脱东西划分，超越南北差异，承担共同责任［EB/OL］．https://baijiahao.baidu.com/s?id=1658614850672563842&wfr=spider&for=pc，2020-2-15/2022-2-19．

[169] 王逸舟．西方国际政治学：历史与理论（第二版）［M］．上海：上海人民出版社，2006．

[170] 王银泉．做好政治话语翻译提升国际话语权［N］．学习时报，2017-11-27．第A4版．

[171] 王永贵，刘泰来．打造中国特色的对外话语体系——学习习近平关于构建中国特色对外话语体系的重要论述［J］．马克思主义研究，2015（11）．

[172] 魏红霞．特朗普执政时期美国国会涉华法案及其影响［J］．南开学报（哲学社会科学版），2021（5）．

[173] 魏巍，刘仲林．我国人文社科类跨学科研究资助体系之现状与对策研究——以教育部人文社科交叉学科/综合研究项目为例［J］．社会科学管理与评论，2013（1）．

[174] 魏向清,杨平. 中国特色话语对外传播与术语翻译标准化 [J]. 中国翻译,2019（1）.

[175] 文秋芳. "一带一路"语言人才的培养 [J]. 语言战略研究,2016a（2）.

[176] 文秋芳. 国家语言能力的内涵及其评价指标 [J]. 云南师范大学学报（哲学社会科学版）,2016b（2）.

[177] 吴志成. 新时代中国特色大国外交的行动指南 [N]. 光明日报,2019-10-28. 第06版.

[178] 伍铁平编著. 语言学是一门领先的科学——论语言与语言学的重要性 [M]. 北京：北京语言学院出版社,1994.

[179] 习近平. 共同维护和发展开放型世界经济——在二十国集团领导人峰会第一阶段会议上关于世界经济形势的发言（二〇一三年九月五日,俄罗斯圣彼得堡）[N]. 人民日报,2013-09-06. 第002版.

[180] 习近平. 青年要自觉践行社会主义核心价值观——在北京大学师生座谈会上的讲话（2014年5月4日）[N]. 人民日报,2014a-5-5. 第002版.

[181] 习近平. 建设社会主义文化强国着力提高国家文化软实力 [N]. 人民日报,2014b-1-1. 第001版.

[182] 习近平. 加快建设社会主义法治国家 [J]. 求是,2015a（1）.

[183] 习近平. 共同谱写中拉全面合作伙伴关系新篇章——在中国–拉共体论坛首届部长级会议开幕式上的致辞（2015年1月8日上午）[N]. 人民日报,2015b-01-09. 第002版.

[184] 习近平. 在哲学社会科学工作座谈会上的讲话：（2016年5月17日）[N]. 人民日报,2016-5-19. 第002版.

[185] 习近平. 决胜全面建成小康社会 夺取新时代中国特色社会主义伟大胜利——在中国共产党第十九次全国代表大会上的报告 [M]. 北京：人民出版社,2017a.

[186] 习近平. 共同构建人类命运共同体——在联合国日内瓦总部的演讲（2017年1月18日,日内瓦）[N],经济日报,2017b-01-20. 第02版.

[187] 习近平. 习近平谈治国理政（第一卷）[M]. 北京：外文出版社，2018a.

[188] 习近平. 论坚持推动构建人类命运共同体[M]. 北京：中央文献出版社，2018b.

[189] 习近平. 开放共创繁荣 创新引领未来——在博鳌亚洲论坛2018年年会开幕式上的主旨演讲（2018年4月10日，海南博鳌）[N]. 人民日报，2018c-04-11. 第003版.

[190] 习近平. 加强党对全面依法治国的领导[J]. 求是，2019a（4）.

[191] 习近平. 携手努力共谱合作新篇章——在金砖国家领导人巴西利亚会晤公开会议上的讲话[EB/OL]. 人民网，http://politics.people.com.cn/n1/2019/1115/c1024-31456350.html，2019b-11-15/2022-2-10.

[192] 习近平. 习近平谈治国理政（第三卷）[M]. 北京：外文出版社，2020a.

[193] 习近平. 论党的宣传思想工作[M].北京：中央文献出版社，2020b.

[194] 习近平. 论坚持全面依法治国[M]，北京：中央文献出版社，2020c.

[195] 习近平.共担时代责任，共促全球发展[J].求是，2020d（24）.

[196] 习骅. 中国历史的教训[M]. 北京：中国方正出版社，中信出版社，2015.

[197] 夏丹波. 论法治意识的内涵及其与几个相关概念之比较[J]. 法制与社会，2016（26）.

[198] 夏磊，张顺生. 从翻译安全观看"南海仲裁案"新闻翻译及报道[J]. 上海理工大学学报（社会科学版），2018（1）.

[199] 项久雨. 当代中国价值观念国际传播的新媒体作为[J]. 理论与评论，2018（5）.

[200] 谢伏瞻. 加快构建中国特色哲学社会科学学科体系、学术体系、话语体系[J]. 中国社会科学，2019（5）.

[201] 谢天振. 译者的权利与翻译的使命[J/OL]. 中国作家网，2016-1-13/2020-4-24.

[202] 徐宏. 人类命运共同体与国际法[J]. 国际法研究，2018（5）.

[203] 徐翔. 中国文化在国际社交媒体传播中的"话语圈层"效应[J]. 新闻

界，2017（2）.

[204] 许钧. 翻译精神与五四运动——试论翻译之于五四运动的意义［J］. 中国翻译，2019（3）.

[205] 许钧主编. 改革开放以来中国翻译研究概论（1978—2018）［M］. 武汉：湖北教育出版社，2018.

[206] 颜惠庆.颜惠庆自传——一位民国元老的历史记忆[M]. 吴建雍、李宝臣、叶凤美译.北京:商务印书馆,2003.

[207] 杨明星. "新型大国关系"的创新译法及其现实意义［J］. 中国翻译，2015（1）.

[208] 杨天江. 从"法律与语言"到法律语言学［J］. 语言战略研究，2017（5）.

[209] 杨亦鸣，赵晓群主编. "一带一路"沿线国家语言国情手册［Z］. 北京：商务印书馆，2016.

[210] 杨玉清. 我所知道的顾维钧［Z］. 文史资料选辑（合订本）（第五册）.北京：中国文史出版社，1986.

[211] 杨振武. 把握对外传播的时代新要求——深入学习贯彻习近平同志对人民日报海外版创刊30周年重要指示精神[N]. 人民日报，2015-07-01.第007版.

[212] 叶自成. 华夏主义：中国的本土人文精神［J］. 人民论坛·学术前沿，2013（Z1）.

[213] 伊曼纽尔·阿德勒，文森特·波略特主编. 国际实践［M］. 秦亚青，孙吉胜，魏玲等译. 上海：上海人民出版社，2015.

[214] 因"五四"顾维钧巴黎和会上拒签对德和约［EB/OL］. 人民网，https://news.ifeng.com/history/special/wusiyundong/mingyun/200905/0502_6265_1136592.shtml，2009-5-2/2022-2-19.

[215] 殷智红，叶敏编著. 管理心理学（第3版）［M］. 北京：北京邮电大学出版社，2011.

[216] 俞可平主编. 全球化：西方化还是中国化［M］. 北京：社会科学文献出版社，2002.

[217] 袁南生. 中国千年外交与"愤青"现象[J]. 同舟共进, 2016（4）.

[218] 袁伟华. 时间与空间：新型国际关系中的时空观[J]. 世界经济与政治, 2016（3）.

[219] 曾国藩. 曾国藩全集·书信十[M]. 长沙：岳麓书社, 1994.

[220] 曾令良修订主编. 国际法（第三版）[M]. 武汉：武汉大学出版社, 2011.

[221] 张春. 中国智库开展公共外交的四策[J]. 公共外交季刊, 2013（4）.

[222] 张法连. 英美法律术语汉译策略探究[J]. 中国翻译, 2016（2）.

[223] 张法连. "一带一路"背景下法律翻译教学与人才培养问题探究[J]. 中国翻译, 2018（2）.

[224] 张法连. 法律翻译中的文化传递[J]. 中国翻译, 2019a（2）.

[225] 张法连. 法律英语学科定位研究[J]. 中国外语, 2019b（2）.

[226] 张法连, 李文龙. 高校外语教育改革应以市场为导向建设新兴交叉学科——以法律英语学科建设为例[J]. 语言与法律研究, 2020（1）.

[227] 张法连, 李文龙. 法律翻译者职业伦理构建探索[J]. 中国翻译, 2021a（1）.

[228] 张法连, 马彦峰. 法律翻译人才培养问题刍议[J]. 译苑新谭, 2017(0).

[229] 张宏志. 剧变后的反思——苏联解体与中美关系[J]. 党的文献, 2000（5）.

[230] 张宏志. 新形势下中美关系的再认识[J]. 党的文献, 2020（1）.

[231] 张丽清. 促进全球法治治理的外交法治[N]. 检察日报, 2017-12-21. 第03版.

[232] 张千帆. 孟德斯鸠的"精神"[J]. 杭州师范大学学报（社会科学版）, 2013（1）.

[233] 张清敏. 外交的本质与崛起大国的战略选择[J]. 外交评论（外交学院学报）, 2016（4）.

[234] 张胜军. 民心相通：新时代中国特色大国外交的理论特质和重要原则[J].

当代世界，2019（5）．

[235] 张顺生．对The Permanent Court of Arbitration汉译的思考——兼论"以名举实"之译法［J］．中国翻译，2016（5）．

[236] 张卫明．晚清公法外交述论［J］．国际政治研究，2007（1）．

[237] 张文显，谷昭民．中国法律外交的理论与实践［J］．国际展望，2013（2）．

[238] 张耀．明晰新时代外交语言及其传播［N］．中国社会科学报，2018-12-21．第009版．

[239] 张志洲．提升学术话语权与中国的话语体系构建［J］．红旗文稿，2012（13）．

[240] 赵军．学科制度视野下社会科学跨学科研究路径探索［J］．南京理工大学学报（社会科学版），2014（2）．

[241] 赵可金．中外智库外交的五维比较［J］．公共外交季刊，2014（1）．

[242] 赵世举，黄南津主编．语言服务与"一带一路"［M］．北京：社会科学文献出版社，2016．

[243] 赵曙光．中国外交智库的变革之道［N］．文汇报，2013-02-26．第12版．

[244] 郑瑞萍．中国人文社会科学跨学科研究成果评价探析［J］．重庆大学学报（社会科学版），2013（6）．

[245] 郑永年．当代中国外交的文化地缘环境［N］．联合早报，2012-2-7．

[246] 中共中央办公厅印发《关于培育和践行社会主义核心价值观的意见》［N］．人民日报，2013-12-24．第001版．

[247] 中共中央文献研究室编．习近平关于全面依法治国论述摘编［M］．北京：中央文献出版社，2015．

[248] 中共中央文献研究室编．习近平关于社会主义文化建设论述摘编［M］．北京：中央文献出版社，2017．

[249] 中国藏学研究中心、中国第一历史档案馆、中国第二历史档案馆、西藏自治区档案馆、四川省档案馆合编．元以来西藏地方与中央政府关系档案史料汇编（6）［M］．北京：中国藏学出版社，1994．

[250] 中华人民共和国国务院新闻办公室. 中国应对气候变化的政策与行动［M］. 北京：外文出版社，2008.

[251] 中华人民共和国外交部，中共中央文献研究室编. 周恩来外交文选［M］. 北京：中央文献出版社，1990.

[252] 钟新，令倩. 全民外交：中国对外传播主体的多元化趋势［J］. 对外传播，2018（9）.

[253] 周刚志，罗芬. 论区域法治文化：类型、理据与发展方略——以湖湘法治文化为范例［J］. 湖南大学学报（社会科学版），2020（4）.

[254] 周洪钧主编. 国际法［M］. 北京：中国政法大学出版社，1999.

[255] 周清海. "大华语"的研究和发展趋势［J］. 汉语学报，2016（1）.

[256] 周树春. 自觉把握新时代国际传播的特征规律［J］. 对外传播，2019（12）.

[257] 周文辉，勾悦，李明磊. 教育学科如何适应"双一流"建设——基于中美研究型大学教育学科建设比较研究［J］. 研究生教育研究，2018（1）.

[258] 朱光潜. 西方美学史（上卷）［M］. 北京：人民文学出版社，1963.

[259] 朱鸿军，刘向华. "走出去"到"走进去"：对外传播新境界的新媒体作为［J］. 对外传播，2017（9）.

[260] 资中筠.外交家顾维钧的幸与不幸——重读〈顾维钧回忆录〉有感, https://zizhongyun.blog.caixin.com/archives/167825, 2017-8-29/2022-2-10.